신약핀

목사의 P

(Pastor' s D

목회자들의

이병삼 목사

도서
출판 영

추천사

이 용 호 목사

(고신 총회장, 서울영천교회)

예수 그리스도는 한 평생에 단 한 권의 책도 남기시지 않으셨다. 땅에 손가락으로 한 번 글을 쓰신 적은 있다. 그럼에도 불구하고 예수님은 인간에게 다 말씀하셨다. 구원의 길로 인도하는 메시지로서 온전하신 진리를 다 전달하셨다.

오늘날 우리는 글을 쓰고 책을 출판한다. 또 출판할 필요성이 있기에 한다. 누가 이 책을 보겠는가 라고 하겠지만 그래도 누군가 한 사람이라도 책을 볼 수가 있다. 그 한 사람을 위해서라도 글을 쓸 이유가 되는 것이다.

저자는 평소에 글쓰기를 좋아하시고 특히 성경에 있는 내용을 가지고 글을 쓰시는 일에 몰두하신다. 성경의 글에는 인간의 사고로 볼 때 풀리지 않는 모순이 많아 보인다. 그러나 하나님의 계시방법이요 오묘한 진리가 숨겨져 있다. 저자는 말씀을 전하고 가르치고 또 글로 정리하시는 일이 취향이 되고 습관이 되신 분이시다. 글 쓰는 수고는 저자만의 보람이기에 많은 글을 쓰면서 스스로 보람을 누리면서 발전해 가는 것이다.

성경을 연구하여 글로 적어보는 것은 무엇보다도 저자 자신에게 유익하다. 말씀을 가르치는데 큰 도움이 되는 일이다. 우리 주변에는 많은 사람들이 홍수처럼 글을 쓰고 책을 출판하고 있다. 그 많은 책 중에 또 하나의 책이 저자에 의해 출판되었다. 부디 이 글을 접하는 독자들이 유익한 길잡이가 되는 글이 되기를 바라며 저자에게 격려를 드리는 바이다.

추천사

위광필 목사
(예성, 증경총회장)

이병삼 목사님의 15번째 책인 "목사의 P.D.수첩"이 발간됨을 진심으로 축하드리며 동역자로서 진심으로 기쁘게 생각합니다.

평생을 영혼구원과 가르침으로 성공적 삶을 사신 목사님이 목회 현장에서의 경험과 신학강의를 하시면서 말씀을 깊이 파헤쳐서서 깊고 오묘한 진리에 말씀을 질의 문답식으로 알기 쉽게 풀이해 주셨습니다.

성경이 어려워서 읽지 않는 사람, 읽어도 무슨 뜻인지 이해 못하고 깨닫지 못하는 사람이 많습니다. 이 책은 누구나 쉽게 이해하도록 하여 말씀과 가까워지게 하는 조미료의 역할을 할 것입니다.

신학자들이나 목회자들에게는 성경 연구와 말씀이해에 큰 도움을 줄 것이며, 일반 성도들에게는 성경말씀을 쉽게 이해하여 말씀과 가까이 하게 될 것입니다.

이 글을 읽는 모든 사람들에게 진리가 충만하여 큰 은혜가 넘칠 것을 믿어 의심치 않습니다.

감사의 인사로

이 시대에 시계는 24시를 지나 루즈타임 몇 분 남은 시간같이 마지막이 절박하게 코앞에와있는이때, 이세상은 아무 일 없는 것 같이 분주히흐르고 있다. 정신차리고서 등, 기름, 마음중심, 나의 과거를 점검해 본다. 여전히 아쉬움뿐이다.

점검하는 김에 신약성경을 다시 정리 정돈할 마음을 하나님이 주셔서 "목사의 PD수첩"을 가다듬어 내 놓게 됨을 감사드립니다. PD수첩하면 비리 폭로나 '그것이 알고 싶다' 또는 '이제는 말 할 수 있다' 는 프로같이 사건을 파헤쳐 속속들이 들어내는 인상을 씻지 못한다.

그러나 "목사의 PD수첩"은 비리나 사건에 타겟을 맞추지않고 모든 성경에 타겟을 맞춰 성경해석을 잘 못알고 있는 부분을 폭로하고 성경을 파헤쳐 속속들이 들어내려는 의도에서 뿐 아닙니다.

P.D는 (Pastor 's Dialogue) 즉 "목회자들의 대화록"으로 목회자의 수첩에는 앉으나 서나 전철, 자동차 안에서도 오매불망 성경에대한 은혜사모하다가 성경이 깨달아질때 메모하고 어려운 문제를 풀고 들어내는 일에만 몰두하고 있음을 보여주려고 시도했습니다. 또 P.D수첩, 기자수첩, 전자수첩의 모든 기능을 가능한 다 발휘해서 엮어낸 것입니다.

성경난해구절 해설시리즈 12권(창세기~계시록까지) 완간하여 교계에 많은 사랑받게 됨을 감사드립니다. 난해구절 해설 시리즈는 논문형식을 띠고 있어 긴 문장이 되어 평신도들이 너무 어렵게 또 지루하게 생각하고 거부감을 가지는 자들이 있어 금번 "목사의 P.D수첩"에서는 성경의 어려운 부분 및 구절을 잘 못 알고 있거나 오해하고 있는 구절을 되도록이면 짧게, 쉽게, 명확하게, 신약710문제, 구약2,000문제 총 3권으로 요약하여 내 놓게 되었습니다.

질문은 괴팍스럽고 까다롭고 어처구니없는 질문과 문제제기이지만 해답은 주님의 대답이니 인자하고 자비롭고 온유하며 경건하고 유순한 대답입니다. 많은 성도, 직분자, 신학생, 교역자들에 이르기까지 신앙생활에 많은 도움이 있으리라고 확신하오며 계속하여 구약2권(1,000문제씩)까지 탄생될 수 있도록 기도와 지도편달을 부탁드립니다.

바쁘신 중에도 추천서를 써주신 고신 총회장 이용호 목사님과 예성 증경 총회장 위광필 목사님과 독후감을 써주신 신재철 목사님과 원고정리와 많은 수정에 수고해 주신 이수희전도사님께 그감사와 고마움을 잊을수없으며 이책을 만드시기에 수고하신 영문출판사 김수관 장로님 새한기획 민병문 장로님께도 심심한 감사드리며 이 책을 대하는 모든 분들께도 감사의 인사 드립니다.

2008년 9월 추석 명절에
인천 신일교회 서재에서
이병삼 목사 인사드립니다.

차례

PART 1.

사복음서

마태복음

Q 1) '예수님의 세계'라 World 인지 List나 Generation인가?(1:1)

"아브라함과 다윗의 자손 예수 그리스도의 세계라"

A 예수그리스도의 世界(World)가 아니고 예수그리스도의 世系(Generation)(List)이다.

세계世系라는 말은 계통 혹은 족보라는 뜻이다. 그래서 본절은 다윗의 자손 예수 그리스도의 계보 또는 족보라고 읽어야 된다.

하나님이 약속하신 말씀 그대로 그리스도를 보내주셨다. 그러므로 하나님의 말씀은 절대로 변함이 없다. 예수님이 나시기 전 2천 년 전에도 아브라함에게 천 년 전에는 다윗에게 열 달전에는 마리아와 요셉에게 천사를 통하여 약속하셨는데 그대로 이루어져서 예수 그리스도가 이 세상에 오신 것이다. 그래서 예수 그리스도의 족보가 형성 된 것이다.

Q 2) "아브라함은 이삭을 낳고 이삭은 야곱을 낳고" 남자가 낳을 수 있는가?(1:2)

"아브라함이 이삭을 낳고 이삭은 야곱을 낳고 야곱은 유다와 그의 형제들을 낳고"

A 대개 아이는 여자가 낳은 줄로 만 안다. 그런데 어찌 예수의 족보에는 아브라함은 이삭을 낳고 이삭은 야곱을 낳고 남자가 낳은 것으로 되었다. 사자소학에서 첫 문구가 '아버지 날 낳으시고 어머니 날 기르시니'가 나온다. 어머니가 낳으시고 어머니가 기르신다. 그러나 아버지가 낳으셨다고 함이 옳다.

바울도 복음으로 내가 너희를 낳았다고 했다.(고전4:15)

특히 오네시모를 갇힌 중에 낳은 아들이라고 했으며(몬1:10) 내 아들 디모데야(딤후1:2,2:1)해산하는 수고로 낳았다(갈4:19) 그래서 예수님 족보에서 아브라함, 이삭, 야곱, 유다가 낳았다 함은 자연스러운 것이다.

Q 3) 동방박사들이 아기 예수를 찾은 시기에 대하여 오해를 풀자면? (2:1-18,눅2:21-39)

"헤롯 왕 때에 예수께서 유대 베들레헴에서 나시매 동방으로부터 박사들이 예루살렘에 이르러 말하되"(마2:1)

"그들은 꿈에 헤롯에게로 돌아가지 말라 지시하심을 받아 다른 길로 고국에 돌아가니라" (마2:12)

"그들이 떠난 후에 주의 사자가 요셉에게 현몽하여 이르되 헤롯이 아기를 찾아 죽이려 하니 일어나 아기와 그의 어머니를 데리고 애굽으로 피하여 내가 네게 이르기까지 거기 있으라 하시니" (마2:13)

"이에 헤롯이 박사들에게 속은 줄 알고 심히 노하여 사람을 보내어 베들레헴과 그 모든 지경 안에 있는 사내아이를 박사들에게 자세히 알아본 그 때를 기준하여 두 살부터 그 아래로 다 죽이니" (마2:16)

"할례할 팔 일이 되매 그 이름을 예수라 하니 곧 잉태하기 전에 천사가 일컬은 바러라" (눅:2:21)

"모세의 법대로 결례의 날이 차매 아기를 데리고 예루살렘에 올라가니" (눅:2:22)

A 동방박사들이 예수님 탄생하신 첫 번 성탄절에 찾아오셔서 경배 드린 것으로 알고 있다. 그러나 동방박사들이 경배하고 바로 돌아간 후 헤롯왕이 속은 줄 알고 베들레헴 근처에 2살 이하 남자 어린아이들을 다 죽였다. 이때 예수님은 애굽으로 피난가셨다. 그러나 눅2:21-39에 보면 예수님이 할례도 8일 만에 받으시고 결례를 33일 만에 받으셨다. 결례 받으려 예루살렘 성전에 가셨다가 시므온의 축복과 안나의 찬양도 받고서 갈릴리 나사렛으로 돌아가셨다고 되었다. 동방에서 별을 보고 나귀타고 약 2-3달 후에 도착 된 듯하고 헤롯왕도 소식들은 것을 감안해서 두 살 아래를 죽인 점 등, 성탄절에 동방박사가 온 것은 아니고 2-3달 후에 찾아온 것으로 보인

다. 박사 경배 이후 즉시 애굽으로 피난 간 것이다.

Q 4) 마태는 미가서5:2의 내용을 왜 변경하였을까?(마2:6절)

"또 유대 땅 베들레헴아 너는 유대 고을 중에서 가장 작지 아니하도다 네게서 한 다스리는 자가 나와서 내 백성 이스라엘의 목자가 되리라 하였음이니이다"(마 2:6절)

"베들레헴 에브라다야 너는 유다 족속 중에 작을 자라도 이스라엘을 다스릴 자가 네게서 내게로 나올 것이라 그의 근본은 상고에, 영원에 있느니라"(미5:2절)

A 마2:6은 미가 5:2를 인용한 것이다. 그러나 그 내용은 많이 다른 이유가 무엇일까? 신약성경은 BC.200년 전에 번역된 70인역을 인용하여 기록했기 때문에 이런 차이점이 있는 것이다. 구약성경은 사본에 의해 히브리어로 기록된 그대로인데 70인역에서 헬라어로 번역하면서 그 당시 현대어로 고치고 헬라어 발음에 의한 지명표기법으로 고치다보니 또 이방인(헬라세계)들이 다 알기 쉽게 번역하다보니 많은 부분이 서로 다르게 표현하고 있으나 원 근본은 변함이 없고 오류가 없는 것이다.

Q 5) "애굽에서 내 아들을 불렀다"말씀은 호11:1의 말씀과 전연 다른데도 인용인가? (마2:15절)

"헤롯이 죽기까지 거기 있었으니 이는 주께서 선지자로 말씀하신 바 애굽에서 내 아들을 불렀다 함을 이루려 하심이니라" (마2:15절)

"이스라엘이 어렸을 때에 내가 사랑하여 내아들을 애굽에서 불러냈거늘" (호11:1절)

A 2:15"헤롯이 죽기까지 거기 있었으니 이는 주께서 선지자로 말씀하신 바 애굽에서 내 아들을 불렀다 함을 이루려 하심이리라" 호11:1 "이스라엘이 어렸을 때에 내가 사랑하여 내 아들을 애굽에서 불러내었거늘"이라고 하였다.

여기 호세아는 애굽에 있던 야곱의 아들들을 불러내어 가나안 땅으로 인도하신 하나님의 사역을 말씀하셨는데 이 말씀을 인용하여 마태는 도리어 애굽에서 내 아들을 불렀으므로 가나안에 있는 예수를 애굽으로 불러들었다고 말씀했으니 본뜻과 완전 거리가 먼 이야기가(정반대)된 셈이다.

그러나 쌀을 팔았다, 샀다. 돈 꾸이다, 꾸었다. 찌개가 시원하다, 뜨겁다 등 서로 바뀌도 되고 옳게도 쓴다. 불렀다 함과 불러내었다 함이 이와 같다.

Q 6) "그는 성령과 불로 너희에게 세례를 주 실 것이요" 성령과 불은 같은 것인가 다른가?(3:11절)

"나는 너희로 회개하게 하기 위하여 물로 세례를 베풀거니와 내 뒤에 오시는 이는 나보다 능력이 많으시니 나는 그의 신을 들기도 감당하지 못하겠노라 그는 성령과 불로 너희에게 세례를 베푸실 것이요"

A 요한은 물로 세례를 주어 회개시켜 하나님께 돌아오도록 하는 것이요 예수님은 성령세례라고 하는데 성령과 불로 세례를 주신다. 여기서 성령은 하나님의 특별한 은혜와 은사로 예수를 믿게하고 영을 살려 내신다.

불은 하나님의 극진하신 사랑으로 이루어 주시는 구속성취를 말함인데 죄인들이 죄 가운데서 멸망 받는 것을 보시고 불쌍히 여겨 그리스도를 보내 속죄케 하신 것이다. 그래서 예수님이 불로 정화시킨다는 것은 불은 구속의 도리요 하나님의 말씀이다. 말씀가운데는 우리 죄를 소멸하고 우리를 건져내는 재료가 풍성한 것이다.

성령께서 그 말씀을 가지고 역사하셔서 우리를 성결케 영을 살려내는 것을 불세례라고 한다. 불과 성령은 같은 것이 아닌 것이다.

Q 7) "예수님 세례 받으시고 올라오실 때" '물에서' 인가 '물속에서인가' (3:16)

"예수께서 세례를 받으시고 곧 물에서 올라오실새 하늘이 열리고 하나님의 성령이 비둘기 같이 내려 자기위에 임하심을 보시더니"

A 예수님께서 물(강)에서 세례 받으시고 물 없는데(육지)로 올라 오셨다는 말씀이다. 이 말씀가지고 예수님이 세례 받으실 때 물속에 완전히 잠겼다가 물위로 올라온 것처럼 해석하는 것은 옳지 않다고 본다.

'물속에서' (in the water)가 아니고 '물에서' (he came out of the water)이다. 원래 헬라어 세례는 밥티죠(βαπτιζω)라는 말은 ①잠그다 ②적시다 ③씻는다 ④뿌리다(씻어 정결케 한다는 뜻)그런데 침례교에서는 '잠근다' 는 뜻을 강조하고 장로교는 ②③④을 강조한다.

Q 8) 예수님은 세례시 성령이 비둘기 같이 임한 것이 성령세례인가 어찌하는 것이 성령세례인가?(3:16)

"예수께서 세례를 받으시고 곧 물에서 올라오실새 하늘이 열리고 하나님의 성령이 비둘기 같이 내려 자기위에 임하심을 보시더니"

A 성령이 비둘기같이 임하였다고 했으나 성령의 모양이 비둘기 같이 생긴 것이 아니라 하나님은 우주에 충만한 분이시고 영이시기 때문에 형태가 있는 것이 아니라 다만 비둘기 같은 모양으로 임한 것은 상징적인 뜻이 있는 것이다.

비둘기는 하나님께 제물로 이용되는 새이다. 그러므로 성령이 비둘기 같은 모양으로 임하신 것은 예수님이 세상 죄를 지고 하나님께 제물로 바쳐지게 될 것을 우리에게 보여 주는 것이다. 성령은 예수님께서 하나님 앞에서 완전한 제물이 되도록 역사하시는 것이다.

비둘기 모양이 임하는 것이 성령세례가 아니다. 성령세례는 불세례라고도 한다. 성령과 불로 세례 받는 것인데 성령님은 회계시켜 예수님을 믿도록 역사하시고 불은 마치 우리 죄를 태워 정결하도록 하시는 역사를 뜻한다.

Q 9) 성령에 이끌리어 마귀에게 시험을 받으러 갔다면 성령과 마귀는 한 통속인가?(4:1)

"그 때에 예수께서 성령에게 이끌리어 마귀에게 시험을 받으러 광야로 가사"

A 예수님이 성령에 이끌리어 마귀에게 시험받으러 가셨다. 이 말씀은 마태, 마가, 누가복음에 공통적으로 나온 것을 볼 때 예수님이 하나님의 뜻에 의해 시험을 통과해서 연단을 통해 완전한 제물이 되기 위해 마귀로 하여금 연단시키는 매개체로 사용하신 것이다. 마치 욥을 연단시키시기 위해 하나님은 사단을 이용하셨다.

예수님은 하나님이시니 연단이 필요 없으신데 왜 시험을 받으셔야만 하셨는가?

①우리 언약을 체휼하시기 위함과 ②우리의 시험을 이겨주시기 위함이다 그래서 예수님은 시험을 받으셨으나 죄 값도 아니고 죄 없이 시험받으신 것이다. 예수님의 시험은 ③세례 받은 후 ④40일 금식 기도 후 ⑤작정기도 후에 있었다. 우리도 주의 일하는 도중에도 마귀의 시험은 항상 있음도 예산해 두어야 한다. 성령님이 마귀를 이용한 것이지 한 통속은 아닌 것이다.

Q 10) 예수님이 성전 꼭 데기까지 또 높은 산 천하만국이 보이는 산까지 따라 가셨나 안가셨나?(4:5-8)

"이에 마귀가 예수를 거룩한 성으로 데려다가 성전 꼭대기에 세우고" (5절)
"가로되 네가 만일 하나님의 아들이어든 뛰어내리라 기록하였으되 저가 너를 위하여 그 사자들을 명하시리니 저희가 손으로 너를 받들어 발이 돌에 부딪히지 않게 하리로다 하였느니라" (6절)
"예수께서 이르시되 또 기록되었으되 주 너의 하나님을 시험치 말라 하였느니라 하신대" (7절)
"마귀가 또 그를 데리고 지극히 높은 산으로 가서 천하 만국과 그 영광을 보여" (8절)

A "예루살렘으로 가서 성전 꼭대기에 세우고"(4:5) "그를 데리고 지극히 높은 산으로 데리고 가서 천하만국과"(4:8) 이 두 곳에 예수님이 따라 갔을까? 안 따라 가셨을까? 하는 문제이다.

분명 마귀가 여기까지 가자했을 때 따라올라 가셨다면 이미 예수님은 마귀시험에 지신 것이다. 아마 가지 않으신 것 같다. 그러니 마귀가 이 같은 설명으로 예수님을 꼬여 넘어뜨리려고 하였다. 예수님은 돌로 떡을 만들어 먹을 권능도 있었고 몇 천m 상공에서 뛰어 내릴 권능도 있었다. 이런 능력이 있으니 시험이 온 것이다. 아무리 권능이 있어도 하나님의 명령이 없으시니 예수님은 권능을 행하지 않으셨다.

특히 마귀 명령이니 하시지 않은 것이다. 하나님의 명령이 아닌 다른 그 누구의 말에도 예수님은 절대 시행하지 않으신 것이다.

Q 11) 예수님이 율법을 완전케 하려 왔다고 함의 여기 완전은 무엇을 의미하는가?(5:17)

"내가 율법이나 선지자를 폐하러 온 것이 아니요 완전케 하려 함이로다"

A 여기 완전은 무슨 의미일까요? 구약을 주신 이는 하나님이시나 율법과 선지서를 복음에 비해 미흡하고 불완전해서 예수님이 완전하도록 채우려고 오신 것처럼 오해하기 쉽다.

"전에 계명이 연약하여 무익하므로 폐하고"(율법은 아무것도 온전케 못할지니)(히7:18) "첫 언약이 무흠하였더면 둘째 것을 요구할 일이 없었으려니와"(히8:7) "율법은 장차 오는 일의 좋은 그림자요 참형상이 아니므로"(히10:1) 여러 성경을 들어 율법이 완전치 못하다고들 한다. 그러면 하나님이 실수해서 완전치 못한 것을 우리게 주셨단 말인가? 율법과 선지서도 완전하다. 조금도 불완전하지 않다.

예수님이 완전케 하려하심은 율법과 선지서를 완전히 순종하여 이루어 드리려고 오신 것이다. 폐하러 오신 것이 아니고 완전 순종으로 그 누구도 이룰 수 없는 율법을 완전케 하려 오신 것이다.

Q 12) "도무지 맹세하지 말지니" 맹세는 안해야만 되는가 해도 되는가?(5:34)

"나는 너희에게 이르노니 도무지 맹세하지 말지니 하늘로도 하지 말라 이는 하나님의 보좌임이요"

A 맹세하지 말라는 이유는 하늘은 하나님의 보좌요 땅은 하나님의 발등상이므로 하나님이 해 놓으신 모든 것을 인간이 하나라도 변동시킬 수 없기 때문이다. 인간은 자기 머리털하나라도 희고 검게 할 수도 없다. 인간은 오직 하나님이 하시는 데로 따라가야만 하는 것이다. 그러므로 맹세는 아무 소용이 없고 할 필요도 없다. 오직 성경에 맞는 것은 옳다하고 성경에 맞지 않는 것은 아니라 하라 이에 지나는 것은 다 악으로 좇아난 것이다.

그러므로 성도는 하나님의 뜻에 맞추어 옳은 것만 따라 가면서 아닌 것은 아니라고 하여 떠나야 영이 산다. 옳지 않은 것에서 떠나지 못하는 것은 다 마귀의 역사이다. 맹세는 성경의 말씀이나 하나님의 뜻에 맞은 맹세는 많이많이 하되 성경말씀이나 하나님의 뜻에 어긋난 것이나 사람의 생각대로 하는 맹세는 해서는 절대 안 된다.

Q 13) 기도란 무조건 구하고 찾고 두드리면 얻게 되는 것인가?(7:7-8,9-11)

"구하라 그리하면 너희에게 주실 것이요 찾으라 그리하면 찾아 낼 것이요 문을 두드리라 그리하면 너희에게 열릴 것이니" (7:7절)

A 기도란 무조건해서는 안 된다. 구하고 찾고 두드리면 된다고들 한다. 여기서 구한다는 것은 신령한 것을 구하라는 것으로 그의 나라와 영적인 것을 구해야 된다. 또 여기 찾으라는 것은 하나님의 뜻을 찾으라는 것이

다. ①성경을 보고 찾아야 되고 ②원리 원칙에서 ③구원운동의 유익된 길에서 ④의를 이루는 길에서 ⑤하나님 섭리 안에서 ⑥오랜 신앙 경험 속에서 ⑦기도하는 가운데 성령의 감동으로 하나님의 뜻을 찾는 것이다.

또 여기 두드리라는 것은 하나님의 뜻대로 하려고 노력하라는 뜻이다.

신령한 것을 찾았으면 하나님의 뜻을 찾았으면 그것을 이루려고 애를 쓰고 노력해야한다. 기도란 무조건 하는 것이 아니라 신령한 것을 구하고 하나님의 뜻을 찾아 그대로 순종하고 믿고 나가면서 기도해야만 되는 것이다.

Q 14) 남을 대접 잘하는 것이 율법이요 선지자이면 어찌 황금률이라 하는가?(7:12)

"그러므로 무엇이든지 남에게 대접을 받고자하는 대로 너희도 남을 대접하라 이것이 율법이요 선지자니라"

A 남이 나에게 해주기를 바라는 대로 네가 먼저 남에게 해주라는 뜻이다. 우리가 다른 사람에게 바라는 것이 있으면 그것을 먼저 내가 이루어 주어야한다. 다른 사람이 나에게 사랑하지 않은 것 같으면 불평불만 하지말고 내가 먼저 사랑하면 된다. 그런데 이 말씀이 어찌 율법이요 선지자라고 했는가? 율법이나 선지자는 한마디로 남을 섬기는 일이다. 즉 율법의 강령과 선지자의 강령이 다른 사람을 사랑하고 섬기는 것이라는 뜻이다.

어찌 또 황금률(the golden rule)이라고 했는가? 황금률은 그 뜻이 심오하여 인생에게 필수적인 잠언과 금언의 말씀이라는 뜻이며 주의 가장 귀중한 가르침을 일컫는 말씀이라고 본다.

Q 15) 주여 주여! 하고 주의 이름으로 선지자 노릇하며 귀신도 쫓아냈는데 주님은 왜 불법을 행한자라 했는가?(7:21-23)

"그 날에 많은 사람이 나더러 이르되 주여 주여 우리가 주의 이름으로 선지자 노

릇하며 주의이름으로 귀신을 쫓아내며 주의 이름으로 많은 권능을 행치 아니하였나이까 하리니" (22절)
"그 때에 내가 저희에게 밝히 말하되 내가 너희를 도무지 알지 못하니 불법을 행하는 자들아 내게서 떠나가라 하리라" (23절)

A 아무리 이적을 행하고 선지자 노릇도하고 훌륭한 일도 많이 했을 찌라도 다만 하늘에 계신 하나님 아버지의 뜻대로 했느냐 그리 아니했느냐에 따라 상급도 받으나 도리어 불법을 행한 자라고 책망 듣는 자가 될 수도 있는 것이다.

지옥에 갈 사람들도 이적도 행할 수 있고 귀신도 쫓아 낼 수도 있고 권능을 행하고 병을 고칠 수도 있다. 마귀도 이런 것 들을 다 할 수 있으나 하나님의 뜻대로 안했기에 결국 지옥가고 주님이 불법을 행한 자라고 책망하시게 된다.

가장 중요한 것은 하나님의 뜻대로 했느냐가 가장 귀하다. 예수를 믿으면 기본적으로 아버지의 뜻대로 된 것이다. 그러나 믿는 자가 계속해서 하나님의 뜻인 성경대로 따라 살지 않다가는 자기 뜻이나 세상허영이 들어와서 하나님의 뜻과는 거리가 먼 불법을 자행하게 되는 것이다.

Q 16) 인자는 머리 둘 곳이 없다는 말은 거처할 집이 없다는 말인가?(8:20)

"예수께서 이르시되 여우도 굴이 있고 공중의 새도 거처가 있으되 인자 는 머리 둘 곳이 없다 하시더라"

A 여기 머리 둘 곳은 거처를 뜻함이 아니고 지향하는 목표를 뜻한다. 예수님은 세상으로 머리 둘 곳을 삼지 않는 다는 뜻이다. 다시 말하면 예수님의 운동은 세상운동이 아니고 천국운동이라는 뜻이다. 이 운동은 썩어질 것이 아니고 썩지 않을 것이다. 즉 예수님의 머리 둘 곳은 하나님이요 하나님의 나라인 것이다. 또 머리 둘 곳은 안식을 가리킨다. 그래서 예수님은

세상 나라로 안식처를 삼지 않고 하나님의 품속과 하나님의 나라로 안식처를 삼으신다.

예수님은 사람을 많이 모으는 것이 목적이 아니다. 한 사람이라도 진리를 깨달은 자를 기뻐하신다. 진리를 깨닫지 못하면 수천 명이 쫓아와도 소용이 없다. 예수님은 거처할 집이 있었다. 여기 머리 둘 곳이 없다고 하신 것은 조용히 하나님과 교제할 공간, 하나님의 나라, 하나님의 안식을 누릴 곳이 없다는 뜻이다. 가난한 성도를 위로하기위해 이 말씀을 전함은 큰 오해를 낳게 되는 것이다.

Q 17) 열 두해 혈루증 앓던 여인이 '옷 가에 손만 데도 낫는다' 는 것은 신앙인가 미신인가?(9:21)

"이는 제 마음에 그 겉옷만 만져도 구원을 받겠다 함이라"

A 예수님의 옷에 손을 데면 낫는다고 생각했다. 예수님의 능력으로 능히 고쳐 주리라고 믿음으로 손을 데었다면 미신이 아니고 이런 믿음이 없이 단순히 병이 나을 것이라는 소문에 타인이 시키는 말에 그저 행했다면 미신인 것이다.

이 여자는 예수님의 옷에 손만 데어도 낫겠다고 확실히 믿었기에 성공한 것이다. 이 여자는 병이 나은 후 가만히 숨기려 하였다. 예수님은 이 여자의 믿음을 보시고 고쳐 주었다. 주님 말씀에 더 이상 숨길 수 없어 예수님 앞에 엎드려 고백하게 된다. 이것은 은혜 받은 다음에 가만있으면 안 된다는 것을 가르쳐주시는 것이다. 은혜 받은 후 가만있으면 은혜가 소멸되기 쉽다. 은혜 받은 후에는 반드시 주님께 감사와 영광을 돌려야 한다. 다른 사람에게 증거를 보여 주고 변화된 모습으로 하나님께 영광된 생활해야 믿음이다. 그렇지 못할 때는 미신적이 된다.

Q 18) 뱀이 지혜롭고 비둘기는 순결한가 아니면 정 반대가 아닌가?(10:16)

"보라 내가 너희를 보냄이 양을 이리 가운데로 보냄과 같도다 그러므로 너희는 뱀 같이 지혜롭고 비둘기 같이 순결하라"

A 뱀같이 지혜롭고: 뱀은 자기 지혜로 하지 않고 마귀의 지혜를 받아 에덴동산에서 하와와 아담을 범죄케 했다. 성도가 자기 지혜로 하지 않고 하나님의 지혜를 받아서 그 지혜로 마귀를 이기는 것이 지혜이다.(하나님의 뜻 따라 순종하라)

비둘기같이 순결하고: 순결이라는 것은 순진, 깨끗, 소박, 단순의 뜻이 있다. 비둘기는 하나님께 제물로 바치는 새이다. 성도는 언제나 깨끗하여 하나님께 제물로 바치도록 힘을 써야한다. 인간의 꾀와 수단으로 하지 말고 순진한 어린아이와 같이 되어 하나님 앞에 자신을 제물로 바치도록 힘써야 한다. 즉 생명을 바쳐놓고 순결을 지키라는 말이다.

Q 19) 아버지의 성령님이 우리 안에서 말씀해 주시나 누가 말씀해주나?(10:20)

"말하는 이는 너희가 아니라 너희 속에서 말씀하시는 이 곧 너희 아버지의 성령이시니라"

A 총독이나 임금들 앞에 끌려 갈 때에 무슨 말을 어떻게 할까? 하고 염려할 필요가 없다. 하나님께 기도하면서 기쁜 마음으로 끌리어 가면 그때에 무슨 말할 것을 아버지의 성령님께서 다 가르쳐주신다.

말씀 지키는 자에게 성령이 같이 하시고 필요한 말씀을 주신다. 미리염려하고 "무슨 말을 할까?" 걱정하면 안 된다. 왜냐하면 그것은 자기의 지혜로 하려는 것이기 때문에 하나님이 도와주시지 않는다. 하나님이 하시는 데로 끌리어 가면서 두려워하는 것은 믿지 않은 증거이다.(요14:1, 막4:35-40)

Q 20) 예수님이 오신 목적이 가족이 불화 하게함과 자기 집안 식구를 원수 되게 하는가? (10:35-36)

"내가 온 것은 사람이 그 아버지와, 딸이 어머니와, 며느리가 시어머니와 불화하게 하려 함이니 사람의 원수가 자기 집안 식구리라" (35,36절)

A 신앙의 부자간이 혈친보다도 더귀중한 것이다. 부자간에 불화할 찌라도 신앙과 진리는 양보할 수가 없는 것이다. 말씀대로 바로 믿으려고 하면 때로는 가족에게 마귀가 들어가서 마귀 노릇하므로 서로 불화하게 되는 경우가 있다.

집안 식구가 원수가 되는 것은 신앙을 반대하고 진리대로 나가는 것을 반대하기 때문이다. 집안 식구 중에서 진리를 양보하라고 강요할 때에 성도가 그것을 양보하지 않으면 미워하게 되고 원수가 되는 것이다. 불신앙과 신앙은 서로 충돌이 되고 신앙이 같지 않아도 의견이 다르게 되므로 자연히 충돌과 분쟁이 일어나게 되고 집안 식구가 원수가 될 수 있다는 뜻이다.

Q 21) 여자가 낳은 자 중에서 세례요한보다 더 큰이가 없는가? 아브라함, 다윗, 사무엘보다 더 큰가?(11:11)

"내가 진실로 너희에게 말하노니 여자가 낳은 자 중에 세례 요한보다 큰 이가 일어남이 없도다 그러나 천국에서는 극히 작은 자라도 그보다 크니라"

A 모든 인간은 다 여자가 낳은 사람들이다. 그 가운데 세례요한이 제일 크다는 말은 그때까지 사람들 중에 예수 그리스도에 대한 계시를 제일 많이 받고 깨닫고 증거 했기 때문이다.

1) 세상 죄를 지고 가는 하나님의 어린양(구속 주). 2) 키를 가지고 타작마당을 정결케 하시는 심판 주 3). 예수님은 하나님으로서 자기는 그 신들메를 풀기도 감당치 못한다. 4) 예수님은 자기보다 먼저 계신 분(영원 자존자)임을 깨닫고 그대로 믿고 전했다. 그래서 아브라함, 다윗, 사무엘보다도 더 큰이라고 예수님이 말씀한 것이다.

하늘나라에서 제일 큰 자는 진리를 많이 깨닫고 그 진리대로 순종하고 행하므로 영혼과 인격이 그 만큼 자란 자가 제일 큰 자인 것이다. 그러므로 이 땅에서 진리를 많이 깨닫고 그대로 믿고 순종하여 행하고 이룬 것만 가지고 하늘나라 간다. 이런 면에서 세례요한이 가장 큰 자인 것이다. 그러나 세례요한은 예수님의 십자가에 죽음, 부활, 승천을 보지 못하고 죽었다. 교회의 어린이도 이런 것 믿고 있으니 극히 작은 자라도 세례요한보다 진리면을 더 많이 알고 믿고 있다는 의미로 크다고 했다.

Q 22) 천국을 누룩으로 비유한 것은 누룩의 부정적 성격을 나타냄인가 아님 긍정적인가?(13:33)

"또 비유로 말씀하시되 천국은 마치 여자가 가루 서 말 속에 갖다 넣어 전부 부풀게 한 누룩과 같으니라"

A 누룩비유는 1) 전 가루에 퍼지는 속도가 빠르고 많음을 뜻하는 긍정적 해석법 2) 부패하고 죄와 이단 등 세속주의 같은 부정적 해석법이 있다. 마태13;의 누룩비유는 2번이 맞는 것 같다.

성경에서는 누룩을 이단이나 죄, 의식주의를 말할 때 사용되어 왔다.(갈5:9,고전5:6-8, 마16:6-12) 이런 누룩적인 요소가 교회 안에 들어오면 금방 썩게 만들고 부패하게 되어 전 교회가 세속에 넘어가고 만다.

교회는 언제나 누룩적 요소를 제거해야 된다. 갈라디아 교회는 율법주의 누룩으로 교회가 부패케 되었고 고린도 교회는 음행 죄와 외식주의 누룩이 들어왔었다. 잘못된 교훈도 누룩이다 신신학교리, 신비주의운동, 인본주의, 세속주의 운동 등 처음에는 적은 것이 나중에는 교회 전체 퍼져 수술이 불가능케 될 수도 있다. 성경에서 비유적용이 여기에서 이렇게 저기에선 저렇게 이중적으로 적용됨이 없다. 성경은 일관성 있게 적용하신 것이다. 여기서 누룩을 전도 부흥으로 보느냐 이단, 죄악으로 보느냐 에선 후자로 봄이 타당하다.

Q 23) 보화와 진주를 발견하면 몰래라도 그것을 차지하라는 가르침인가?(13:44-46)

"천국은 마치 밭에 감추인 보화와 같으니 사람이 이를 발견한 후 숨겨두고 기뻐하며 돌아가서 자기의 소유를 다 팔아 그 밭을 사느니라(44절)"

A 밭에서 보화를 발견했거나 좋은 진주하나나 값진 진주를 만나게 되면 이 두 비유의 목적이 이것들을 차지하는데 있는 것 같이 비추어 수단방법 가리지 말고 어떤 방법이라도 꼭 차지하라는 뜻이 아닌 것이다.

이 비유는 천국비유이다. 천국은 밭에서 보화를 발견한 것일 때 밭은 내 몸과 세상만물과 여러 환경과 여건 속에서 보화인 진리와 영감으로 된 생명과 생명의 세계 즉 하늘나라에서 온 것을 말한다. 그러면 이것을 위해 다른 모든 것을 희생하여 이것을 이루어나가라는 뜻이다.

진주를 구하는 장사는 진리를 찾고 하나님의 뜻대로 살려고 애쓰는 성도이다. 그가 원하는 진주(진리)를 찾으면 모든 것을 희생하여서라도 그 진리 하나 지키기 위해 살아라는 뜻이다.

루터(종교개혁이 하나님이 준 진주), 모세(이스라엘을 애굽에서 가나안 인도함이 하나님이 준 진주) 이 두 분들은 이것 지키기위해 다른 모든 것은 다 희생했던 것이다.

Q 24) 마리아는 동정녀로 예수만 낳았는가 아니면 예수의 동생들이 모두 몇 명이 있는가(13:55-56)

"이는 그 목수의 아들이 아니냐 그 어머니는 마리아, 그 형제들은 야고보, 요셉, 시몬 유다라 하지 않느냐"

A 예수님은 육신적으로는 목수인 요셉의 아들이요 그 어머니는 마리아이다. 또 그의 형제들이 55절에 야고보, 요셉, 시몬, 유다였고 56절에도 그는 누이들이라는 삼인칭 복수임을 볼 때 두 사람이상이다. 그렇다면 그의 동생들이 6명이거나 그 이상이다.

그런데 천주교에서는 마리아의 평생 동정설을 주장하여 예수님 이외는 출산치 않았다고 하나 그것은 본문성경위반이다. 그리고 그의 고향사람들이 너무나도 잘 알고 있었으므로 예수님을 늘 마리아 아들 목수가 아니냐하고 반문하기에 이른다. 선지자가 자기고향에서 존경받지 못하는 것이 육신적으로만 알고 판단하고 평가하기 때문에 영적인 면이 가리워져 선지자를 보지 못한 결과를 가져온다.

예수님도 자기 고향사람 모두가 마리아와 그의 동생들과 별반 다를게 없는 육신적인 면만 보다가 영적인 면이 가리워져서 예수님을 멸시 천대한 증거가 있지 않는가?

Q 25) 베드로가 "주여 만일 주시어든 나를 오라 하소서"의심한 베드로인가 아닌가?(14:28)

"베드로가 대답하여 이르되 주여 만일 주님이시거든 나를 명하사 물 위로 오라 하소서 하니"

A 베드로가 "만일 주시어든" 한 것은 주님인지 아닌지 의심해서 한 말이 아닌 것이다. 만약 의심이 나서 "만일 주시어든" 했다면 의심하는 믿음으로 물 위로 오라할 때에 물 위로 걸을 수 없는 것이다.

"오라"할 때 베드로가 물위를 걸어간 것을 볼 때 주님을 의심한 것이 아니고 확신했기 때문에 걸어간 것이다. 여기서 "만일"이란 말은 의심한 것보다도 확신한 것을 나타낸 것이다. 만일(에안 ἐάν) ① 비록~ 할찌라도, 만일 ~ 하기만 한다면의 뜻도 있으나 ② '혹 그러한 경우에는' 의 뜻으로 어떤 조건을 전제함(확신을 나타낸 뜻이다)(왕하1:10, 행16:15, 마28:14, 고전7:11) 그러므로 이 말씀은 믿음의 고백이지 의심의 말이 아니다.

Q 26) 천부께서 심으시지 않은 것도 있는가? 있다면 어떤 나무일까요?(15:13)

"예수께서 대답하여 이르시되 심은 것마다 내 하늘 아버지께서 심으시지 않은 것은 뽑힐 것이니"

A 모든 식물은 다 하나님이 심으시고 하나님이 비로 물주고 햇빛과 바람 등으로 열매 맺도록 길러내신다. 만약 하나님이 심지 않은 것은 곧 뽑히게 된다. 하나님의 말씀을 바르게 가르쳐주었으나 마음속에 걸려서 도리어 불평불만만 하면 버려두는 수밖에 없다. 그러면 그 나무는 썩든지 죽든지 벌레가 먹게 되어 곧 뽑히고 만다. 진리가 아닌 것은 하나님이 심지 않으신 것이니 그것은 마침내 하나님의 심판을 받아 뽑아 버림을 당하게 된다. 하나님이 심은 것은 다 진리요 생명인데 하나님이 심지 않고 마귀가 뿌리고 간 가라지는 언젠가는 곧 뽑히게 된다는 뜻이다.

Q 27) 악하고 음란한 세대는 표적을 좋아 하나 타락을 더 좋아하나? (16:4)

"악하고 음란한 세대가 표적을 구하나 요나의 표적 밖에는 보여 줄 표적이 없느니라 하시고 그들을 떠나 가시니라"

A 악하고 음란한 세대는 마음이 하나님을 떠난 세대를 가리켜 말한 것이다. 마음이 하나님을 떠난 것은 영적음란이다. 하나님과 교제치 못하고 하나님을 떠나 세상과 짝하여 살면 악하고 음란하게 된다. 그러면 타락하여 타락에 빠진다.

바리새인과 사두개인들이 악하고 음란하다보니 예수님을 희롱하는 양으로 하늘로부터 표적 보여 달라고 청한다. 증거로 이적이나 기적을 베풀어 보라는 뜻이다. 표적요청에 주님은 너희가 잘 아는 요나의 표적 밖에는 보여줄 것이 없다고 요나 표적 속에 숨어있는 예수그리스도 메시야의 숨은 표적을 보여주려고 했다.

하나님을 떠나면 악하고 음란해서 예수님의 진리말씀보다 눈에 보이는 어떤 기적 같은 증거 이적을 좋아하는 세대가 된다. 이 세대도 역시 타락을 좋아하고 표적(이적과 기적)도 좋아하는 것을 보면 음란한 세대인 것이다.

Q 28) 제 목숨을 잃으면 찾으리라 가장 귀한 목숨을 잃고서 무엇을 얻을까?(16:25)

"누구든지 제 목숨을 구원하고자 하면 잃을 것이요 누구든지 나를 위하여 제 목숨을 잃으면 찾으리라"

A 육신의 목숨을 중히 여겨 그 목숨하나 살기위해 주님따라 가기를 중지하면 영적생명의 역사를 잃게 된다. 영적생명의 역사를 소유하려면 자기 육신의 생명을 내놓고 어떤 환난이 와도 예수님 말씀을 끝까지 따라야한다.

예수님위하여 육신의 목숨을 잃으면 영적생명을 찾는다는 뜻이다. 육신의 생명을 내놓고 하나님의 말씀을 지키면 고난을 당하거나 순교를 당하기도 하지만 영적 생명은 새롭게 살아가며 새 생명의 역사가 더욱더 커간다.

이 역설적 원리(pardox)는 성경에 많이 나온다. 세상의 원리와는 정반대 원리이다. 제 목숨을 잃으면 찾으리라. 자기를 낮추는 자가 큰 자니라, 남에게 주는 자가 복이 있다, 오른빰을 때리면 왼빰도 돌려대고, 오리를 가고자 하는 자는 십리까지 동행하라 그러나 이 역설적 원리는 영원한 진리인 것이다.

Q 29) 동전을 물고 있는 물고기가 낚시를 또 물어 걸려 나올 수 있는가?(17:27)

"그러나 우리가 그들이 실족하지 않게 하기 위하여 네가 바다에 가서 낚시를 던져 먼저 오르는 고기를 가져 입을 열면 돈 한 세겔을 얻을 것이니 가져다가 나와 너를 위하여 주라 하시니라"

A 예수님은 물고기 입속에 돈 한 세겔을 예비해놓고 그 고기가 베드로의 첫 번째 낚시에 걸리게 한 것이다. 아마 바닷가에서 어떤 사람이 한 세

겔 동전을 빠뜨린 것을 고기가 삼켜 물고 다닌 것 같다. 돈은 진짜 한 세겔짜리 동전이다.

주님이 그 고기를 몰아다가 베드로가 낚시하는 곳으로 몰아 주셨고 입안에 동전이 있음에도 낚시를 물게하셨다. 언제나 주의 명령대로 노력하여 일하면 물질을 얻을 수 있게 해주신다. 하나님은 우리에게 재물 얻을 능력을 주신다(신8:18) 큰 물고기 입안에 동전이 있어도 얼마든지 낚시를 물고 늘어질 수가 있다. 이 말씀을 의심치 말고 그대로 믿고 나갈 때 언젠가는 기적 같은 역사가 일어난다.

Q 30) 성전세 감면의 아들은 예수그리스도를 가리키는 가 제자들까지 포함된 것인가?(17:25-26)

"이르되 내신다 하고 집에 들어가니 예수께서 먼저 이르시되 시몬아 네 생각은 어떠하냐 세상 임금들이 누구에게 관세와 국세를 받느냐 자기 아들에게냐 타인에게냐"

A 성전세 수금자들이 베드로에게 예수님이 반 세겔을 내지 않았다고 요구했다. 베드로가 "낸다"하고 왔다. 이것을 보면 예수님도 평소에 국가에 대한 세금을 정확히 잘 납부하는 것을 베드로가 본 것 같다.

관세(지방세, 물품세), 정세(국세, 국가에 내는 세금이다) 임금의 아들인 예수님은 면제자가 되어야한다. 그러나 예수님은 물질의 오해 받기를 원치 않으셨다.

물질 때문에 오해를 받을 경우에 물질은 양보하더라도 오해하지 않게 하여 진리와 정의가 나타나고 하나님의 나라 운동이 잘 되게 하는 것이 더 유익하다.

여기 아들은 예수그리스도를 가리킨다. 그러나 중세시대엔 제자들까지 전도자들까지(성직자)다 포함하여 국세와 정세를 면제했다. 그 여파로 오늘날까지 성직자들에게 면세조치가 취하나 세금을 부과하려는 때가 온 것 같다.

Q 31) 믿는 소자 하나를 실족케 하면 연자 맷돌을 누구 목에 달고 빠뜨리나?(자기,소자)(18:6-7)

"누구든지 나를 믿는 이 작은 자 중 하나를 실족하게 하면 차라리 연자 맷돌이 그 목에 달려서 깊은 바다에 빠뜨려지는 것이 나으니라"

A 약한 어린신자 하나를 예수이름으로 영접하면 예수님을 영접하는 것이 된다. 왜냐하면 예수님이 그 속에 계시고 성령과 생명의 역사가 그 속에 있기 때문이다. 예수를 믿는 소자하나를 실족케 하는 것은 아주 큰 죄를 저지른 것이다.

유혹하거나 시험에 들게하여 신앙의 길에서 넘어지게 하거나 핍박하여 넘어뜨리면 예수님은 크게 노하시고 여기에 대해 가장 큰 벌을 내리신다. 연자 맷돌 사형법은 잔인한 형법인데 유대와 및 여러 나라에서 행해졌다고 한다. 바로 실족케 하는 장본인 목에 달아 스스로 투신자살하라는 것이다. 이것은 예수님이 소자 신자하나를 얼마나 사랑하시며 귀히 여기시는 가를 잘 말해준다. 소자 신자 한 사람 한사람이 예수님의 생명체이기 때문이다.

Q 32) 손, 발, 눈이 범죄하면 찍어 내버려야 하는 것인가 아닌가?(18:8-9)

"만일 네 손이나 네 발이 너를 범죄하게 하거든 찍어 내버리라 장애인이나 다리 저는 자로 영생에 들어가는 것이 두 손과 두 발을 가지고 영원한 불에 던져지는 것보다 나으니라" (6절)

A 손이나 발이 범죄 할 때 실제로 손발을 자르라는 뜻이 아니다. 손이나 발같이 없어서는 안 될 만큼 중요한 물질이나 사업이나 직장이라고 하더라도 그것 때문에 범죄하게 된다면 차라리 잘라버리고 오직 믿음하나만 지켜 나가라는 뜻.

눈과 같이 귀중한 사람, 즉 선견지명을 가지고 눈 노릇(눈의 일)을 하여 주던 사람이라도 그 사람이 너를 범죄케하면 관계를 끊어 버리라는 뜻이다. 예수님을 따라 가는 일을 방해하고 하나님 앞에 범죄케 하는 것은 아무리 귀중한 것이라도 끊어 버려야 주님을 잘 따라 갈 수 있기 때문이다.(마 19:27-29)

Q 33) 두 사람이 합심하여 기도하기만하면 무엇이든지 다 이루어지는 것인가?(18:19)

"진실로 다시 너희에게 이르노니 너희중의 두 사람이 땅에서 합심하여 무엇이든지 구하면 하늘에 계신 내 아버지께서 그들을 위하여 이루게 하시리라"

A 기도란 혼자해도 하나님이 들어 주시기를 기뻐하신다. 물론 두 사람이 기도하면 하나님이 더 기뻐하시리라고 본다. 그렇다고 두 사람이 기도한다고 무조건 들어주시는 것은 아니다. 19절 안에 aitein(요구하다)와 symphonie(조화를 이루다, 합의하다)을 통해 재구성한다면 "너희 중에 두 사람이 둘이서 의견이 맞지 않는 부분을 서로 용서하고 양보하여 그 권리와 요구를 서로 합의하면 하늘에 계신 아버지에 의해 그것이 그들을 위해 이루어지시리라"이다.

여기서 합심기도에 초점이 있는 것이 아니고 용서와 양보하고 권리와 요구를 서로 합의하고 구하면 하나님도 기뻐 들으시고 응답 하신다는데 초점이 있는 것이다. 우리가 알고 있는 합심기도에 초점은 오해이다.

Q 34) 두 세 사람(소수의 사람)이 모인 곳에는 무조건 주님이 함께 계시는 것인가?(18:20)

두세 사람이 내 이름으로 모인 곳에는 나도 그들 중에 있느니라"

A "두 세 사람이 내 이름으로 모인 곳에 나도 그들 중에 있느니라"고 한 것은 소규모의 예배나 소규모의 기도회 때 단골손님처럼 등장하는 성

경구절이라 소수가 모였을 때 많은 위로와 위안을 받는 성구였습니다.

그러나 본래 그런 뜻이 아니었습니다. 26절을 다시 원뜻으로 재구성하자면 "두 세 사람이라도 내 이름으로 모여서 서로 분쟁의 요소나 요구 사항을 뒤로하기로 합의하고 화합할 때는 나도 그들과 함께 있으리라"이다. 우리 성경의 초점을 두 세 사람 소수의 사람의 모임에 초점이 있는 듯 하나 원문의 뜻은 합의하고 화합할 때 하나님이 함께 하신다는데 초점이 있는 것이다. 즉 여기서의 주목적은 용서와 화해의 일치를 요구하시는 내용이므로 우리 모두가 원문의 원 뜻에서 오해 없으시길 바라노라

Q 35) 용서는 7번, 70번, 490번 무한대 몇 번이 우리에게 적당한 것인가?(18:21-22)

"그 때에 베드로가 나아와 이르되 주여 형제가 내게 죄를 범하면 몇 번이나 용서하여 주리이까 일곱 번까지 하오리까" "예수께서 이르시되 네게 이르노니 일곱 번뿐 아니라 일곱 번을 일흔 번까지라도 할지니라"(21,22절)

A 용서란 7번도 얼마나 귀하고 대단한 믿음의 발로라고 본다. 우리도 두세번 용서도 거의 불가능한 일이다. 여기서 70번은 더 위대하고 대단하다. 더구나 490번은 얼마나 고귀한 사랑인가? 사람의 인내나 사랑으로 불가능하다. 그러나 예수그리스도의 아가페적 사랑이라면 가능하다고 본다. 불가능을 가능으로 바꾼다.

그런데 여기서 주님의 뜻은 7번 70번 490번 보다 더 많고 또 얼마든지 무한대로 용서하여 주라는 뜻이다. 과연 형제가 내게 범죄 한다면 이런 초수치적인 용서가 가능할 것인가 나는 불가능하다고 솔직히 고백한다. 그러나 우리 주님은 가능하고 주의 제자라면 가능해야 되기에 주님이 말씀했다고 본다. (단, 용서는 무조건이 아니고 회개하거나 뉘우칠 때만이 가능한 것이다)

Q 36) 이혼은 하나님이 짝지어주신 일이 실패한 일 아닌가 하나님도 실패하시는가? (19:4-6)

"그런즉 이제 둘이 아니요 한 몸이니 그러므로 하나님이 짝지어 주신 것을 사람이 나누지 못할지니라 하시니"

A 예수님은 이혼 불가 원칙을 밝힌다.

1) 창조의 원리를 들어서: 사람을 지으신 하나님이 본래 남자와 여자를 만드셨다.

2) 한 몸이 되는 비밀을 들어: 부모를 떠나 둘이 한몸이된 사실을 알아야 한다.

3) 하나님이 짝지어주신 것이니: 사람이 임의로 나누지 못한다.

단 하나님이 갈라주는 경우만 가능하다.

①한편의 소천으로 ② 고전7:15 신앙문제 (예수를 택하든지 나를 택하든지 하라) ③ 음행한 연고로 부부간의 계약이 해약됨. 그러나 용서하고 기다려야한다. 하나님의 뜻에 이혼은 어떤 이유로든지 불가능하다. 단 하나님이 갈라놓는 3가지 외에 인간이 임의로는 불가능하다. 하나님의 뜻이 있으니 참고 용서하고 기다려보자.

하나님이 반드시 원한을 풀어주고 좋은 날을 주실 것이다.

Q 37) 재혼은 죄가 되는 것인가?(버림받은 여인에게 장가드는 것도 죄인지, 마5:32)아닌지?(19:6)

"나는 너희에게 이르노니 누구든지 음행한 이유 없이 아내를 버리면 이는 그로 간음하게 함이요 또 누구든지 버림받은 여자에게 장가드는 자도 간음함이니라"

A 하나님이 갈리게 한 후 수년(최소3년)이 흐른 뒤 결혼 할 수는 있다. 믿는 성도가 원치 않지만 이혼했다면 다시 부부가 합하여 사는 것이 하나님의 뜻이요 만일 그냥 갈리고서는 주님 모시고 살아야만 되는 것이다.(고전7:10-11) 혹 음행한 부부라 해도 빌미로 이혼해버리지 말고 회개하고 다

시 돌아올 때까지 기다렸다가 다시 합하라는 것이다.

서로 문제가 있어 이혼한 사람들끼리 재혼하는 것도 간음이 된다.(마 5:32)문제가 있어 이혼이 성립 되였으니 정당하다고 볼 수 없다. 할 수만 있으면 혼자서(결혼 실패 후) 주님만 모시고 사는 것이 원칙이요 꼭 결혼하고 싶거든 이혼한 부부가 다시 합하는 것이 하나님의 뜻이다.

하나님은 절대로 실패하실 일은 하시지 않으신다.

Q 38) 독신주의자는 하나님의 창조질서를 범하는 것이 아닌가 괜찮은 것인가?(19:4-12)

"예수께서 대답하여 가라사대 사람을 지으신 이가 본래 저희를 남자와 여자로 만드시고"(4절)

"여짜오되 그러면 어찌하여 모세는 이혼 증서를 주어서 내어 버리라 명하였나이까"(7절)

A 독신생활은 본래 하나님의 뜻을 거스리는 것이다.

1) 선천성 독신 생활자(어미의 태로부터 된 고자) 성적 불구자, 결혼 불가능

2) 후천성 독신 생활자(사람이 만든 고자) 자기 스스로 성적 불구자를 선택자

3) 신앙성 독신 생활자(천국을 위하여 스스로 된 고자) 바울처럼 복음만 위해

①번은 불가항력적으로 선택의 여지가 없으니 하나님의 뜻이라고 본다.

②번은 하나님이 원치 않는 일이니 하나님의 뜻을 거스린 큰 죄를 범한 것이다.

③번은 타고난 자(사명에 투철 한자)로써 복음만 위해 살기 위함이다

①번과 ③번은 하나님의 뜻이고 ②번은 하나님의 뜻을 거스린 처사이다.

Q 39) 소유를 팔아 가난한 자에게 주지 않는 자는(보화=구원)구원은 불가능한가?(19:21)

"예수께서 이르시되 네가 온전하고자 할진대 가서 네 소유를 팔아 가난한자들에게 주라 그리하면 하늘에서 보화가 네게 있으리라 그리고 와서 나를 따르라 하시니"

A 이 부자청년이 온전해 질 수 있는 方法 2가지를 주님이 대답하였다.
1) 소유를 팔아서 가난한 자에게 주라(하늘에서 보화가 있으리라)
2) 예수님을 따르라(모든 것 버리고 주님만따라 나서라는 것)

이 부자청년은 너무 소유에 집착해 있어(재물 우상 섬김) 이것을 깨뜨리지 않고서는 영생을 얻을 수 없고 모든 것을 버리고 주를 따를 각오가 없다.

① 재물을 의지하고 살지 말라 마음이 부요해지면 생명에 들어가지 못한다.

② 예수님을 따라가려면 집, 형제, 부모, 자식 전토, 직장, 재물은 뒤로해야 한다.

③ 의식적이고 도덕적인 부요 종교의식적인 것을 떠나 심령이 가난해 져야한다.

④ 예수를 간절히 사모하고 찾아나가 따라야만 한다.

이런 중심을 갖지 못하면 영생을 얻기가 힘들게 된다.

Q 40) 부자가 천국가기는 불가능해 보인다 하나님은 어떤 방식으로 천국에 보내는가?(19:26)

"예수께서 그들을 보시며 이르시되 사람으로는 할 수 없으나 하나님으로서는 다 하실 수 있느니라"

A 부자가 천국가기가 너무 어렵다(낙타가 바늘 귀= 불가능) 누가 구원을 얻을 수 있습니까? 사람은 불가능하나 하나님은 가능하다고 말씀함.
1) 부자를 가난한 심령으로 만들어서 진리대로 주를 따르게 만드신다.

2) 예수님 믿게 해서 주의 말씀과 주의 인도만 받고 나가도록하신다.

3) 있는 소유를 팔아 가난한자에게 주고 예수만 따라(모든 것 버리고)나선다.

이러한 믿음을 소유하게 되면 그 시간부터 예수 그리스도의 생명이 그 사람 속에서 역사하시고 생명에서 생명으로 계속하여 전진하게 된다.

이 모든 일이 사람으로는 불가능한 일이나 하나님으로는 능히 가능한 일들이다.

Q 41) 여러 일꾼(9시,12시,3시,5시)에게 똑같은 급료를 주는 것은 불공평한가 공평한가? (20:1-16)"그가 하루 한 데나리온씩 품꾼들과 약속하여 포도원에 들여보내고" (2절)

"또 제삼시에 나가 보니 장터에 놀고 서 있는 사람들이 또 있는지라" (3절)
"제육시와 제구시에 또 나가 그와 같이 하고" (5절)
"제십일시에 온 자들이 와서 한 데나리온씩을 받거늘" (9절)
"먼저 온 자들이 와서 더 받을 줄 알았더니 그들도 한 데나리온씩 받은지라" (10절)

A 데나리온은 은전의 명칭이며 노동자의 하루품삯이다. 여기 한 데나리온의 약속은 하나님께서 믿는 자에게 주는 구원을 가리킨다.

이 약속은 교회에 누구든지(일찍, 늦게든지)들어와 일을 열심히 하면 영생을 주겠다는 약속이다.

자격도 없고 불러주지 않으면 포도원에 들어갈 수 없는 처지에 약속대로 한 데나리온(구원)받은 것만으로도 황공무지한데 주인의 하는 일 자비 베푼 일에 대해 불평치 말고 도리어 감사 감격하고 굴복하고 거룩한 맘 가지고 감사, 찬양, 영광 돌리려는 마음을 항상 가져야 한다.

주인이 똑같은 임금을 준 것은 아주 공평한 처사인 것이다.(약속대로)

Q 42) 주의 좌우편의 자리에 앉을 방법은 무엇일까 아무나 해도 되는가?(20:20-28)

"예수께서 이르시되 무엇을 원하느냐 이르되 나의 이 두 아들을 주의나라에서 하나는 주의 우편에, 하나는 주의 좌편에 앉게 명하소서" (21절)
"이르시되 너희가 과연 내 잔을 마시려니와 내 좌우편에 앉는 것은 내가 주는 것이 아니라 내 아버지께서 누구를 위하여 예비하셨든지 그들이 얻을 것이니라" (23절)

A 주의 좌우편에 앉는 方法

1) 주님이 마시는 잔을 마실 수 있는 자

2) 하나님에 의해 예비 된 자만이 가능한 자리이다.

예수님이 마시는 잔은 하나님의 말씀을 순종하다가 당하는 고난이다. 예수님의 많은 고난에 참여한 자는 주의 좌우편에도 앉을 수 있는 자이다.

예수님은 말씀을 순종하여 죽기까지 고난을 다 당하셨다. 구원운동위해 그 나라와 그 의를 위해 예수님은 많은 고난을 다 당하셨다. 하나님이 예정된 자는 하나님이 이런 일을 시켜서 그 잔을 다 마시게하여 자격자로 만들어 그 자리에 앉힌다.

하나님의 예정 된 자에겐 하나님이 반드시 과정과 연단을 통해 자격자로 만드신다.

Q 43) 멍에 메는 짐승보다 어찌 예수님은 그 새끼를 타신대 이유 있는가?(21:5)

"시온 딸에게 이르기를 네 왕이 네게 임하나니 그는 겸손하여 나귀, 곧 멍에 메는 짐승의 새끼를 탔도다 하라"

A 예수님이 나귀타고 입성하는 이유는?

1) 성경을 응하려 하심이다.(슥9:9)

2) 예수님은 겸손한 왕이시니 초라한 나귀타고 입성 하셨다.

(대장군처럼 백마타고 입성해도 손색이 없으실 텐데 나귀선택)

3) 평화의 왕임을 선언하시기 위함. 백마타고 심판하러 오시는(계19:11) 주님이 아니시고 구원과 평화의 상징인 나귀를 선택함.

더군다나 어미도 아닌 새끼를 타신데도 뜻이 있다.

1) 아무도 누구도 타 보지 않은 예수님이 왕이시니 첫 번 시승한데 뜻이 있음.

2) 어미보다 새끼는 순진하고 더 진실하신 예수님의 본성을 나타냄

3) 아직 세상 때가 묻지 않은 깨끗하고 온유 성결함에 뜻이 있다.

Q 44) "호산나" 70인역 에서는 '소손제'(원컨대 구원 하소서, 지금 구원 하소서, 예수만세) 어느 것이 맞는가?(21:9)

"앞에서 가고 뒤에서 따르는 무리가 소리 높여 이르되 호산나 다윗의 자손이여 찬송 하리로다 주의 이름으로 오시는 이여 가장 높은 곳에서 호산나 하더라"

A 호산나는 히브리어 호쉬아나를 헬라어로 음역한 것이다. 그러나 70인역에서는 '소손제'로 '원컨대 구원하소서' 하는 말과 "예수 만세"라는 기원과 찬양의 의미를 내포하고 있다.

시118:25 "여호와여 구하옵나니 이제 구원하소서 여호와여 우리가 구하옵나니 이제 형통케 하소서"가 곧 호산나인 것이다.

이 얼마나 장엄한 모습인가? 많은 사람들이 몰려나와 예수님의 앞뒤에서 호위하여 호산나를 부르고 대 퍼레이드를 통해 하나님께 영광 돌렸다.

Q 45) 무화가 나무가 잎사귀가 무성한 것 보면 좋은데(가로수이니까)왜 저주했는가? (21:9)

"길 가에서 한 무화과나무를 보시고 그리로 가사 잎사귀 밖에 아무 것도 찾지 못하시고 나무에게 이르시되 이제부터 영원토록 네가 열매를 맺지 못하리라 하시니 무화과나무가 곧 마른지라"

A 무화가 나무는 유대 나라를 상징한다.(렘24:2-5) 예수님이 무화과나무를 저주한 것은 유대교가 의식만 왕성하고 열매가 없기 때문에 하나님이 심판 하실 것을 보여 주시기 위해 실물교재로 사용했다.

오늘날 교회도(신약교회) 종교적 의식만 번창하고 외형적 모습으로 겉치레만 요란하고 참신앙의 열매를 맺지 못하면 하나님의 저주를 받게 된다. 말세교회도 잎사귀만 무성하고 하나님이 원하는 열매가 없으면 하나님이 반드시 심판하신다. 교회는 중심이 중요하지 겉모습이 중요한 것이 아니다.

Q 46) 이산더러 들려 바다에 던지우라 하여도 그대로 될 것인데 이런 사례가 있는가?(21:21)

"예수께서 대답하여 이르시되 내가 진실로 너희에게 이르노니 만일 너희가 믿음이 있고 의심하지 아니하면 이 무화과나무에게 된 이런 일만 할 뿐 아니라 이 산더러 들려 바다에 던져지라 하여도 될 것이요"

A 산을 들어 바다에 던진 사례는 없다. 그러나 주님이 원하는 믿음을 소유하면 못 할 일이 없음을 의미한다. 믿음은 말씀을 들음에서 나오고(롬10:17) 들음은 오직 우리 주 예수그리스도의 말씀이니 그러므로 믿음은 하나님의 말씀을 받아 마음으로 순종하고 몸으로 순종하여야 온전한 믿음이 된다.(약2:22)

여기 산을 옮기는 믿음은 하나님의 말씀을 마음으로 몸으로 순종하는 믿음이다. 이런 믿음을 가진 자 앞에서는 아무리 태산 같은 큰일이라도 하나님의 말씀을 믿고 순종하는 믿음 때문에 하나님이 만능으로 형통케 해 준다는 뜻이다. 여기 산은 1)난관 2)질병 3)불가능을 두고 한 말씀이지 실제 산이 아니다.

다시 말해서 확고한 믿음은 능치 못 할 일이 없음을 말씀함이다.

Q 47) '무슨 권세로 이런 일을 하느냐'는 질문에 동문서답 격인 질문으로 대치했고 대답하면 이상한 일이 생기나?(21:27)

"예수께 대답하여 이르되 우리가 알지 못하노라 하니 예수께서 이르시되 나도 무슨 권위로 이런 일을 하는지 너희에게 이르지 아니하니라"

A 대제사장들과 장로들이 예수님을 곤경에 빠뜨리려고 질문했고 예수님의 질문에도 정치적인 답변으로 모면하려했다. 실제로 아는가 모르는가가 문제가 아니라 결과를 치밀하게 계산하여 자기들에게 유리한 편을 택하여 답변한 것이다. 정치적인 답변은 언제나 양심을 버리고 인간의 수단과 방법을 써서 자기에게 유리하도록만 대답하는 것이다.

그래서 예수님도 "나도 무슨 권세로 이런 일을 하는지 너희에게 이르지 아니하리라. 예수님은 모른다고 하지 않으시고 이르지 않겠다고 했다. 모른다고 했으면 거짓말을 하게 된 것이다. 예수님이 가르쳐주지 않은 이유? 양심을 버리고 진리를 찾을 마음이 없이 욕심만 따라가는 그들에게 진리를 말해주어도 진주를 돼지에게 던지는 결과 밖에 되지 않기 때문이다. 진리를 물고 찢어 손해만나니 가르쳐주지 않았다.

Q 48) 큰 아들과 작은 아들 비유(종교 지도자들 세리와 창기) 둘 다 천국에 들어간다는 것인가? (21:31-32)

"그 둘 중의 누가 아버지의 뜻대로 하였느냐 이르되 둘째 아들이니이다 예수께서 그들에게 이르시되 내가 진실로 너희에게 이르노니 세리들과 창녀들이 너희보다 먼저 하나님의 나라에 들어가리라" (31절) "요한이 의의 도로 너희에게 왔거늘 너희는 그를 믿지 아니하였으되 세리와 창녀는 믿었으며 너희는 이것을 보고도 끝내 뉘우쳐 믿지 아니하였도다" (32절)

A 여기서 맏아들은(바리새인들과 제사장들) 둘째 아들(세리와 창기)이 나온다. 맏아들은 하나님을 잘 섬긴다고 자랑하고 작은아들 족속은 도덕적으로는 깨끗하지 못하나 믿고 회개하였으므로 참된 새 생명의 소유자들이다.

요한(세례)이의의도를 가르칠 때 바리새인과 대제사장들은 믿지 않았으나 세리와 창기는 믿었다. 세리와 창기는 처음에는 불순종했으나 하나님의 뜻을 찾아서 순종하고 그것을 세워 나가는 정신이 있었다.

작은 아들이 아버지의 뜻을 거역했던 것을 원통하게 가슴아파 회개했고 포도원에 일찍 오지 못하고 늦게 들어온 것을 후회하고 더욱 부지런히 말했다. 바리새인과 대제사장들은 세례요한이 의의 도를 가르쳐주어도 종시 뉘우치지 않고 믿지도 않았으니 그들의 앞날이 너무나 확고한 것이다.

Q 49) 버린돌을 머릿돌로 사용 될수있을까? 누굴 가리키며 종국적으로는 누굴 가리키는가?(21:42)

"예수께서 이르시되 너희가 성경에 건축자들이 버린 돌이 모퉁이의 머릿돌이 되었나니 이것은 주로 말미암아 된 것이요 우리 눈에 기이하도다"

A 시118:22의 말씀을 인용하신 것이다. 여기서 건축자들은 제사장이나 서기관 같은 종교지도자들을 가르킨다. 이 건축자들이 쓰지 못하겠다고 버린 돌이 가장 요긴한 머릿돌이 되었다는 뜻이다.

이 머릿돌은 예수그리스도를 가리킨다. 더 나아가 종국적으로 우릴 가리킨다. 예수그리스도를 제사장들과 서기관들이 쓸모없다고 십자가에 못 박아 버렸으나 예수그리스도는 참으로 영적 성전의 머릿돌이 되어 이 머릿돌을 기초로하여 거대하고도 영원한 영적성전이 건축되어 나가게 될 것을 가리킨다.

Q 50) 청함을 받은 자는 많은데 택함을 받은 자는 적은 것은 선교정책의 실패인가? (22:14)

"청함을 받은 자는 많되 택함을 입은 자는 적으니라"

A 청함 받은자: 구원에의 일반적인 초청을 받은 자 즉 전도 받은 사람
택함을 입은자: 믿고 하나님의 자녀가 된 구원 받은 사람들을 가리킴.

구원에의 일반적인 초청은 누구에게나 주어지지만 구원받도록 택함받은

사람은 적다는 뜻. 하나님의 선교정책은 결코 실패한 것이 아니다.

召命(소명)에는 내적소명과 외적소명 두 가지가 있다.

외적 소명은 일반적으로 하나님 앞에 오라고 전도하는 것이다. 내적 소명은 택한 백성에게 주어지는 것이기 때문에 숫자가 많지 않다.

내적소명을 받은 사람은 성령의 감동으로 하나님의 말씀이 구원적으로 적용되게 한다. 그리하여 능히 하나님 앞으로 돌아가게 하는 능력이 있으며 이 소명은 변하거나 취소되지 않는다.

Q 51) "가이사 것은 가이사께 하나님의 것은 하나님께" 하나님과 세상을 겸하여 섬길 수 있는가 없는가?(22:17-22)

(17절) "그러면 당신의 생각에는 어떠한지 우리에게 이르소서 가이사에게 세금을 바치는 것이 옳으니이까 옳지 아니하니이까하니"
(21절) "이르되 가이사의 것이니이다 이에 이르시되 그런즉 가이사의 것은 가이사에게, 하나님의 것은 하나님께 바치라 하시니"

A 납세문제에 대한 대적들의 질문에 예수님의 답변은 이것도(가하니이까) 저것도(불가하니이까)아닌 제삼의 것이었다. 겉으로 보면 예수님의 답변이 임기응변 대답 같지만 그러나 예수님의 대답은 탁월한 신적 지혜와 오묘한 진리가 담겨 져있다.

하늘의 권세와 이 땅의 권세는 원래 동격이 아니다. 땅에 거하며 땅의 권세 아래 있는 자들은 그 안에서의 의무에 충실해야하며 하늘의 권세에 속한 영적 자녀들은 우선적으로 하늘의 권세에 복종하고 그 의무에 충실해야 한다. 하나님과 세상을 겸하여 섬길 수는 있으나 우선순위가 있다. 먼저 하나님을 섬기고 나라와 국가도 섬겨야 된다.

Q 52) 부활 시 에는 우리가 천사 같이 되는가? 아니면 전연 다른가?(22:30)

"부활 때에는 장가도 아니가고 시집도 아니가고 하늘에 있는 천사들과 같으니라"

A 믿는 사람은 세상을 떠나는 즉시 영육이 분리 된다. 영은 천국으로 가고 육은 흙으로 변한다. 그러나 예수님이 재림하시는 날 다시 영육이 만나 신령한 몸으로 부활하여 영원히 죽지 않는 신령체이다.

신령체는 장가도 아니 가고 시집도 아니 가고 하늘에 있는 천사들과 같이 된다. 천사들은 단순히 영적인 존재인 반면 부활체는 영육을 동시에 가진 신령체이다.(고전15:35-58) 그래서 부활한 성도는 더 이상 이 세상의 법칙에 지배를 받지 아니 하고 새로운 하늘에 법칙에 따라 예수님의 부활하신 몸과 같이 신령한 몸이 되어 천사와 같이 거룩한 생활을 하게 된다는 것이다.

Q 53) 하나님은 죽은 자의 하나님은 아니시고 산자의 하나님만 되는 가 잘 믿다 죽은 자의 하나님은 안 되나?(22:32)

"나는 아브라함의 하나님이요 이삭의 하나님이요 야곱의 하나님이로라 하신 것을 읽어 보지 못하였느냐 하나님은 죽은 자의 하나님이 아니요 살아 있는 자의 하나님이시니라 하시니"

A 모세가 이 말씀을 들었을 때는 이스라엘 민족의 세 조상(아브라함, 이삭, 야곱)은 이미 죽어 이 세상에는 없었다. 그런데 하나님은 이들의 하나님이라고 밝힌 것은 세상에서는 죽었으나 저 세상에 살려 놓아 살아있기 때문이다. 그래서 하나님 앞에서는 다 살아있기에 나는 산자의 하나님이라고 말씀하신 것이다.

하나님은 오늘도 세상 떠난 성도들을 모두 살려 놓으시고 교제하고 계시기 때문에 그들과 맺은 언약을 신실히 이행하고 계심을 밝힌 것이며 믿다가 죽은 성도는 다 하나님 앞에서는 살아서 섬기고 있기에 하나님은 산자의 하나님이시다.

Q 54) 계명 중에 제일 큰 계명은? 계명은 모두 몇 개이며 한마디로 계명의 총 제목은? (22:37-40)

"예수께서 가라사대 네 마음을 다하고 목숨을 다하고 뜻을 다하여 주 너의 하나님을 사랑하라하셨으니" (37절) "이것이 크고 첫째 되는 계명이요" (38절)

A 첫째 되는 계명은 하나님을 사랑하는 것으로 십계명의 1-4계명이며 십계명 돌비의 첫 번째 돌비에 새겨져있다.

두 번째 되는 계명은 이웃 사랑하는 것으로 십계명의 5-10계명이며 십계명 돌비의 두 번째 돌비에 새겨져있다.

이 두 계명은 율법과 선지자의 강령이니 구약 전체의 기둥이요 핵심인 것이다. 계명은 10계명이요 총 제목은 한 마디로 사랑이다. 이 두 계명이 무시된 그 어느 것이든지 그것은 껍데기에 불과하고 사랑없는 믿음은 허구에 지나지 않는다.(고전 13:1-13)

Q 55) 위선자들의 말은 지키되 행위는 본받지 말아야 되나 말도행위도 본받지 말아야하나?(23:3)

"그러므로 무엇이든지 그들이 말하는 바는 행하고 지키되 그들이 하는 행위는 본받지 말라 그들은 말만 하고 행하지 아니하며"

A 위선자들은 모세와 같은 지도자 자리에 올라앉은 자들인데 그들이 혹 성경을 가르치면 그 성경말씀은 그대로 지켜야 하되 그들의 행위는 본받지 말아야한다. 바리새인이나 행위가 바르지 못한 교역자라해도 성경을 가르치면 그 성경만 지켜야한다.

바리새인들이 스스로 자신들이 정통성 있고 바른 하나님의 말씀을 전한다 했지만 삶이 뒷받침 되지 못했고 무조건 순종을 강요했지만 정작 자신들은 불순종한 장본인 들이다. 그래서 이들은 항상 아는 것과 가르치는 것과 삶 사이에 간격이 있었고 이 간격에 위선과 기만으로 채워갔기 때문에 그들의 말 중에선 성경 말씀만 지키고 다른 말과 행위는 본받지 말아야한다.

Q 56) 선생이라 지도자라 아버지라 하지 말라는데 믿는 자는 사제지간 부자지간도 없는가 (23:8-10)

"또한 지도자라 칭함을 받지 말라 너희의 지도자는 한 분이시니 곧 그리스도시니라"

A 참 선생은 예수님 한 분이요 모든 성도는 한 형제니 목사와 교사도 참 선생의 말씀을 전해주는 일꾼이다. 신앙의 아버지는 믿음의 아버지 하나님 한 분뿐이다. 이외 영의 아버지는 이 땅에 없다. 우리의 지도자도 인도자도 예수그리스도뿐이다. 교역자도 주님의 심부름하는 자로 예수님의 지도하에 교회를 위해 일하는 것이다. 여기 핵심은 성도들 간에는 불평등한 계급이 존재할 수 없으며 오직 섬김의 도만이 필요한 것이다. 모든 성도는 영의 아버지 아래 한 형제인 이상 모두가 소중하며 계급이 아닌 사랑으로 존경과 우애, 봉사와 희생을 서로 나누어야 마땅한 것이다.

Q 57) 이 세상에 '7화'를 당해야 할 자는 누구인가? 궁극적으로 예수님이 하시고자 하신 말씀은? (23:13-36)

(13절) '화 있을 진저 외식하는 서기관들과 바리새인들이여 너희는 천국 문을 사람들 앞에서 닫고 너희도 들어가지 않고 들어가려 하는 자도 들어가지 못하게 하는도다"

(15절) "화 있을 진저 외식하는 서기관들과 바리새인들이여 너희는 교인 한 사람을 얻기 위하여 바다와 육지를 두루 다니다가 생기면 너희보다 배나 더 지옥 자식이 되게 하는되다"

(20절) "그러므로 제단으로 맹세하는 자는 제단과 그 위에 있는 모든 것으로 맹세함이요"

(26절) "눈 먼 바리새인이여 너는 먼저 안을 깨끗이 하라 그리하면 겉도 깨끗하리라"

A 7화 : ①천국 방해자 13절 ②지옥자식 만들고 15절 ③물질로 맹세 16-22절 ④의와 인과 신을 버림 23-24절 ⑤겉만 깨끗 속은 탐심 25-26절 ⑥겉은 아름다움 속은 썩은 것 27-28절 ⑦의인과 선지자들을 핍박, 죽

인 자들의 후손 29-36절

오늘날도 주를 믿는다고 하면서 외식하는 서기관과 바리새인들과 같이 믿는 자들도 있고 특히 복음 전도자로 나선 교역자들도 많이 있다. 한마디로 믿음생활 한다고 하지만 외식, 거짓, 교만으로 가득 찼으며 현대교회도 이런 것을 회개치 않으면 화가 있음을 말씀한 것이다.

Q 58) 말세의 징조가 다 나타나지 않았는가? 다 나타났는데도 왜 종말이 안 오는가?(24:1-14)

(5절)"많은 사람이 내 이름으로 와서 이르되 나는 그리스도라 하여 많은 사람을 미혹하리라"
(7절) "민족이 민족을, 나라가 나라를 대적하여 일어나겠고 곳곳에 기근과 지진이 있으리니"
(11절) "거짓 선지자가 많이 일어나 많은 사람을 미혹하겠으며"
(14절) "이 천국 복음이 모든 민족에게 증거되기 위하여 온 세상에 전파되리니 그제야 끝이 오리라"

A 말세징조 : ①사람의 미혹 ②적그리스도 출현 ③난리 소문 ④민족 간 대립 ⑤기근 ⑥지진 ⑦성도 핍박 ⑧성도 시험에 빠짐 ⑨거짓 선지자 출현 ⑩불법성행 ⑪사랑 식어짐.

이와같은 11가지 징조가 다 나타났다. 어느 한 가지 안 나타난 것이 없다. 그러니 말세가 왔고 말세의 끝 부분에 도달 되었다. 말세의 현상이 너무 빨리와서 아직 하나님의 때가 안 되었기에 종말이 안 되는 것뿐이다. 곧 하나님의 때가 다가오리라고 본다. 또한 이 순교자의 수가 다 안 찼기 때문에 순교자의 수를 채울 때까지 기다리고 계신다.(계6:11)

말세지말 종말의 벼랑 끝에서 세상 즐거움에 빠져있지 말고 영안을 뜨고 바로 보고 회개해야 된다.

Q 59) 대 환난 때에 그 환난을 감해 주시는 이유는?(예정대로 다 행치 않고서)(24:15-28)

"그 날들을 감하지 아니하면 모든 육체가 구원을 얻지 못할 것이나 그러나 택하신 자들을 위하여 그 날들을 감하시리라" (22절)

A 대 환난 날에 그 고난을 다 받게 되면 육체를 가진 사람으로서 구원받을 사람이 하나도 없다. 그러므로 하나님께서 택한 백성을 위해 환난의 일부를 감해준다는 뜻이다. 말세에 성도가 7년 대 환난을 다 받는 것이 아니고 전반기 3년 반에서 조금만 더 지나면 예수님이 재림하시게 된다. 그래서 그 나머지는 감해 주신다는 뜻이다.

성도가 환난 중에 말씀을 순종하며 믿음을 지켜나가는 자가 힘이 모자라서 쓰러지려 할 때에 예수님이 대신 감당해 주시고 성령이 힘을 주어서 감당하게 하신다는 뜻이다. 환난을 감해 주시는 의의는 우리 하나님은 너무나 사랑이 많으셔서 그 날들(예정된 환난의 날들)을 감해 주신다.

Q 60) 그날(재림의 날) 천사도 아무도 모르는데 어찌 아들인 예수님도 모른단 말인가?(24:36)

"그러나 그 날과 그 때는 아무도 모르나니 하늘의 천사들도, 아들도 모르고 오직 아버지만 아시느니라"

A 예수님의 재림하는 날은 하늘의 천사도 모르고 아들도 아무도 모른다. 성자 예수님의 전지성이 부정되는 구절이 아니라 성부와 성자간의 직임상의 차이 또는 성부에 대한 성자의 지극한 겸손을 시사한 부분이다.

예수님의 재림은 아버지의 권한에 속해있다. 이 권한은 아버지만 알 문제이지 아들이 알 문제가 아닌 것이다. 예수님의 능력이 무한하시지만 아버지께서 하신 것을 보지 않고는 아무것도 할 수 없다고 하였다.(요5:19)

예수님의 위치가 아버지에 대한 순종의 위치이지 월권의 위치가 아니다.

Q 61) 노아 때는 시집, 장가가도 망했으나 오늘 날은 시집, 장가가도 왜 안 망하는가?(24:38)

"홍수전에 노아가 방주에 들어가던 날까지 사람들이 먹고 마시고 장가들고 시집가고 있으면서"

A 회개하고 하나님의 말씀 순종하고 기도해야 할 때인데 이를 외면하고 탐욕스럽고 먹고 마시는 일에만 집착했다는 것이다. 노아의 때에도 먹고 마시고 시집가고 장가가므로 망했으나 오늘날도 노아의 때와 같이 먹고 마시고 시집가고 장가가는데도 망하지 않고 있다.

이는 노아의 때는 거의 모두가 하나님 없이 먹고 .... 했으나 오늘날은 성도들이 하나님과 같이 먹고 마시고 .... 때문에 망하지 않고 있다.

그러나 이 종말의 때에 많은 사람들이 영적인 일에는 무관심하고 육체적이고 세속적인 일에만 열심 하다가는 하나님의 심판을 자초하게 된다.

Q 62) 지극히 작은 자에게 한 것이 곧 주께한 것이라면(작은 자=주)라고 할 수 있는가? (25:40,45)

(40절) "임금이 대답하여 이르시되 내가 진실로 너희에게 이르노니 너희가 여기 내 형제 중에 지극히 작은 자 하나에게 한 것이 곧 내게 한 것이니라 하시고"
(45절) "이에 임금이 대답하여 이르시되 내가 진실로 너희에게 이르노니 이 지극히 작은 자 하나에게 하지 아니한 것이 곧 내게 하지 아니한 것이니라 하시리니"

A 지극히 작은 자는 주를 믿게 되므로 핍박과 환난으로 빼앗기고 억울하게 갇히고 어려움당하는 소외되고 미미하여 고통 속에서 헤매는 자들이다. 이들이 믿는 일이 아니었다면 이런 어려움이 없을 것이요 큰 자로 부상 될 자이다. 이런자들을 돕는 것은 곧 주님을 돕는 것이 되는 것이다.

세상적인 눈으로 볼 때 지극히 작은 자요(소자) 별 볼일 없는 자 같으나 하나님의 눈 영의 눈으로 볼 때 천국에 큰 자(마5:19)요 천국에 선 대단한 자라고 본다. 이런 자들은 만세전에 이미 택정해 두었으니 이 세상에서 어떤 고난도 다 당하면서도 낮아진 지극히 작은 자 들이다.

Q 63) 마리아의 향유는 산 사람에게 부었는데도 어찌 장사(장례)를 위함이라 했는가?(26:12)

"이 여자가 내 몸에 이 향유를 부은 것은 내 장례를 위하여 함이니라"

대하16:14에 보면 죽은 다윗에게 각양 향재료를 가득히 부었다. 이것이 유대인들의 관습이다. 아리마대 요셉이 예수님의 시체를 십자가에서 내려왔을 때에 니고데모가 침향 섞은 것 백 근쯤 가지고와서 예수님의 시체에 바르고 넣고 장사 지냈다.

본문의 마리아도 오빠 나사로를 다시 살려주심에 대한 고마움을 갚기 위해 300데나리온이나 되는 비싼 향유를 부어드렸다. 이 여인이 예수님의 죽음을 예견하고 기름을 부어드린 것은 아닌 것 같다. 이 여인은 고마움의 보답으로 부었으나 예수님은 장사를 위한 예식으로 간주했으며 마리아의 이 행동에 예언적 행동으로 성격이 되어 주의 죽으심에 대하여 강조했다.

Q 64) 하늘나라 가서도 포도주를 마시는 것인가?(26:29)

"그러나 너희에게 이르노니 내가 포도나무에서 난 것을 이제부터 내 아버지의 나라에서 새것으로 너희와 함께 마시는 날까지 마시지 아니하리라 하시니라"

A 주께서 공중에 재림한 후 성도는 어린양의 혼인 잔치에 모두 참여하게 될 텐데(계19:9) 이 때 벌어질 잔치에서 마실 포도주와 만찬을 미리예언하신 것이다.

여기 새 포도주는 영적은사를 가리킨다.(마9:17) 즉 신령한 하늘나라에서 영적으로 그리스도의 살과 피에 참여하는 은사를 가리킨다. 즉 이후에는 예수님이 영적은사로 너희와 같이 나눌 것이며 이 세상에서 다시 포도주를 마시지 않는다는 뜻이다.

Q 65) 베드로는 죽을 찌라도 주를 버리지 않겠노라 이 맹세를 한 사람은 누구누구인가?(26:35)

"베드로가 이르되 내가 주와 함께 죽을 지언정 주를 부인하지 않겠나이다하고 모든 제자도 그와 같이 말하니라"

A 예수님께서 제자들이 예수를 부인하게 될 것을 예고하신일은 예수님이 3년 동안 동고동락하면서 제자들의 믿음이 매우 빈약한 상태에 있음으로 예수님의 예고는 베드로를 낙심시키기 위해서라기보다 실제로 이런 일이 발생 시에 주님의 말씀을 기억하고 회개할 수 있도록 하기 위해서 주님이 지적하신 것이다.

오늘 우리도 스스로 능력과 의지를 과신하는 자 일수록 더 빨리 더 크게 실패한다는 사실을 교훈 받을 수 있다. 그리고 이런 맹세는 베드로뿐만 아니라 모든 제자도 다 이와 같이 맹세했음과 같이 오늘날 교역자 또 평신도 중에도 많은 사람들도 이와 같이 맹세하는 자들이 많이 있음을 예언했다고 본다.

Q 66) 십자가를 앞에 두고 예수님이 심히 고민하셨는데 무슨 고민일까?(26:38)

"이에 말씀하시되 내 마음이 매우 고민하여 죽게 되었으니 너희는 여기 머물러 나와함께 깨어 있으라 하시고"

A 이미 예수님은 십자가의 고난을 겟세마네 동산 기도로 승리했었다. 이 십자가를 승리적으로 통과해야 되겠으나 예수님도 육신을 가지셨고 그 일이 너무 어렵고 고통스러운 것이므로 어떻게 해야 이 십자가를 승리적으로 통과 할 수 있을까하여 고민하고 슬퍼한 것이다.

만약 예수님이 십자가상에서 고통 때문에 하나님과의 교통이 끊어진다면 하나님 앞에 온전한 제물과 제사가 될 수 없다. 예수님이 모든 사람들의 죄를 짊어지고 큰 고난을 다 받아야 하지만 끝까지 하나님과의 교통이 끊어지지 아니하고 통과해서 합당한 제물로 제사를 완벽하게 드리기 위한 고민과 슬픔과 부르짖음이었지 십자가 안지겠다느니 고통을 덜어달라느니 하는 우리 생각을 가미해서는 안 된다.

Q 67) 검을 가지는 자는 무조건 다 망하는 것인가?(26:52)

"이에 예수께서 이르시되 네 칼을 도로 칼집에 꽂으라 칼을 가지는 자는 다 칼로 망 하느니라"

A 이 말씀은 일종의 격언과 같이 유대사회에선 다 알고 있다. 성경에서도 창9:6 "피 흘린 자는 그 사람도 피를 흘리게 된다."고 했고 계13:10 "칼을 쓰는 자는 칼로 죽으리라"고 했다. 즉 무력으로 진정한 승리를 거둘 수 없음을 강조하신 말씀이며 또 자신을 검과 몽치로 잡고자하려 온 무리들에 대한 심판의 선언이라고 본다.

또 혈육으로 싸우는 자는 망한다는 뜻이다. 혈육으로 대적하는 것은 심령이 살지 못하고 하나님의 교통이 끊어진다. 그러므로 하나님이 도와주시지 않기 때문에 결국은 마귀에게 패전한 것이 되고 천국운동은 실패가 된다.

Q 68) 바라바와 예수 둘 중에 오늘 우리라면 바라바를 안택할 수 있을까?(27:20-22)

(20절) "대제사장들과 장로들이 무리를 권하여 바라바를 달라 하게하고 예수를 죽이자 하게 하였더니"
(21절) "총독이 대답하여 이르되 둘 중의 누구를 너희에게 놓아 주기를 원하느냐 이르되 바라바로소이다"

A 빌라도는 예수님에게 죽일 죄를 찾지 못했다고 무죄를 선언하고서도 백성들에게 결정권을 위임했다. 백성들은 제사장들의 충동을 받아 예수는 십자가에 메달고 바라바는 놓아 석방하라고 외쳐댔다.

제사장들과 서기관들의 시기는 잔인했고 백성들은 충동에 맹목적으로 따랐으며 법관은 소신대로 재판하지 못하였다. 예수님은 하나님의 예정대로 십자가를 지게 됐지만 이 십자가를 지도록 협력한 가룟유다, 빌라도, 로마군 병들은 여기에 대한 징벌을 면키 어려울 것이며 바라바를 선택한 백성들의 죄 때문에 이스라엘이 2천년 동안 나라없이 세계를 떠도는 유랑민족으로 고난을 선택한 것이다. 우리도 바라바를 선택할 수 있으나 거기에 대한 보응을 받을 예상을 해야한다.

Q 69) 구레네 시몬이 예수의 십자가를 대신 짊어졌는데 예수님 구속에 일조를 했는가?(27:32)

"나가다가 시몬이란 구레네 사람을 만나매 그에게 예수의 십자가를 억지로 지워가게 하였더라"

A 예수님의 인성의 체력이 다 소모되어 더 이상 십자가를 지고 갈 수 없는 시점에서 군인들이 구레네 시몬에게 억지로 그 십자가 형틀을 지워 골고다까지 갔다. 그 일이 예수님의 고난을 감해준 것은 아닌 것이다. 만일 감해졌다면 예수님이 우리 대신 받아야할 고난을 다 받지 못한 것이 된다. 구레네 시몬에게 십자가 형틀을 넘겨줄 때까지 예수님이 받으실 고난의 분량을 다 받으셨다.

그러나 구레네 시몬은 예수님의 십자가 형틀을 대신 졌기 때문에 큰 복을 받았다.

막15:21절 구레네 시몬의 아들은 루포라 했고 롬16:13절 루포의 어머니 즉 구레네 시몬의 부인을 바울이 자기 어머니같이 여기며 존경한 것을 보면 그가 예수를 잘 믿은 증거요 큰 복을 받게 된 증거이다.

Q 70) 예수님이 십자가상에서 운명 시에 무덤이 열리고 자던 성도가 많이 일어났는가?(27:52)

"무덤들이 열리며 자던 성도의 몸이 많이 일어나"

A 여기 자던 성도는 오실메시야를 믿고 죽은 성도들이다. 오실 그리스도를 믿고 구약시대에 죽은 성도가운데에서 무덤이 열리고 죽은 성도의 몸이 많이 일어나되 예수님의 부활 후에(삼일 후) 무덤에서 나왔다.

그들이 예수님 부활 후에 무덤에서 나와서 예루살렘성에 들어가서 많은 사람에게 보이고 또 하늘나라에 갔다. 이것은 예수님의 부활이 모든 성도의 부활의 첫 열매이며 모든 성도의 부활을 가능케 하는 것임을 보여 준 것이다.

또 신령한 뜻은 예수님의 구속으로 인하여 죽었던 영혼들이 많이 살아서 구원을 받게 될 것을 가르쳐주고 있는 것이다.

Q 71) 모든 족속으로 제자를 삼아야 한다면 온 지구인이 다 택한 것인가?(28:18-19)

"예수께서 나아와 말씀하여 이르시되 하늘과 땅의 모든 권세를 내게 주셨으니" (18절)
"그러므로 너희는 가서 모든 족속으로 제자를 삼아 아버지와 아들과 성령의 이름으로 세례를 주고" (19절)

A 유대인들에게만 국한되었던 복음이 이방인들에게까지 확장되었다. 예수님도 죽음이전에 제자들에게 이방인과 사마리아인의 고을로 가지 말고 이스라엘집의 잃어버린 양에게 가라고 하셨다. 그러나 죽음을 이기시고 부활하신 후 예수님은 새롭게 지평을 여시고 모든 족속으로 가서 제자 삼으라고 하신다. 이것은 유대인과 이방인의 벽이 허물어 졌으므로써 이제 복음을 받아드리고 영접하는 자가 참 유대인이 되는 것을 의미한다.

모든 백성에게 전도해서 믿게하는 것이 하나님의 뜻이다. 그리하여 온 지구상에 택한 자들이 하나님나라로 들어와야만 하나님의 뜻이 이루어지는 것이다.

온 지구인을 다 택한 것이 아니고 유기된 자도 있고 선택된 자들도 있다.

마가복음

Q 72) 요한의 세례는 '죄 사함을 얻게 하는 세례인데' 예수 안 믿고서도 죄 사함 받을 수 있나?(1:4)

"세례 요한이 광야에 이르러 죄 사함을 받게 하는 회개의 세례를 전파하니"

A 세례요한의 세례자체는 죄 사함을 받게 하는 것이 아니고 죄를 뉘우치고 자복하며 예수그리스도께 나아가서 믿음으로 죄 사함을 받게 하는데 길잡이 역할이다.

오직 죄 사함 받는 길은 예수그리스도를 믿음으로만 가능한 것이다. 죄를 회개하지 않고는 아무도 예수를 영접할 수가 없는 법이다.

그래서 세례요한의 세례운동은 죄인들을 예수그리스도께 인도하기위해 예수를 영접시키기 위해 회개운동으로 회개의 세례를 베푼 것이다.

죄사함 받는 길은 오직 예수그리스도를 믿는 길 이외는 없다.

Q 73) 예수 세례시 '하늘이 갈라짐'과 어떤 모습이기에 하늘이 갈라졌다고 하는가(1:10)

"곧 물에서 올라오실새 하늘이 갈라짐과 성령이 비둘기 같이 자기에게 내려오심을 보시더니"

A 예수께서 세례를 받으신 후 곧 바로 물위에서 나왔으며 또한 거의 동시적으로 성령의 임함과 하나님의 증거가 있음을 볼 수 있는 장면을 하늘이 갈라졌다는 사건을 생동감있게 기록하고 있다. 그런데 합리주의자들은 이 어구가 하늘이 실제적으로 갈라진 것이 아니라 하늘에서 밝은 빛이 비추었다거나 천둥이나 번개 불이 발생한 것을 그렇게 표현한 것이라고 본다.

그러나 에스겔도 하늘이 열린 것을 보았다고 했고(겔1:1) 스데반도 역시 하늘이 열린 것을 보았다고 했다(행7:56) 따라서 이 어구는 에스겔이나 스데반의 경우처럼 실제로 하늘이 갈라진것을 의미한다고 보아야 할 것이다. 갈라진 하늘에서 하나님의 음성이 들렸고 비둘기의 성령모습도 내려왔으며 하나님의 영광이 보였기 때문이다.

Q 74) 귀신이 예수님을 잘 안다고 했는데 얼마나 알고 있을까?(1:24)

"나사렛 예수여 우리가 당신과 무슨 상관이 있나이까 우리를 멸하러 왔나이까 나는 당신이 누구인 줄 아노니 하나님의 거룩한 자니이다"

A 귀신들도 예수를 하나님의 거룩하신 자 곧 하나님의 아들 그리스도이신 줄을 잘 알고 있다. 약2:19 "귀신들도 믿고 떠느니라"고 했다. 귀신들은 하나님과 그리스도를 알고 믿어도 구원을 얻지 못한다.

그 이유는 그리스도께서 귀신들을 위하여서 십자가에 못 박혀 죽지 않으셨고 택한 백성만 위하여 죽으셨기 때문이다. 원래 그리스도는 귀신들을 제어하고 심판하여 멸하실 뿐이다.

또한 귀신들도 천사가 변하여 사탄, 그리고 마귀, 귀신으로 변했기 때문에 하나님과 그리스도에 대해서도 잘 알고 있다.

Q 75) 지붕을 뜯고 구멍으로 침상을 달아 내리는 작업이 가능한가?(2:2-5)

"무리들 때문에 예수께 데려갈 수 없으므로 그 계신 곳의 지붕을 뜯어 구멍을 내고 중풍병자가 누운 상을 달아 내리니" (4절)

A 중풍병자는 혼자의 힘으로는 갈 수도 없는데 네 사람의 협력자가 도와주었고 인산인해로서 사람 뚫고 들어갈 수 없는 상황에서 포기치 않고 지붕에 올라가 지붕을 뜯고 침상과 병자를 달아 내리운 것은 난관을 돌파하는 신앙이다. 하나님께서 나아갈 때 아무리 길이 막히고 방해물이 많아도 그 길을 힘써 연구하고 찾으면 쫓을 수 있다.(하나님이 지혜를 주어 길을 찾게 된다.)

히11:6 "하나님께 나아가는 자는 반드시 그가 계신 것과 또한 그가 자기를 찾는 자들에게 상주시는 이 심을 믿어야 할 찌니라" 난관을 돌파하는 이들의 믿음 때문에 중풍병자는 믿음으로 죄 사함도 받았고 예수님이 주시는 새 생명도 얻게 되었다.

Q 76) '죄 사함의 말'과 '상을 들고 가라' 어느 것이 더 쉬운가? 왜 이 말씀을 했을까?(2:8-12)

"중풍병자에게 네 죄 사함을 받았으니라 하는 말과 일어나 네 상을 가지고 걸어가라하는 말 중에서 어느 것이 쉽겠느냐" (9절)

A 사람 편에서 볼 때는 "일어나 걸어가라"는 말 보다는 "죄 사함을 받았느니라"라는 말이 더 어렵다. 그러나 죄 사할 권세가 있는 예수님은 "죄 사함을 받았느니라"는 말씀이 더 쉽다고 했다. 그래서 예수님의 권세대로 "네 죄를 사했느니라"하시므로 중풍병자가 상을 들고 일어나 걸어가게 된 것이다.

어려운 것을 하게 되면 쉬운 것은 당연히 할 수 있다는 증거이다.

어려운 것(일어나 걸어가는 것)을 하신 것 보고 쉬운 것(죄 사함)은 당연히 해내신 것이다. 일어나 걸어간 것은 죄 사함 받은 증거이다.

Q 77) 신랑과 함께 있는 동안은 금식하면 왜 안 되는가?(2:19)

"예수께서 그들에게 이르시되 혼인 집 손님들이 신랑과 함께 있을 때에 금식할 수 있느냐 신랑과 함께 있을 동안에는 금식할 수 없느니라"

A 신랑은 예수그리스도요 신랑을 빼앗길 날은 예수님을 세상 것에 빼앗길 때이다.

예수님의 제자들은 신랑되신 예수님과 함께 있기 때문에 금식할 필요가 없다. 신랑과 함께 즐거워하며 교제하며 신랑을 즐거워하는 것이 인생의 최고목표이다. 그러나 신랑을 빼앗길 날이 이르면 금식하면서 신랑을 다시 찾아 내야한다. 그 때는 금식해야 된다. 또 자기 목소리가 하나님께 상달되지 못할 때는 부르짖으면서 금식할 필요가 있는 것이다.(사58:3-5) 예수님과 함께 있는 동안에는 금식할 필요가 없다.

Q 78) 안식일이 사람위해 있는가? 아니면 사람이 안식일 위해있는가?(2:27)

"또 이르시되 안식일이 사람을 위하여 있는 것이요 사람이 안식일을 위하여 있는 것이 아니니"

A 하나님께서 안식일을 주어 지키라고 하신 것은 사람에게 복을 주기 위함이니 안식일이 사람위해 있지 사람이 안식일 위해 있는 것이 아니다.

1) 안식일의 주인은 주 예수님이시다. 안식일을 주장하시고 그리스도 안에만 참 안식이 있다.

2) 하나님의 신령한 안식에 참여하는 복을 받게 하기 위함이요

3) 장차 올 안식이 있다는 것은 알게 해 주며 그 세계에 들어갈 준비를 시키기 위함이며

4) 안식일을 지킴으로 그리스도와 깊이 사귀여 영적 평안, 영적 양식을 공급받아 살게 하기 위함으로 안식일을 주셨다.

그러므로 안식일이 사람을 위해 있지 사람이 안식일위해 있는 것이 아니다.

Q 79) 가족들이 왜 예수님을 미쳤다고 믿었을까?(3:21)

"예수의 친족들이 듣고 그를 붙들러 나오니 이는 그가 미쳤다 함일러라"

A 예수님의 친족(모친 동생들)은 다른 사람들이 예수님이 미쳤다하는 말을 듣고 예수님을 데리러 온 것이다. 예수님을 대적하는 자들의 악평과

비방의 말은 듣고 그대로 믿고 예수님을 붙들러 온 것이다. 그러므로 그들도 마귀의 종노릇을 하게 되었고 예수님의 구원운동을 방해하는 결과를 초래했다.

예수님의 친족들이 마귀에게 속아 마귀의 종노릇을 하고 있기 때문에 예수님이 나가 보지도 않고 누가 내 모친이며 동생들이냐 누구든지 하나님의 뜻대로 하는 자가 내 형제요 자매요 모친이라고 말씀하시게 된 것이다.(33-35절 참조)

Q 80) 성령훼방 죄만 사함이 없다면 성령님이 인자보다 더 크고 높은 위치인가? (3:28-29)

"내가 진실로 너희에게 이르노니 사람의 모든 죄와 모든 모독하는 일은 사하심을 얻되"(28절)

A 성령훼방 죄는 죽을 때까지 성령의 역사를 훼방하는 죄이다. 이 죄는 결국 예수를 믿지 못함으로 죄 사함 받지 못하고 죽기 때문이다.

일시적 성령훼방 하다가 나중에 회개하고 예수를 믿으면 성령훼방 죄가 아니다.(어거스틴, 사도 바울) 죽을 때까지 예수를 믿지 않고 성령훼방만 하면 회개할 기회와 믿을 기회가 없기 때문에 영원히 사함을 받지 못하는 것이다. 이러한 죄는 불택자가 짓는 죄이다.

인자와 성령은 동등체이나 성령이 믿도록 회개하도록 여러 방면으로 깨우쳐도 끝까지 거절하고 훼방하는 자를 가리키기 위함이다.

Q 81) 예수님의 가족론은 한 형제는 배제하고 다른 이론이 있는가?(3:32-35)

(34절) "둘러앉은 자들을 보시며 이르시되 내 어머니와 내 동생들을 보라"
(35절) "누구든지 하나님의 뜻대로 행하는 자가 내 형제요 자매요 어머니이니라"

A 예수님의 친족들이 예수님을 찾아왔으나 예수님은 나가보지도 않았다.

예수님에 대한 잘못된 소문을 듣고(3:21-22) 그대로 믿고 마귀시험에 빠져 예수님을 붙들려 왔기 때문이다. 만나면 도리어 하나님의 일에 지장을 초래하기에 면회를 거절했다. 그러나 예수님은 친족에 대한 의무를 다 하였다. 눅2:51 부모를 순종하여 받드셨고 요19:26-27 십자가상에서도 모친을 요한에게 부탁했고 딤전5:8 가족을 돌보지 않는 자에 대한 정죄도 하셨다. 예수님의 가족관은 육신적 혈연관계보다 진리와 영적 관계로 맺어지는 그리스도의 생명을 통한 가족관을 더 중시하였다. 한 하나님을 아버지로 섬기는 한 가족이요 한 형제인 것이다.

Q 82) 성령은 부익부 빈익빈 인가? 아니면 공평한 것인가?(4:25)

"있는 자는 받을 것이요 없는 자는 그 있는 것까지도 빼앗기리라"

A 여기 있는 자는 믿음으로 순종하여 많은 일을 하는 자를 가리킨다. 믿음이 있어 순종하며 많은 빛을 비추어 내보내는 사람은 더 밝아지므로 더 많이 받게 될 것이나 믿음이 없어 순종치 못하므로 빛으로 비추어 내보내지 못하는 사람은 점점 어두워지므로 있는 것 까지도 빼앗기게 된다는 뜻이다.

여기서는 부익부, 빈익빈이나 공평론을 말하는 것이 아니다. 말씀을 귀하게 여겨 사모하고 순종하여 그 말씀의 빛을 비추어 내보내는 성도는 더욱더 은혜와 진리와 신령한 복을 많이 받게 된다는 뜻이다.

있는 자는 더 받고 없는 자는 그 있는 것까지 빼앗긴다니 부익부 빈익빈 같이 들려지기 쉬우니 오해 없으시길 바랍니다.

Q 83) 땅이 스스로 싹, 이삭, 열매를 맺을 수 있을까?(4:28)

"땅이 스스로 열매를 맺되 처음에는 싹이요 다음에는 이삭이요 그 다음에는 이삭에 충실한 곡식이라"

A 사람이 자기 할 일만 잘해나가면 하나님이 반드시 많은 열매를 맺게 해 주신다는 뜻이다. 땅이 스스로 하나님이 일을 해 주신다는 뜻이다.

하나님이 싹도 나게 해 주시고 이삭도 나오게 해 주셔서 많은 곡식과 열매로 풍성할 수 있도록 하나님이 해 주실 것을 믿고 나 맡은 사명과 주의 뜻을 따라 최선의 충성과 순종해 나가시면 된다.

Q 84) 예수님이 비유가 아니면 말씀하지 않았다고 하였는데 다른 말씀은 전연 안 하셨는가?(4:34)

"비유가 아니면 말씀하지 아니하시고 다만 혼자 계실 때에 그 제자들에게 모든 것을 해석하시더라"

A 예수님이 비유가 아닌 것도 많이 말씀하셨으나 본문에서는 비유가 아니면 말씀하지 않았다고 한 것은 신령한 도리를 비유가 아니면 말씀하지 않으셨다는 뜻이다.

막3:33-34는 신령한 말씀을 마13:34-35는 천국에 대한 비밀을 비유로만 말씀하신 것이다.

외인들은 비유로 말하면 그 비유만 알고 만다. 그러나 성도는 그 비유의 신령한 도리와 천국의 비밀을 잘 알게 된다. 그래서 예수님이 비유가 아니면 천국에 대해서는 말씀하시지 않으셨다고 하신 것이다.

Q 85) 귀신이 어찌 자기이름을 '군대'라고 하였을까?(5:9)

"이에 물으시되 네 이름이 무엇이냐 가로되 내 이름은 군대니 우리가 많음이니이다 하고"

A 귀신 자신이 자기를 "군대"라고 밝혔다. 군대는 원어로 데기온(Δεγιώνν)은 약 6천명으로 된 로마군단의 명칭인데 이것은 귀신의 수

가 많은 것을 가리킨다.

그 사람에게는 이와 같이 많은 귀신이 들어가 있었다. 이것들은 다 사단의 졸개들이다. 이렇게 많은 귀신들도 예수님 앞에서는 꼼짝 못하고 벌벌 떨었다.

Q 86) '달리다굼'은 아람어인데 예수님은 히브리어를? 아람어를? 헬라어를? 어느 말을 주로 사용하 셨을까?(5:41)

"그 아이의 손을 잡고 이르시되 달리다굼 하시니 번역하면 곧 내가 네게 말하노니 소녀야 일어나라 하심이라"

A 달리다굼은 당시 유대인들이 사용하는 히브리어로써 "소녀야 일어나라"는 뜻이다. 여기서 "달리다"는 아람어로 "소녀"라는 뜻이고 쿰은 히브리어로 "일어나라"는 뜻이다.

그래서 달리다굼은 아람어와 히브리어의 합성어이다.

예수님은 거의 히브리어를 사용하셨고 아람어는 사복음서에는 모두 6마디만 사용하셨다. 헬라어는 한 마디도 안 하셨다. 그러나 신약성경은 헬라어로 기록 하였다.

Q 87) 선지자는 자기고향, 친척, 자기 집에선 왜 존경받지 못하는가? (6:4)

"예수께서 그들에게 이르시되 선지자가 자기 고향과 자기 친척과 자기 집 외에서는 존경을 받지 못함이 없느니라 하시며"

A 선지자와 목회자가 자기 고향과 친척, 자기 집에선 존경받지 못했다. 그 이유로는 1) 그의 육신적인 면들을 잘 알기 때문이다. 2) 하나님의 선지자, 하나님의 종에 대한 선입관이 잘못 되었기 때문이다.

육신적인 면들을 알게 되면 그를 통해 나타나는 하나님의 은혜의 면이 나타남을 잘 볼 수가 없다. 오히려 그를 통해 나타나는 하나님의 은혜의 면만 바라볼 수 있다면 존경하고 영접할 수가 있다. 또 하나님의 종은 특별한 (육적인면에서는 특수한 먹는 것, 입는 것, 누리는 것 아주 고난 속에서도 이겨내는 면) 선입관 때문에 과거에 행했던 것이 장애물이 되어 존경하지 못하게 되는 것이다.

Q 88) 전도 여행시 '지팡이'만 가지고 가야하는지? 마태와 누가는 왜 이 것마저 가지고 가지 말라했 나?(6:8)

"명하시되 여행을 위하여 지팡이 외에는 양식이나 배낭이나 전대의 돈이나 아무것도 가지지 말며"

A 전도 여행시에 양식 주머니(배낭), 전대(돈 주머니, 지갑) 돈 등 아무것도 가지지 말라 그리고 신만 신고 두 벌 옷도 가지지 말라 함은 모든 것들은 준비하지 말고 오직 하나님만 의지하고 나가 복음만 전하면 하나님이 양식도 돈도 옷도 잠잘 곳도 마련해 주신다는 뜻이다.

그런데 여기서 "지팡이만 가지"" 란 것은 하나님의 능력만 믿고 나가라는 뜻을 강조함이다.

지팡이는 능력을 상징하고 있기 때문이다. 그러나 마10:10에선 지팡이도 가지지 말라고 한 것은 어떤 유력한 사람이나 어떤 세력을 의지 하지 말라는 말씀인 것이다.

Q 89) '고르반' 제도 이것은 지켜야 되나 아예 지키지도 믿지도 말아야 하는가?(7:11)

"너희는 이르되 사람이 아버지에게나 어머니에게나 말하기를 내가 드려 유익하게 할 것이 고르반 곧 하나님께 드림이 되었다고 하기만 하면 그만이라 하고"

A 하나님의 계명은 부모를 공경하라(출20:12) 부모를 치는 자는 반드시 죽이라(출21:17)이것이 하나님의 계명이다. 그런데 바리새인들이 부모

에게 드려야 될 것을 하나님께 드리면 된다고 해서 부모공경을 소홀히 하게 된 고르반 사상을 가르치게 되었다.

1) 하나님께만 바치고 부모에게 해야할 의무와 책임을 안해도 된다는 것.

2) 하나님의 말씀보다 사람의 교훈(바리새인들의 가르침)을 더 크게 여겼다.

그래서 예수님은 너희가 사람의 교훈을 지키기 위해서 하나님의 계명을 폐하는 자라고 책망하였다. 성경의 하나님의 계명대로 지키고 또 하나님께 드림의 고르반도 지키되 하나님의 계명이 더 크고 먼저 지키면서 고르반도 올바로 지켜야 된다.

Q 90) 속에서 나오는 것들 13가지 이런 것 가지고도 천국갈 수 있을까?(7:21:-23)

"속에서 곧 사람의 마음에서 나오는 것은 악한 생각 곧 음란과 도둑질과 살인과 간음과 탐욕과 악독과 속임과 음탕과 질투와 비방과 교만과 우매함이니 이 모든 악한 것이 다 속에서 나와서 사람을 더럽게 하느니라"

A 이 13가지를 우리 성도들도 다 가지고 있다고 솔직히 고백할 수 있다. 이런 것들은 옛사람 즉 부패성이 사람을 더럽게 한다. 인간은 전적 타락하고 전적 부패해서 이런 기질을 다 타고났다.

그러나 예수를 믿고 나서 거듭난 중생한 영혼을 가진 자들은 이런 죄들을 다 용서 받았으니 과거에 이런 죄 지은 것은 회개하므로 용서 받았고 아직도 혹 짓고 있는 죄도 구원은 받았으되 죄 지은 보응(대가)은 다 받아야 되므로 죄짓지 말아야 된다.

Q 91) 예수님도 이방인들을 개로 취급하여 민족차별 하셨을까(7:27)

"예수께서 이르시되 자녀로 먼저 배불리 먹게 할지니 자녀의 떡을 취하여 개들에게 던짐이 마땅치 아니하니라"

A 예수님이 "자녀의 떡을 취하여 개들에게 던짐이 마땅치 아니하다"고 하셨다. 예수님이 직접 말씀했으니 이방인들을 다 개로 여기신 것 같이 보인다. 이것은 하나님을 믿지 않는 이방인들의 상태를 예수님이 그대로 말씀하신 것이다. 하나님을 모르고 하나님의 언약 밖에서 사는 사람은 다 개와 다름없는 것이다.

예수님은 그 사랑의 근본이기에 이방인들을 개로 인정치 않으셨다. 여기서는 이방인들의 불신상태에 있는 그 형제는 개와 같은 현실임을 말했고 또 가나안 여인의 믿음을 시험하시려고 하셨지 사상이 그런 것 아니다.

Q 92) 사천군중이 사흘씩 굶어가면서 예수님의 말씀을 듣기 위해서 모였을까?(8:1-10)

(2절) "내가 무리를 불쌍히 여기노라 그들이 나와 함께 있은 지 이미 사흘이 지났으나 먹을 것이 없도다"
(5절) "예수께서 물으시되 너희에게 떡 몇 개나 있느냐 이르되 일곱이로소이다 하거늘"
(6절) "예수께서 무리를 명하여 땅에 앉게 하시고 떡 일곱 개를 가지 사 축사하시고 떼어 제자들에게 주어 나누어 주게 하시니 제자들이 무리에게 나누어 주더라"

A 큰 모리가 예수님의 말씀을 듣기 위해 사흘 동안이나 계속 예수님을 따라 다녔다. 그들이 예수님의 말씀을 들으면서 은혜 받는데 너무 열중하다보니(자신들이 먹을 것을 가지고 온 것이 다 떨어져 버렸다)먹을 것 기력이 다 진해진 것(소멸)을 생각할 겨를이 없었다.

예수님이 신적 능력으로 많은 사람들이 먹을 것을 잃어버릴 만큼 은혜에 도취가 되어 배가 불러 있도록 하였고 삼일간을 따라 다녔어도 기력이 쇠하지 않도록 했으나 이제 기력도 쇠해지고(피곤) 배도 고파오므로 예수님이 직접 또 챙기셔서 인생의 구주임을 보이시기 위해 오병이어, 칠병이어의 기적을 행하셨던 것이다.

Q 93) '이 세대에게 표적을 주시지 아니하시리라' 예수님이 과연 표적을 안 주셨는가? (8:12)

"예수께서 마음속으로 깊이 탄식하시며 이르시되 어찌하여 이 세대가 표적을 구하느냐 내가 진실로 너희에게 이르노니 이 세대에 표적을 주지 아니하리라하시고"

A 11-13은 표적을 주지 않으심의 본뜻을 이해해야한다.

바리새인들은 예수께서 오병이어로 오천명, 칠병이어로 사천명 먹인 일을 보기도 듣기도 했으나 믿지 않고 또 다른 표적만 구하였다. 그래서 예수님이 그들의 불신앙을 탄식하시고 다른 표적을 보여주지 않은 채 그 지방을 떠나셨다. 그 이유는 보여준 표적만 가지고도 예수님을 구주로 믿어야 되는데 믿지도 않고 보여준 표적은 선지자보다 나은 요나의 표적같은 것이니 다른 표적을 또 더 보여줘도 마찬가지이므로 예수님이 다른 표적 보여주지 않고 떠나셨다.

Q 94) 뭇사람의 끝에서고 그리고 다 섬기면 첫째가 되는 것인가?(9:35)

"예수께서 앉으사 열두 제자를 불러서 이르시되 누구든지 첫째가 되고자하면 뭇사람의 끝이 되며 뭇 사람을 섬기는 자가 되어야 하리라 하시고"

A 세상 사람들은 보통 끝이 되기를 다 싫어한다. 그러나 하나님의 나라에서는 끝이 되어야 첫째가 된다. 그러므로 가장 낮은 자리(끝자리)에 처하여 사람들에게 묻혀 살아야하며 다른 사람을 위하여 봉사하며 종살이 하는 자가 하늘나라에서 큰 자이다.

이 세상에서 제일 많이 섬기고 봉사하던 분은 예수그리스도이시다. 예수님은 만대만민의 모든 택한 백성을 목욕시켜 정하게 하시고(그리스도의 피로 중생시켜줌) 발을 씻어 주셨다.(회개시켜 정결케 해 주시는 일) 그러므로 예수님이 천국에서 제일 크고 존귀한 분인 것이다.

Q 95) 지옥 불은 뜨거운데 구더기도 죽지 않는 불일까?(9:48)

"거기에서는 구더기도 죽지 않고 불도 꺼지지 아니하느니라"

A 지옥은 영적으로 고통, 흑암, 또는 하나님과 교통이 단절된 상태를 가리킨다. 지옥에 구더기가 있는 것이 아니다. 구더기는 추하고 미약한 미물인데 아무리 미약하고 비천한 목숨이라도 일단 지옥에 던지우면 죽지 않는 다는 뜻이다. 지옥 한 번가면 결코 죽지 않고 세세에 고통만 당하는 곳이다. 세상에서 아무리 훌륭한 사람이라도 일단 지옥에 던지우면 구더기와 같이 다 천하고 미약한 생명이 된다는 뜻이다.

Q 96) 형제자매 모친을 백배나 받는다는데 어떻게 백배를 받는다는 것인가?(10:30)

"현세에 있어 집과 형제와 자매와 어머니와 자식과 전토를 백배나 받되 핍박를 겸하여 받고 내세에 영생을 받지 못할 자가 없느니라"

A 형제 부모 자식을 어떻게 백배나 받겠는가! 모든 것을 버리고 예수와 그 말씀을 따라가면 그 참 신앙과 하나님의 역사를 보고 그 부모와 형제나 자식이 언젠가는 예수를 믿게 된다.(고전7:13-14) 그러면 믿기 전 보다 백배나 나아진다. 그들이 믿기 전에는 죽은 영혼이요 마귀의 종이요 지옥의 자녀이었으나 믿음으로 영이 살고 하나님의 자녀가 되며 천국백성이 되면 백배나아지게 되는 것이 분명하다. 그리고 이미 믿는 가정은 또 교회의 모든 성도가 많으니 그 많은 성도가 나의 형제, 자식, 부모니 백배나 받은 것이 된다. 전토와 같은 재산은 더 좋은 것을 주시기도 하고 궁핍한 중에도 예수와 같이 사는 생활은 천국생활을 하니 예수 없이 부요한 생활을 하는 것보다 백배나 나은 것이 되는 것이다.

Q 97) 먼저 된 자는 먼저 되어야하고 나중 된 자는 나중 되어야 할 텐데 왜 성경엔? (10:31)

"그러나 먼저 된 자로서 나중 되고 나중 된 자로서 먼저 될 자가 많으니라"

A 영의 세계는 먼저 믿었다고 다 큰 자가 되는 것이 아니다. 하나님의 말씀을 믿고 작은 것이라도 지키면서 가르치는 자가 천국에서 큰 자가 된다.(마5:19)

그러므로 나중에 믿는 자라도 자기의 모든 소유나 가족이나 자기의 생명을 다 바쳐서 하나님의 말씀을 더 귀히 여기며 지키는 자는 영이 많이 자라나고 천국에서 큰 자가 될 수 있기 때문이다.(엡4:15, 마5:19)

이 세상 원리로는 먼저 된 자는 먼저 되어야 하고 나중 된 자는 나중 되어야 하나 영의 세계 신령한 세계에선 이 원리가 꼭 맞는 것은 아니다.

Q 98) 아무나 무슨 기구를 가지고 성전 안으로 들어오면 안 되는 것인가?(11:16)

"아무나 물건을 가지고 성전 안으로 지나다님을 허락하지 아니하시고"

A 이 내용은 사복음서중 마가복음에만 있는 독특한 기사이다.

그들이 성전 안에서 돈 바꾸는 자들 상이나 비둘기파는 자들의 의자 같은 기구들을 가지고 다니는 것을 원천 봉쇄한 것으로 하나님의 성전은 기도하는 집이지 장사하는 강도의 소굴이 아님을 강조함이라고 보며

또 그 들이 의식과 제도를 복잡하게 만들어 거기에 맞추느라고 성전기구를 가지고 요란스럽게 다니므로 예수님이 권위로 그런 것들을 금하시기 위해서 성전 안에서 그런 기구가지고 다님을 허락지 않은 것이다.

Q 99) 남의 혐의를 용서해야만 하나님도 내 혐의를 용서하시는 것인가?(11:25)

"서서 기도할 때에 아무에게나 혐의가 있거든 용서하라 그리하여야 하늘에 계신 너희 아버지께서도 너희 허물을 사하여 주시리라 하시니라"

A 이 말씀은 기도할 때에 하나님과 교통하는 기도를 하라는 뜻이다. 우리가 다른 사람의 허물을 용서해 주지 아니하면 그 사람과 막히게 되고 그 사람과 막히면 결국 하나님과도 막힌다.

그러므로 다른 사람에게 무슨 허물이 있으면 용서해 주고 기도해야 하나님과 교통이 되고 하나님과 교통하는 기도해야 그 기도가 하나님께 상달되는 기도가 될 수 있기 때문이다.

Q 100) 남이 알지 못한다고 하면 나도 알지 못한다고 거짓말해도 되는가?(11:33)

"이에 예수께 대답하여 이르되 우리가 알지 못하노라 하니 예수께서 이르시되 나도 무슨 권세로 이런 일을 하는지 너희에게 이르지 아니하리라 하시니라"

A 우리는 목적과 방편이 모두 하나님의 뜻에 맞도록 해야한다.

제사장들과 서기관들이 양심을 버리고 자기들의 유리한 쪽을 택하여 거짓말로 답변하므로 예수님도 "나도 무슨 권세로 이런 말을 하는지 너희에게 이르지 아니 하리라"고 질문에 답변을 거부하신 것이다. 예수님도 모른다고 하였으면 거짓말이 될 텐데 이르지 않겠다고 답변유보이다.

또 이들에게 진리를 말해주어도 아무 소용이 없음을 아셨다. 양심을 버리고 욕심만 따라가는 이들은 진주를 돼지에게 던지는 결과가 되어 진리는 물어 찢어 손해만 줄 것이므로 답변유보로 말을 끊은 것이다.

Q 101) 이웃사랑이 번제물 또는 모든 제물 드리는 것 보다 나은 것인가?(12:33)

"또 마음을 다하고 지혜를 다하고 힘을 다하여 하나님을 사랑하는 것과 또 이웃을 자기 자신과 같이 사랑하는 것이 전체로 드리는 모든 번제물과 기타 제물보다 나으니이다"

A 본 절은 서기관이 예수님의 말씀을 반복하면서 목숨을 다 하라는 말 대신에 지혜를 다하라고 덧 붙였다. 이것은 평소에 자신의 소신 것 답변한 것이다.

그는 "하나님과 사람을 사랑하는 것이 전체로 드리는 모든 번제물과 기타 제물보다 나으니이다"라고 지혜있게 대답했던 것이다. 하나님을 사랑하고 이웃을 사랑하는 것이 제사 드리는 제물보다 더 낫게 여기는 것이다.

하나님사랑과 이웃사랑은 율법과 선지자의 대강령이기 때문이다. 이 강령을 어기고 그저 제물만 드린다면 하나님이 기뻐하시지 않는다.

Q 102) 예수 이름을 인하여서 모든 사람에게 미움을 받게 되는 것인가?(13:13)

"또 너희가 내 이름으로 말미암아 모든 사람에게 미움을 받을 것이나 끝까지 견디는 자는 구원을 받으리라"

A 말세에는 성도가 예수 믿는 일과 성경 말씀을 지키는 일 때문에 모든 사람에게 미움을 받게 되는 때가 온다.

그러나 끝까지 믿는 일과 하나님의 말씀을 지켜나가면 참고 견디는 자에게 우리 하나님이 반드시 여러면으로 도와주신다.(약1:12)

만일 성도가 환난과 핍박 시험이 무서워서 믿는 일과 말씀 지키는 일을 양보하거나 포기하면 하나님을 배반하는 것이요 영적 생명의 역사가 끊어져 흑암을 만나고 마귀의 종이 된다.

Q 103) '기록된 데로 가거니와' 예수님의 승천이 성경 어디에 기록 되었는가?(14:21)

"인자는 자기에 대하여 기록된 대로 가거니와 인자를 파는 그 사람에게는 화가 있으리로다 그 사람은 차라리 나지 아니하였더라면 자기에게 좋을 뻔하였으니라 하시니라"

A 예수님을 가롯유다가 팔아넘겼기 때문에 예수께서 십자가에 죽은 것이 아니고 하나님께서 예정하시고 구약 성경에 모두 기록된 대로(모두 456회나 예언 됨) 십자가를 지신다는 것이다.

만사는 하나님의 예정과 주권대로 되어지는 것이지 사람에 의해서 되어지는 것이 아니다. 우리에게 되어지는 모든 일도 하나님의 예정대로 되어지는 줄 알고 어떠한 환난과 핍박이 와도 감사함으로 받아야 한다. 우리가 믿음을 지키다가 미움을 받고 멸시천대를 당하고 죽임에 넘기어져도 아버지께서 주시는 잔인 줄 알고 달게 받아야한다. 이미 예수님의 승천에 대한 기록도 여러번 나온다.

Q 104) '곁에 섯는 자 중의 한 사람이 검을 빼어' 이름을 거명하지 않은 이유?(14:47)

"곁에 서 있는 자 중의 한 사람이 칼을 빼어 대제사장의 종을 쳐 그 귀를 떨어 뜨리니라"

A 곁에 섯는 자중의 한 사람은 시몬 베드로이다. 대제사장의 종은 말고라는 이름을 가진 자이다.(요18:10)

베드로가 예수님을 보호하고자 한 것은 좋으나 혈기로 대항한 것은 잘못된 것이다. 이로 인하여 예수님의 구속사역에 큰 오점이 생길 뻔하였다.

여기서 시몬 베드로의 이름을 밝히지 않은 것은 마가가 기록당시는 AD.55년경이고 유대와 로마의 핍박이 시작되는 시점이기에 이름을 거명하면 본인에게 큰 누를 끼치기 쉬운 까닭이다.

AD.90년경에 기록한 요한복음은 이런 점에서 자유로웠다.

Q 105) 베홑 이불을 두른 자가 누구이며 이 사건이 우리와 무슨 관계가 있는가?(14:51-52)

"한 청년이 벗은 몸에 베 홑이불을 두르고 예수를 따라가다가 무리에게 잡히매"

A 여기선 한 청년이라고 소개하나 마가요한을 가리킨다.

다른 사복음서에서는 이 기사가 나오지 않는다. 예수님이 제자들과 함께 마가요한의 다락방에서 유월절을 잡수시고 겟세마네 동산으로 가신 후 가룟유다가 환도와 몽치를 가진 무리를 데리고 마가요한의 다락방에 예수님을 잡으러 왔었던 것 같다. 그때에 집에서 베홑 이불을 덮고 자던 마가요한이 깨어서 이를 발견하고 이 사실을 빨리 예수께 알려드리려고 의복을 입을 시간도 없이 베홑 이불만 몸에 두르고 겟세마네 동산으로 달려간 것 같다. 다락방에서만난 청년이 겟세마네 동산에 온 것을 보고 연락하러 온 것을 알고 마가를 붙잡으니 베이불은 벗어 버리고 나체로 도망치게 된 것이다. 믿음부족 비겁한 행동, 전도여행 당시도 되돌아서는 말썽꾸러기가 되었었다. 나중에는 회개했다. 크게 쓰임 받게 될 전초예행이다.

Q 106) 예수님 재판시 아무대답도 아니하심은 무슨 의미가 있는가?(15:1-5)

"빌라도가 또 물어 이르되 아무 대답도 없느냐 그들이 얼마나 많은 것으로 너를 고발하는가 보라 하되" "예수께서 다시 아무 말씀으로도 대답하지 아니하시니 빌라도가 놀랍게 여기더라"(4-5절)

A 빌라도가 예수께 심문하길 "네가 유대인의 왕이냐"고 물을 때 예수님은 "네 말이 옳도다"라고 대답하였다. 예수님은 진리의 왕이시므로 이렇게 대답하신 것이다.(요18:37)

그 후에는 대제사장들이 여러말로 고소하고 빌라도가 또 물어도 예수님은 아무대답이 없으셨다.

예수님은 오직 택한 백성을 하나님의 예정대로 자기 생명을 속죄의 제물로 하나님께 드리기 위해서 빌라도에게 구차한 변명이나 대답할 필요없이 오직 주님이 가실길만 굳굳히 가시기 위해 묵묵히 조용히 아무 말씀도 안하신 것이다.

Q 107) 예수님께 자색 옷(홍포)을 입힘은 빌라도가 존경의 표시인가 멸시의 표시인가? (15:17)

"예수에게 자색 옷을 입히고 가시관을 엮어 씌우고"

A 원래 자색 옷은 왕이 입은 좋은 옷을 모방한 것이요 가시면류관도 그렇다. 군병들이 예수님을 왕이라고 희롱하기위하여 자색옷 가시면류관을 씌웠다. 군병들은 예수님을 하나님의 아들로 알지 못하여 이렇게 조롱한 것이다.

예수님은 우리 죄를 위하여 이방인인 로마병정들에게 희롱을 당하시고 매 맞음, 침 뱉음과 모욕을 당하셨다. 예수님은 처음엔 제자들에게 배신당하시고 그 다음엔 대제사장과 유대인, 다음엔 빌라도와 군병들에게 다 배신당하셨다. 이것은 예수님이 유대인들의 죄 뿐 아니라 모든 이방인들의 죄까지 짊어졌기 때문에 유대인과 모든 이방인들에게 까지 고난당하셨다.

빌라도가 자색 옷을 입히도록 한 것은 예수님을 멸시의 표시라고 본다.

Q 108) 구레네 시몬이 억지로 지고 간 십자가의 수고도 하나님이 받으셨는가?(억지 헌금, 억지 봉사) (15:21)

"마침 알렉산더와 루포의 아버지인 구레네 사람 시몬이 시골로부터 와서 지나가는데 그들이 그를 억지로 같이 가게 하여 예수의 십자가를 지우고"

A 사실 억지로 한 헌금과 봉사는 하나님께 상달되지 않고 상급이 없다.(고후9:7, 벧전5:2) 그러나 시몬은 억지로 한 것 일지라도 복을 받게 되었다. 구레네 시몬이 십자가를 지고 가는 동안 예수님을 가까이서 볼 수 있었고 그 모습과 얼굴에서 무언중에 나타나는 그리스도의 빛을 발견하여 영감을 받게 되고 믿게 되며 복을 받게 된 것이다.

그러므로 억지로라도 하나님께 이용당하는 것이 좋다. 하나님의 일에 억지라도 참여하여 봉사할 때 하나님을 가까이 하게 되고 믿음도 생기고 은혜도 체험케 된다. 부모권유로 억지로 교회에 나와 예배에 참여하다보면 그리스도의 빛을 발견하게 되고 좋은 성도가 될 수 있다. 그리스도교는 싫어도 억지로라도 기도하고 성경을 억지로 라도 읽고 교회나 하나님의 일에 억지로라도 봉사하면 하나님의 빛을 발견하고 하나님의 신령한 은혜에 참여할 수 있다.

Q 109) 믿는 자들에겐 이런 이적과 은사가 반드시 따르는가?(16:17-18)

"믿는 자들에게는 이런 표적이 따르리니 곧 그들이 내 이름으로 귀신을 쫓아내며 새 방언을 말하며" "뱀을 집어 올리며 무슨 독을 마실지라도 해를 받지 아니하며 병든 사람에게 손을 얹은 즉 나으리라 하시더라" (17-18절)

A 믿는 자에게 따르는 표적(이적과 은사)

① 귀신을 쫓아내며(예수의 힘을 빌어 마귀를 다 이기고 나감을 뜻) ② 새 방언을 말하여(심령이 새롭게 되어 성경과 천국을 깨닫게 됨) ③ 뱀을 집으며(믿음의 길에 뱀과 같은 악 한자들에게서 보호해 주심) ④ 무슨 독을 마실지라도 해를 받지 아니하며(믿음으로 나아가는 길에 원수들의 독한 욕설과 해독을 주어도 하나님의 능력으로 보호해 줌) ⑤ 병든 사람에게 손을 얹은 즉 나으리라(기도하는 것을 가리킨다)

이런 표적(이적과 은사)이 따르면 참 좋은 성도이며 혹 이런 표적이 안 따른다고 해서 구원 못 받은 것은 아니니 실망치 말라. 믿기만하면 구원받고 하나님이 필요하시면 이적과 은사도 주시기도 하신다.

Q 110) 제자들이 나가 두루 전파한 시점이 언제 부터인가?(16:20)

"제자들이 나가 두루 전파할새 주께서 함께 역사하사 그 따르는 표적으로 말씀을 확실히 증언하시니라"

A 제자들이 두루 나가 전파한 시기는 오순절 성령이 임하고 나서부터 이다. 성령이 충만하고 나서는 제자들이 예수님의 분부대로 나가서 힘써 복음을 전파하였고 예수님은 그 복음전하는 제자들과 늘 함께 계셔서(성령님으로) 친히 역사해 주시므로 초대교회에 많은 표적(기적과 은사)이 일어나게 되었다. 예수님의 제자들은 성령임하시기 전에는 전도하지 못했다. 성도도 성령 충만치 않고는 전도할 수 없다.

누가복음

Q 111) 세례요한이 나실인이라면 소주 포도주만 언급이 되고 나머지는 언급되지 않은 이유?(1:15)

"이는 그가 주 앞에 큰 자가 되며 포도주나 독한 술을 마시지 아니하며 모태로부터 성령의 충만함을 받아"

A 구약시대 나실인으로 포도주나 독주를 마시지 않았다.
일정기간(10년, 20년, 30년, 일평생) 하나님께 몸을 바치면서 포도주와 독주를 금하고 삭도를 머리에 대지 않고 시체를 멀리했다.

그런데 본문에서는 포도주와 독주만 언급되고 나머지 두 가지 삭도, 시체 문제는 언급되지 않음은 가장 지키기 힘든 것이 포도주와 독주였다. 음료수처럼 마시던 것을 자제하는 것이 가장 어려웠다. 그래서 가장 어려운 것 하나만 언급되어도 나머지 두 가지는 자동으로 언급된 셈이 된 것이다.

1) 신약시대 성도는 일생동안 하나님께 몸 바친 나실인 임을 알라

2) 그리스도의 피 값으로 산몸이니 항상 몸으로 하나님께 산제사 드려야 한다.

3) 포도주나 독주를 금하는 것은 무엇에나 도취되지 말라는 의미이다.

Q 112) 엘리사벳이 어떻게 마리아가 메시야를 잉태했음을 알고 축복했을까?(1:42-44)

(42절) "큰 소리로 불러 이르되 여자 중에 네가 복이 있으며 네 태중의 아이도 복이 있도다"

(44절) "보라 네 문안하는 소리가 내 귀에 들릴 때에 아이가 내 복중에서 기쁨으로 뛰 놀았도다"

A 엘리사벳이 마리아의 문안을 받았을 때 복중에 있던 요한이 기뻐 뛰놀았다. 세례요한도 복중에 있으면서 마리아의 복중에 있는 메시야인 예수님을 보고 기뻐 뛰놀았다. 세례요한은 복중에 있으면서 예수를 믿게 되었고 이미 성령에 충만한 사람이었다.(15절)

이 증거를 받은 엘리사벳도 마리아에게 여자 중에 네가 복이 있다 또 네 복중의 아이도 복이 있다고 선언함이 엘리사벳이 복중의 아이도 알고 있었다. 또한 성령의 감동으로 자세히 알게 된 것이다. 이어서 엘리사벳의 축복은 45절 계속하여 이어진다. 내용은 예수님이 마리아에 의해서 탄생하심을 믿는 모든 사람은 복이 있고 이 말씀은 반드시 이루어 지리이다고 축복하게 된 것이다.

Q 113) 엘리사벳이 어떻게 '요한'이라는 이름을 알고 지으려 했을까?(1:60)

"그 어머니가 대답하여 이르되 아니라 요한이라 할 것이라 하매"

A 이스라엘남자 아이는 출생 후 8일 만에 모세의 율법대로 할례를 행하여야한다. (창17:12 레12:3) 그러므로 세례요한에게도 할례를 행하고 이름을 짓게 되었다. 친족들은 그 부친의 이름을 따라 사가랴라고 이름을 짓고자 하였으나 그 모친 엘리사벳은 성령의 감동으로 여러차례 알려주신대로 되어 감을 보고 믿었는데 성령의 감동으로 그의 이름을 요한으로 짓도록 하므로 그대로 요한이라고 이름을 짓게 되었다.

Q 114) 맏아들을 낳아 강보에 싸서 구유에 뉘었으니 여기 구유는 어디인가?(2:7)

"첫아들을 낳아 강보로 싸서 구유에 뉘었으니 이는 사관에 있을 곳이 없음이러라"

A 강보 : 천으로 만든 아기를 덮는 포대기라고 본다.

구유 : 짐승들이 사용하는 밥그릇(밥통)이다.

여기 구유는 옛날 성경에 말구유라고 보통알고 있으나 말 밥그릇은 어린아이를 눕혀놓기가 아주 불편하고 뉘울 수조차 없는 좁은 공간이다. 그래서 여기 구유는 양 구유라고 봄이 옳은 것이다. 베들레헴 근처는 양을 많이 치는 지역이었으며 그 당시 소나 말은 잘 치지 않는 지역이었다.

양 구유는 넓고 턱이 낮고 사각형이라 어린아이를 강보로 싸서 뉘울 수 있는 가장 좋은 구유라고 본다. 오해 없기를 바라노라.

Q 115) 죄 없으신 예수님이 할례와 정결례를 받으심이 무슨 뜻이 있는가?(2:21-24)

"모세의 법대로 정결예식의 날이 차매 아기를 데리고 예루살렘에 올라가니"

A 죄 없으신 예수님인데도 그의 어머니 마리아는 모세가 전해준 율법대로 할례와 결례를 다 순종하므로 율법을 완전히 다 이루신 것이다. 또 천사가 전해준대로 이름을 예수(자기백성을 저희 죄에서 구원할 자)라고 이

름을 지었다.

결례는(레12:1-4) 출산 후 남자 아이라면 33일지나면 산혈이 깨끗해 졌다는 의식으로 번제와 속죄제로 희생을 하나님께 바치도록 하였다. 마리아도 이 규례대로 예수님을 하나님께 드렸으므로 예식을 다 행하여 율법도 다 행하심으로 흠 없는 제물이 되기 위함이었다.

Q 116) 시므온이 기다린 '이스라엘의 위로' 것은 무엇을 두고 하는 말인가?(2:25)

"예루살렘에 시므온이라 하는 사람이 있으니 이 사람은 의롭고 경건하여 이스라엘의 위로를 기다리는 자라 성령이 그 위에 계시더라"

A 시므온은 ①의로운 사람이었다: 그는 오실 메시야인 그리스도를 믿음으로 의롭다함을 받았고 또 행함으로 의를 이루어 나간 사람이다 ②경건한 사람이었다: 경건은 죄에서 멀리 떠나고 하나님 앞에 바로 사는 생활이다 ③이스라엘의 위로를 기다리는 자였다: 이스라엘의 위로가 되시는 예수 그리스도가 오시기를 기다리는 자라는 뜻이다. 승리의 위로자 되실 그리스도를 기다린 시므온을 이스라엘의 위로를 기다렸다고 표현한 것이다.

Q 117) 예수는 많은 사람의 패하고 흥하고 비방 받는 표적되기 위해 오셨는가?(2:34)

"시므온이 그들에게 축복하고 그의 어머니 마리아에게 말하여 이르되 보라 이는 이스라엘 중 많은 사람을 패하거나 흥하게 하며 비방을 받는 표적이 되기 위하여 세움을 받았고"

A 많은 사람의 패하고 흥함을 위하여: 예수 그리스도를 믿고 순종하는 자는 흥하고 믿지 않거나 믿어도 그 말씀을 순종치 않는 자는 패하게 된다.

비방 받는 표적: 예수님은 죄를 용납지 않고 책망하시는 분이기 때문에 예수를 바로 믿고 따르게 되면 비방 받는 표적이 되고 만다.(요7:7) 그러나 거짓 선지자들은 모든 사람에게 칭찬을 받게 된다(눅6:26)

그래서 예수님은 주님을 잘 믿고 순종하는 자에게는 흥함의 표적으로 또 예수를 바로 믿고 따르려면 언제나 비방 받는 표적이 되기 위해 오신 것이다.

Q 118) 예루살렘의 구속을 바라는 것은 무엇을 바라는 것인가?(2:38)

"마침 이 때에 나아와서 하나님께 감사하고 예루살렘의 구속됨을 바라는 모든 사람에게 이 아기에 대하여 말하니라"

A 여선지자 안나는 ①항상 성전생활을 했고 ②주야로 금식했고 ③예루살렘의 구속을 바라보며 기다렸다(그리스도를 기다렸다) ④그는 마침내 그리스도를 영접했고 ⑤그리스도를 증거하게 된다.

그는 84년 동안이나 과부로 지내면서도 남편이 있는 자보다 백배나 나은 신령한 축복과 선물을 받았다. 오늘날도 예루살렘의 구속(그리스도를)을 간절히 기다리는 자는 그리스도를 기쁨으로 영접하게 되고 그리스도를 영접하는 자는 그리스도를 증거 하지 않고는 견딜 수 없게 되는 축복을 받게 될 것이다.

Q 119) "내가 내 아버지 집에 있어야 될 줄을 아지 못하셨나요?"어느 장소를 말하는가?(2:49)

"예수께서 이르시되 어찌하여 나를 찾으셨나이까 내가 내 아버지 집에 있어야 될 줄을 알지 못하셨나이까 하시니"

A 성전을 가리킨다. 예수님은 하나님의 아들이시므로 성전을 내 아버지 집이라고 말씀했다. 예수님은 하나님의 집에서 그의 뜻을 수행해야 할

분이시다.

오늘날에도 예수는 신령한 성전에 계신다. 신령한 성전은 하나님이 임재한 곳이요(창28:16-17) 하나님의 안이요, 하나님과 같이 있는 곳이요, 하나님으로 말미암아 사는 세계이다. 예수님은 이러한 곳에 계셔야 된다는 것을 말씀하셨다. 양친들은 그 말씀의 신령한 뜻을 깨닫지 못 하였다.

Q 120) "모든 육체가 하나님의 구원하심을 보리라"누굴 가리키는 것인가?(3:6)

"모든 육체가 하나님의 구원하심을 보리라"

A 여기서 모든 육체는 모든 인류를 가리킨다고 본다. 예수그리스도가 오셔서 유대인과 이방인 모든 인류를 다 구원해 주실 것을 가리킨다고 본다.

그러나 여기에서 조심 할 것은 "모든 인류" "다 구원"에서 모든 인류는 전 인류를 다 가리킴이 아니고 모든 사람 중에 택함 받은 택자를 가리키지 유기된 불택자를 포함시키지 않는 것이요 다 구원도 택하여 주께서 보혈 흘려주신 택자만 해당된다.

Q 121) 이돌 들로 아브라함의 자손이 되게 하실 수 있는가?(3:8)

"그러므로 회개에 합당한 열매를 맺고 속으로 아브라함이 우리 조상이라 말하지 말라 내가 너희에게 이르노니 하나님이 능히 이 돌들로도 아브라함의 자손이 되게 하시리라"

A 하나님은 돌 감람나무로도 참 감람나무 되게 하실 수 있다는 것이다. 돌 감람나무는 이방인이고 참 감람나무는 유대인을 가리킨다. 참 감람나무 되는 유대인이 회개치 않으면 돌 감람나무 되는 이방인을 아브라함의 자손이 되게 한다는 것이다.

실제로 유대인이 순종치 아니함으로 이방인들을 불러 믿게 하여 신령한 아브라함의 자손이 되게 하셨다(롬11:17) 표면적유대인이 유대인이 아니요 이면적 유대인이 유대인이다(롬2:28-29) 그러므로 믿음으로 말미암아 사는 자는 다 아브라함의 자손이다(갈3:6-7) 이런 능력의 하나님이 돌들로도 아브라함의 자손 되게 하실 수 있으니 유대인들은 교만치 말라는 뜻이다.

Q 122) 예수의 족보 중 마태는 42명을 누가는 77명을 등장시키게 된 이유는?(3:23-38)

(23절) "예수께서 가르치심을 시작하실 때에 삼십 세쯤 되시니라 사람들이 아는대로는 요셉의 아들이니 요셉의 위는 헬리요"
(32절) "그 위는 이새요 그 위는 오벳이요 그 위는 보아스요 그 위는 살몬이요 그 위는 나손 이요"
(34절) 그" 위는 야곱이요 그 위는 이삭이요 그 위는 아브라함이요 그 위는 데라요 그 위는 나홀이요"
(37절) "그 위는 므드셀라요 그 위는 에녹이요 그 위는 야렛이요 그 위는 마할랄렐이요 그 위는 가이난이요"
(38절) "그 위는 에노스요 그 위는 셋이요 그위는 아담이요 그 위는 하나님이시니라"

A 마태복음은 유대인을 위해서 기록했기에 유대인들의 조상 아브라함까지만 기록하다보니 자연스럽게 42명만 기록이 나온다. 그러나 누가복음은 당시 헬라인(이방인)을 위해 더 나아가 전 인류를 위해 기록했기 때문에 인류의 시조 아담까지 소급해서 기록했으며 더 올라가 인류의 창조자 하나님까지 기록하다보니 77명을 등장케 된 것이다.

이 두 족보는 믿음계통만 기록했지 불택자나 불신가정은 전연 등장 시키지도 기록하지 않은 것이다. 마태는 요셉가계로 하향식 족보로 2천 년간의 족보이나 누가는 마리아 가계로 상행식 족보로 4천 년간의 족보를 기록하다보니 42명과 77명의 차이가 있는 것이다.

Q 123) 예수님 시험 받으심에 2번과 3번의 순서가 마태와 누가의 순서가 바뀐 것은 무슨 이유인가?(4:7-9)

"그러므로 네가 만일 내게 절하면 다 네 것이 되리라 예수께서 대답하여 이르시되 기록된 바 주 너의 하나님께 경배하고 다만 그를 섬기라하였느니라 또 이끌고 예루살렘으로 가서 성전 꼭대기에 세우고 이르되 네가 만일 하나님의 아들이어든 여기서 뛰어내리라"

A 첫 번째 시험은 마태복음이나 누가복음이 동일하나 두 번째와 세 번째 시험은 서로 뒤 바뀌게 된 것으로 나타났으니 누군가가 한 사람이 틀린 것 같다.

이 문제는 아마도 마태복음에서는 시험 받은 순서적으로 시간순서로 기술한데 반하여 누가복음에서는 제목별 순서적으로 기술했다고 본다. 그러므로 마태복음과 누가복음의 예수님의 시험에 대한 기록에는 잘못이 없다고 본다. 다만 서로의 기록의 의도가 달랐을 뿐인 것이다.

Q 124) 주의 은혜의 해는 구체적으로 어떤 해를 가리키는가?(4:19)

"주의 은혜의 해를 전파하게 하려 하심이라"

A "주의 은혜의 해"는 50년 마다 맞는 희년을 가리킨다.(레25:1-55) 희년의 첫날에 제사장들은 전국을 돌아다니면서 나팔을 불어 희년을 선포하였고(레25:8-17) 그 해에 노예를 석방하였고 샀던 토지를 원주인에게 돌려주었다.

구약시대의 희년은 그리스도께서 오셔서 우리를 죄에서 구원해 사죄와 해방을 주실 것을 상징한 규례이다. 이제 그리스도가 왔으니 그 희년의 내용이 영적으로 성취되어 은혜와 구원의 때가 된 것을 "주의 은혜의 해"라고 표현한 것이다.

Q 125) 베드로 고백에서 죄인이 떠나야하나 주님이 떠나야 하는가?(5:8)

"시몬 배드로가 이를 보고 예수의 무릎아래에 엎드려 이르되 주여 나를 떠나소서 나는 죄인이로소이다하니"

A "나를 떠나소서 나는 죄인이로 소이다"

1) 가지가 떠날 수도 있지만 그러면 주님을 배반하는 격이 되고

2) 주님의 만능에 나의 죄인임이 발견 될 때 빛과 어두움이 공존

3) 큰 이적 앞에서 자기는 전적 무능하오니 주님은 얼마든지 지금보인 기적 한 가지만으로도 내가 변하여 새 사람 될 수 있게 하시니 나를 떠 나소서 함.

4) 베드로의 겸손으로 예수님의 발 앞에 엎드려 나와 주님이 동등체가 아니니 우리는 주님과 같이 있을 존재가 못되니 주여 떠나달라는 겸손이다.

Q 126) 주님의 오심은 죄인을 불러 회개시키러 오셨지 의인을 버리려 오셨나?(5:32)

"내가 의인을 부르러 온 것이 아니요 죄인을 불러 회개시키러 왔노라"

A 병든 사람에게 의원이 꼭 필요하듯 예수님은 죄인에게 꼭 필요한 분임을 강조하다보니 의인은 필요 없는 듯한 분위기이다. 예수님은 죄인을 구원하시기 위해서 오신 것이다. 그래서 아무리 큰 죄가 있다고 해도 예수를 믿고 회개하고 그에게 나가면 다 사해주시고 구원해 주시고 하나님의 아들로 만들어 주신다.

이 사명을 위해 예수님이 오셨음을 강조하다보니 마치 의인들에게는 아무 필요 없으신 것처럼 느껴지고 있으나 예수님은 죄인이나 의인 모든 사람에게 필요한 분이시다.

Q 127) 모든 사람이 칭찬하면 화가 있다면 칭찬받을 일은 하지 말란 말인가?(6:26)

"모든 사람이 너희를 칭찬하면 화가 있도다 그들의 조상들이 거짓 선지자들에게 이와 같이 하였느니라"

A 24-26의 四禍(사화)를 말씀하는 가운데 4번째 화이다.

1) 부요한자 24절 심령의 가난을 전혀 느껴보지 못하기 때문에

2) 배부른 자 25절 의에 주리고 목마른 자와 반대되고

3) 웃는 자 25절 애통하는 자와 반대되기 때문이요

4) 모든 사람에게 칭찬 받는 자 26절

진리는 모든 사람의 것이 아니다(살후3:2) 따라서 대부분의 많은 사람들이 진리를 거스리고 나간다. 그러므로 모든 사람에게 칭찬받는 것은 진리로 나가지 않는 증거이다. 도리어 진리대로 나가면 많은 사람에게 핍박과 미움과 욕을 먹는다(22절) 그러므로 모든 사람에게 칭찬 받는 자는 화가 있다. 칭찬받을 만한 일은 다 주님이 하셨으니 주님께 영광돌리고 자기는 더 겸손해야만 하는 것이다.

Q 128) 받기를 바라고 빌려 줘야하나 안 바라고 빌려 줘야하는가?(6:34-35)

"너희가 받기를 바라고 사람들에게 꾸어 주면 칭찬 받을 것이 무엇이냐 죄인들도 그만큼 받고자 하여 죄인에게 꾸어 주느니라"

A 여기 "빌리라"는 말은 빌려주라(아주 주라, 꾸어주라)는 뜻이다. 다른 사람에게 빌려주는 행위는 일종의 선이다. 그러나 받기를 바라고 사람에게 빌려주면 주었다가 받으니 자기의 것을 도로 찾아 온 셈이다. 이러한 선은 이기심에서 나오기 쉽고 교만이 들어 올 수도 있고 희생적, 헌신적인 동정이라야 참으로 가치 있는 선이다.

35절에 "아무것도 바라지 말고 빌리라" 그래야 너희 상이 크고 하나님의 아들이 되고 모든 사람에게 인자로운 자가 된다고 말씀하셨다.

Q 129) 지혜는 자기자녀로 옳다 인정받는 다면 지혜는 자녀가 있는가?(7:35)

"지혜는 자기의 모든 자녀로 인하여 옳다 함을 얻느니라"

A 그리스도의 복음을 받는 것이 지혜이고 참 복음을 받는 자는 아름다운 열매를 맺는다. 여기 자녀는 복음을 받아 믿음으로 맺은 열매이다.

지혜되는 복음을 받으면 복음이 생명이 되므로 그 진리대로 생명의 열매가 맺히게 된다. 하나님의 나라는 말에 있지 않고 능력에 있다.(고전4:20) 복음을 받고 회개하고 믿는 자가 지혜있는 자이며 하나님의 징계와 책망을 받을 때에도 회개하고 바로 서는 자가 지혜있는 자인데 이들이 맺는 열매를 자녀라고 한다.

Q 130) 여성이 남성인 예수의 발에 계속 입 맞추는 행위를 어떻게 보아야 하는가?(7:45)

"너는 내게 입 맞추지 아니하였으되 그는 내가 들어올 때로부터 내 발에 입 맞추기를 그치지 아니하였으며"

A 이 여인이 예수의 발에 계속 입 맞추지 않으면 안 되는 이유가 받은바 은혜가 너무 크기 때문에 감사해서 한 일이다.

1) 많은 빚을 탕감 받은 자와 같이 많은 죄를 사함 받았기 때문이다.

2) 하나님의 은혜를 너무 많이 받아서 더 많은 감사와 감격이 넘쳤기 때문이다.

3) 하나님의 은혜를 받은 것만큼 예수님을 사랑해야 할 의미가 넘쳤기 때문이다.

4) 영적 생명은 받았기 때문에 자기 몸 전체를 바치고 있는 마음실천이다.

5) 예수님으로 말미암아 능력의 역사가 더욱더 많이 머물게 되었기 때문이다.

Q 131) 전도 여행을 위해서(지팡이, 주머니, 양식, 돈, 옷)아무것도 없이도 가능할까?(9:3)

"이르시되 여행을 위하여 아무 것도 가지지 말라 지팡이나 배낭이나 양식이나 돈이나 두 벌 옷을 가지지 말며"

A ① 지팡이: 피곤할때 의지하는 것. 그래서 지팡이 의지하지 말고 오직 하나님만 의지하라는 의미이다.

② 주머니: 여행용 자루와 같다. 양식, 두 벌 옷, 신발, 지팡이, 주머니, 돈 등 여행을 위해서는 꼭 필요한 것 들이다. 그러나 이러한 것도 가지지 말고 오직 하나님만 의지하고 나가면 하나님께서 능력으로 역사하셔서 필요한 모든 것을 채워주신다는 뜻으로 말씀한 것이다.

Q 132) 영접치 않는다고 발에서 먼지를 털어버리는 행동이 신앙적인가?(9:5)

"누구든지 너희를 영접하지 아니하거든 그 성에서 떠날 때에 너희 발에서 먼지를 떨어버려 그들에게 증거를 삼이라 하시니"

A 복음을 전하면 세 종류의 반응이 나타난다.

1) 전도자를 영접하고 복음을 받아들여 하나님이 주시는 평안을 누리는 사람

2) 전도자를 영접하였으나 평안을 누리지 못하는 사람. 복음을 받기로 했으나 잘 받지 못하고 잘 순종치아니 하므로 그에게는 평안이 임 할 수 없다.

3) 복음을 전할 때에 영접하지 아니하고 반대하는 자가 있다.

이런 사람에게서는 발의 먼지까지 떨어버리라는 것이다.

그 이유는 ?이런 자들에게서는 물질 도움. 신세지지 말라는 뜻

복음거절로 멸망의 책임은 그들 자신이 지라는 뜻이다.

Q 133) '축사하시고' '사례하시고' '감사기도 하시고' '축복기도 하시고' 어느 것이 더 자연스러운가?(9:16)

"예수께서 떡 다섯 개와 물고기 두 마리를 가지사 하늘을 우러러 축사하시고 떼어 제자들에게 주어 무리에게 나누어 주게 하시니"

A 축사하시고 : 감사와 사례하는 기도, 고마움에 대한 감사기도

사례하시고 : 감사한 마음 가지는 기도, 고마운 뜻으로 상대자에게 드린 인사

감사기도하시고 : 고맙게 여김의 기도, 하나님의 사랑과 은혜에 대한 그리스도인들의 기도

축복기도하시고 : 앞날의 행운을 비는 기도, 무릎 꿇고 빌어주는 기도

요6:11, 마14:19과 눅9:16에서는 예수님이 祝謝(축사) 하신 것으로 기록하고 있으며 그러나 막8:7에는 축복은 생선 두 마리 때, 떡 일곱 개 때는 축사로 기록하고 있다. 본문에서 예수님이 그저 감사기도 하셔도 되는데(고맙게 여김의 기도, 하나님의 사랑과 은혜에 대한 그리스도인들의 기도) 굳이 축사(감사와 사례하는 기도, 고마움에 대한 감사기도)라고 번역할 필요가 없으리라고 본다. 원어 '율로게센' 은 축사나 사례라고 할 수있으나 본 뜻은 감사이니 그냥 '감사기도하시고' 번역이 더 자연스럽게 보인다.

Q 134) '하나님의 그리스도이시다' '예수그리스도는 우리의 그리스도인가? 아니면 하나님의 그리스 도인가?(9:20)

"예수께서 이르시되 너희는 나를 누구라 하느냐 베드로가 대답하여 이르되 하나님의 그리스도시니이다 하니"

A 마16:16 "주는 그리스도시요 살아계신 하나님의 아들이시니이다" 눅 9:20 "하나님의 그리스도이시다" 언뜻 모순이 있는 듯하다. 예수님은 하나님이 보내주신 그리스도(기름부음 받은 자)로서 우리를 구원하여 온전케 해 주실 분이라는 뜻이다.

예수님은 하나님이 우리위해 보내어서 기름부음 받은 자로 제물로 받으시므로 우리의 생명을 살려 내시고 우리를 죄에서 구원해 주실 '하나님의 그리스도이시다' 는 말과 '하나님의 아들이다' 는 말이 둘 다 맞는 것이다.

Q 135) 제 목숨을 구원코저 하면 잃고 나를 위해 제 목숨을 잃으면 구원한다는 역설적 원리는?(9:24)

"누구든지 제 목숨을 구원하고자 하면 잃을 것이요 누구든지 나를 위하여 제 목숨을 잃으면 구원하리라"

A 육신의 목숨을 중히 여겨 그 목숨을 살리기 위해 주님 따라가는 것을 중지하면 영적 생명의 역사를 잃게 된다. 영적 생명의 역사를 소유하려면 자기 육신의 생명을 내 놓고 예수님을 끝까지 따라가야 한다.

즉 예수님을 위하여 육신의 목숨을 내어 놓으면 영적 생명을 찾는다는 뜻이다. 육신의 생명을 내어놓고 하나님의 말씀을 지키면 고난을 당하고 순교를 당하기도 하지만 영적생명은 새롭게 살아가게 된다.

Q 136) 저희로 깨닫지 못하게 숨김이 되는 말은 안 하면 될 텐데 왜 하셨을까?(9:45)

"그들이 이 말씀을 알지 못하니 이는 그들로 깨닫지 못하게 숨긴 바 되었음이라 또 그들은 이 말씀을 묻기도 두려워하더라"

A 44절의 말씀은 예수님이 장차 십자가에서 고난 받음으로 성취될 것을 암시하므로 또 예수님이 귀신 내쫓는 일만 기뻐하지 말고 제자들이 고난 받을 각오를 하고 예수님을 따라와야 된다는 것이다.

그러나 제자들은 그 말씀의 뜻을 알지 못하고 깨닫지도 못하였다. 왜냐면 그 진리는 아직 인을 떼지 않고 숨기 워 있기 때문이었다.

모든 진리는 인을 떼야만 알 수 있다.(계5:4,5, 6:1-2) 숨김이 되었다는 말은 아직 인을 떼지 않은 상태라는 뜻이다.

Q 137) 어린 아이들은 무조건 천국에 다 들어가는 가 예수님은 이 말씀의 중심의 뜻은?(9:48)

"그들에게 이르시되 누구든지 내 이름으로 이런 어린 아이를 영접하면 곧 나를 영접함이요 또 누구든지 나를 영접하면 곧 나를 보내신 이를 영접함이라 너희 모든 사람 중에 가장 작은 그가 큰 자니라"

A 어린아이들이 보편적으로

①자기를 낮추는 심성이 있고 ②부모를 의지하는 심성이 있고 ③젖을 사모한다(벧전2:2)

④순종하는 정신이 있고 ⑤항상 부모와 동거하려는 심성이 있다.

이 말씀은 어린이 예찬론을 말씀 하시고자 함이 아니고 이런 심정과 이런 심령을 닮은 어린아이가 이 땅은 없다. 어린아이를 비유로 곧 예수그리스도를 예표한 것이다. 백합화를 보라, 나는 선한 목자다. 포도나무 이런 비유형식으로 어린아이 같은 완벽한 모양을 갖춘 예수님을 뜻한다.

Q 138) "모든 사람 중에 가장 작은 그 이가 큰 자니라" 이런 역설적이 가능한가?(9:48)

"그들에게 이르시되 누구든지 내 이름으로 이런 어린 아이를 영접하면 곧 나를 영접함이요 또 누구든지 나를 영접하면 곧 나를 보내신 이를 영접함이라 너희 모든 사람 중에 가장 작은 그가 큰 자니라"

A 어린아이와 같이 자기를 낮추어 가장 작은 자로서 하나님을 경외하며 사모하는 자는 천국에서 큰 자가 되는 것이다. 자기를 가장 작은 자 인

줄 아는 것은 하나님을 발견하고 하나님 앞에서 자기 자신을 발견한 증거이다. 그것이 하늘나라에서 커질 것을 미리 내다보고 큰 자라고 말한 것이다. 이런 역설적 진리는 성경 안에는 많이 있다.

Q 139) '반대하지 않는 자는 다 위하는 자이니라' 이 말씀은 무슨 뜻이 있는가?(9:50)

"예수께서 이르시되 금하지 말라 너희를 반대하지 않는 자는 너희를 위하는 자니라 하시니라"

A 자기와 같은 단체에 속하여 같은 일을 하지 않는 자도 복음과 구원운동에 반대만 하지 않는다면 위하는 자인 줄 알고 감사하며 서로 도와 나가야한다.

이와 반대로 잘못된 교훈이나 비진리를 반대하지 않고 가만히 있으면 그 교훈이나 교리를 인정하는 것이 되고 만다.(동참 죄에 빠진다) 그러므로 잘못 된 것은 반대하여 진리를 밝혀 나가야하나 우리 복음과 구원운동을 반대치 않는 자는 우리를 위하는 자가 되므로 서로 도와 나가야한다.

Q 140) 아버지 이외는 아들이 누구인지 아는 이가 없을까?(10:22)

"내 아버지께서 모든 것을 내게 주셨으니 아버지 외에는 아들이 누구인지 아는 자가없고 아들과 또 아들의 소원대로 계시를 받는 자 외에는 아버지가 누구인지 아는 자가 없나이다 하시고"

A 하나님의 아들 그리스도에 대해서 참으로 아는 분은 하나님 아버지뿐이고 또 예수님과 예수님의 뜻대로 계시를 받은자 이외는 하나님을 아는 자가없다. 이는 신적인 관계요 신적비밀이기 때문에 성령에 의하지 않고는 알지 못하기 때문이다.(고전2:13-14)

그러나 우리 성도는 하나님의 아들이 됐으니 하나님의 아들 그리스도를 알고 믿게 되었고 예수님의 뜻대로 계시를 받는 자들이니 하나님을 아는 자들이 된 것이다.

Q 141) '주님께 배움'보다는 '주와 교제'가 더 좋은데 나은 편이 아닌가?(10:42)

"몇 가지만 하든지 혹은 한 가지만이라도 족 하니라 마리아는 이 좋은 편을 택하였으니 빼앗기지 아니하리라 하시니라"

A 주님께 배움도 중요하고 주를 위한 봉사와 교제도 중요하다. 마르다는 영적 은혜 받고 진리를 배우는 일보다 봉사에만 치중하다 심령의 괴로움을 당하게 된다.

예수님은 일을 많이 하고 적게 함보다 작은 진리하나 알고 순종하며 나가는 자가 천국에서 큰 자(마5:19)라고 했으며 세례요한은 여자가 낳은 자 중에 가장 큰 자이나 천국(교회)에서는 저보다 더 크다고 한 것은(마11:11) 세례요한은 알지 못한 진리 예수님의 십자가 죽음, 부활을 모르고 죽었기 때문이다. 천국은 진리만 이뤄가지고 간 것으로 큰 자, 작은자, 판가름 난다.

그래서 주님은 마리아가 좋은 것을 택하였다고 말한 것이다.

Q 142) '우리에게 죄 지은 모든 사람을 용서 하오니' 어떻게 이런 기도를 드릴 수 있는가?(11:4)

"우리가 우리에게 죄 지은 모든 사람을 용서하오니 우리 죄도 사하여 주시옵고 우리를 시험에 들게 하지 마시옵소서하라"

A 이 구절은 신15:1-9을 이해해야만 해석이 가능하다.

"매 칠 년 끝에는 면제하라"

"면제의 규례는 이러하니라 그의 이웃에게 꾸어준 모든 채주는 그것을 면제하고 그의 이웃에게나 그 형제에게 독촉하지 말지니 이는 여호와를 위하여 면제를 선포하였음이라"

“이방인에게는 네가 독촉하려니와 네 형제에게 꾸어준 것은 네 손에서 면제하라”

“네가 만일 네 하나님 여호와의 말씀만 듣고 내가 오늘 네게 내리는 그 명령을 다 지켜 행하면 네 하나님 여호와께서 네게 기업으로 주신 땅에서 네가 반드시 복을 받으리니 너희 중에 가난한 자가 없으리라”

“네 하나님 여호와께서 네게 허락하신 대로 네게 복을 주시리니 네가 여러 나라에 꾸어 줄지라도 너는 꾸지 아니하겠고 네가 여러 나라를 통치할지라도 너는 통치를 당하지 아니하리라”

“네 하나님 여호와께서 네게 주신 땅 어느 성읍에서든지 가난한 형제가 너와 함께 거주하거든 그 가난한 형제에게 네 마음을 완악하게 하지 말며 네 손을 움켜쥐지 말고”

“반드시 네 손을 그에게 펴서 그에게 필요한 대로 쓸 것을 넉넉히 꾸어주라”

“삼가 너는 마음에 악한 생각을 품지 말라 곧 이르기를 일곱째 해 면제년이 가까이 왔다 하고 네 궁핍한 형제를 악한 눈으로 바라보며 아무것도 주지 아니하면 그가 너를 여호와께 호소하리니 그것이 네게 죄가 되리라” (신명기15:1-9)

유대인들은 7년마다 면제년(안식년)에는 의무적으로 이웃의 모든 사람의 부채, 허물, 죄 다 면제하고 탕감하고 용서를 다 했다.

이런 율법따라 “우리에게 죄 지은 모든 사람을 용서하오니”하고 기도할 수가 있다. 그러므로 “우리 죄도 사하여 주옵시고” 기도했다. 이 율법에 익숙치 못한 이방인들에게는 마치 남의 죄를 사하지 않고는 거짓말 장이도 되고 가중된 기도가 되니 이 기도는 할 수없는 것 같이 보여진다. 그러나 주님의 은혜를 덧입어(이미 용서를 받았고) 이 기도를 마음껏 할 수가 있다. 그러나 원망들을 만한 일이 생각나거든 사화하고 기도하라 삼위일체 우리라는 해석과 그리스도를 모신 성도단체인 우리라는 해석은 견강부회이다.

Q 143) '우정'과 '간청' 어느 것이 더 중요하게 보는가? 우정과 간청을 나타내는 것들은?(11:8)

"내가 너희에게 말하노니 비록 벗됨으로 인하여서는 일어나서 주지 아니할지라도 그 간청함을 인하여 일어나 그 요구대로 주리라"

A 이미 침소에 누워 식구들과 자고 있는 상황에서 아무리 친구라도 우정에 의해서는 줄 수 없는 형편이나 그의 간청 때문에 마침내 일어나 주었다. 즉 강청은 우정을 초월하였다.

하물며 사랑이 무한하며 자비하신 하나님도 하나님의 뜻대로 간절히 간청하는 성도의 소원을 들어 주시지 않겠는가? 기도는 성도에게만 주신 특권이요 또 명령이다. 그러므로 하나님의 보급로를 받는 길이다.(살전5:16, 삼상12:23, 눅6:38)

Q 144) 하나님은 무엇이든지 구하는 자에게 '성령'을 선물로 주시는가?(11:13)

"너희가 악할지라도 좋은 것을 자식에게 줄 줄 알거든 하물며 너희 하늘아버지께서 구하는 자에게 성령을 주시지 않겠느냐 하시니라"

A 너희가 악할지라도 자식이 구할 때는 좋은 것으로 줄 줄 아는데 절대선하시며 사랑이시며 의로우신 하나님께서 구하는 자에게 좋은 것으로 주실 것은 틀림없는 일이다. 좋은 것은 성령이다.

성령을 주신다는 것은
성령으로 신령한 세계를 찾게 해 주시고
성령으로 하나님의 뜻을 찾는 자에게 찾게 해 주시며
성령으로 두드리는 자에게 도달 할 수 있게 만들어 준다는 뜻

Q 145) 더러운 귀신은 물 없는 마른 지역만 찾아 사는가 물 있는 지역도 사는가?(11:24)

"더러운 귀신이 사람에게서 나갔을 때에 물 없는 곳으로 다니며 쉬기를 구하되 얻지 못하고 이에 이르되 내가 나온 내 집으로 돌아가리라 하고"

A 여기서 물은 성령의 은혜와 말씀의 능력을 가리킨다.

성령과 말씀이 없는 마른 지역만 찾아 쉬면서 인간에게 해독을 주는 것이 귀신의 사명이다.

지옥에는 물이 없음같이(눅16:24) 성령의 은혜와 말씀의 능력이 없다. 그러나 하늘나라엔 성령의 은혜와 말씀의 능력이 충만한 곳이다.

더러운 귀신이 성령과 말씀 없는 곳만 찾다가 찾지 못하고 다시 되돌아가고자 때때로 와서 살펴보곤 하고 있다.

Q 146) 눈이 우리 몸의 등불인가? 눈이 밝고 어둡이 몸의 밝고 어둠에 비례하는가?(11:34-36)

"네 몸의 등불은 눈이라 네 눈이 성하면 온 몸이 밝을 것이요 만일 나쁘면 네 몸도 어두우리라 그러므로 네 속에 있는 빛이 어둡지 아니한가 보라 네 온 몸이 밝아 조금도 어두운 데가 없으면 등불의 빛이 너를 비출 때와 같이 온전히 밝으리라 하시니라"

A 눈은 심령의 눈을 가리킨다. 심령의 눈이 밝아야 온 몸이 다 밝고 심령의 눈이 어두워지면 온 몸이 다 어둡다.

눈에 가리는 것이 있으면 잘 볼 수 없듯 마음에 욕심이 들어오면 눈이 어두워서 신령한 것을 보지 못하고 내 속의 빛도 어두워 저서 빛을 비추지 못한다. 그래서 심령의 눈이 밝으면 몸도 밝아지고 심령의 눈이 어두우면 몸도 어두워지고 내 속의 빛이 비추지 못하고 어두움으로 살게 된다. 눈과 몸은 정비례한다고 본다.

Q 147) 그 안에 있는 것으로 구제하라 그리하면 모든 것이 깨끗하게 되리라 그 안의 것? 구제로 깨끗해지는가?(11:41)

"그러나 그 안에 있는 것으로 구제하라 그리하면 모든 것이 너희에게 깨끗하리라"

A 그 안에 있는 것 : 우리 속 중심에 있는 영혼을 가리킨다.
구제하라는 것 : 영혼 중심으로 탐욕과 악독을 버리는 생활하라
깨끗해지리라 : 영이 자라남으로 성결케 된다는 뜻
중생한 영을 써서 영의 사람으로 탐욕과 악독을 버리고 점점 더 신령하고 거룩한 데로 나가면 영이 자라서 성결해지므로 깨끗해진다는 것이다.

Q 148) 아벨의 피로부터 사가랴의 피까지 두 순교자를 논한 의미는 무엇인가?(11:51)

"곧 아벨의 피로부터 제단과 성전 사이에서 죽임을 당한 사가랴의 피까지 하리라 내가 너희에게 이르노니 과연 이 세대가 담당하리라"

A 첫째 순교자 아벨은 아담의 둘째아들로 최초순교자였다.
사가랴는 여호야다의 아들 스가랴를 가리킨다. 그는 여호와의 말씀을 전하다가 여호와의 전 뜰에서 돌에 맞아 순교하게 되었다. (대하24:20-22, 마23:35 바라갸의 아들이라고 기록됨)

이 세대가 담당하리라 : 이 세대 사람들은 선조들이 많은 선지자들을 순교시킨 죄까지 담당해야한다. 이 세대 사람들은 선조들과 공동운명을 가지고 있다.(창42:22, 대하24:22 겔 3:18, 눅11:50)

두 순교자는 전순교자를 대표하여 순교자를 순교시킨 자들의 죄에 대해서도 그 시대와 그 후 자손들까지 다 당해야 됨을 의미하고 있다.

Q 149) 하나님이 우리 인간의 한 사람 한사람의 머리털까지 세시고 계실까?(실제로)(12:7)

"너희에게는 심지어 머리털까지도 다 세신 바 되었나니 두려워하지 말라 너희는

많은 참새보다 더 귀하니라"

A 하나님은 전지 전능하셔서 우리의 머리털하나까지 보호하시며 우리의 모든 미세한 부분까지 주장하시고 섭리하시는 절대 주권자이므로 우리는 우리 머리털의 수효를 모르나 하나님은 다 알고 계신다.

그러므로 하나님이 허락지 않으면 참새 한 마리도 머리털 하나라도 땅에 떨어뜨릴 수 없는 것이다. 우리의 생명이 참새보다 머리털보다 귀중한 것이니 사람을 두려워하지 말고 하나님의 주권을 믿고서 신앙양보하지 말라는 의미에서 말씀하신 것이다.

Q 150) 인간이 주님을 부인한다고 주님도 우리를 부인하는 주님이신가?(12:8-9)

"사람 앞에서 나를 부인하는 자는 하나님의 사자들 앞에서 부인을 당하리라"

A 성도에게 큰 핍박이 와도 사람들 앞에서 예수를 부인하지 말라는 것이다. 성도는 환난 때에도 믿음을 지켜야하고 잡아 죽이려고 할 때도 오직 예수님을 증거 해야 된다.

여기서 부인하는 자는 지속적인 부인 하는 자를 가리킨다. 일시적인 부인하는 자는 주님이 모른다고 부인하시지 않는다. 그 예로 베드로도 일시 세 번이나 주를 부인했으나 회개하였더니 주님이 베드로를 부인하시지 않은 것이다. 도리어 베드로를 수제자로 초대교회의 지도자로 사용하셨다.

Q 151) 영혼도 육신처럼 평안이 쉬고 먹고 마시고 즐거워하는 것으로 만족할 수 있는가?(12:19-21)

"또 내가 내 영혼에게 이르되 영혼아 여러 해 쓸 물건을 많이 쌓아 두었으니 평안히 쉬고 먹고 마시고 즐거워하자 하리라 하되"

A 이렇게 생각한 부자를 어리석은 자라고 주님이 말씀했다.

1) 생명이 하나님께 달린 것을 알지 못했다.(생사화복의 근원)

2) 영혼이 평안이 쉬고 먹고 마심이 물질로 되는 줄 알았다.

3) 영혼의 생명보다 육신의 생명을 귀중하게 여겼다.

4) 하나님을 위해서 살지 않고 자기만을 위해서 살았다.

5) 영원한 내세를 위하여 준비하지 않고 잠시 후 없어질 현세만을 위해서 산 사람이었다.

진정한 영혼의 만족은 물질의 풍부에 있음이 아니고 하나님의 말씀과 은혜, 진리로 만족을 누리는 것이다.

Q 152) '적은 무리' 에게 하나님나라 주시기를 기뻐하시고 많은 무리에겐 안 주시나?(12:32)

"적은 무리여 무서워 말라 너희 아버지께서 그 나라를 너희에게 주시기를 기뻐하시느니라"

A 적은 무리: 좁은 길로 가는 자. 숫자적으로 적다.

많은 무리: 넓은 길로 가는 자. 숫자적으로 많다.

좁은 길로 가는 자는 오직 그의 나라와 그의 의만 구하며 성경대로 순종하며 믿음을 지키며 역경도 이겨내며 참고 견디는 자들이다. 이런 자들에게 하나님이 만능으로 도우셔서 그 나라를 주시기를 기뻐하신다. 많은 무리라도 좁은 길로 가길 원하면 하나님이 거기도 함께하실 것이다.

Q 153) '생각지 않은 때에 인자가 오리라' 그럼 늘 예비하고 생각하면 안 오시나? (12:40)

"그러므로 너희도 준비하고 있으라 생각하지 않은 때에 인자가 오리라 하시니라"

A 예수께서 재림하실 때를 하나님께서 알게 하시지 않았기 때문에 언제 오실까 알 수가 없다. 마24:42-44 도적같이 오신다고 했다. 도적은 예기치 않을 때 갑자기 온다. 예수님의 재림도 갑자기 될 것을 믿고 깨어 기다

려야한다.

살전5:2-3, 성도는 언제나 방심 부주의 하지 말고 주님 재림을 생각지 않으면 안 된다. 언제나 허리에 띠를 띠고 등불을 켜고 혼인집에서 돌아오는 주인을 기다리는 종처럼 매일 매시 주님의 재림을 기다리는 자가 되어야 한다. 늘 예비하고 사모하고 준비하고 기다리라는 뜻이다.

Q 154) 알지 못하고 잘 못 저지르면 적게 맞고 알고 행한 자는 많이 맞으면 모르는 것이 더 약이 되는가?(12:47-48)

"알지 못하고 맞을 일을 행한 종은 적게 맞으리라 무릇 많이 받은 자에게는 많이 요구할 것이요 많이 맡은 자에게는 많이 달라 할 것이니라" (48절)

A 알지 못하고 주님의 뜻을 어긴자는 매를 조금 맞고 알고도 주의 뜻을 어긴자는 매를 더 많이 맞는 것이 원리이다. 그렇다고 모르고 사는 것이 더 약이 되지 않는다. 모르면 회개할 기회를 놓치고(죄 인줄을 모르기 때문에) 알면 책임감이 강하나 모르면 책임감이 약하다.(양잿물은 모르고 먹어도 죽는다. 알아야 안 죽는다)

또 하나님이 신구약 성경을 주어 다 알게 해 주었고 선지자와 주의 종들을 보내어서 모든 것을 다 알도록 해 주었으나 배우지 않고 모르는 것은 정당한 이유가 되지를 못한다. 알지 못해서 바로행하지 못 했노라는 핑계는 하나님 앞에서는 용납 될 수가 없다.

Q 155) 예수님이 불을 던지러 오셨다는데 여기서 불은 무엇을 나타내는가?(12:49)

"내가 불을 땅에 던지러 왔노니 이불이 이미 붙었으면 내가 무엇을 원하리요"

A 여기서 불은 하나님의 말씀을 가리킨다.(렘5:14, 23:29) 불을 성령이라고 하면 마3:11 성령과 불로 세례 준다고 할 때도 성령과 성령으로 세례 준다는 모순이 된다.

불을 던지는 것은 예수께서 구속성취의 진리를 전파하며 실현하는 것이다.

불이 붙은 것은 그리스도께서 십자가에서 구속의 진리를 성취하시고 그 구속의 말씀을 전하여 구원의 역사가 이루어져 나가는 것이다.

Q 156) '나는 받을 세례가 있으니' 예수님이 세례 받으셨는데 또 받아야 되는가?(12:50)

"나는 받을 세례가 있으니 그것이 이루어지기까지 나의 답답함이 어떠하겠느냐"

A 예수님이 받으실 세례란 십자가의 고난을 가리킨다. 예수님은 십자가의 고난으로써 구속을 성취하실 것이다. 십자가의 고난으로 인류의 구속을 성취하실 책임이 예수님께 있으므로 나의 받을 세례라고 하신 것이다.

"이루기까지 나의 답답함이 어떠하겠느냐" 십자가의 구속을 성취하기까지 예수님의 심적 고통(마26:37-38)과 육체의 고난을 두고 하신 말씀이다.

받을 세례란 십자가에서 받으실 고난을 두고 세례라고 하신 것이다.

Q 157) 갈릴리 사람들의 피를 저희 제물에 섞은 일로 예수님께 질문의 의도는?(13:1)

"그 때 마침 두어 사람이 와서 빌라도가 어떤 갈릴리 사람들의 피를 그들의 제물에 섞은 일로 예수께 아뢰니"

A 악한 정치가의 술수로 죽은 자들이나 우연한 사고로 죽은 사람들은 모두가 자기 죄 값으로 죽은 줄 알아야 되고 살아남은 우리도 모두가 그들과 같은 죄인 인줄알고 회개해야한다. 회개치 않으면 망하게 된다.

갈릴리 사람들은 연약한 사람들이다. 그들의 억울함을 예수님께 메시야이니 처벌을 요구하지만 주님은 너희도 회개치 않으면 이와 같이 망하게 된다고 모든 사건이 나의 회개 촉구의 음성으로 들으라는 것이다.

이 때 두어 사람은 빌라도의 죄를 예수께 고해바침으로 예수님이 정죄하면 빌라도와 충돌이 생기고 정죄치 않으면 불의를 보고 눈감아 준다는 비난을 면치 못하게 되었으나 예수님은 회개시키는 발판으로 삼으셨다.

악한 정치가는 하나님의 무서운 심판을 반드시 받게 될 것이다.

Q 158) 좁은 문으로 들어가라 들어가기를 구하여도 못하는 자가 많다면 구원 얻을 자가 적은가?(13:24)

"좁은 문으로 들어가기를 힘쓰라 내가 너희에게 이르노니 들어가기를 구하여도 못하는 자가 많으리라"

A "좁은 문으로 들어가기를 힘쓰라"

첫째 : 예수 믿는 자는 다 좁은 문으로 들어간 자요 믿지 않는 자는 넓은 문으로 들어간 자들이다. 둘째 : 믿는 자들 중에도 하나님의 말씀대로 걸어가는 자는 좁은 문으로 들어가는 자.

예수를 믿어도 진리를 양보하고 성경어기면서 믿는 자는 넓은 문으로 들어가는 자들이요 좁은 문으로 들어가는 자는 힘이 들지만 생명의 길이요 주께서 동행하는 길이다. 넓은 문으로 들어가기도 쉽고 걷기도 편하지만 주가 동행치 않으므로 영적 생명의 역사가 없는 길이다.

누구나 잘 믿고자 하는 마음을 가진 자는 많으나 말씀대로 순종하며 걸어가는 사람은 많지 않다. 이것이 좁은 문으로 들어가기를 구하여도 못 하는 자가 많다는 것이다. 구원 얻는자는 많은 수 보다는 적은 수라고 본다.

Q 159) 13:32의 여우는 무엇이며 삼일에 완전하여진다는 것은 무엇을 의미하는지? (13:32)

"이르시되 너희는 가서 저 여우에게 이르되 오늘과 내일은 내가 귀신을 쫓아내며 병을 고치다가 제 삼일에는 완전하여지리라 하라"

A 여우: 헤롯왕을 가리킨다. 헤롯이 여우와 같이 간교하게 하나님의 구원운동을 방해하고 하나님의 역사를 무너뜨리려고 하기 때문에 여우라고

하였다.

제3일: 오늘 할 일은 마귀의 세력을 멸하고 생명 살려내고 내일은 십자가에 못 박혀 구속사역을 이루 는 일.

모레를 삼일로 부활하심으로 구원을 완성하시는 일을 말함.

삼일에 완전하여진다는 것은 부활로 구원완성을 의미한다.

Q 160) 선지자가 예루살렘에서만 죽었는가? 여기에서 선지자는 누굴 의미 하는가?(13:33)

"그러나 오늘과 내일과 모레는 내가 갈 길을 가야 하리니 선지자가 예루살렘 밖에서는 죽는 법이 없느니라"

A 오늘은 현재 할 일(귀신 쫓아내고 병 고치는 일)

내일은 조금 후에 할 일(십자가에 못 박혀 구속을 이루는 일)

모레는(제3일 부활할 일)

많은 선지자들이 예루살렘에서 죽은 것 같이(어느 곳 보다 가장 많이)예수님도 예루살렘에서 십자가에 못 박혀 죽을 것과 구속운동이 예루살렘에서부터 시작 될 것을 말씀하셨던 것이다.

Q 161) 손님초청에 부한 이웃보다 가난한 이웃 초청하라는 이유와 경제원리에 어긋남 아닌 가?(14:12-14)

"잔치를 베풀거든 차라리 가난한 자들과 몸 불편한 자들과 저는 자들과 맹인들을 청하라"(13절) "그리하면 그들이 갚을 것이 없으므로 네게 복이 되리니 이는 의인들의 부활 시에 네가 갚음을 받겠음이라 하시더라" (14절)

A 어떤 사람들을 청할 때에 다시 자기를 청하여 갚을만한 자는 청하지 말라고 하셨다.

왜냐하면 그 사람에게 다시 청함을 받아 갚음을 받게 되면 그가 천국에서 받을 것이 없기 때문이다. 선이나 의를 행하고 사람에게 갚음을 받으면 하나님 앞에 가서 받을 것이 없다.

그래서 잔치 배설이 가난한 자들, 병신늘, 저는 자들, 소경을 청하라했다. 예수님이 재림하실 때에 성도들이 부활하게 되고 그때에 선을 행한 성도는 부활체의 영광이 크고 주님이 그에게 많은 상급으로 갚아 주신다는 뜻이다.

Q 162) 전에 청함 받은 자들은 나의 잔치에 들어오지 못한다면 여기 전에 청함 받은 자가 누구인 가?(14:24)

"내가 너희에게 말하노니 전에 청하였던 그 사람들은 하나도 내 잔치를 맛보지 못하리라 하였다 하시니라"

A 먼저 청함 받은 자들은 기존의 종교지도자들과 유대인들과 바리새인들을 가리키고 있다. 오늘날은 먼저 전도를 받고서도 믿지 않고 있는 자들이요 결국 불택자들이다. 구원받지 못한 자들이요 성령 받지 못해서 예수님을 믿지 못하고 끝까지 거부하는 자들이다.

Q 163) 주께 오는 자는 부모, 처자, 형제, 자매 자기 목숨까지 미워하고 버려야 주의 제자가 될 수 있는가?(14:26)

"무릇 내게 오는 자가 자기 부모와 처자와 형제와 자매와 더욱이 자기 목숨까지 미워하지 아니하면 능히 내 제자가 되지 못하고"

A 이 말씀은 모든 사랑스러운 것들이라도 우리 예수님께 비교하면 미운 것임을 말씀하고 있다. 근본적으로 미워하라는 말이 아니다. 사랑은 하되 예수님보다는 훨씬 작게 사랑해야한다.

예수님보다 더 사랑하면 우상이 되어 하나님이 멸망시키고 만다.

또 가정이나 우리 육신적인 인연들이 우리의 신앙생활의 방해요소가 될 때는 반드시 그것을 쫓지 말고 예수님만을 좇아야 할 것을 말씀하고 있다.

Q 164) 모든 소유를 다 버려야 주의 제자가 된다면 빈 털털이로만이 주의 제자가 가능한가?(14:33)

"이와 같이 너희 중의 누구든지 자기의 모든 소유를 버리지 아니하면 능히 내 제자가 되지 못하리라"

A 하나님 소유를 최우선으로 하고 이 세상의 모든 것들은 있어도 없어도 오직 하나님 한 분으로 만족히 여기는 자만이 주의 올바른 제자가 될 수 있다는 말씀이다.

땅에 것 보다는 하늘의 것에 더 애착을 가지라는 뜻이며 원래 신령한 것을 소유하는 것은 우리가 가지고 있는 이 세상의 모든 소유를 내려놓고 하나님만 믿고 나갈 때 신령한 것이 얻어지는 것이 원리이다.

빈털터리라도 하나님한분만 소유한다면 천하를 다 소유한 최고의 부자인 것이다. 소유를 버리지 않고는(내려놓지 않고는) 결코 주의 제자가 될 수 없다.

Q 165) 양99마리가 중한가 한 마리가 더 중할까? 하나님은 어디다가 비중을 두시나?(15:1-7)

"너희 중에 어떤 사람이 양 백 마리가 있는데 그 중의 하나를 잃으면 아흔 아홉 마리를 들에 두고 그 잃은 것을 찾아내기까지 찾아다니지 아니하겠느냐"

A 세상의 논리(실용주의 입각)로 본다면 한 마리보다는 99마리가 더 훨씬 중하고 더 귀하다고 본다. 99배나 많다. 이 비유는 잃었다가 도로 찾는 기쁨이 얼마나 큰 것임을 말하고 있으며 죄인 하나를 구원해 내신 그 기쁨을 그대로 연출한 것이다. 하나님은 의인들을 통하신 기쁨도 크시지만 죄인이 회개하고 돌아올 때에 가지는 기쁨은 더 크게 보신 것이다.

즉 하나님은 의인 99명으로 인하여 얻는 영광보다도 죄인이 회개하고 돌아오는데 더 큰 영광에다 비중을 두고 비유하신 것이다.

Q 166) 15:11-32 이 비유의 중점이 탕자에 있나? 하나님의 사랑에? 맏아들 강팍에 있나?

"아버지가 이르되 얘 너는 항상 나와 함께있으니 내 것이 다 네 것이로되"(31절)
"이 네 동생은 죽었다가 살아났으며 내가 잃었다가 얻었기로 우리가 즐거워하고 기뻐하는 것이 마땅하다 하니라"(32절)

A 본 비유의 초점은 하나님의 사랑에 있다고 본다. 누가 15장은 세 비유가 나온다.

1) 예수님 : 양 100중 1마리

2) 성령님 : 보물 10중 1개

3) 하나님 : 두 아들 중 한 아들

다 다시 찾은 데에 공통점과 기뻐하고 즐겨함에도 공통점이 있다.

탕자의 비유라고 한다면 잃은 양 한 마리 비유 잃은 보화하나의 비유 잃은 아들 비유라고 해야 된다. 그러나 이 비유의 근본 목적이 예수님의 구원사역에서 성령님의 은사사역에 하나님의 사랑사역에 초점이 있기에 본문의 비유는 하나님의 하회같은 사랑비유라고 불러야 된다. 탕자에 초점이 있는 것이 아니고 하나님의 사랑에 초점이 있는 것이다.

Q 167) 이 세대의 아들들은 빛의 자녀들보다 더 지혜롭다는 의미는 무엇인가?(16:1-8)

"또한 제자들에게 이르시되 어떤 부자에게 청지기가 있는데 그가 주인의 소유를 낭비한다는 말이 그 주인에게 들린지라" (1절)
"청지기가 속으로 이르되 주인이 내 직분을 빼앗으니 내가 무엇을 할까 땅을 파자니 힘이 없고 빌어먹자니 부끄럽구나"(3절)
"내가 할 일을 알았도다 이렇게 하면 직분을 빼앗긴 후에 사람들이 나를 자기 집으로 영접하리라 하고"(4절)
"주인이 이 옳지 않은 청지기가 일을 지혜있게 하였으므로 칭찬하였으니 이 세대의 아들들이 자기 시대에 있어서는 빛의 아들들보다 더 지혜로움이니라"(8절)

A 이 세대의 아들들 : 불택자로서 믿지 않는 자들을 가리킨다.

빛의 아들들 : 택한 백성 예수 믿는 자들을 가리킨다.

이 세대의 아들들이 되는 불신자들은 자기 시대 즉 이 세상에 있어서는 빛의 아들들보다 더 지혜롭게 행하고(영리추구와 자기유익만 위함) 빛의 아들들은 그들보다 지혜롭지 못하다.

빛의 아들들은 예수님을 사귀고 내세를 준비하느라고 이 세상일에서는 많은 손해를 보고 산다. 그러나 이 세대의 아들들은 영리추구와 자기 유익을 위해서는 아주 지혜롭게 사는 것을 비유로 두고 말씀함이다.

Q 168) 불의한 재물로 친구를 많이 사귀면 좋은 것인가? 여기 친구는 누구인가?(16:9)

"내가 너희에게 말하노니 불의의 재물로 친구를 사귀라 그리하면 그 재물이 없어질 때에 그들이 너희를 영주할 처소로 영접하리라"

A 이 세상의 제물은 불의하다. 그 이유는 이 세상 사람들 중에는 제물이 하나님의 것임을 무시하고 자기 뜻대로 쓰는 자들이 대부분이기 때문이다. 그러나 하나님은 그 불의한 재물을 가지고 영원한 친구이신 예수그리스도를 사귀는 것을 아주 기뻐하신다.

친구를 사귀라함은 예수그리스도를 사귀라는 뜻이며 예수를 사귀는 것은 그 재물을 예수님이 기뻐하는 구원운동에 사용하는 것이다. 이 세상에서 재물을 예수위해 바치면 천국에서 상급으로 받는다. 즉 보물을 하늘에 쌓아두는 것이 된다.

Q 169) 재물과 하나님을 겸하여 섬길 수는 없는가? 겸하여 섬기면서 잘 살고 있지 않는가?(16:13)

"집 하인이 두 주인을 섬길 수 없나니 혹 이를 미워하고 저를 사랑하거나 혹 이를 중히 여기고 저를 경히 여길것임이니라 너희는 하나님과 재물을 겸하여 섬길 수 없느니라"

A 영적광명이 땅에 쌓아둔 보물에 마음을 빼앗기면 영안이 어두워져서 하나님을 알지 못하게 되고 육과 세상으로 기울어지게 되었다. 인간은 한 주인 곧 하나님만 섬기도록 창조 되였으므로 세상과 재물을 사랑하게 되면 우상섬기는 죄가 되어 하나님이 가장 싫어하신다. 그래서 하나님이 내버려 두시면 인간은 자동으로 멸망한다. 재물을 섬기게 되면 영안이 어두워지고 예수만 섬기면 재물이 빈약하며 고생한다. 그러나 겸하여 섬길 수는 없는 것이다.

Q 170) 사람 앞에 높임 받으면 하나님 앞에 미움이 된다면 높임 받길 힘쓰지 말아야 하는가?(16:15)

"예수께서 이르시되 너희는 사람 앞에서 스스로 옳다 하는 자들이나 너희 마음을 하나님께서 아시나니 사람 중에 높임을 받는 그것은 하나님 앞에 미움을 받는 것이니라"

A 16:15 "사람 중에 높임을 받는 그것은 하나님 앞에 미움을 받는 것이니라" 6:26 "모든 사람이 너희를 칭찬하면 화가 있도다 ... 거짓선지자들에게 이와 같이 하였느니라"

누구든지 사람들 중에 높임을 자기가 받거나 칭찬을 받게 되면 하나님의 영광을 도적질하게 된다. 하나님만 높임 받고 하나님만 칭찬받아야 된다. 우리는 하나님께만 영광 돌리기 위한 창조된 자 들이니 우리가 높임 받을 일 칭찬받을 일을 했더라도 다 하나님이 하신일이니 하나님께 높임과 칭찬이 돌아가도록 해야 된다. 누구든지 자기를 영화롭게 하거나 칭찬들 으면 죄악을 쌓고 결국 망하게 된다.

Q 171) 나사로는 가난해서 천국 갔고 부자는 부자라 지옥 갔는가? 무엇이 이들을 갈라놓았나?(16:19-31)

(22절) "이에 그 거지가 죽어 천사들에게 받들려 아브라함의 품에 들어가고 부자

도 죽어 장사되매"
(23절) "그가 음부에서 고통중에 눈을 들어 멀리 아브라함과 그의 품에 있는 나사로를 보고"
(27절) "이르되 그러면 아버지여 구하노니 나사로를 내 아버지의 집에 보내소서"
(30절) "이르되 그렇지 아니하나이다 아버지 아브라함이여 만일 죽은 자에게서 그들에게 가는 자가 있으면 회개하리이다"

A 이 본문은 비유가 아니고 실화로 내세의 실상을 알려준다. 믿는 자와 믿지 않는 자의 분별이다. 나사로는 믿는 자의 표상이요 부자는 믿지 않는 자의 표상이다. 불신앙자들은 스스로 외롭다고 인정하고 세상 것으로 즐기고 잔치한다.

그러나 신앙이 있는 자는 거지 나사로처럼 겸손하여 낮은 자리에서 고난도 역경도 끝까지 참고 견디어 낸다. 그 결과는 정반대의 현상으로 나타났다. 더 자세한 이야기가 없었지만 이 세상에서만 구원을 이루는 것이지 지옥에서 아무리 돌이켜도 아무소용이 없다.

Q 172) 우리 믿음은 겨자씨 한 알 만한 믿음도 안 된단 말인가? 겨자씨 한 알만한 믿음은 무슨 믿음 인가?(17:6)

"주께서 이르시되 너희에게 겨자씨 한 알만한 믿음이 있었더라면 이 뽕나무 더러 뿌리가 뽑혀 바다에 심기어라 하였을 것이요 그것이 너희에게 순종하였으리라"

A 겨자씨 한 알만한 믿음은? 작아도 생명 있는 믿음을 가리킨다. 겨자씨는 아무리 작아도 그 속에 생명이 있다. 그래서 이 씨를 심으면 싹이 나고 자라서 새들이 와서 깃들일 만큼 큰 나무가 된다.

이와 같이 우리 믿음도 작아도 예수그리스도와 함께 산 믿음이 있다면 뽕나무더러 뿌리가 뽑혀 바다에 심기우라 하여도 그대로 되어지는 큰 역사가 일어난다.

믿음은 하나님의 말씀에서(롬10:17) 나온다. 하나님의 말씀을 마음으로 순종하고 몸으로 순종하는 것이 온전한 믿음이다(약21:21) 이런 믿음을 가진 자는 그 어떤 난관과 장벽도 능히 뛰어 넘을 수 있는 큰 역사의 장본인이 된다.

Q 173) 명한 대로 다 한 종은 마땅히 사례나 대접받아야 되는데 종은 사례 받으면 안되나?(17:9)

"명한 대로 하였다고 종에게 사례하겠느냐"

A 원래 종의 위치는 명한대로 다 했어도 대접받거나 사례를 받는 위치가 아니다. 성도는 주님을 위해서 수고와 봉사하고서도 그 위에 더 수고와 봉사할 것만 생각하여야 한다.

따라서 성도는 하나님의 명령대로 다 행하고도 자랑해서도 안 되고 자긍할 수도 없고 오직 하나님에 대해 더 수고와 봉사 못한 것만 가책이 되어 이 무익한 종이 마땅히 해야 할 일을 한 것뿐이라고 해야 된다. 그러므로 일한 다음에도 자기는 여전히 하나님이 도우시지 않으면 아무것도 할 수 없는 자인줄 알고 더 겸손히 자기를 낮추어야한다.

Q 174) '그 아홉은 어디 있느냐?' '가라 네 믿음이 너를 구원하였느니라' 그럼 아홉은 구원 못 받았 나?(17:11-19)

"한 마을에 들어가시니 문둥병자 열 명이 예수를 만나 멀리 서서"(12절)

"그 중의 한 사람이 자기가 나은 것을 보고 큰 소리로 하나님께 영광을 돌리며 돌아와" (15절)
"예수의 발아래에 엎드리어 사례하니 그는 사마리아 사람이라" (16절)
"예수께서 대답하여 이르시되 열 사람이 다 깨끗함을 받지 아니하였느냐 그 아홉은 어디 있느냐" (17절)
"그에게 이르시되 일어나 가라 네 믿음이 너를 구원하였느니라 하시더라" (19절)

A 10명 모두가 육신의 질병을 고침 받게 되었다.
그러나 그 아홉은 감사치 않음으로 예수님의 마음을 섭섭케했다. 많은 사람들이 육신의 병이 나으면 배은망덕하는 자들이 많이 있다.

그러나 이방사람인 사마리아인은 예수님의 은혜가 너무 감사해서 하나님께 영광 돌리며 사례하고 감사하니 영혼의 구원까지 받게 되었다. 다윗과 바울 베드로처럼 전에 범죄한 일을 생각하고 늘 회개하고 감사하므로 하나님께 쓰임 받는 자들이 되었다. 믿음대로 된 자는 구원(로마서10:10) 받은 자가 되었으나 아홉은 육신의 병만 나았지 영혼구원은 못 받은 자들이 되었을 것 같다.

Q 175) 하늘나라가 너희 안에 있느니라 어디에 있는 것인지 구체적으로 밝힌다면?(17:21)

"또 여기 있다 저기 있다고도 못하리니 하나님의 나라는 너희 안에 있느니라"

A 하나님의 나라가 너희 안에 있다는 말씀은

①바리새인들을 말하며 바리새인들 안에 하나님나라가 임했다는 것이다. 즉 믿지 않는 세계 속에서 그리스도가 임하여 하나님나라를 건설해 나간다. 마치 애굽 속에 이스라엘이 있음과 같고 바벨론 속에 이스라엘이 있음과 같다. ②성도를 가리키며 성도들 속에 하나님의 나라가 임했다는 뜻이다. 예수님을 중심한 성도들 가운데 하나님의 나라가 임하고 있다는 뜻이다. ③성도들의 각 심령 심령 속에 하나님의 나라가 임했다는 뜻이다. 로마 14:17 하나님의 나라는 ... 오직 성령 안에서 의와 평강과 희락이라고 했다.

Q 176) 노아의 때, 롯의 때와 같이 먹고 마시고 시집가고 장가가다 다 망했으나 요즘은 왜 안 망하 나?(17:22-31)

(25절) "그러나 그가 먼저 많은 고난을 받으며 이 세대에게 버린바 되어야 할지니라"

(27절) "노아가 방주에 들어가던 날까지 사람들이 먹고 마시고 장가들고 시집가더니 홍수가나서 그들을 다 멸망시켰으며"

(28절) "또 롯의 때와 같으리니 사람들이 먹고 마시고 사고팔고 심고 집을 짓더

니"
(29절) "롯이 소돔에서 나가던 날에 하늘로부터 불과 유황이 비오듯하여 그들을 멸망시켰느니라"

A 노아의 때나 롯의 때는 "하나님 없이" 육신주의로 나가니 망했다. 그러나 오늘날 성도들이 하나님과 함께 신본주의로 나가니 안 망한다. 먹고 마시는 것도 먹자주의(하나님 없이) 시집장가도 음란방탕으로 기울어져 범죄만 쌓으려니 망하고 사고팔고도 하나님 떠나서 이권만 따라갔고 심고 집을 짓는 것도 세상에 뿌리를 두고 자기만 위할 때 하나님의 심판을 받게 되었다. 오늘날도 성도 중에 이런 자들이 많다면 노아 때 롯의 때같이 하나님의 심판을 불러 오게 될 것이다.

Q 177) 데려감 당한 자, 버려둠 당한 자(두 남자, 두 여자)의 기준은 무엇일까?(17:34-35)

"두 여자가 함께 맷돌을 갈고 있으매 하나는 데려감을 얻고 하나는 버려둠을 당할 것이니라"(35절)

A 주님이 오시기를 고대하면서 일하는 자, 또 믿음에서 떠나지 않고서 일하는 자는 데려감을 당하게 된다. 그러나 그 반대의 사람은 버려둠을 당하게 된다.

일 하면서도 메를 갈면서도, 오직 주님 오시기를 고대하면서 믿음 지키기 위해 빨리 일해 놓고 저녁 먹고 가정예배 드리고 일찍 자고(내일 새벽예배 드리기 위해) 기도행활, 은혜생활 계속자는 데려감을 당하나 그렇지 못한자는 버려둠을 당하는 기준이 된다.

Q 178) 밤낮 부르짖기만 한다면 우리 원한을 풀어주시는 하나님인가?(18:1-8)

(3절) "그 도시에 한 과부가 있어 자주 그에게 가서 내 원수에 대한 나의 원한을

풀어 주소서 하되"

(5절) "이 과부가 나를 번거롭게 하니 내가 그 원한을 풀어 주리라 그렇지 않으면 늘 와서 나를 괴롭게 하리라 하였느니라"

(7절) "하물며 하나님께서 그 밤낮 부르짖는 택하신 자들의 원한을 풀어 주지 아니하시겠느냐 그들에게 오래 참으시겠느냐"

A 불의한 재판관도 불쌍한 과부의 원한을 풀어주었는데 하물며 인자하신 하나님이 밤낮 부르짖는 택한 백성들의 원한을 왜 풀어주시지 않겠는가?

우리의 원한이나 소원이 하나님의 뜻과 섭리와 경륜에 일치하지 않으면 절대 응답 받을 수 없다. 하나님의 뜻과 섭리와 경륜은 성경을 보고 또 성령의 인도를 받아 깨달아 알 수가 있다. 하나님의 뜻에 맞는 간구를 밤낮 부르짖는 기도의 사람이 되라는 뜻이다.

Q 179) '인자가 올 때 세상에서 믿음을 보겠느냐' 세상 그 어디에나 믿음이 없다는 뜻인지?(18:8)

"내가 너희에게 이르노니 속히 그 원한을 풀어 주시리라 그러나 인자가 올 때에 세상에서 믿음을 보겠느냐하시니라"

A 소돔고모라에 의인 10사람이 없어서 망하게 되었고 노아 홍수 때는 노아의 8식구만 구원을 받을 수가 있었다. 인자가 올 때도 주님이 원하는 믿음을 볼 수가 없지 않겠는가. 노아의 8식구 같은(주님이 원하는 믿음) 자들을 볼 수 없다는 말씀이다.

주님이 원하는 믿음은 생명 있는 산 믿음, 자신과 세상을 정복해 나가는 믿음을 보기 어렵다는 뜻이다. 우리는 주님이 원하시는 믿음을 소유할 때까지 계속해서 자신을 쳐서 복종시키고 산영의 믿음을 소유하자.

Q 180) 의를 아무리 많이 지켜도 한번 교만하면 망하고 불의를 많이 저질러도 겸손하면 의로운 것인 가?(18:14)

"내가 너희에게 이르노니 이에 저 바리새인이 아니고 이 사람이 의롭다하심을 받고 그의 집으로 내려갔느니라 무릇 자기를 높이는 자는 낮아지고 자기를 낮추는 자는 높아지리라 하시니라"

A 자기를 높이는 자는 낮아지고 자기를 낮추는 자가 높아진다.

의를 아무리 많이 행하였어도 교만해지면(교만은 패망의 선봉) 망한다. 불의를 아무리 많이 저질렀어도 겸손해지면(겸손은 존귀의 앞 자비)의로워진다.(잠18:12, 11:2, 15:33)

의로운 사람은 죄를 안 짓는 사람이기보다 참으로 회개하고 겸손해 지는 사람인 것이다. 회개하고 겸손하면 죄인도 의롭다고 인정받을 수 있는 것이다.

Q 181) '이들이 잠잠하면 돌들이 소리지르리라' 돌들이 어떻게 하나님께 찬양을 돌릴 수 있을까?(19:40)

"대답하여 이르시되 내가 너희에게 말하노니 만일 이 사람들이 침묵하면 돌들이 소리 지르리라 하시니라"

A 여기 돌들은 돌 감람나무인 이방인들을 가리킨다. 마땅히 찬양해야 될 사람들이 찬양하지 않으면 하나님께서 보잘것없는 사람들을 들어서 그 일을 하게 하신다는 뜻이다.

오늘날 은혜 받은 자들이 주를 위해 일하지 않으면 죄인 취급받는 비천한 사람들을 들어서 하나님은 하나님의 일을 해 나가신다. 하나님의 일을 하지 않은 사람들에게는 주신 은사를 빼앗고 일하는 자는 더 큰 은사를 주신다.

Q 182) 20:18의 돌은 무엇이며 '깨어지는 자' '가루가 되는 자' 들은 누구인가?(20:18)

"무릇 이 돌 위에 떨어지는 자는 깨어지겠고 이 돌이 사람 위에 떨어지면 그를 가루로 만들어 흩으리라 하시니라"

A 여기서 돌은 예수그리스도를 가리킨다.

1) 깨어지는 자 : 예수그리스도의 초림으로 이루어질 예수께 떨어지는 자 육신의 생각 사상 중심이 다 깨어지는 소극적인 심판을 의미 하고

2) 가루가 되는 자 : 주님의 심판 날에 불신자들에 내릴 심판으로 다 가루가 되어 흩어지듯 주의 적극적 심판을 의미한다.

Q 183) 부활한 성도는 천사와 동등일까? 상등일까? 하등일까?(20:36)

"그들은 다시 죽을 수도 없나니 이는 천사와 동등이요 부활의 자녀로서 하나님의 자녀임이라"

A 부활 때에는 시집 장가도 안하고 하늘의 구원받은 천사와 같다. 그 때에는 부활하신 예수님의 몸과 같이 신령한 몸이 되어 거룩한 생활을 하며 다시 고통과 슬픔을 모르고 죽지 않고 영원히 사는 영생의 몸이다.

원래 천사들보다도 상등인 하나님의 아들, 딸이다. 그러나 본문의 동등이란 구원받은 천사도 구원받은 우리도 똑 같이 신령체로 구원받아 하나님의 자녀가 됐다는 의미만 동등이지 우리가 천사보다 상등이다.

Q 184) 하나님 앞에서 모든 사람이 살았느니라 여기 모든 사람은 인류 전체인가 부활을 믿는 자인 가?(20:38)

"하나님은 죽은 자의 하나님이 아니요 살아 있는 자의 하나님이시라 하나님에게는 모든 사람이 살았느니라 하시니"

A 하나님은 산자의 하나님이시니 죽은자의 하나님이 아니시다. 그래서 지금도 과거에 죽은 아브라함, 이삭, 야곱과 교제하며 관계를 맺는 것이 아니고 현재도 살아있는 아브라함, 이삭, 야곱과 교제하며 관계를 맺고 있음이 산자의 하나님이요 하나님에게는 모든 사람이 살았느니라고 한다.

이것은 부활도 없고 영도 없다고 하는 사두개파(행23:8) 사람에게 대한 예수님의 답변인 것이다.

Q 185) 부자의 많은 헌금과 과부의 적은 헌금의 비교는 어떻게 해야 되나요?(21:1-4)

"이르시되 내가 참으로 너희에게 말하노니 이 가난한 과부가 다른 모든 사람보다 많이 넣었도다"

A 헌금이란 액수의 과다보다는 드리는 자의 중심과 그의 질적 자세를 더 중히 보시는 것이다. 사람은 헌금의 과다에 중심을 두고 있다.

연보는 ①부득이 함으로 하지 말고 ②인색한 맘으로 하지 말고 ③자원함으로 해야 하고 ④하나님의 은혜에 감사해서 드려야하고 ⑤내게 속한 모든 것이 하나님의 것 인줄 알고 하나님의 것을 하나님께 드림으로 바치고 ?하나님이 감동시키는 데로 하나님의 명령 따라서 ?힘과 마음 다해 전심전력으로 드려야 된다.

Q 186) 말세의 징조가 다 나타났는데도 종말이 안 된 것은 징조가 잘못 예언 된 것인가?(21:5-19)

(7절) "그들이 물어 이르되 선생님이여 그러면 어느 때에 이런 일이 있겠사오며 이런 일이일어나려 할 때에 무슨 징조가 있사오리이까"
(9절) "난리와 소요의 소문을 들을 때에 두려워하지 말라 이 일이 먼저 있어야하되 끝은 곧 되지 아니하리라"

A 수 없는 말세의 징조가 다 나타났고 그 어느 한 가지 어긋난 것이 없을 정도로 완벽하게 징조가 나타났다고 본다. 그러나 아직도 종말이 안 된

것은 아직도 하나님의 때가 다 안 되었다고 볼 수 있다. 그러나 말세지 말에 와 있으며 오늘이 될지 몇 시간 후가 될지 아무도 모르나 종말이 가까이 왔음을 부인할 자는 아무도 없다.

Q 187) 적군에게 예루살렘이 포위되면 무조건 산으로 도망가면 사는가?(21:20-21)

"그때에 유대에 있는 자들은 산으로 도망갈 것이며 성내에 있는 자들은 나갈 것이며 촌에 있는 자들은 그리로 들어가지 말지어다"

A 1) 역사적 : AD70년경 로마군대가 예루살렘을 포위하여 함락시킬 때를 가리킨다.

2) 예언적 : 그리스도교가 이방국가나 반 기독세력에게 에워싸이게 될 것을 가리킨다.

지구상 여러 곳에서 많은 교회들이 신앙의 자유를 박탈한 군대에 에워싸였다. 이 세계는 죄악이 관영하고 반 기독세력이 득세하여 성도가 압박당함에 에워싸였다. 이런 때 성도들은 영적 시온산(하나님이 계신 곳)으로 도망가야 산다.

하나님이 계신 깊은 은밀한 골방으로 들어가 하나님과 교제하면서 세상에서 도피하고 사는 신앙생활을 의미한다.

Q 188) 그 날에 아이 밴 자들과 젖먹이는 자에게 화가있다 어떤 사람을 두고 한 말인가? (21:23)

"그 날에는 아이 밴 자들과 젖먹이는 자들에게 화가 있으리니 이는 땅에 큰 환난과 이 백성에게 진노가 있겠음이로다"

A 1) 아이 밴 자 : 욕심이 많아 배 부른다(약1:15)

욕심을 품고 다니면 마귀가 그 욕심을 미끼로 하여 그 사람을 끌고가 멸망시킨다.

2) 젖 먹이는 자: 믿는 일하는데 필요한 요소를 다른 것에게 빼앗기는 것을 말한다. 빼앗기는 우리의 마음, 시간, 정력, 재산, 환경은 믿는 일 하는데 사용하여야 할 것이므로 이것들을 다른데 빼앗기면 믿는 일을 하지 못한다.

이 두 사람에게는 화가 있다. 욕심을 버리고 믿는 일에만 전심전력을 다 해야 한다.

Q 189) 인자가 재림하여 오실 때 구름타고 오시나 아니면 그냥오시나?(21:27)

"그 때에 사람들이 인자가 구름을 타고 능력과 큰 영광으로 오는 것을 보리라"

A 큰 환난 중에 예수님이 구름을 타고 능력과 큰 영광의 광채로 재림하는 모습을 보여 주신다.

예수의 초림을 겸손하고 초라하게 동물 축사에 태어 나셨으나 예수의 재림은 공개적으로 큰 영광중에 오실 것을 구름타고 오신다고 한다.

Q 190) 너희로 내 나라의 보좌에 앉아 이스라엘 12지파를 다스리게 하노라 언제가능 할까?(22:30)

"너희로 내 나라에 있어 내 상에서 먹고 마시며 또는 보좌에 앉아 이스라엘 열두 지파를 다스리게 하려 하노라"

A 이것은 이 세상에서 연단을 받아 실력 있는 자가 되면(고난과 역경을 인내로 믿음으로 승리한 중생한 영혼) 교회와 신령한 세계, 특히 천년 세계와 하나님나라에서 하나님이 귀히 들어 쓰임 받게 됨을 말씀한 것이다.

Q 191) 검 없는 자는 겉옷을 팔아 살지니라. 검과 겉옷은 무엇을 의미하는가?(22:36)

"이르시되 이제는 전대 있는 자는 가질 것이요 배낭도 그리하고 검 없는 자는 겉옷을 팔아 살지어다"

A 검 : 하나님의 말씀을 가리킨다.(엡6:17)

겉옷 : 두루마기 같은 옷은 있어도 없어도 그만이다.

생명 길을 걸어가는 데는 없어도 될 것(겉옷)은 팔아서 없어서는 안 될 것(말씀)은 꼭 사서(말씀으로 자기 생명으로 삼아) 그 말씀의 인도와 지도를 받아 살라는 것이다.

Q 192) 주님과 우리는 불법자의 동류로 여김 받았다 한 말이 이루어져야 하고 이루어감이 무슨 뜻인 가?(22:37)

"내가 너희에게 말하노니 기록된바 그는 불법자의 동류로 여김을 받았다한 말이 내게 이루어져야 하리니 내게 관한 일이 이루어져 감이니라"

A "불법자의 동류로 여김을 받았다" 이 말씀은 이사야 53:12의 말씀을 인용한 것으로 그리스도께서 죄인으로 취급받아 죽게 될 것을 이사야가 예언한 것이다.

예수님은 이 예언의 말씀대로 그에 관한 일이 다 이루어져 죄인처럼 십자가에 죽게 될 것을 제자들에게 가르치는 장면이다.

Q 193) 여기 검 둘이 있나이다 족하다하신 예수님의 심정은 무엇이었는가?(22:38)

"그들이 여짜오되 주여 보소서 여기 검 둘이 있나이다 대답하시되 족하다 하시니라"

A 예수님은 신령한 뜻으로 검을 말씀했으나 그들은 깨닫지 못하고 실제로 검 둘을 들어보였다. 이때 예수님이 족하다고 말씀하심은 검을 가지라는 말을 알아들은 것만 이라도 족하다.

신령한 뜻은 언젠가는 깨달아 알 때가 올 것이니 지금 신령한 뜻을 몰라도 겉옷을 팔아 검을 사라는 말을 알아들은 것만으로도 족하다는 뜻이다.(예 신3:26, 모세: 그만해도 족하다)

Q 194) 제자들은 왜 슬픔을 인하여 잠들었는가?(22:45)

"기도 후에 일어나 제자들에게 가서 슬픔으로 인하여 잠든 것을 보시고"

A 제자들은 예수님이 잡혀 죽게 된 것을 슬퍼하는 마음도 있었으나 닥칠 재난과 시험 두려움 걱정 근심이 앞서서 슬퍼하게 되었다. 이것을 이길 만한 기도를 드리지 못하고 피곤해 잠이 들었다.

그들은 믿음이 약하므로 슬픔에 잠겼고 또 육신피곤에 사로잡혀 기도하지 못했다. 그러므로 실패했다. 그들이 깨어 기도했더라면 슬픔으로 잠들고 실패하지 않았을 것이다.

Q 195) 죄 없는 자라도 온 군중이 소리지르면 죽이는 일까지 가능할까? 빌라도가 잘 한 것인가 무능 한 것인가?(23:13-25)

(14절) "이르되 너희가 이 사람이 백성을 미혹하는 자라 하여 내게 끌고 왔다 보라 내가 너희 앞에서 심문하였으되 너희가 고발하는 일에 대하여 이 사람에게서 죄를 찾지 못하였고"
(23절) "그들이 큰 소리로 재촉하여 십자가에 못 박기를 구하니 그들의 소리가 이긴지라"
(25절) "그들이 요구하는 자 곧 민란과 살인으로 말미암아 옥에 갇힌 자를 놓아주고 예수는 넘겨주어 그들의 뜻대로 하게 하니라"

A 빌라도는 세 차례에 걸쳐서 예수님께서는 죄가 없다고 선언하고 예수님을 놓아주려고 애도 많이 썼다. 그러나 나약한 빌라도는 옳지 않은 군중들의 소리에 굴복하고 말았다.

민란과 소요가 걱정되며 만약 민란과 소요가 나면 자기 자리유지가 위태로워지기 때문에 참 진리를 알고도 우유부단하여 의인을 죄인들에 내어 주어 십자가에 매달게 하고 살인과 민란의 주모자 바라바를 놓아주고 말았다.

Q 196) 푸른 나무와 마른 나무는 각각 무엇을 의미하는 것일까?(23:31)

"푸른 나무에도 이같이 하거든 마른 나무에는 어떻게 되리요 하시니라"

A 1) 푸른 나무 : 예수그리스도 또는 의인이나 영적생명이 있는 자를 가리킴

2) 마른 나무 : 죄인 또는 영적생명이 없는 자를 가리킨다.

의로운 예수님도 이처럼 고난을 당하셨거늘 죄인들에게 임할 고통이야 얼마나 크겠는가 하는 뜻이다. 의를 행하고 영적생명으로 사는 자가 고난을 받으면 하나님이 지켜주시고 이기게 해 주시지만 마른나무 같은 죄인들이 죄를 짓고 고난을 받으면 하나님의 심판이 더욱 크다.

Q 197) 공의회원 요셉 의롭고 결의와 행사를 반대하고 하나님 나라 기다리는 요셉이 가능한 이야기 일까?(23:50-52)

"(그들의 결의와 행사에 찬성하지 아니한 자라) 그는 유대인의 동네 아리마대 사람이요 하나님의 나나를 기다리는 자라" (51절)

A 아리마데 요셉은 ①산헤드린 공회원 ②부자 ③의로운 자 ④유대인들의 결의와 행사에 반대(예수 죽이는 일) ⑤하나님 나라 기다리는 자 ⑥빌라도에게 요구하고 ⑦시체를 세마포로 싸고 ⑧자기 묘에 안장 시킨 자이다.

자기 기득권(자리유지)을 지키기 위해서는 이런 일을 할 수 없는 위치에 있는 사람인데도 정작 이 일을 해야 할 제자들까지 다 숨어 나타나지 않는 이때 요셉이 나타나서 이런 일을 한다는 것은 거의 불가능한 상태라고 본다. 그러나 믿음으로 하나님나라를 기다리는 자이므로 불이익, 어떤 손해도 감수하고 단행했다.

Q 198) 엠마오로 간 두 제자 하나는 글로바인데 글로바는 누구이며 또 한 사람은 누구인가?(24:13-35)

(13절) "그 날에 그들 중 둘이 예루살렘에서 이십오 리 되는 엠마오라 하는 마을로 가면서"
(18절) "그 한 사람인 글로바라 하는 자가 대답하여 이르되 당신이 예루살렘에 체류하면서도 요즘 거기서 된 일을 혼자만 알지 못하느냐"

A 두 사람이 엠마오로 갔다.

1) 글로바 : 요19:25에 있는 글로바와 같은 사람인 것 같다. 알패오의 아들 야고보(마10:3)가 글로바이다.

2) ①나다나엘(바들로메)

②누가(본서 저자) 이 중 누가로 보는 것이 유력하다. 여기 두 사람은 글로바(야고보)와 누가라고 본다.

요한복음

Q 199) 말씀이 곧 로고스(예수 그리스도)인데 여기 로고스를 5가지로 표현한 것이 무엇 무엇 인 가?(1:1-5)

"태초에 말씀이 계시니라 이 말씀이 하나님과 함께 계셨으니 이 말씀은 곧 하나님이시니라 그가 태초에 하나님과 함께 계셨고 만물이 그로 말미암아 지은 바 되었으니 지은것이 하나도 그가 없이는 된 것이 없느니라 그 안에 생명이 있었으니 이 생명은 사람들의 빛이라 빛이 어둠에 비치되 어두움이 깨닫지 못하더라"

A 본문은 예수그리스도를 5가지로 표현했다.

1) 하나님(삼위일체 하나님이시다) 1-2절

2) 창조자(천하 우주만물의 창조하셨다) 3절

3) 말씀(로고스 곧 말씀이며 예수그리스도다) 1절

4) 생명(그리스도는 만물과 영적생명의 근원 생명의 창조자) 4절

5) 빛(요8:12 예수는 세상의 빛) 4-5절

Q 200) 믿기만 하면 하나님의 자녀가 되는 것인가? 안 믿을 때는 하나님의 자녀가 아닌가 갑자기 자녀로 바뀌나?(1:12)

"영접하는 자 곧 그 이름을 믿는 자들에게는 하나님의 자녀가 되는 권세를 주셨으니"

A 인생이 원래 죽은 영혼이 탄생하는 것이다. 그러다가 예수를 믿어질 때 산 영혼이 되는 것인데 진리와 영감으로 하나님의 생명과 연결되는 것이 예수가 믿어질 때이다.

믿는 자는 하나님의 자녀가 되는 권세를 주셨으니 하나님의 자녀가 된 것이다. 본래도 하나님의 자녀이나 믿게 될 때 다시 태어나서 하나님의 자녀된 것을 확신케 된다.

산 영혼, 하나님의 자녀, 예수 믿는 성도, 다 결국 같은 한 사람인 것이다.

Q 201) 우리가 아는 보통 '은혜' 와 '진리' 도 있는데 예수그리스도로 말미암지 않는 것은 은혜와 진리 가 아닌가?(1:17)

"율법은 모세로 말미암아 주어진 것이요 은혜와 진리는 예수 그리스도로 말미암아 온 것이라"

A 예수그리스도로 말미암지 않고는 은혜와 진리가 있을 수 없다.

보통은혜란 우리가 덕을 본 것이요 세상진리는 예수그리스도가 빠진 것은 비진리인 것이다.

지금은 다 옳아도 하늘나라가면 틀릴 수 있다.

율법은 하나님이 모세를 통해주셨다. 율법 주신 목적은 우리 죄를 깨달아서 그리스도께 인도하려는데 뜻이 있다.(롬3:20, 갈3:23-24) 율법에서 정죄 받은 모든 죄인이 예수그리스도께서 와서 주님이 주시는 은혜로 구원

받고 주님의 진리로 구원에 이르는 지혜를 얻어 바로 살게 된다. 그래서 은혜와 진리는 오직 예수그리스도께로부터 온 것이다.

Q 202) 세례요한은 예수님이 엘리야로 말씀하셨는데도 본인은 아니라고 왜 하신 것일까? (1:21)

"또 묻되 그러면 누구냐 네가 엘리야냐 이르되 나는 아니라 또 묻되 네가 그 선지자냐 대답하되 아니라"

A 유대인들이 잘못 알고 있는 엘리야관을 바로 가르쳐주기 위해서 세례요한은 아니다라고 답변한 것이다.

유대인들은 승천했던 엘리야가 다시 재림해서 옛날 불의 사자처럼 기적과이적을 행하던 그런 엘리야로 알고 있기에 세례요한이 나는 그런 엘리야가 아니라 주의 길을 예비하려온 엘리야라고 알려주기 위함이었다.

Q 203) 세례요한이 세례 준 목적이 무엇이었는가?(1:31)

"나도 그를 알지 못하였으나 내가 와서 물로 세례를 베푸는 것은 그를 이스라엘에 나타내려 함이라 하니라"

A 전 인류는 죄인들이다. 자신의 죄를 발견하고 그 죄를 회개하는 세례를 베풀었던 것이다. 그러나 죄 문제 해결은 세례요한이 할 수 없고 오직 죄를 회개시키기 위한 세례였다. 자신들이 죄인이라는 것을 알고 예수를 찾게 하기 위함이었다.

Q 204) 예수님이 어머니를 '여자여' 한 것은 무슨 의미가 있는가?(2:4, 19:26)

(2:4) "예수께서 이르시되 여자여 나와 무슨 상관이 있나이까 내 때가 아직 이르지 아니하였나이다"
(19:26) "예수께서 자기의 어머니와 사랑하시는 제자가 곁에 서 있는 것을 보시고 자기 어머니께 말씀하시되 여자여 보소서 아들이이다 하시고"

A "여자 여" 이 말은 어머니를 멸시하는 말이 아니다. 성자(하나님의 아들)의 위치에서 볼 때 마리아(어머니)도 한낱 여자에 지나지 않는 다는 것을 말해 준 것이다.

육적관계를 신령한 세계 신령한 관계에선 사용불가하다. 그리스도의 위치에서 구속 사업을 하는데 있어서 부모라도 상관할 수 없는 것이다. 이 포도주로 이적을 보일 때가 이르지 않았다고 하시고 얼마 후 때가 되셔서 물로 포도주를 만드는 이적을 행하신 것이다.

Q 205) 예수님은 사람들에게 증거 받으실 필요가 없으신가?(2:25)

"또 사람에 대하여 누구의 증언도 받으실 필요가 없었으니 이는 그가 친히 사람의 속에 있는 것을 아셨음이니라"

A 예수그리스도가 메시야로 증거자들이 많이 있었다.

①하나님 ②하나님의 말씀 ③성령님 ④성경책이 증거 해 주셨다.

그래서 진리에 서있지 않는 사람들의 증거를 전연 받으실 필요를 느끼지 않으셨고 그럴 필요도 없었던 것이다.

Q 206) 사람이 거듭남은 어떤 모습으로 나는 것일까?(3:3-7)

(3절) "예수께서 대답하여 이르시되 진실로 진실로 네게 이르노니 사람이 거듭나지 아니하면 하나님의 나라를 볼 수 없느니라"

(5절) "예수께서 대답하시되 진실로 진실로 네게 이르노니 사람이 물과 성령으로 나지 아니하면 하나님의 나라에 들어갈 수 없느니라"

A 위 하나님으로 부터 영적으로 다시 새롭게 태어나는 것으로 육을 위해 살던 인생이 주를 위하고 하나님만 위해 살게 된 자들이다.

중생의 요소는 물과 성령으로 거듭나게 되며 중생의 역사는 성령님의 단독적 역사이다.

중생의 증거는 예수께서 그리스도이심이 믿어지는 것이다.

Q 207) 인자 이외는 하늘나라로 올라 간 자가 없다면 천당 간 자가 심히 적다는 뜻인가?(3:13)

"하늘에서 내려온 자 곧 인자 외에는 하늘에 올라간 자가 없느니라"

A "인자"와 "하늘에서 내려온 자"는 예수님을 가리킨다.

즉 예수님 이외는 하늘에 올라간 자가 없다는 말이다. 이것은 예수님을 통해서만 구원받는다는 말씀과 똑 같다. 즉 예수그리스도로 말미암지 않고는 그 누구도 하늘나라 갈 수 없다.

그래서 이 인자(예수그리스도) 위에 올라탄 자 (믿는 자) 만이 천국에 들어갈 수 있는 것이다. 예)한국 파리가 미국행 비행기에 다면 미국에 갈수가 있다. 예수비행기에 올라타면 천국 갈 수 있다.

Q 208) 예수를 믿는 자는 심판을 받지 않는가?(3:18)

"그를 믿는 자는 심판을 받지 아니하는 것이요 믿지 아니하는 자는 하나님의 독생자의 이름을 믿지 아니하므로 벌써 심판을 받은 것이니라"

A 예수 믿는자는 예수님이 대신 심판받고 형벌을 받아 주셨기 때문에 성도는 공심판(지옥가는 심판)을 받지 않는 다는 말이다. 그러나 성도가 범죄하면 매일 매시간사심판을 받게 된다. (엡3:12, 시73:14 고전15:31)

그러나 불신자는 공심판은 받되 사심판은 잘 받지 않는다. 여기서 심판에 이르지 않는다는 말은 공심판에 이르지 않는다는 말이다.

Q 209) '그는 흥해야하고 나는 쇠하여야 하리라' 이 말씀은 우리에게도 이대로 적용되는가?(3:30)

"그는 흥해야 하겠고 나는 쇠하여야 하리라 하니라"

A 그만(예수그리스도) 흥해야 되고 나는 쇠하여야 한다.

내가 쇠하여야만(낮아지고 희생당해야만) 그리스도가 흥해진다. 그도

(예수)잘 되고 나도 잘 되길 바라는 것은 욕심이다.

내가 아직 조금이라도 살아서 흥해지려면 그리스도는 그 만큼 쇠해진다. 그러나 내가 쇠해진 것만큼 그리스도가 흥해질 수가 있다. 나와 세상은 낮아지고 쇠해져도 그리스도와 교회만 잘 된다면 우리는 만족해야 한다.

Q 210) '성령을 한량없이 주심이라' 아무나 성령을 무제한으로 주시는 것인지?(3:34)

"하나님이 보내신 이는 하나님의 말씀을 하나니 이는 하나님이 성령을 한량 없이 주심이라"

A 예수님은 하나님의 말씀에 완전 순종하였으므로 성령의 역사도 한량없이 임하게 된 것이다. 우리도 예수그리스도를 믿고 순종하는 자에게는 성령을 한량없이 주실 것이다.

그러나 불순종하거나 믿지 못하는 자나 불신자들에게는 전연 성령을 주시지 않는다.

Q 211) 하나님의 선물을 크게 세 가지만 말씀하여 본다면?(4:10)

"예수께서 대답하여 이르시되 네가 만일 하나님의 선물과 또 네게 물 좀 달라 하는 이가 누구인 줄 알았더라면 네가 그에게 구하였을 것이요 그가 생수를 네게 주었으리라"

A 하나님이 주신 선물

1) 예수그리스도(믿음으로) 구원을 얻게 되고

2) 성경(읽고, 듣고, 순종함으로) 구원에 이르는 지혜를 주시고

3) 성령(생수) (믿고 구하면) 권능과 능력을 주신다.

Q 212) 그리심산과 예루살렘성전이 예배에 합당한 장소가 아니라면 그간 드린 예배는 다 잘못된 예 배인가?(4:20-22)

(21절) "예수께서 이르시되 여자여 내 말을 믿으라 이 산에서도 말고 예루살렘에서도 말고 너희가 아버지께 예배할 때가 이르리라"

A 예배는 예수그리스도를 통해서 하나님께 경배를 드려야 된다.

그리심 산에서는 우상 섬김 식으로 예배드렸고 예루살렘에서는 예수그리스도 없는 제사만 드렸으니 잘못 된 것이다. 하나님은 영이시니 신령과 진정으로 드리는 예배만 받게 된다. 여기 신령(성령으로 예수를 믿고) 진정은(성경의 진리로 구원에 이르는 지혜를 얻게 된다) 성령과 진리를 가르킨다.

현대교회도 신령과 진정으로 드리지 않는 예배는 헛된 것이다.

Q 213) 예수님에게는 우리가 알지 못하는 먹을 양식이 있는데 무슨 양식이 있단 말인가?(4:32-34)

(32절) "이르시되 내게는 너희가 알지 못하는 먹을 양식이 있느니라"
(34절) "예수께서 이르시되 나의 양식은 나를 보내신 이의 뜻을 행하며 그의 일을 온전히 이루는 이것이니라"

A 제자들은 육신의 양식만 생각했지만 예수님이 말씀하신 양식은 신령한 양식이요 영의 양식인 것이다.

1) 하나님의 말씀이 양식이다 : 성경말씀을 읽고 배우고 영으로 깨달아 순종해서 먹는 양식이다.

2) 예수님의 살과 피를 먹는 것이 양식이다 : 성찬예식으로 행하는데 예수님의 생명에 참여, 연합하여 생명적 연합을 이루는 것이다.

3) 하나님의 뜻을 이루어드리는 것이다 : 하나님의 뜻에 따라 순종해 드리는 것, 복음 전하는 것, 십자가를 지는 것, 이것들이 양식이 된다.

Q 214) 천사가 물을 동한다고 첫 번들어가는 자는 어떤 병이라도 다 낫는 것이 있을 수 있는 가?(5:3-4)

(4절) "이는 천사가 가끔 못에 내려와 물을 움직이게 하는데 움직인 후에 먼저 들어가는 자는 어떤 병에 걸렸든지 낫게 됨이러라"

A 유대인들의 전설에 나오는 이야기 이지 실제는 그렇지 않다. 간혈천으로 가끔(부정기적) 물이 동할 때(솟아오를 때) 가 있는데 자연현상이지 천사들에 의함도 아니고 아마 물이 동할 때 처음엔 유황분과 여러 좋은 약재료로 혹 낫는 자가 있으나 다는 아니고 하나만 낫는 것도 아닌데 전설 때문에 많은 사람들이 기다리고 있었다. 진정한 소망은 예수그리스도이지 다른데 소망은 없는 것이다.

Q 215) 아버지 하나님과 그 아들 예수님은 언제나 안식일에도 일하시고만 계시는가?(5:17)

"예수께서 그들에게 이르시되 내 아버지께서 이제까지 일하시니 나도 일한다 하시매"

A 하나님은 온 우주를 창조하셨을 뿐만 아니라 지금도 계속해서 피조세계를 섭리하시며(보존하시며 주관도 하신다) 경륜으로 역사를 계속 쉬지 않고 일하고 계신 것이다.

예수님은 하나님이 일하시는 것 같이 하나님의 일만 계속해 나가셨다. 그래서 "아버지께서 일하시니 나도 일한다"고 하셨다.

Q 216) 우리는 부활이 있다 불신자 불택자들도 부활이 있는가?(5:29)

'선한 일을 행한 자는 생명의 부활로, 악한 일을 행한 자는 심판의 부활로 나오리라"

A 성도는 생명의 부활로 공중에서 그리스도를 영접하게 된다.

예수님이 우리대신 심판받아 주셨기에 우린 공심판 받지 않는다. 그러나 불신자는 주님이 심판 받아 주지 않아서 사죄를 받지 못했다. 그래서 원죄와 본죄가 그대로 있기에 심판받기 위해 다시 부활한다.

둘째 사망 즉 다시 지옥으로 가므로 말이 부활이지 실제로는 부활이라고 말할 수 없다. 우리는 첫째 사망만 당하고 둘째 사망이 없다.

Q 217) 예수님에 대한 증거자 3인은 누구누구인가?(5:30-40)

(35절) "요한은 켜서 비취는 등불이라 너희가 일시 그 빛에 즐거이 있기를 원하였거니와"
(36절) "내게는 요한의 증거보다 더 큰 증거가 있으니 아버지께서 내게 주사 이루게 하시는 역사 곧 나의 하는 그 역사가 아버지께서 나를 보내신 것을 나를 위하여 증거하는 것이요"
(39절) "너희가 성경에서 영생을 얻는 줄 생각하고 성경을 상고하거니와 이 성경이 곧 내게 대하여 증거하는 것이로다"

A 예수님에 대한 증거자들이 있다.

1) 세례요한 : 진리에 대해 등불로 비추어 주었다.

2) 하나님아버지 : 하나님의 역사도 아들을 통해 구원의 일을 하도록 증거 해주셨다.

3) 성경 : 구약의 율법, 선지서, 역사서가 다 그리스도를 증거 해 주셨다.

이 셋은 예수그리스도가 메시야요 우리로 하여금 믿어 영생을 얻게 하는데 결정적 증거자 들이었다.

Q 218) 모세가 율법기록의 목적은 무엇이었는가?(5:41-47)

(46절) "모세를 믿었더라면 또 나를 믿었으리니 이는 그가 내게 대하여 기록하였음이라"
(47절) "그러나 그의 글도 믿지 아니하거든 어찌 내 말을 믿겠느냐 하시니라"

A 율법은 오직 메시야인 예수그리스도에 대해서만 기록한 것이다.

즉 율법은 죄를 사해주는 것이 아니라 오히려 죄를 생각나게 하사 정죄하는 기능을 가졌다.

정죄 받은 인간들이 구원자인 메시야를 찾아 만나서 그가 피 흘려주심을 믿고 죄 용서를 받아야 구원을 얻을 수 있다. 이것을 위해 기록했으나 유대인들은 깨닫지 못했다.

Q 219) 유대인들은 예수가 메시야인줄 모르고 왜 왕으로만 삼으려고 했을까?(6:14-15)

(15절)"그러므로 예수께서 그들이 와서 자기를 억지로 붙들어 임금으로 삼으려는 줄 아시고 다시 혼자 산으로 떠나 가시니라"

A 예수님은 영을 구원시키려 이 땅에 오신 영적 왕이었으나 그들이 임금 삼음은 육적 왕으로 삼아 유익을 보고자 함이다.

1) 국가를 독립해 줄 것을 믿고 (로마의 식민지에서)

2) 가난과 기아문제에서 탈피해 줄 것을 믿고

3) 모든 질병에서 해방시켜 건강문제를 해결해 줄 것을 믿었다.

그러다가 이 욕망이 어긋날 때 예수님을 배척하게 된 것이다.

Q 220) 우리가 하나님의 일을 하고 싶은데 무엇 하는 것이 하나님의 일일까?(6:29)

"예수께서 대답하여 이르시되 하나님께서 보내신 이를 믿는 것이 하나님의 일이니라 하시니"

A 하나님의 일은 하나님이 보내신 자이신 예수그리스도를 생명의 주로 영접하고 영생하도록 있는 양식을 위하여 일하는 신령한 영적인 믿음을 가지고 하나님을 섬기는 것이 하나님의 일이다. 즉 쉽게 예수그리스도를 믿고 순종하는 것이 하나님의 일이다.

Q 221) '내 아버지의 뜻' 은 무엇일까? 세 가지를 말한다면(6:40)

"내 아버지의 뜻은 아들을 보고 믿는 자마다 영생을 얻는 이것이니 마지막 날에 내가 이를 다시 살리리라 하시니라"

A 내 아버지의 뜻은 성경을 보고 찾을 수 있다.
요약한다면 ①내게 허락 된 자를 하나도 잃어버리지 않는다.
②말세시대 죽은 영혼을 다시 살려 내는 것 (부활)
③아들을 보고 믿는 자는 영생을 얻는 것이다.

한 마디로 예수그리스도를 믿고 구원시켜 죽은 영혼을 살려내는 것이 하나님의 뜻이다.

Q 222) '하늘에서 내려온 산 떡' (6:50) '생명의 떡' (6:48) 이 떡을 먹으면 죽지 않는가? (6:50-51)

(51절) "나는 하늘에서 내려온 살아 있는 떡이니 사람이 이 떡을 먹으면 영생하리라 내가 줄 떡은 곧 세상의 생명을 위한 내 살이니라 하시니라"

A 산 떡 생명의 떡은 예수그리스도를 가리키고 있다.
먹는 다는 것은 믿는다는 것이다. 믿는 자는 영생을 주므로 죽지 않고 영생하게 된다.

비유적으로 해석해서 나의 줄 떡은 십자가에서 희생 제물로 바쳐질 예수 자신의 육체를 가리키며 생명의 떡도 절대적이고 신적이기 때문에 그것을 먹는 자는 영원히 죽지 않게 될 것이다.

Q 223) 주의 살이 양식이요 주의 피가 음료라니 우리가 어떻게 주의 살과 피를 먹고 마시는가?(6:54-58)

(54절) "내 살을 먹고 내 피를 마시는 자는 영생을 가졌고 마지막 날에 내가 그를 다시 살리리니"
(58절) "이것은 하늘에서 내려온 떡이니 조상들이 먹고도 죽은 그것과 같지 아니하여 이 떡을 먹는 자는 영원히 살리라"

A 주의 살과 피를 먹고 마시는 것은?

①믿는 것이다. ②영적교통을 가리키고 ③그리스도 안에서 사는 것 ④그리스도로 인하여 사는 것 ⑤그리스도의 인도로 성경대로 사는 것을 가리킨다.

떡과 포도주로 대신하여 실제로 먹고 마시는 상징이다.

천주교는 화체설, 루터교는 공제설, 칼빈은 영적 임재설이며 쯔빙글리는 상징 기념설이다. 이 떡과 포도즙에 우리 주님이 영적으로 임재해서 주의 살로 주의 피로 믿고(상징해서) 먹고 마시는 것이다.

Q 224) 예수님이 살리는 것은 영이고 육은 무익하다며 그리스도교는 육은 무용론이 맞는 것인 가?(6:63)

"살리는 것은 영이니 육은 무익하니라 내가 너희에게 이른 말은 영이요 생명이라"

A 육은 유한적이고 영은 무한적이니 육보다는 영을 더위에 두고 중요시해서 말씀한 것이지 무익해서 아무 쓸모없음을 뜻하는 것은 아닌 것이다.

영지주의 자들처럼 육은 더럽고 추악하니 무조건 저주하면 이단이 된다. 육도 하나님이 주셨으니 하나님의 뜻대로 성경대로 살면서 영혼을 위해 희생하는 것이 육의 사명이다.

Q 225) '영생의 말씀이 주님이온데 우리가 뉘게로 가오리까' 고백한 베드로가 왜 세 번 부인했을 까?(6:68)

"시몬 베드로가 대답하되 주여 영생의 말씀이 주께 있사오니 우리가 누구에게로 가오리이까"

A 마16:16 "주는 그리스도시요 하나님의 아들이시다"는 고백도 분문처럼 자기 신앙으로 고백함이 아니요 성령님이 가르쳐준 신앙고백이었으므로 온전히 자기 신앙으로 만들어 지지 못했으므로 마태 16:16 고백 후 에는 사탄 노릇까지 했고 요한 6:68 고백 후에는 세 번이나 부인하는 모습을 보이게 된 것은 오직 믿음 부족으로 인 함이다.

Q 226)간음한 여인을 죽이려 돌든 무리들 앞에서 예수님은 두 번이나 땅에 무슨 말씀을 글씨를 썼을까?(8:6, 8)

(6절) "예수께서 몸을 굽히사 손가락으로 땅에 쓰시니"
(8절) "다시 몸을 굽혀 손가락으로 땅에 쓰시니"

A 그 내용이 무엇이었는지는 우리는 알 수가 없다.

그러나 어떤 사본에서와 같이 예수님이 쓰시기는 한 문장을 쓰셨으나 읽는 자들은 자기들이 돌에 맞아 죽을 수 있는(자기를 의 죄) 죄목을 쓰셨기에 돌을 버리고 갔지 그냥 성경구절을 읽고 돌을 버리고 갈 자들이 얼마나 되며 이들이 예수님을 곤경에 빠뜨릴려고 하지 않았을 것이다.

Q 227) 간음하다 현장에서 잡힌 자는 돌로 죽여야 된다는 율법도 있는데 왜 예수님은 이 여인을 용서하셨나?(8:11)

"대답하되 주여 없나이다 예수께서 이르시되 나도 너를 정죄하지 아니하노니 가서 다시는 죄를 범하지 말라 하시니라"

A 원래 율법의 근본정신도 정죄 보다는 사랑과 긍휼로 용서에 더 주안점이 있다. 죄를 차단하기 위함이요 죄를 깨달아 회개시켜 재발치 못하게 하는데 목적이 있었다.

원래 예수님은 긍휼이 많으셔서 용서해서 바로 세우고저 만백성을 위해 이 땅에 오셨다. 그래서 주의 부드러운 성품이 간음한 여인을 죄 용서 해 주신 것이다.

Q 228) 진리를 알면 저절로 자유하게 되는 것인가?(8:32)

"진리를 알지니 진리가 너희를 자유롭게 하리라"

A 깨달은 진리는 우리를 죄의 속박에서 자유케 한다. 진리를 깨닫게 되니 죄 문제 해결을 하게 되고 죄 문제가 해결되니 사망과 멸망에서 자유하

게 된 것이다.

여기서 자유는 영적과 인격적 해방으로 자유를 의미한다.

Q 229) 아브라함이 언제 예수그리스도의 때를 보고 즐거워하고 기뻐하였을까?(8:56)

"너희 조상 아브라함은 나의 때 볼 것을 즐거워하다가 보고 기뻐하였느니라"

A 아브라함은 자신의 후손을 통해서 온 인류를 구원할 메시야가 탄생되리라는 약속을 굳게 믿었었다. (갈3:16)

이 약속을 믿고 믿음의 눈으로 아브라함이 예수그리스도의 때를 미리 보고 즐거워하였다. 아브라함 생전에 있었던 일이다.

Q 230) 보지 못하는 자를 보게하는 것은 이해되나 보는 자들을 소경되게 할 필요가 있는가?(9:39)

"예수께서 이르시되 네가 심판하러 이 세상에 왔으니 보지 못하는 자들은 보게 하고 보는 자들은 맹인이 되게하려 함이라 하시니"

A 漸明漸暗(점명정암) 이란 말로 잘 표현되고 있다.

보지 못하는 자들은 보게 하고 : 나면서 소경처럼 육의 눈이 어두워 신령한 세계를 보지 못한 자들은 눈을 뜨게 해서 보게 해주시고.

본다고 하는 자들은 소경되게 한다 : 육의 눈 가지고도 본다고 교만과 자만 의심하는 유대인들은 더 어둡게 해서 영적으로 소경되게 하시는 예수그리스도의 능력을 말씀함이다.

Q 231) 예수님보다 먼저 온 자들은 다 절도요 강도인가? 예수님 전 아브라함 때까지 믿음의 선진도 그러한가?(10:8)

"도둑이 오는 것은 도둑질하고 죽이고 멸망시키려는 것뿐이요 내가 온 것은 양으로 생명을 얻게 하고 더 풍성히 얻게 하려는 것이라"

A 예수님은 양의 문이니 이 문을 통하지 않고 먼저 온 자들이나 다른 문으로 온 자들이나 예수 이외 다른 길로 가르치는 자들은 다 절도요 강도이다.

예수그리스도께서 이 땅에 오시기 전이나 후이나 자칭 메시야라고 하며 백성들을 미혹하여 자기들의 이익만을 추구하던 거짓 선지자나 삯군 목자들을 가르친다고 본다.

그러나 아브라함과 믿음의 선진들 옳은 선지자들은 예수 안에서 메시야를 전하기 위했기에 절도도 강도가 아니다.

Q 232) '내가 너희를 신이라' 한 율법이 어디 있으며 우리가 다 하나님 되는 것인가?(10:34)

"예수께서 이르시되 너희 율법에 기록된 바 내가 너희를 신이라 하였노라 하지 아니 하였느냐"

A 시82:6을 통해서 하나님의 말씀이 임한 사람을 신이라고 불리웠다. 요1:12 하나님을 믿는 자(영접하는 자)는 하나님의 아들이라 칭함을 받는다고 했다.

하나님이 되는 것이 아니라 하나님의 아들이 되는 것이다.

Q 233) 나사로가 죽고 마리아와 유대인들이 우는 것을 보고 예수님도 우셨다 왜 우셨을까?(11:33-35)

(11:33) "예수께서 그가 우는 것과 또 함께 온 유대인들이 우는 것을 보시고 심령에 비통히 여기시고 불쌍히 여기사"
(35절) "예수께서 눈물을 흘리시더라"

A 절대 동정의 눈물이 아니다. 예수님이 동정으로 눈물 흘리셨다면 모든 사람이 죽을 때마다 주님은 늘 우셔야 했을 것이다. 그렇지 않고 몇 사람만 울어주셨다면 주님이 사람차별하신 것이다.

생명과 부활의 근원이 왔는데도 죄가 가리 워서 믿음있다는 마리아와 마르다도 생명과 부활을 볼 수 없게끔 사단이 못 보게 함에 믿음 없음으로 보지 못하는 것을 보시고 주님이 안타까워서 우신 것이다.

Q 234) 구태여 '나사로'야 부를 필요 있었나 '무덤에서 나오라' 해도 되는데 부른 이유?(11:43)

"이 말씀을 하시고 큰 소리로 나사로야 나오라 부르시니"

A 만일 여기서 예수님이 나사로의 이름을 밝히지 않으시고 "죽은 자여 일어나라라" 하셨다면 창세 이후 죽은 모든 시체들이 다 일어나게 되어 하나님의 계획에 큰 차질이 생길 뻔 했을 것이다. 그래서 주님은 "나사로야!" 하고 정확히 이름을 불렀고 나사로만 살아나온 것이다.

Q 235) '아버지여 나를 구원하여 이때를 면하게 하여 주옵소서' 예수님은 하나님이신데 이런 기도가 타당한가?(12:27)

"지금 내 마음이 괴로우니 무슨 말을 하리요 아버지여 나를 구원하여 이때를 면하게 하여 주옵소서 그러나 내가 이를 위하여 이때에 왔나이다"

A 본기도는 고통의 절규로 부르짖음이 아닌 것이다.

신성인 예수님이 인성도 입고 계시므로 십자가에 매달려 속죄 제물로 합당한 제물이 되어야 할텐데 너무 고통에 빠져서 합당한 제물로써 미급할까봐 기도함이요 그 시간이라도 하나님과의 교제가 끊기므로 합당한 제물이 못 되어서는 안 되겠기에 나를 구원하여 합당하고 합격된 제물 되게 해 달라는 간곡한 기도문인 것이다.

Q 236) '이사야가 주의 영광을 보고 주를 가리켜한 말이다' 이사야가 그리스도의 영광을 본 일이 있 는가?(12:41)

"이사야가 이렇게 말한 것은 주의 영광을 보고 주를 가리켜 말한 것이라"

A 이사야 6:1에서 이사야가 성전에서 목격한 하나님의 영광을 말하고 있으며 7:14을 근거로 700년 후에 메시야가 오실 것도 미리 보게 된 것이다. 그래서 이사야가 그리스도의 영광을 보고 그대로 예언하고 성경을 기록한 것이다.

Q 237) 세상 마지막 날엔 심판하실 텐데 무엇으로 누가 심판하시는가?(12:48)

"나를 저버리고 내 말을 받지 아니하는 자를 심판할 이가 있으니 곧 내가 한 그 말이 마지막 날에 그를 심판하리라"

A 12:48 "곧 나의 말한 그 말이 마지막 날에 저를 심판하리라"고 말씀하심은 주님이 이 세상 심판하실 때는 주님의 하신 말씀가지고(성경에 기록된 말씀) 심판하실 때가 오는데 그래서 성경을 많이 읽고 자세히 알고 믿고 순종해야만 하는 것이다.

Q 238) '너희도 서로 발을 씻기는 것이 옳으니라' 세족식을 공식적으로 많이 행해야 되는가?(13:14)

"내가 주와 또는 선생이라 또는 주라 하니 너희 말이 옳도다 내가 그러하다"

A 예수님이 제자들의 발을 씻기신 원리는 죄를 씻기심의 원리요 근본목적도 제자들을 사랑에 근거하여 겸손히 봉사하고 낮아지는데 목적이 있고 영적정결 실천의 본이 목적이었다.

주님의 뜻에 따라 발 씻는 실체가 목적이 아니니 겸손하고 낮아지고 사랑하고 정결한 근본에 접근해야지 발만 씻기는 의식에 치중해서는 안 되는 것이다.

Q 239) 가룟유다가 나간 후 예수께서 '지금인자가 영광을 얻었고' '하나님도 영광을 얻으셨도다' 잘못 말함인가?(13:31)

"그가 나간 후에 예수께서 이르시되 지금 인자가 영광을 받았고 하나님도 인자로 말미암아 영광을 받으셨도다"

A 유다가 나가므로 인자도 영광을 얻게 되었고 하나님도 영광을 얻으셨다고 하니 모순같이 보이나 모순이 아니다. 가룟유다가 예수님 팔아먹으러 나갔으므로 예수님은 십자가를 지실 시간이 가까워진 것이니 인자인 예수가 영광을 얻었고 하나님도 영광을 얻은 일이 되었기에 인자도 하나님도 다 영광 얻는 일이었다.

우리 생각과는 달라서 잘못 말한 것 같이 보인다.

Q 240) '새 계명(사랑)을 주노니 이미 율법(레19:18) 지혜서(잠20:22, 24:29)에도 있는데 왜 새 계명 인가?(13:34)

"새 계명을 너희에게 주노니 서로 사랑하라 내가 너희에게 주노니 서로 사랑하라 내가 너희를 사랑한 것 같이 너희도 서로 사랑하라"(요13:34)

"원수를 갚지 말며 동포를 원망하지 말며 네 이웃 사랑하기를 네 자신과 같이 사랑하라 나는 여호와이니라" (레19:18)

"너는 악을 갚겠다 말하지 말고 여호와를 기다리라 그가 너를 구원하시리라"(잠20:22)

A 율법의 표준도 위로 하나님사랑과 아래로 이웃사랑이다. 그러나 새 계명이라고 말하는 것은 예수그리스도께서 성도들을 위해 죽으심으로 사랑의 완성을 나타내 보여주신 것이다.

사랑의 새로운 국면인 아가페사랑의 절정으로 깊은 영적사랑의 본질을 새로이 모본을 보여주었으므로 새 계명이라고 말씀한 것이다.

Q 241) '아버지 집에 거할 곳이 많도다' '너희를 위해 처소를 예비하러 가느니' 천국은 예비 되었나 안 되었나?(14:2-3)

"내 아버지 집에 거할 곳이 많도다 그렇지 않으면 너희에게 일렀으리라 내가 너희를 위하여 거처를 예비하러가노니"

A 천국은 이미 창세전에 예비 되었다.(마25:34)

여기 처소를 예비한다는 말은 예수께서 우리위해 구속의 세계를 예비하러 가신다는 뜻이다.

이미 하나님이 준비한 천국에 죄인의 몸으로는 들어갈 수 없음으로 구원을 이뤄서(십자가와 부활의 진리로) 예비 된 천국에 들어갈 수 있게 해주신다는 의미인 것이다.

Q 242) 우리가 예수님이 행하신 일도 할 수 있고 이보다 더 큰일도 할 수 있는가?(14:12)

"내가 진실로 진실로 너희에게 이르노니 나를 믿는 자는 내가 하는 일을 그도 할 것이요 또한 그보다 큰 일도 하리니 이는 내가 아버지께로 감이라"

A 여기 나의 하는 일은 예수님이 하시는 구속사역을 뜻하는데 우리들은 믿음으로 순종함으로 이 일에 참여할 수가 있다.

여기서 더 큰 일 1) 주님이 하시는 구속사업(주님은 기초를 우리는 건설)

2) 신약교회 세우는 일(주님 12제자 오천명으로 점점 확장시켜 오늘날 천만 성도 백억 성도로 구원 확장시켜 나가는 것을 뜻한다)

Q 243) 세상친구를 위하여 목숨을 버리면 이보다 더 큰 사랑이 없는가?(15:13)

"사람이 친구를 위하여 자기 목숨을 버리면 이보다 더 큰 사랑이 없나니"

A 여기서 친구는 이 세상 친구가 아니라 예수그리스도를 가리킨다.

우리가 주를 위해 목숨을 버리듯 다른 사람을 위하여 구원시켜 영혼을 사랑하는 것이 마땅한 것이다. 큰 사랑인 것이다.

Q 244) 우리가 먼저 주를 선택했나? 주가 먼저 우리를 선택했는가? (15:16)

"너희가 나를 택한 것이 아니요 내가 너희를 택하여 세웠나니 이는 너희로 가서 열매를 맺게 하고 또 너희 열매가 항상 있게 하여 내 이름으로 아버지께 무엇을 구하든지 다 받게 하려함이라"

A 알미니안주의 : 자기가 먼저 예수님을 선택(스스로)

칼빈주의 : 예수님이 먼저 우리를 선택(선택 거절 불가)

구원의 밧줄 : 알미니안주의 (스스로 붙잡고)

: 루터주의 (거절만 안하면 되고)

: 칼빈주의(나를 얽매어 구원의 길로 끌고 가기 때문에)

Q 245) 보혜사 성령님이 이 땅에 오셔서 하실 일이 무엇인가?(16:7-13)

(7절) "그러나 내가 너희에게 실상을 말하노니 내가 떠나가는 것이 너희에게 유익이라 내가 떠나가지 아니하면 보혜사가 너희에게로 오시지 아니할 것이요 가면 내가 그를 너희에게로 보내리니"

(8절) "그가 와서 죄에 대하여, 의에 대하여, 심판에 대하여 세상을 책망하시리라"

A 성령께서는 우리의 구원을 완성시키시고 우리로 하여금 성숙한 신앙에로 매진토록하며 우리를 위해 친히 간구하신다.

보혜사 성령은 1) 죄에 대하여(저희가 예수를 믿지 아니함이요)

2) 의에 대하여 (주께서 하나님께 가시는 일이요)

3) 심판에 대하여(이 세상 임금이 심판을 받음이다)

이 세 가지를 바로 깨닫지 못하고 있음으로 이 세상을 책망하시고 가르치신다.

보혜사 성령이 진리의 성령이니 바로 깨달으면 칭찬해 주신다.

Q 246) 요19:11은 빌라도가 재판관인가 아니면 누가 재판관인가?(18:38, 19:4,6,11,12)

(18:38) "빌라도가 이르되 진리가 무엇이냐 하더라"
(19:6) "대제사장들과 아랫사람들이 예수를 보고 소리 질러 이르되 십자가에 못박으소서 십자가에 못 박으소서하는지라 빌라도가 이르되 너희가 친히 데려다가 십자가에 못 박으라 나는 그에게서 죄를 찾지 못하였노라"
(11절) "예수께서 대답하시되 위에서 주지 아니하셨더라면 나를 해할 권한이 없었으리니 그러므로 나를 네게 넘겨 준 자의 죄는 더 크다 하시니라"

예수님이 재판받음이 아니었고 도리어 재판장이었다.

그러므로 나를(예수그리스도) 네게 (빌라도) 넘겨준 자들(유대인들)의 죄가 더 크니라 빌라도의 죄도 (잘못 실행) 크지만 유대인들의 죄는 훨씬 더 크다고 재판 하신 것이다

Q 247) 빌라도는 예수의 죽일 죄를 찾지 못했으니 놓으려했다. 그런데 '빌라도에게 고난 받으사' 하는 가?(19:12)

"이러하므로 빌라도가 예수를 놓으려고 힘썼으나 유대인들이 소리 질러 이르되 이 사람을 놓으면 가이사의 충신이 아니니이다 무릇 자기를 왕이라 하는 자는 가이사를 반역하는 것이니이다"

빌라도는 예수에게서 아무 죄도 찾지 못했다. 올바른 판단을 해 놓고도 ? 자기 자리 연연하기 위함 ?민란이 나서 자기 목이 달아날까봐 ?기득권에 연연하는 세상 권력 유지를 위해 우유부단하고 실리를 따라 예수를 내어주어 십자가에 못 박히도록 하게한 최종책임자이기 때문에 "빌라도에게 고난을 받으사" 하게 된 것이다.

Q 248) 베드로와 요한이 무덤을 볼 때는 두 천사가 없었는데 마리아가 울다가 무덤 속을 볼 때 천사가 있었을까?(20:1-12)

(1절) "안식 후 첫날 일찍이 아직 어두울 때에 막달라 마리아가 무덤에 와서 돌이 무덤에서 옮겨진 것을 보고"
(2절) "시몬 베드로와 예수께서 사랑하시던 그 다른 제자에게 달려가서 말하되 사람들이 주님을 무덤에서 가져다가 어디 두었는지 우리가 알지 못하겠다 하니"
(11절) "마리아는 무덤 밖에 서서 울고 있더니 울면서 구부려 무덤 안을 들여다보니"
(12절) "흰 옷 입은 두 천사가 예수의 시체 뉘였던 곳에 하나는 머리 편에, 하나는 발편에 앉았더라"

A 베드로와 요한이 무덤 속에 들어갔을 때는 없었던 천사가 이제는 두 천사로 하나는 예수님의 머리 편에 하나는 예수님의 발편에 앉아 있었다. 예수님을 애타게 찾고자하는 마리아에게 예수님이 직접 나타나시려고 우선 두 천사를 보내어서 그에게 확신을 주게 된 것이다.

Q 249) 예수님이 부활하여 아버지(하나님)도 안 뵈옵고도 마리아를 먼저 만났을까?(20:17)

"예수께서 이르시되 나를 붙들지 말라 내가 아직 아버지께로 올라가지 아니하였노라 너는 내 형제들에게 가서 이르되 내가 내 아버지 곧 너희 아버지, 내 하나님 곧 너희 하나님께로 올라간다 하라 하시니"

A "내가 아직 아버지께로 올라가지 못 하였느니라" ? 영적 세계로 가실 것을 말씀함인데 즉 승천하여 영적 하나님 나라 세계로 가실 것을 말함이다.

여기서 마리아를 먼저 만난 것은 그녀로 하여금 담대한 부활의 증인의 사명을 감당케 하려고 먼저 보였고 그러므로 부활의 주님과는 영적교제만이 가능한 것이다.

Q 250) 예수님(부활 후)이 마리아에게 왜 나를 만지지 말라고 하셨을까?(20:17)

"예수께서 이르시되 나를 붙들지 말라 내가 아직 아버지께로 올라가지 아니하였노라 너는 내 형제들에게 가서 이르되 내가 내 아버지 곧 너희 아버지, 내 하나님 곧 너희 하나님께로 올라간다 하라 하시니"

A 만지지 말라 하심은 매달리지 말라는 뜻으로 마리아가 이전과 같이 예수님을 만나 너무 반가운 나머지 지상에 머물도록 하기위하여 붙잡으려 했기 때문이다.

예수님은 부활하신 이후 에는 성령을 통해 영적교제만이 가능한 것이지 육적교제는 불가능하기 때문 이였다.

Q 251) 부활하시고 제자들에게 '성령을 받으라' 주시지도 않고 '받으라' 라는 말만하신 것인지 의미와 뜻은?(20:22)

"이 말씀을 하시고 그들을 향하사 숨을 내쉬며 이르시되 성령을 받으라"

A 오순절에 있는 성령의 강림을 상징하고 있다. 성령의 인격적 내주가 사명감당의 선행조건인 것이다. 오순절의 성령이 영원한 내주를 위한 것이라면 여기서의 성령은 부활에 대한 확증과 오순절 성령의 보증으로 성령 받으라 하신 것이다.

예수님이 숨을 쉬시므로(길게) 성령이 임한 것이 아니고 진리와 영감으로 성령 받으면 예수님 생명과 연결이 되는 상징적 표현이며 성령님의 사역이 바로 이것이니 성령을 받으라 한 것이다.

Q 252) 보고 믿는 자보다 보지 못하고 믿는 자가 더 복되다고 하신 하나님의 뜻은?(20:29)

"예수께서 이르시되 너는 나를 본 고로 믿느냐 보지 못하고 믿는 자들은 복되도다 하시니라"

A 이는 사도들 이후의 성도들을 위한 축복의 말씀이다.

예수님의 승천 이후 예수님의 모습을 본 자는 없다. 그러나 복음을 듣고 믿는 자들의 수는 날이 갈수록 늘어가고 있으며 믿음으로 말미암아 그들은 영안으로 부활의 주를 보는 기쁨을 누리고 있으므로 이런 자는 복된 자다.

이제는 예수그리스도는 영으로(보지 못하고) 믿어야하며 하나님의 말씀도 성령의 감동으로 믿어야 된다. 육의 눈으로 보지 못 했으나 성경을 보고 성령의 감동만으로 믿는 자가 복있는 자이다.

Q 253) 부활체인 예수님은 떡과 생선을 잡수셨다면 부활체가 아닌 것 아닌가?(21:10-13)

"예수께서 이르시되 지금 잡은 생선을 좀 가져오라 하시니"

A 부활체는 완전한 영만 있는 것이 아니기 때문에 잡수실 수도 있고 안 잡수실 수도 있다. 시공간을 초월해 계신다.(눅24:39-44)

부활하신 예수그리스도는 계속해서 주를 따르는 자들에게 관심을 가지시고 그분의 기적적인 능력과 인자하신 사랑이 식지 않고 있음을 보여주시기 위해 때로는 잡수시기도 때로는 안 잡수시기도 하신 것이다.

Q 254) 베드로의 대답이 모호하다. 사랑한다. 안한다 하지 못하고 주께서 아시나이다. 회피성인가? 정답인가?(21:15-17)

(17절) "세 번째 이르시되 요한의 아들 시몬아 네가 나를 사랑하느냐 하시니 주께서 세 번째 네가 나를 사랑하느냐 하시므로 베드로가 근심하여 이르되 주님 모든 것을 아시오매 내가 주님을 사랑하는 줄을 주님께서 아시나이다 예수께서 이르시되 내 양을 먹이라"

A 예수님이 한 번 물으심도 아니고 세 번 계속적으로 질문하시므로 베드로는 자신이 주님을 세 번 부인한 사실 때문에(마26:33) 그의 시퍼런 장담이 얼마나 어리석음이 들어났으므로 베드로는 확정적 대답을 할 수 없어 낮아지고 겸손한 자리에서 주님이 아신다고 마치 회피성과 모호한 답변

같으나 정답을 한 것이다.(주님의 책망이 없는 것이 증명, 수제자로 발탁함)

Q 255) 세 번째 주의 질문에 베드로는 왜 근심하게 되었나?(21:17)

(17절) "세 번째 이르시되 요한의 아들 시몬아 네가 나를 사랑하느냐 하시니 주께서 세 번째 네가 나를 사랑하느냐 하시므로 베드로가 근심하여 이르되 주님 모든 것을 아시오매 내가 주님을 사랑하는 줄을 주님께서 아시나이다 예수께서 이르시되 내 양을 먹이라"

A 세 번 질문은 3번 부인을 연상시키기 위함이요 세 번째 질문에 근심하게 된 것은 [1) 아가페질문 → 필리아 사랑 답변 2) 아가페사랑 질문 → 필리아 사랑 답변 3)필리아 사랑질문에 근심하게 된 것이다.]

베드로는 예수님이 필리아 사랑을 물으니 필리아 사랑도 못 미치나하고 걱정하게 되었으며 자기딴에는 필리아 사랑은 하는 줄도 알았는데 주님 편에서 볼 때 필리아 사랑에 못 미치나 하고 걱정하게 된 것이다.

Q 256) 예수님이 베드로에게 세 번이나 '나를 사랑하느냐' 물으신 의도는?(21:15-23)

(16절)"또 두 번째 이르시되 요한의 아들 시몬아 네가 나를 사랑하느냐 하시니 이르되 주님 그러하나이다 내가 주님을 사랑하는 줄 주님께서 아시나이다 이르시되 내 양을 치라 하시고"
(17절) "세 번째 이르시되 요한의 아들 시몬아 네가 나를 사랑하느냐 하시니 주께서 세 번째 네가 나를 사랑하느냐 하시므로 베드로가 근심하여 이르되 주님 모든 것을 아시오매 내가 주님을 사랑하는 줄을 주님께서 아시나이다 예수께서 이르시되 내 양을 먹이라"

A 세 번 질문은 베드로의 장담을 회개케 하기 위함과 세 번 부인에 대한 철저한 회개와 그때를 연상케 하므로 더 겸손하고 더 온유하여 자만치 못하도록 하기 위함 이었다.

이제 앞날의 모든 것은 다 하나님께 맡기고 오직 주님 시키는 일에 순종할 따름임을 알려 주시기 위함이다.

Q 257) 젊어서 띠 띠고 늙어서 네팔 벌리고 남이 띠 띠우는 것은 무엇을 뜻하는가?(21:18)

"내가 진실로 진실로 네게 이르노니 네가 젊어서는 스스로 띠 띠고 원하는 곳으로 다녔거니와 늙어서는 네 팔을 벌리리니 남이 네게 띠 띠우고 원하지 아니하는 곳으로 데려가리라"

A 여기서 띠는 '단속, 속박, 결박하여' 을 뜻하는데 육의 사람으로서 원치 않는 곳으로 데려다가 순교 당하게 될 것을 예고하신 것이다.

AD68년 봄, 네로 왕 박해 때 아가야 스트리트에서 거꾸로 십자가 매달려 순교함으로 이 예언은 그대로 응한 것이다.

PART 2.

사도행전

사도행전

Q 258) 주께서 이스라엘나라 회복이 이때이니까? 하심은 주님과 제자들의 동상이몽이 아닌가?(1:6)

"그들이 모였을 때에 예수께 여쭈어 이르되 주께서 이스라엘 나라를 회복하심이 이 때이까 하니"

A 주님과 제자들 간에는 동상이몽이었다.

제자들이 원하는 것 1) 국가(이스라엘) 로마로부터 해방되어 자유 얻음.

2) 가난으로 탈출시켜 부하게 살도록 해 주는 일

3) 병과 질고로부터 치유를 얻어 건강케 해 주는 일

그러나 예수님은 오직 영적 구원완성 시키려 이 땅에 오신 것이다.

선민이나 이방이나 죄와 사탄으로부터 구속시켜 구원완성 시키려했다.

Q 259) 주의 승천장면이(행1:9, 눅24:50,51) 한 기자(누가)가 기록했음에도 왜 다른가?(1:9)

(1:9) "이 말씀을 마치시고 그들이 보는데 올려져 가시니 구름이 그를 가리어 보이지 않게하더라"

(눅24:50) "예수께서 그들을 데리고 베다니 앞까지 나가사 손을 들어 그들에게 축복하시더니"

A 주의 승천 장면은 누가 한 사람이 두 성경에 각각 다르게 기록한 것 같다. 사도행전은 감람산에서 누가복음은 베다니에서이다. 사도행전은 승천장면을 자세하게 표현했고 누가복음은 승천 이전에 헤어질 때 모습을 묘사한 것이다.

그러나 감람산과 베다니는 시온산의 한 줄기로 한 지명에 가까운 정도로 아주 가까운 곳이다.

Q 260) "갈릴리 사람들아 왜 하늘을 쳐다보느냐 하늘로 올리우신 예수는 본 그대로 다시 오시리 라"재림도 이스라엘로 오시나(1:11)

"이르되 갈릴리 사람들아 어찌하여 서서 하늘을 쳐다보느냐 너희 가운데서 하늘로 올려지신 이 예수는 하늘로 가심을 본 그대로 오시리라 하였느니라"

A 재림 시에는 이스라엘로 오시지 않으시고 온 인류가 볼 수 있도록 오신다. 구름타고 오신다는 것은 큰 영광중에 하늘로부터 많은 천군 천사들과 함께 영광으로 오시게 될 것이다.

재림의 확실성 ①하늘로 올라가셨으니 하늘로부터 내려 오셔야 하고

②눈으로 보이게 구름타고 가셨으니 눈으로 보이게 구름타고 오셔야 하고

③육신의 눈으로 보이게 올라가셨으나 육신의 눈으로 보이게 재림해야 하고

④신령한 몸으로 올라가셨으니 신령한 몸으로 재림하실 것이다.

Q 261) 초대교회에서 제비뽑은 '맛디아' 12사도 중에 한 사람이라고 할 수 있는가?(1:26)

"제비 뽑아 맛디아를 얻으니 그가 열한 사도의 수에 들어가니라"

A 12제자라고 할 수 없다.

원래 사도란 주님이 직접 불러서 세운 사람이어야 하는데 맛디아는 제자들이 살펴서 제비뽑아 세운 것이다. 오순절 성령강림 이후는 계시가 성경과 성령으로 종결 되였기에 제비가 계시가 아닌 것이다.

아무리 기도하고 했어도 이제는 성경의 원리와 성령의 인도로 하나님의 뜻을 찾아야한다. 두 가지 이외의 계시는 없는 것이다. 가룟유다 자리는 비

워 두고서라도 얼마든지 초대교회가 운영해 나 갈수 있는데 베드로 및 사도들의 구상으로 뽑은 것이다. 맛디아는 뽑힌 것 이외는 성경 그 어디에도(외경, 내경) 그의 한일이 전연 없다. 유다 대신 굳이 12제자에 뽑힌자는 주님이 직접 불러 쓰신 사도바울로 보아야한다. 사도는 주님이 직접 불러 쓰신 사람들이다.

Q 262) 성령강림 사건이 다락방에서인가? 성전 앞마당에서 인가?(2:1-4)

(1절) "오순절 날이 이미 이르매 그들이 다같이 한 곳에 모였더니"
(2절) "홀연히 하늘로부터 급하고 강한 바람같은 소리가 있어 그들이 앉은 온 집에 가득하며"

A 성령강림사건이 마가요한의 다락방인지 많은 무리가 모인 예루살렘 성전 밖 마당인지 난해한 성경중의 하나이다.

승천 후 10일 동안 마가요한의 다락방에서 120명 성도가 모여 전심으로 기도할 때 성령 충만하게 성령님이 임하신 것 같고 10일 후 오순절날 전 세계 15개국에서 모인 순례 객들이 몇 만명 모인 예루살렘 성전마당에서 소리로는(청각적) 급한 바람소리로 시각적으로 불의 혀 같이 갈라지는 불이 보였고 성령님이 모인 각 사람 위에 임하니 11사도가 15개국 방언으로 전하기 시작했을 때는 예루살렘성전 마당이라고 본다. 오순절 성령강림사건은 다락방에서 시작하여 예루살렘성전 마당에서 마무리 되었다고 보아야한다.

Q 263) 경건한 유대인이 천하각국으로부터 와서 몇 나라에서 왔는지? 천하각국이 다되는지?(2:5-13)

(5절) "그 때에 경건한 유대인들이 천하각국으로부터 와서 제자들이 말하는 것을 듣고 소동하여"
(8절) "우리가 우리 각 사람이 난 곳 방언으로 듣게 되는 것이 어찌 됨이냐"
(11절) "그레데인과 아라비아인들이라 우리가 다 우리의 각 언어로 하나님의 큰일

을 말함을 듣는도다 하고"

A 오순절을 지키려고 온 나라들이 행2장에는 15개국으로 나온다. 유대인들이 세계 각국으로 퍼져 나갔으나 그중에서 오순절을 지키러온 무리들은 몇 만명에 도달했으나 분류된 나라는 15개국이었다.

천하 각국은 유대인들이 흩어져서 거주했던 열방들을 가르킨다. 그중에서 그 당시 오순절에 온 나라는 15개국이나 천하 각국으로 표현 되었다.

Q 264) 난 곳 방언으로 듣게 된 방언과 고린도 교회(현대교회)의 알아듣지 못한 방언과의 차이점 은?(2:8)

"우리가 우리 각 사람이 난 곳 방언으로 듣게 되는 것이 어찌 됨이냐"

A 성령님의 특별은사로 11사도가 여러 나라 방언을 직접 할 수 있도록 성령님이 역사하신 것이다. 비록 사도들이 외국어 방언을 배운 기회도 없었고 접해보지 못했으나 성령님의 특별한 은사는 그들로 각각 여러 나라 방언으로 말하게 하신 일에 많은 사람들이 놀랐다. 갈릴리에 어부출신들이 이런 방언에 놀라게 된 것이다. 자기들이하고 싶다고 배워서 된 것이 아니고 성령님이 하신 것이다.

그러나 고린도교회나 현대교회에서 하고 있는 방언은 자기도 모르고 아무도 아는 이가 없다. 혹 통역이 있다면 두 사람이상이 똑같이 통역이 되어야한다. 오순절 외국어 방언과 고린도 교회와 현대교회 방언과는 현격한 차이점이 있는 것이다.

Q 265) 베드로의 설교는 요엘서만을 이용한 줄 알고 있으나 다른 성경들을 이용한 설교들인데 어디 인가?(2:16-35)

(16절) "이는 곧 선지자 요엘을 통하여 말씀하신 것이니 일렀으되"
(25절) "다윗이 그를 가리켜 이르되 내가 항상 내 앞에 계신 주를 뵈었음이여 나

로 요동하지 않게 기위하여 그가 내 우편에 계시도다"

A 1) 16-21은 요엘8:28-32 인용 : 초자연적인 현상에 대한 변화와 사도적 메시지에 기본내용을 요약한 것이다.

2) 25-28은 시16:8-11 인용: 그리스도의 십자가와 부활을 증거 했고

3) 33-35은 시110:1 인용 : 임무완성하신 그리스도를 보좌 우편 앉게 함

우리는 베드로설교 내용 전부(행2:16-35)를 요엘서만을 인용한 것으로 오해하기 쉽다. 베드로는 성경 세 곳을 인용해서 그리스도의 앞으로 사역과 그리스도의 십자가와 부활을 증거하고 임무 완성하고 그리스도를 높이신 사건을 말씀한 것이다.

Q 266) 성령 받으면 모든 사람이 (자녀예언, 젊은이 환상, 늙은이 꿈)이 것이 가능하고 실현 되었 나?(2:17)

"하나님이 말씀하시기를 말세에 내가 내 영을 모든 육체에 부어 주리니 너희의 자녀들은 예언할 것이요 너희의 젊은이들은 환상을 보고 너희의 늙은이들은 꿈을 꾸리라"

A 성령께서 임하시게 되므로 자녀나 노인이나 젊은이들에게 꿈과 환상과 예언으로 하나님과 하나님의 뜻을 알게하여 주심을 뜻한다. 곧 신약시대는 그리스도를 믿는 자마다 성령님이 조명하여 하나님의 큰일을 구원의 진리를 깨닫게 될 것을 의미하고 있다.

오늘날 에는 꿈이나 환상을 보려고 하면 안 된다. 사도시대 이전에 하나님의 뜻을 성경에다 기록하여 완성시켜 놓았기 때문에 지금은 성경에서 하나님과 하나님의 뜻을 찾는 것이 옳은 것이다.

실제로 꿈과 환상이 가능한 것이 아니라 성경으로 계시된 천국을 꿈과 환상 예언으로 나타내고 발견해 나가는 것이 가능한 것이다.

Q 267) 베드로의 설교에 은혜 받은 자들이 과연 유무상통, 교제, 기도, 성전에 모임, 떡, 찬미, 이 런 기적이 가능한가?(2:42-47)

(42절) "그들이 사도의 가르침을 받아 서로 교제하고 떡을 떼며 오로지 기도하기를 힘쓰니라"
(47절) "하나님을 찬미하며 또 온 백성에게 칭송을 받으니 주께서 구원 받는 사람을 날마다 더하게 하시니라"

A 초대교회에서 믿는 자들이 이와 같이 할 수 있음을 모범으로 보여 주었다. 오늘날도 믿는 성도들이 사도들의 가르침과 성령님의 역사 안에서 믿음, 사랑, 기쁨의 공동체로 하나가 되면 가능한 것이다.

그 열매로 유무상통, 교제, 기도, 성전에 모임, 떡을 떼고 찬미하고 칭송을 받는 기적을 맺을 수가 있다. 사도들의 가르침대로(교역자의 인도대로) 배우고 성령의 역사 안에서 믿고 의지하면 이런 기적의 열매는 현대교회에도 가능한 것이다.

Q 268) 베드로와 요한이 성전 미문에서 나면서 앉은뱅이 된(40세) 자를 예수이름으로 일으킬 수 있을까 오늘도 가능한가?(3:5-10)

(6절) "베드로가 이르되 은과 금은 내게 없거니와 내게 있는 이것을 네게 주노니 나사렛 예수 그리스도의 이름으로 일어나 걸으라하고"
(7절) "오른손을 잡아 일으키니 발과 발목이 곧 힘을 얻고"

A 베드로와 요한이 하루 세 번씩 (9시, 정오, 오후3시) 기도하러 성전에 올라가 기도했다(고넬료, 다니엘) 협동정신으로 협력기도 합심 기도하니 성령님이 역사하신 것이다.

물질을 구하는 앉은뱅이에게 "우리를 보라" 함은 사랑과 긍휼로 불쌍히 여겼다. 물질구하는 사상을 깨뜨려 참된 생명은 나사렛 예수그리스도의 이름 즉 생명과 능력과 지혜와 구원인 예수의 능력을 부어 준 것이다. 이 믿음의 능력으로 성령의 능력과 함께 앉은뱅이가 일어나 걸을 수 있게 된 것이다.

오늘날에도 이런 믿음으로 나가면 성령의 능력이 임하여 이런 기적을 낳을 수 있다. 예수님의 생명과 지혜와 구원과 성령의 능력을 힘입어 기도로 매달릴 때 가능한 것이다.

Q 269) 너희가 죄를 회개하면 유쾌하게 될 것과 주께서 너희를 위해 예비하신 그리스도 곧 예수를 보내 주실 것인가?(3:19-20)

(19절) "그러므로 너희가 회개하고 돌이켜 너희 죄 없이 함을 받으라 이같이 하면 새롭게 되는 날이 주 앞으로부터 이를 것이요"
(20절) "또 주께서 너희를 위하여 예정하신 그리스도 곧 예수를 보내시리니" 유쾌 때문입니다

A 예수그리스도께서 죽은 것은 성경대로 구속을 이룬 것이니 너희가 죄를 회개하면 예수그리스도의 공로로 죄 사함을 받고 유쾌하게 되는 날이 온다고 한 것이다. 이날이 오면 하나님의 권고와 하나님의 능력이 머물게 되고 하늘의 위로와 평강이 넘친다.

많은 택한 백성들이 회개하여 주께 돌아오고 복음이 땅 끝까지 퍼지면 주의 재림이 있을 것이다. 너희가 많이 회개하고 주께 돌아오는 것은 주의 재림이 가까워졌다는 증표이다. 이때는 만유가 회복 될 때이며 주께서 재림하셔서 이루실 메시야 왕국의 도래를 말한다.

Q 270) 모세가 말한 나 같은 선지자는 누구이며 그는 무엇을 우리에게 가르쳐 줄 것인가?(3:22-24)

"모세가 말하되 주 하나님이 너희를 위하여 너희 형제 가운데서 나 같은 선지자 하나를 세울 것이니 너희가 무엇이든지 그의 모든 말을 들을 것이라"

A 나 같은 선지자는 신18:15를 인용한 것으로 예수그리스도를 말씀한 것이다.

그러므로 무엇에든지 예수그리스도의 말씀을 듣는 것이 모세의 말을 믿는 것이요 성경을 순종하는 것이다. '이 선지자의 말을 듣지 아니하는 자'는 신18:19 인용 즉 모세가 예언한 그리스도의 말씀을 순종치 않으면 멸망 받게 된다는 것이다.

베드로는 선지자의 예언을 말할 때에 모세와 사무엘과 그 후의 모든 선지자들이 메시야 곧 그리스도에 대하여 예언한 것이 예수님의 때를 가르쳤다고 증거 한 것이다.

Q 271) 베드로와 요한의 용기는 어디서 생겼는가? 우리가 보고 들은 것을 말지 않을 수 없는 가?(4:19-20)

(20절) "우리는 보고 들은 것을 말하지 아니 할 수 없다 하니"

A 하나님을 섬기는 사람이면 사람의 말을 듣는 것 보다는 하나님의 말씀 듣는 것이 옳다고 할 것이다. 사도들은 하나님께 사명 받은 것을 말하지 않을 수 없었다. 만일 주께서 들려준 말씀을 전하지 않는 자는 마치 벙어리 개와 같고 관원들의 위협 때문에 주께 받은 복음을 전하지 못하면 몸과 영혼을 멸할 수 있는 하나님보다도 단지 몸만 해치는 세상 위협에 굴복하는 것이다.

이런 용기를 성령님이 주셨으니 용기와 담대한 신앙으로 살게 되였다.

Q 272) 유무상통의 공동생활이 가능할까? 초대교회에선 어떻게 가능했을까?(4:32)

"믿는 무리가 한마음과 한 뜻이 되어 모든 물건을 서로 통용하고 자기 재물을 조금이라도 자기 것이라 하는 이가 하나도 없더라"

A 이들이 한 마음과 한 뜻이 되니 물질, 권리, 생명, 문제 등. 자기를 위한 것들을 다 초월 할 수가 있었다. 그리고 오직 그들의 관심사는 기도와

말씀 증거에 총력을 다 하였고 또한 형제사랑과 자비를 실천하는 것 또한 중요시 하다 보니 유무상통과 공동생활이 가능하게 된 것이다.

천하만물이 다 하나님의 것이다. 그러므로 초대교회 성도들은 자기생명까지 하나님의 것으로 삼아 놓고 하나님만 위해 살려고 하니 유무상통과 공동생활이 가능한 것이다.

Q 273) 사람이 죽으면 가족에게 알리지도 않고 장례부터 치르는 일이 있을 수 있을까?(5:6)

"젊은 사람들이 일어나 시신을 싸서 메고 나가 장사하니라"

A 유대인들의 장례관습의 일면으로 일단 예루살렘 성 밖으로 운반되어야 한다.(예외로 왕, 선지자, 제사장, 성내 묻힐 수 있다.)

중동지방의 더운 일기로 몇 시간만 지나도 썩어 흘러내리므로 즉시 매장하기 위해 공동묘지나 성 밖의 기드론 골짜기로 운구해 나갔다.

현대에는 있을 수 없는 일이였으나 그 당시엔 교회가 사망으로 인정하면 부정하기에 즉시 매장하는 장례관습이 있었다.

Q 274) 믿는 자들에게는 성령을 주시나 본문에는 '순종하는 자에게 주신 성령' 이라니?(5:32)

"우리는 이 일에 증인이요 하나님이 자기에게 순종하는 사람들에게 주신 성령도 그러하니라 하더라"

A 원래 성령은 믿는 자들에게 하나님이 주신 선물인 것이다. 믿음과 순종은 한 단어인 것이다. 믿는 자나 순종하는 자(예수그리스도말씀) 다 같은 말이다.

성령은 우주에 충만하시고 삼위일체 하나님으로 안 계신 곳이 없으시다.

하나님을 순종하는 자에게 주신 다는 것은 성령의 감동과 성령의 인도를 뜻하는 것이다. 불순종하는 자는 성령의 감동과 인도를 못 받음으로 성령이 없는 것처럼 느껴진다. 사도나 성령님도 예수그리스도의 부활을 증거 한다는 본 절에 말씀이다.

Q 275) 교법사 가말리엘은 누구를 위한 결단이었나? (5:34-39)

(38절) "이제 내가 너희에게 말하노니 이 사람들을 상관하지 말고 버려 두라 이 사상과 이 소행이 사람으로부터 났으면 무너질 것이요"
(39절) "만일 하나님께로부터 났으면 너희가 그들을 무너뜨릴 수 없겠고 도리어 하나님을 대적하는 자가 될까 하노라하니"

A 가말리엘은 교법사(율법을 가르치는 사람) 공회원이다.
그는 율법의 가장 엄격한 보수파로서 바울의 선생이었다.(행22:3) 그는 공회에서도 권위를 인정받는 유력한 사람이었다. 하나님이 가말리엘을 이용하여 예수그리스도를 위한 결단으로 사도들을 죽음에서 건지려고 하신 것이다.

이 예수 전하는 자들의 소행이 사람에게서 났으면 가만 놔두어도 다 무너지고 말 것이다.(왜냐면 드다나 유다의 경우 주모자가 죽으니 추종자가 다 흩어졌기 때문이다) 예수님도 이미 죽었으니 그 소행이 사람에게서 났으면 자연히 소멸될 것이요 그러나 하나님께로 났다면 너희가 없이 하지도 못하고 하나님을 대적할까 두렵도다.

이 가말리엘의 말은 예수그리스도를 위한 결단이었다고 본다.

Q 276) 스데반의 얼굴이 천사의 얼굴과 같다고 한 것은 어떤 얼굴이었나?(6:15)

"공회 중에 앉은 사람들이 다 스데반을 주목하여 보니 그 얼굴이 천사의 얼굴과 같더라"

A 스데반의 얼굴이 화평하고 온유하고 기쁨이 충만하고 거룩한 광체가 나 있었다. 스데반은 그때 신령한 세계에서 살고 있어 천사의 얼굴같이

되었다.

그러나 죄인들은 얼굴빛이 초췌하고 사색이 되어 당황하고 걱정에 싸였다. 여기에 비해 스데반은 장엄한 빛을 발하여 평온스럽고 경건하기까지 했고 죽음을 조금도 두려워하지 않는 자기가 전할 말을 다 당당히 할 수 있었다.

영적세계에서 살면 언제나 빛의 세계요 기쁨의 세계인 것이다.

Q 277) 야곱의 12아들 들이 세겜 땅(아브라함이 하몰 자손에게 산 무덤)에 장사되였는가? (7:15-16)

(15절) "야곱이 애굽으로 내려가 자기와 우리 조상들이 거기서 죽고"
(16절) "세겜으로 옮겨져 아브라함이 세겜 하몰의 자손에게서 은으로 값 주고 산 무덤에 장사되니라"

A 아브라함이 은 400을 주고 산 것은 헤브론에 있는 막벨라굴이다. 그리고 하몰의 자손에게서 은 100을 주고 밭을 산 사람은 야곱 이였다. 또 야곱이 묻힌 곳은 아브라함이 산 막벨라굴이며 요셉은 출애굽에서 그의 유언에 의해 세겜에 장사되였다.

그런데 왜 본문에는 왜 아브라함이 샀다고 하였으며 야곱을 왜 세겜에 장사하였다고 하였을까? 스데반은 두 밭에 있는 무덤을 하나로 보고 자세하게 말하지 않은 것이다. 이 두 무덤이 다 가나안에 있고 누가 샀던 그의 조상들이 산 것이기 때문에 대표자인 아브라함이 샀다고 스데반이 자기를 죽이려는 무리들 앞에서 급하게 말한 것이다.

Q 278) 모세는(출4:10)입이 뻣뻣하여 말을 잘 못함(행7:22) 말과 행사가 다 능통함, 어느 것이 맞 는가?(7:22)

"모세가 애굽 사람의 모든 지혜를 배워 그의 말과 하는 일들이 능하더라"

A 모세가 하나님의 명령을 순종함에 있어서 일은 크고 대적은 너무 강하므로 자기의 미약과 부족을 깨달아 (하나님이 시키셨으니 하나님이 해 주실 줄을 믿지 못하고)자기가 하려드니 못한다고 거절했기 때문에 하나님의 노를 사게 된 것이다. 하나님 앞에 말할 줄 모른다고 한 것은 믿음 없는 소치요 또 자기 형 아론과 같이 변사가 아니라는 핑계를 삼기에 급급했다. 그러나 모세는 진리와 성령으로 말하는 것은(말과 행사) 능통했었다.

무슨 일이고 자기가 하려들면 못할 것이 많다. 그러나 하나님이 해 주실 것을 믿고 나가면 못할 것이 아무것도 없다.

Q 279) '하늘의 군대를 섬기는 일에 내버려 두었다' 하늘의 군대는 무엇을 의미하는가?(7:42-43)

"하나님이 외면하사 그들을 그 하늘의 군대 섬기는 일에 버려 두셨으니 이는 선지자의 책에 기록된 바"

A "하늘의 군대를 섬기는 일에 내버려 두었다" 여기 하늘의 군대는 日月星辰(일월성진)을 가리킨다.

이스라엘 백성들이 하늘의 천체(天體) 우상을 섬겼다. 이스라엘 백성들이 우상을 섬기며 잘못 된 길로 나아갈 때에 하나님이 그들을 내버려 두었다. 이것은 하나님이 내린 큰 벌이었다.(롬1:28)

잘못 된 길로 나아가는 사람을 하나님이 간섭하고 징계하면 하나님이 그 사람을 사랑하시는 증거이다. 하나님이 사랑하시는 자를 징계하시고 채찍질 하신다.(히12:6)

Q 280) 율법은 모세로 말미암아 받은 줄 아는데 '천사의 전한 율법'이라면 누가 전한 것인가? (7:53)

"너희는 천사가 전한 율법을 받고도 지키지 아니하였도다 하니라"

A 율법은 모세에게 주어진 것인가? 천사에게 주어진 것인가?
사실은 모세에게 주어진 것이다. 율법을 공포함에 있어서 천사들이 하나님의 중재자가 되었고 그의 증인이 되었다는 뜻인데 유대인들의 전통사상은 율법을 모세와 천사를 통해서 주어졌다고 믿는 전통이 있었다.

스데반에게 율법을 무시하고 거스렸다고 비방하는 그들 유대인 자신들이 사실은 율법을 배척하고 있다. 그 이유는 예언한 그리스도를 배척하기 때문이다. 참으로 율법을 지키면 그 율법이 예언한 그리스도를 영접하여 믿었을 것이다.

Q **281) 스데반이 순교하기 직전하늘이 열리고 인자가 하나님의 우편에 서신 것을 보노라 함이 사실일까?(7:55-56)**

"스데반이 성령 충만하여 하늘을 우러러 주목하여 하나님의 영광과 및 예수께서 하나님 우편에 서신 것을 보고", "말하되 보라 하늘이 열리고 인자가 하나님 우편에 서신 것을 보노라 한 대" (55-56)

A 스데반은 순교직전 죽이려는 무리를 보지 않고 하늘을 우러러 보았다. 이 때 저 높은 하늘에서 하나님의 영광과 예수님께서 하나님의 우편에서 계신 것을 보았다. 주님의 우편에 서신 것은 예수께서 환난 당하는 스데반을 돕기 위함 이었다. 하늘이 열렸으니 볼 수 있었으며 오늘날도 성도가 극심한 환난당할 때 하늘이 열리고 하나님의 영광이 보이고 보좌 우편에 서 계신 주님을 볼 수 있을 것이다. 그래서 순교가 가능한 것이다.

Q **282) 핍박이 시작됐으면 우두머리 사도들이 제일 먼저 일 텐데 사도이외는 다 흩어졌는가?(8:1)**

"사울은 그가 죽임 당함을 마땅히 여기더라 그 날에 예루살렘에 있는 교회에 큰 박해가 있어 사도 외에는 다 유대와 사마리아 모든 땅으로 흩어지니라"

A 당시의 핍박은 유대인들의 그리스도교에 대한(이단) 핍박이었다. 그리스도 교인은 헬라파 성도와 유대파 성도 둘로 나뉘어 졌다. 제자들은 유대파 성도들이었다. 먼저 헬라파 성도들에게 체포와 핍박이 심했으므로 유대와 사마리아 이방으로 피하게 되고 사도들만 남게 되었다. 그래서 사도 이외는 다 흩어지고 사도들만 최종 남게 된 것이다.

Q 283) 성령 받은 일이 없이 예수의 이름으로 세례 받음이 가능한가?(8:16)

"이는 아직 한 사람에게도 성령 내리신 일이 없고 오직 주 예수의 이름으로 세례만 받을 뿐이더라"

A 이들이 주 예수의 이름으로 세례를 받았으며 주 예수를 믿는 것도 분명하다. 이들이 믿을 때에 성령에 의해서 믿게 된 것도 또한 분명하다.(고전12:3)

그런데 "한 사람에게도 성령 내리신 일이 없고" : 이것은 성령의 특수한 은사를 내리신 일이 없다는 말이다. 성령의 은사는 여러 가지가 있는데(고전12:8-11) 그중에 믿음도 큰 은사중 하나이다. (지. 지. 믿. 병. 능. 예. 영. 방. 방통) 9가지가 대표적이다. 그러므로 확실히 믿어지는 것은 큰 은사를 받은 것이다.

성령의 은사 고전 12; 에 9가지 롬12; 과 엡 4;에 도합 12 합21가지이다. 1)이적적 은사9가지 2)비이적적 은사 12가지이다.

Q 284) 구스의 장관이 예루살렘에 예배하러왔다면 믿음이 있다는 의미도 난해하고 또 이사야 말씀 도 이해하지 못한 것도 이상하다(8:27-36)

"일어나 가서 보니 에디오피아 사람 곧 에디오피아 여왕 간다게의 모든 국고를 맡은 관리인 내시가 예배하러 예루살렘에 왔다가", "돌아가는데 수레를 타고 선지자 이사야의 글을 읽더라"(27-28절)

A 구스 내시가 이사야의 글도 읽고 예루살렘까지 예배하러온 것은 율법의 가르침을 통해 알게 된 유일신 하나님을 예배하고 믿은 증거가 된다. 그가 배우겠다는 욕망으로 이 선지서를 읽고 있었던 만큼 알 수 있는 구절도 있고 알 수 없는 구절도 있을 것이다.

그러면 그가 왜 자기가 읽고 있는 구절을 이해하지 못하겠다고 했는가 그것은 그가 보다 더 애매한 구절에 대한 자신의 무지를 겸손하게 인정하는 모습이든지 정말 몰랐다 해도 아무 흠이 없는 것이다.

Q 285) 집사 빌립이 세례 줄 수 있는가?(8:38)

"이에 명하여 수레를 멈추고 빌립과 내시가 둘 다 물에 내려가 빌립이 세례를 베풀고"

A 당시에는 세례요한도 세례를 주었고 빌립도 세례를 주었다. 빌립은 안수집사로서 초대교인 수 만 명에서 7명을 뽑을 때에 피택된 믿음과 성령이 충만하고 칭찬 듣는 사람이었다. 또 그가 전문적으로 전도에만 전념했고 성령의 인도를 받고 광야도 아소도, 가이사랴도 갔다.

그때는 아직 목사 안수 받는 제도가 생기기 이전이었으므로 목사의 칭호는 못 받았으나 오늘날의 목사보다도 나은 성직자중의 한 사람이다. 그래서 집사인 빌립도 세례 줄 수 있었다. 오늘날에는 그렇지 않으니 오해 없으시길 바랍니다.

Q 286) 사울이 주를 위해 해를 많이 받음같이 주의 종들도 해를 많이 받아야 되나 안 받아야 되나?(9:16)

"그가 내 이름을 위하여 얼마나 고난을 받아야 할 것을 내가 그에게 보이리라 하시니"

A 행14:22 "하나님 나라를 들어가려면 많은 환난 겪어야 한다" 히5:8 "고난으로 순종함을 배워서 온전하게 되었은 즉 ... 영원한 구원의 근원이

되시고"

복음의 증거자가 된 바울은 말로 표현할 수 없는 고난을 무수히 받았다. 이와 마찬가지로 누구든지 예수 그리스도를 따르는 종이 되려면 자기를 이기고 십자가를 지고 주를 따라야 된다. 이 길은 평탄한 길 보다는 고난의 길이 많다.

주님의 예정된 분량의 고난을 겪은 뒤에는 환난 없는 평탄한 길도 있으리니 고난의 길을 예산하고 참고 견디어 승리해 나가야 된다.

Q 287) 사울이 다메섹 도상 회심 후 즉시 예수를 전할 수 있을까? 유대인들을 굴복시킬 수 있을까?(9:20-22)

(9:20) "즉시로 각 회당에서 예수가 하나님의 아들이심을 전파하니"

A 사울이 회개한 즉시로 예수가 하나님의 아들이심을 다메섹 각 회당에서 전파하였다. 사울이 예수님을 직접 보았고 음성을 들었고 그것을 나가 전하라는 명령을 받았으므로 즉시로 나가 순종한 것이다.(행26:16-18) 22절에 "힘을 더 얻어" 갈1:16-18에 바울이 회개한 후에 즉시로 아라비아로 갔다가 다메섹에 다시 돌아갔다고 했다. 바울이 아라비아로 간 것은 21절과 22절 사이로 볼 수가 있다.

즉시 나가 전하므로 성도들은 사울이 과거에 심히 핍박자임을 알고 놀랐고 또 여기 온 것도 성도를 붙잡아 예루살렘으로 끌고 가려고 왔던 자가 변하여 전도자가 된 것에 놀라고 유대인들이 굴복당할 수밖에 없었다.

Q 288) 사울을 제자들에게 소개하고 목회에 임하게 한 바나바가 위대할까 바울이 위대할까?(9:26-28, 11:22-26, 13:43-46)

(9:26) "사울이 예루살렘에 가서 제자들을 사귀고자 하나 다 두려워하여 그가 제자 됨을 믿지 아니하니"
(27절) "바나바가 데리고 사도들에게 가서 그가 길에서 어떻게 주를 보았는지와

주께서 그에게 말씀하신 일과 다메섹에서 그가 어떻게 예수의 이름으로 담대히 말하였는지를 전하니라"
(11:25) "바나바가 사울을 찾으러 다소에 가서"
(26절) "만나매 안디옥에 데리고 와서 둘이 교회에 일 년간 모여 있어 큰 무리를 가르쳤고 제자들이 안디옥에서 비로서 그리스도인이라 일컬음을 받게 되었더라"
(13:43) "회당의 모임이 끝난 후에 유대인과 유대교에 입교한 경건한 사람들이 많이 바울과 바나바를 따르니 두 사도가 더불어 말하고 항상 하나님의 은혜 가운데 있으라 권하니라"

A 아무도 사울의 예수제자 됨을 인정해 주는 자가 없는 때에 바나바가 사울을 데리고 사도들에게 가서 사울이 어떻게 예수만난 것과 주께서 그에게 말씀하신 것과 다메섹에서 담대히 주를 증거 했음을 말해주었다. 사울을 사도들에게 잘 소개 해주고 이해시켜 주었다.

이리하여 사울은 바나바의 도움으로 예루살렘의 그리스도교 공동체와 교제를 나눌 수 있으며 사도들에게 인정받고 그의 위대한 전도사역의 행보에 박차를 가할 수 있었으니 바나바는 훌륭한 사람이다.

Q 289) 초대교회에서 여 제자제도가 가능했는지? 어찌 된 일인지?(9:36)

"욥바에 다비다라 하는 여제자가 있으니 그 이름을 번역하면 도르가라 선행과 구제하는 일이 심히 많더니"

A 다비다라는 여 제자는 선행과 구제를 많이 하고 믿음이 독실했기에 초대교회에서 제도에는 없지만 여제자라고 그냥 인정하고 불러 준 것이다. 다비다의 선행과 구제하는 일은 욥바나 다른 지역의 성도들에게도 인정이 되었고 많은 사람에게 유익을 주고 하나님께 영광이 되었기에 여러 지역의 성도들이 그 신앙을 알아주고 존귀히 여기면서 여제자라고 부르는데 조금도 어색하지 않았던 것 같다.

다비다는 히브리 명칭이고 도르가는 헬라명이다.

Q 290) 베드로가 피장(죽은 짐승가죽 털을 다루는 직업) 시몬의 집에 머문 사건이 주는 의의는?(9:43)

"베드로가 욥바에 여러 날 있어 시몬이라 하는 피장의 집에서 머무니라"

A 베드로가 피장시몬의 집에 유하는 것은 율법 하에서는 파격적이다. 피장은 가죽공인데 부정한 짐승에다 죽은 짐승의 가죽을 벗기는 직업이니 유대인이 천하고 부정하게 여기고 더럽게 취급하는 부류이다. 더구나 이방인이요 직업의 편견을 무시한 것은 복음전파에 새장을 열었다.

베드로는 믿음으로 빈부귀천 이방과 선민을 구별치 않고 부정하다는 율법도 뛰어넘어 그리스도 안에서 모든 것을 복음으로 철폐하기를 인종과 민족 직업의 구별이 있을 수 없고 어떤 차별도 뛰어 넘는 새 역사를 전개해 나갔다.

Q 291) 이방사람 고넬료가 어떻게 이런 좋은 믿음의 사람으로 가능할까?(10:1-8)

(1절) "가이사랴에 고넬료라 하는 사람이 있으니 이달리야 부대라 하는 군대의 백부장이라"
(2절) "그가 경건하여 온 집안과 더불어 하나님을 경외하며 백성을 많이 구제하고 하나님께 항상 기도하더니"

A 고넬료가 어떤 경로로 이런 믿음을 소유했는지는 알 수 없으나 하나님께 항상 기도생활을 통해서 하나님을 경외하며 경건생활을 통해서 많은 백성을 구제하며 사랑하는 생활을 통해서 믿음이 자란 것 같다. 그 원인은 하나님이 주신 믿음이라고 보며 기도 중에 환상을 통해 하나님의 계시와 지시를 받은 것 보면 하나님의 인도를 받았다고 보며 자기 개인뿐만 아니라 온 가족을 다 이와 같은 믿음의 세계로 인도한 것이 개인의 힘으로만 된 것이 아니며 베드로 초청하여 가정부흥회 때 준비상황 그의 태도에서 그의 믿음의 단면을 볼 수 있고 하나님 관계나 사람과의 관계도 올바랐다고 본다.

Q 292) 베드로에게 부정한 것 들을 잡아먹으라한 하나님의 명령을 거역, 실행 어느 것을 택해야 되나?(10:9-16)

(11절) "하늘이 열리며 한 그릇이 내려오는 것을 보니 큰 보자기 같고 네 귀를 매어 땅에 드리웠더라"
(12절) "그 안에는 땅에 있는 각종 네 발 가진 짐승과 기는 것과 공중에 나는 것들이 있더라"
(13절) "또 소리가 있으되 베드로야 일어나 잡아 먹어라 하거늘"
(14절) "베드로가 이르되 주여 그럴 수 없나이다 속되고 깨끗하지 아니한 것을 내가 결코 먹지 아니하였나이다 한대"

A 베드로가 기도하는 중인데 비몽사몽간에 부정한 짐승을 잡아먹으라는 명령이 내렸다. 베드로는 세 번이나 단호히 거절하였다.

잡아먹으라는 이유 1) 구약의 의문과 의식은 제거 되였다는 뜻이다.(골 2:14-15)

2) 그의식과 의문은 이스라엘과 이방을 구별해 놓은 것. 이제는 차별이 제거됨

3) 짐승은 이방인을 상징. 이제는 유대인이나 이방인 모두에게 복음을 전해야할 것과 이방인들도 믿고 구원받을 수 있음을 계시한 것이다.

하나님의 명령 앞에서는 율법의 의식과 의문도 다 넘고 또 나의 그 어떤 사상 풍습도 다 넘어 순종함으로 만이 믿음이지 거역은 패망의 길이다.

Q 293) 오늘날에도 베드로와 고넬료에게 보였던 환상이 있을 수 있는가? 그런 것은 있을 수 없는가?(10:1-16)

(3절) "하루는 제 구시쯤 되어 환상 중에 밝히 보매 하나님의 사자가 들어와 이르되 고넬료"
(4절) "고넬료가 주목하여 보고 두려워 이르되 주여 무슨 일이니이까 천사가 이르되 네 기도와 구제가 하나님 앞에 상달되어 기억하신 바가 되었으니"
(5절) "네가 지금 사람들을 욥바에 보내어 베드로라 하는 시몬을 청하라"

A 지금 이 시대는 계시 종결시대이다. 그래서 이런 환상이 있을 필요가 없는 시대이다. 지금은 오직 성경으로 하나님의 계시를 따르고 성령의 인도만 받고 나가야 하는 것이다.

성경을 읽고 하나님의 뜻을 찾아내야 되고 성령과 함께 기도를 많이 해서 하나님의 섭리를 깨닫고 따라가야만 된다.

환상보기를 원하다가는 마귀가 틈을 탈 수도 있게 된다.

Q 294) 고넬료 가정 부흥회에서 성령 받고 방언 말하고 세례 받고 이런 집회가 가능했겠는가?(10:34-48)

(34절) "베드로가 입을 열어 말하되 내가 참으로 하나님은 사람의 외모를 보지 아니하시고"
(35절) "각 나라 중 하나님을 경외하며 의를 행하는 사람은 다 받으시는 줄 깨달았도다"
(38절) "하나님이 나사렛 예수에게 성령과 능력을 기름 붓듯 하셨으매 그가 두루 다니시며 선한 일을 행하시고 마귀에게 눌린 모든 사람을 고치셨으니 이는 하나님이 함께 하셨음이라"

A 초대교회시대는 얼마든지 가능했던 일이며 오늘날에도 복음의 핵심인 예수그리스도의 십자가와 부활에 대해 올바로 믿고 순종해나가면 성령도 충만히 받고 새 방언도 말하고 세례도 베풀고 놀라운 이적 같은 집회가 전도하기 위해서 얼마든지 가능하다고 본다.

그러나 이적 중심, 은사중심, 치유중심 부흥회는 삼가야 된다.

부흥성회의 중심은 오직 그리스도의 십자가 부활이 중심이 되어야 한다.

Q 295) 고넬료 가정에 가도록 한 분이 성령님(12절), 천사가(13절) 어느 분이 맞는 것인가?(11:12-13)

(12절) "성령이 내게 명하사 아무 의심 말고 함께 가라 하시매 이 여섯 형제도 나와 함께 가서 그 사람의 집에 들어가니"

A 12절의 성령이 명하심은 베드로에게 명하심이요 13절의 천사가 내 집에 서서 말하기를 한 것은 고넬료에게 보이신 것이다.

그래서 성령이 명하심도 천사가 명하심도 다 맞은 것이다.

천사는 구원받은 성도의 심부름꾼이며 하나님이 부리시는 영으로 성령의 명령을 받고 고넬료 집에 가서 말을 전하게 된 것이다.

Q 296) 예루살렘 모교회가 지교회 안디옥교회로부터 구제 받음이 합당한가?(11:27-30)

(29절) "제자들이 각각 그 힘대로 유대에 사는 형제들에게 부조를 보내기로 작정하고"
(30절) "이를 실행하여 바나바와 사울의 손으로 장로들에게 보내니라"

A 모교회로부터 신령한 복음을 받았으니 지교회로써는 모든 좋은 것을 서로 공궤하고 나누는 사랑은 참 아름다운 것이다. 구약시대 레위인들은 업이 없어 타지파의 공궤를 받고 레위족은 타 지파인들의 신령한 것을 위해 힘썼다. 오늘날 교역자와 교인간의 교제도 이런 원리에서 하나님의 뜻이다. 당시 예루살렘교회는 하나님이 세계복음화 시키기 위해 고난을 주어 세계에 흩어지도록 했고 흉년과 핍박으로 심히 어려움을 서로 나누는 것은 매우 아름다운 일이다.

Q 297) 베드로에게 베풀었던 기적이 오늘 우리에겐 이런 기적이 일어날 수 있을까?(12:1-10)

(5절) "이에 베드로는 옥에 갇혔고 교회는 그를 위하여 간절히 하나님께 기도하더라"
(7절) "홀연히 주의 사자가 나타나매 옥중에 광채가 빛나며 또 베드로의 옆구리를 쳐 깨워 이르되 급히 일어나라 하니 쇠사슬이 그 손에서 벗어지더라"
(10절) 이에 첫째와 둘째 파수를 지나 시내로 통한 쇠문에 이르니 문이 저절로 열리는지라 나와서 한 거리를 지나매 천사가 곧 떠나더라

A 베드로의 투옥과 온 교회가 모여 기도하므로 기적적인 구출은 인간이 어떤 형태로든지 복음증거를 중지시킬 수 없다는 원리와 하나님의 뜻과 섭리를 절대로 무산시킬 수 없음을 가르켜주고 있다.

오늘날도 온 교회가 전심으로 모여 합심기도 전심기도로 하나님께 매달릴 때에 기적과 같은 결과를 가져올 수 있으며 인간의 상상을 초월한 하나님의 방식으로 능히 해 내실 것을 믿고 의지해야 한다.

Q 298) 유대인들은 수호천사(한 사람 앞에 천사 한 사람씩 배당됨)신앙이 옳은 것인가?(12:15)

"그들이 말하되 네가 미쳤다 하나 여자 아이는 힘써 말하되 참말이라 하니 그들이 말하되 그러면 그의 천사라 하더라"

A 유대인들은 한 사람 앞에 한 천사씩 배당되어 수호천사를 믿었다. 하나님도 성도가 어려운 가운데 있을 때에 하나님이 천사를 보내어 보호해 주신다. 이것을 유대인들이 오해하여 수호천사가 있는 줄로 안다.

그러나 각 사람마다 개인만 보호하는 천사(수호)가 있는 것은 아니다. 하나님께서는 여러 천사를 보내서 모든 성도들을 항상 지켜주심을 믿어야 된다.

하나님의 사자가 할 일을 천사를 시켜서 시행하는 때가 많다.(출14:19) 유대인들이 수호천사를 믿는 것은 우상숭배와 같은 죄를 짓는 것이다.

Q 299) 하나님의 영광을 훔친 자는 어떤 죽음을 당하나? 오늘날도 그런 징계를 받나?(12:23)

"헤롯이 영광을 하나님께로 돌리지 아니하므로 주의 사자가 곧 치니 충을먹어 먹혀죽으니라"

A 헤롯이 영광을 하나님께 돌리지 아니하므로 하나님이 징계를 내리매 충이 먹어 죽어버리고 말았다. 성령의 역사를 거역하고 하나님의 영광

을 훔친 헤롯 아그립바 1세의 신성 모독적 교만이 극도에 달하자 하나님의 공의의 심판이 충이 나와 먹어 치우므로 망하고 말았다.(일본의 천황폐하 바벨론의 느브갓네살 단3:) 하나님의 영광을 훔치다가는 오늘날도 이런 징계를 받게 될 수도있다.

Q 300) 분봉왕 헤롯(안디바)의 젖동생 마나엔이 안디옥교회(선지자 교사) 명단에 끼일 수 있을까?(13:1)

"안디옥 교회에 선지자들과 교사들이 있으니 곧 바나바와 니게르라 하는 시므온과 구레네 사람 루기오와 분봉 왕 헤롯의 젖동생 마나엔과 및 사울이라"

A 분봉왕 헤롯은 헤롯 안디바스이다. 마나엔의 어머니가 헤롯의 유모이었다고 하는 설이 있고 마나엔이 헤롯과 같이 자라났다고 하는 설도 있다.

하여간 마나엔은 헤롯의 궁중에서 자라난 귀족임이 분명하다. 이러한 귀족이 기독교에 들어온 것은 그가 큰 복을 받은자 이었고 아마 교회에도 큰 유익이 많았을 것이다.(사울(바울), 어거스틴 등)

Q 301) 사울이 바울로 바뀌게 된 선교적 의의가 있는가?(크다, 작다), (하나님께 간구하는 자, 작은 자)(13:9)

"바울이라고 하는 사울이 성령이 충만하여 그를 주목하고"

A 행13:9에서부터 사울을 처음으로 바울로 이름을 바꾸어 부르게 된다. 많은 성도들은 이 부분에서 오해해서 사울의 뜻은 '크다' 인데 은혜받고서 '바울' (작다)이라고 부른다고 역설하고 있다.

그러나 그렇지 않다. 사울은 히브리식 이름으로 "하나님께 간구하는 자"라는 뜻이다. 그러나 바울은 로마식 이름으로 "작은 자"라는 뜻이다. 사울이 회개하고 은혜 받고서도 오랫동안 사울이라고 그냥 이름을 불렀다. 그가 바울이라고 이름을 바꾸게 된 것은 이방 로마 영향 하에 있는 이방도시로 전도여행을 떠나면서 단순히 로마식 이름으로 바꾼 것뿐이다. 은혜 받고서 마치 개명한 것 같이 말들하고 있으나 실제는 히브리식 이름을 자연스럽게 로마식 이름으로 바꿔 부른 것이다.

Q 302) 마가요한은 제 1차전도 여행시 버가에서 예루살렘으로 돌아간 이유? 바울과 바나바의 심정?(13:13)

"바울과 및 동행하는 사람들이 바보에서 배 타고 밤빌리아에 있는 버가에 이르니 요한은 그들에게서 떠나 예루살렘으로 돌아가고"

A 바울일행이 밤빌리아 버가로 전도여행을 갔을 때 수종자로 따라갔던 마가요한이 너무 심한 고생에 참지 못하고 예루살렘으로 돌아가고 말았다. 마음이 변한 것은 기대와는 달랐기 때문이다. 가는 곳마다 영접은 커녕 핍박이 너무 심했고 음식이나 잠자리도 너무 불편해서 견디어 내기가 너무 힘들었다. 교역자들이 개척교회하다 그만 두는 것도 마가요한과 같은 사람이 될 수 있다.

이 일로 바울이 아주 섭섭하게 생각했고 하나님의 일에 많은 지장을 준 것 같다. 바울과 바나바(용서 해주자) 가 심히 다투고 헤어져 따로 전도여행을 떠나게 되었다. 오랜 후에는 마가요한이 회개하고 바울에게 좋은 협력자가 되었다.(딤후4:11)

Q 303) 하나님의 복음을 자연 은총으로도 전도했으나 많은 사람이 전연 믿지 못하고 막연히 미신을 섬긴 것은?(14:17)

"그러나 자기를 증언하지 아니하신 것이 아니니 곧 여러분에게 하늘로부터 비를 내리시며 결실기를 주시는 선한 일을 하사 음식과 기쁨으로 여러분의 마음에 만족하게 하셨느니라 하고"

A 바울은 하나님께서 모든 사람에게 하나님을 알 만한 증거를 주었다고 증언함.

1) 하늘로써 비를 내리는 일(농사에 비는 절대적으로 필요한 것이다)

2) 결실케하여 주시는 일(우순풍조로 결실하게 하여 주신다)

3) 음식을 주시는 일(의식주는 하나님이 주신다)

4) 마음에 기쁨과 만족을 주시는 일(모든 자연은총을 주어 기뻐하고 만족케 한다)

자연만물에는 하나님의 지혜와 권능과 선과 사랑이 넘쳐흐르고 있다. 그러므로 그 하나님께로 돌아오는 것이 옳다고 바울이 힘써 권면했다. 바울이 이들에게 자연은총을 말한 것은 자연에게 제사하려는 것을 만류하기위하여 그들이 이해할 수 있는 자연은총을 들어서 그들을 설득 시키는 장면인 것이다.

Q 304) 하늘나라에 들어가려면 많은 환난을 받아야한다?(고행주의를 주장함인가?)(14:22)

"제자들의 마음을 굳게하여 이 믿음에 머물러 있으라 권하고 또 우리가 하나님의 나라에 들어가려면 많은 환난을 겪어야 할 것이라 하고"

A 환난 받는 것이 천국 가는 공로가 되는 것은 아니다. 천국은 오직 예수 그리스도를 믿음으로만 가는 것이다. 그런데 고난이 필요한가?

1) 연단을 받기 위해서(롬5:1-4)

2) 그리스도의 고난에 참여키 위해서(벧전4:13)

3) 고난 참여자가 그리스도능력에 참여자(빌3:10-14)

4)영혼이 자라나기 위해(히5:13-14)

5) 그리스도가 가신 발자취를 따라 가기 위해

6) 구원을 이루어 나가기 위하여(벧전 4:18-19, 빌2;12)

7) 천국에서 상급받기 위하여(계2:10,마5:10-12)

믿음으로 구원 얻은 성도에게도 환난이 필요한 것이다. 경건하게 살고자 하는 자에게는 핍박을 받게 되어있다. 핍박을 받고 많은 환난을 통과하여야만 하늘나라에 들어갈 때에 영광과 상급이 큰 것이다.

Q 305) 공의회에서 목매여 죽인 것을 먹지 못하게 된 것은 개를 지목하는 것인가?(15:20)

"다만 우상의 더러운 것과 음행과 목매어 죽인 것과 피를 멀리하라고 편지하는 것이 옳으니"

A 육체의 생명이 피에 있으니 피는 먹지 말라고 한 것이다.(레 17:10-11) 목메어 죽인 고기는 피를 빼지 않고 죽였기 때문에 피를 먹지 말라는 말씀에 위반되므로 그래서 목매어죽은 고기는 먹지 말라고 한 것이다.

여기 한국에선 목매어 죽인 고기엔 개 잡는 것으로 생각되게 된다. 그러나 요즘 한국에선 개를 목매어 죽이는 방법보다 전기충격법, 타격법, 기타 실신법등 다양해졌으니 이 성경과 상관없다.

이방사람들이 귀신에게 제물로 드리기 위해 피를 보이지 않고 죽이는 방법이 목매어 죽이는 방법이었다. 그래서 본문의 목매어 죽인 짐승 먹지 말라는 것은 우상의 제물을 두고 한 것이며 그런 풍습을 경멸하는 것이다.

Q 306) 바울과 바나바가 마가 때문에 심히 다투고 헤어져서 선교한 것은 잘한 것인가? 잘못한 것인가?(15:36-41)

(39절) "서로 심히 다투어 피차 갈라서니 바나바는 마가를 데리고 배 타고 구브로로가고"
(40절) "바울은 실라를 택한 후에 형제들에게 주의 은혜에 부탁함을 받고 떠나"

A (302번 참조할 것)

바나바는 마가가 생질이고 용서하고 데리고 가자고 주장했으나 바울은 과거에 사고를 일으킨 자를 데리고 가는 것은 옳지 않다고 서로 심히 다투게 되었다. 바나바는 성품이 착하고 관용성이 있는 사람이요 바울은 의에 서서 불의를 용납지 아니하고 징계하여 진리를 세워나가는 엄격한 사람이었다.

두 사람이 심히 다투게 된 것은 두 사람의 신앙인격에 차이에서 왔다.

자기 개인적인 과오나 손해는 관용하여 70번씩 7번이라도 용서해 주는 것이 옳지만 하나님의 일에 대한 공적문제와 진리와 참 교회를 세워 나가는데 있어서는 불의를 용납지 말아야 된다. 이런 점에서는 바나바보다 바울이 우월한 것이다.

바나바는 인정에 치우쳤기 때문에 그 후에 별 빛을 발휘하지 못하였고 바울은 그 시대에 하나님이 들어 쓴 일꾼으로 복음운동이 더욱 창성해 나갔었다.

Q 307) 할례주의를 적극 반대한 바울이 왜 디모데에게 할례를 행하고 선교에 동참시켰는가? (16:3)

"바울이 그를 데리고 떠나고자 할새 그 지역에 있는 유대인으로 말미암아 그를 데려다가 할례를 행하니 이는 그 사람들이 그의 아버지는 헬라인인줄 다 앎이러라"

A 바울이 디모데에게 할례를 행한 것은 구원받은 조건으로 행한 것이 아니고 전도에 유익이 되므로 행한 것이다. 유대인들은 할례 받지 않은 사람에게는 먹지도 상종하지도 않았기 때문에 디모데에게 할례를 행하지 않으면 디모데를 데리고 다니면서 유대인에게 전도할 수가 없었다.

그러나 디도에게는 할례를 행하지 않았다(갈2:3) 그 때는 거짓 선지자들이 할례를 구원의 조건으로 이용하려고 하는 때였으므로 할례를 절대로 행할 수 없었다. 만일 이 때 할례를 행하면 바울이 전하는 복음이 다 무너지고 말게 된다.(할례 받아야 구원 얻는 다는 주장을 뒷받침해 주는 결과가 되기 때문이다.)

Q 308) 왜 성령이 아시아에서 전하지 못 하게하고 결국 마게도냐로 가게 하셨을까?(16:6-10)

(6절) "성령이 아시아에서 말씀을 전하지 못하게 하시거늘 그들이 브루기아와 갈라디아 땅으로 다녀가"
(9절) "밤에 환상이 바울에게 보이니 마게도냐 사람 하나가 서서 그에게 청하여 이르되 마게도냐로 건너와서 우리를 도우라 하거늘"

A 아마 그 당시 소아시아 지방 사람들은 마음이 강퍅하고 완악하여 우상을 많이 섬기고 복음을 받을 만한 준비가 되어있지 않은 것 같다. 그리하여 하나님은 바울을 유럽으로 먼저 건너가도록 성령께서 인도하셨다.

바울은 성령의 인도와 주장을 받으며 성령으로 복음을 전하였기 때문에 성령이 금하시는 소아시아 전도를 접고 성령이 손짓하시는 마게도냐 땅(유럽)으로 가기로 순종했던 것이다.

Q 309) 바울과 실라가 억울하게 매 맞고 투옥상태에서 기도와 찬송이 가능할까? 기적이 가능할 까?(16:16-26)

(19절) "여종의 주인들은 자기 수익의 소망이 끊어진 것을 보고 바울과 실라를 붙잡아 장터로 관리들에게 끌어 갔다가"
(22절) "무리가 일제히 일어나 고발하니 상관들이 옷을 찢어 벗기고 매로 치라 하여"
(25절) "한밤중에 바울과 실라가 기도하고 하나님을 찬송하매 죄수들이 듣더라"
(26절) "이에 갑자기 큰 지진이 나서 옥터가 움직이고 문이 곧 다 열리며 모든 사람의 매인 것이 다 벗어진지라"

A 바울과 실라가 억울하게 매를 맞고 감옥에 갇혔으나 기도와 찬송이 가능했다.

1) 이 고난은 그리스도의 고난에 참여되는 것으로 믿기 때문에 옥중에서도 기도와 찬양이 가능했으며

2) 승리의 찬송 : 참 복음으로 전했으니 반드시 복음이 승리할 것 믿고서

3) 상급을 바라고 즐거움 : 핍박을 받으면 하늘의 상이 크기 때문에

4) 그리스도의 생명에 깊이 참여함으로 죽는 것도 큰 유익으로 감사해서

5) 옥중에 그리스도께서 찾아와 한량없는 위로를 줌. 다른 죄수들은 함께 있으면서도 이런 믿음이 없으니 바울과 실라를 이해할 수도 없었고 그들에겐 기적을 창출해 낼 수가 없었던 것이다.

Q 310) 한 가정에 한 사람이 믿는다고 '네 집이 구원받는다'는 말은 신학적으로 잘못된 것 아닌 가?(16:31-32)

(31절) "이르되 주 예수를 믿으라 그리하면 너와 네 집이 구원을 받으리라 하고"

A 구원의 길을 묻는 간수에게 바울이 "주 예수를 믿으라 그리하면 너와 네 집이 구원을 얻으리라"라고 말해주고 그 집에 있는 모든 사람들 에게도 주의 말씀을 전하여 믿게 했고 다 세례까지 행하게 되었다.

인간의 소망이 다 깨어진 그 가정에 소망을 주고 구원 얻는 방도를 다 전해주어 믿게 했으니 간수 한 사람에게만 복음이 임한 것이 아니고 온 식구 모두에게 복음이 임했고 온 집안이 다 예수를 믿고 구원 받은 것이다.

사람이 구원받는 길은 예수밖에 없으며 그 예수를 믿으면 누구든지 다 구원 받게 되는 것이다.(눅19:19) 그러므로 처음엔 간수 한 사람이 전도 대상이었으나 그 가정 전체 식구가 다 전도대상이 되어 믿게 되어 구원에 이르게 된 것이지 단 한사람이 믿음으로 전 식구 구원은 아니다.

Q 311) 아덴 전도도 복음전도(철학 전도 아님)였는데 왜 아덴 교회는 실패했을까?(17:16-34)

(16절) "바울이 아덴에서 그들을 기다리다가 그 성에 우상이 가득한 것을 보고 마음에 격분하여"
(18절) "어떤 에피쿠로스와 스토아 철학자들도 바울과 쟁론할 새 어떤 사람은 이르되 이 말쟁이가 무슨 말을 하고자 하느냐하고 어떤 사람은 이르되 이방 신들을 전하는 사람인가보다 하니 이는 바울이 예수와 부활을 전하기 때문이러라"

A 바울의 아덴 전도는 많은 교인들이 철학적인 변론만 늘어놓았기에 아덴 전도가 실패했다고 흔히들 말하고 있으나 17:16-34절까지 19절의 말씀 중에 철학적인 변론은 6절에 불과하고 복음적인 것이 13절이다.

아덴 전도의 열매는 아레오바고 관원 디오누시오와 다마리라는 여자와 다른 몇 사람이니 완전 실패라고 볼 수 없다. 비교적 성공적이 못된 것은? 1) 지혜 있고 통달한 자에게는 십자가의 도가 어리석게 보이고 숨겨져 있기 때문이다. 2) 듣는 사람들이 인간적인 지식으로 만 복음을 들으려고 했기에 큰 성과가 없었다. 신령한 도리를 육신의 지식으로 인식하려고 하면 믿을 수가 없는 것이다. 3) 바울이 전도할 때 그들에 지식에 맞추려고 했기 때문이다.(철학, 시인 등)

Q 312) 바울처럼 요즘 목회자들도 일반 직업을 가지고 생계를 이어나가야 하는가?(선교사들)(18:3)

"생업이 같으므로 함께 살며 일을 하니 그 생업은 천막을 만드는 것이더라"

A 초대교회시대에는 교회가 온전히 서 있는 교회가 별로 없었고 너무 연약해서 목회자가 목회에만 전념할 수 있는 여건이 성숙되지 못한 때였다. 그러나 오늘날의 그리스도교는 많이 성숙되었기에 작은 교회(개척교회)도 으레히 목회자가 목회에만 전념하길 원하지 직업 갖기를 원치 않고 있다.

바울은 낮에는 전도하고 밤에는 장막을 만들어 팔아 생계를 유지했다. 장막은 양털로 짠 천이나 가죽이나 다른 천으로 만든 천막과 같은 것이었다. 당시 유대의 랍비들은 자기의 생계를 유지할 만한 기술을 한 가지씩 배우도록 지도했다고 한다. 바울이 어려서부터 랍비의 지도로 장막 짓는 기술을 배운 것 같다. 특히 바울의 고향 길리기아 다소지방의 천은 유명하였다고 한다.

Q 313) 바울고소사건 실패로 회당장 소스데네 구타사건이 벌어졌다. 구타자들은 유대인? 헬라인?(18:17)

"모든 사람이 회당장 소스데네를 잡아 법정 앞에서 때리되 갈리오가 이 일을 상관하지 아니하니라"

A 갈리오 아가야총독에게 바울을 고소했으나 갈리오는 세상법으로는 종교적 교리나 신앙문제(언어와 명칭문제)는 재판할 수가 없으니 너희가 스스로(교회법) 처리하라고 기각시켜 유대인들을 쫓아내었다.

소송이 기각되자 그 분풀이로 회당장 소스데네를 많이 때렸다.

그들이 어떤 이유로 회당장을 구타했는지 정확치 않으나 그가 바울이 전하는 예수를 믿고 바울과 같이 전도하는 일에 협력한 것 같다.(고전1:1) 그래서 소스데네가 바울 대신 매를 맞았다. 주의 종을 위하고 복음을 위하여 핍박을 받는 것은 복이 있으나 핍박 환난받게하는 자들은 하나님이 갚으신다.(살후1:6-7) 이들의 대부분은 유대인들이었다.

Q 314) 바울이 서원이 있어 머리를 깎았던 겐그레아 서원은 무엇이었을까?(18:18)

"바울은 더 여러 날 머물다가 형제들과 작별하고 배 타고 수리아로 떠나갈새 브리스길라와 아굴라도 함께 하더라 바울이 일찍이 서원이 있었으므로 겐그레아에서 머리를 깍았더라"

A 바울이 겐그레아에서 수리아로 떠나기 앞서 일정을 정하고 서원하였다. 바울이 수리아로 가려고 하는데 그 길이 험하고 하나님의 일이 너무 막중하기 때문에 바울이 특별기간 동안 일정을 정하고 하나님께 몸을 바치는 나실인의 서원을 하고 기도를 많이 하게 되었다. 그 기간은 포도주 독주도 금하고 머리를 깍지 않았었다. 그러다가 일정이 끝나게 되어 머리를 깍고 수리아로 떠나게 됨을 말씀한 것이다.

Q 315) 아볼로가 학문, 성경에 능하고 도와 예수에 대해 알되 요한의 세례만아니 아굴라가 가르침에 (평신도)의문이다(18:24-28)

(24절) "알렉산드리아에서 난 아볼로라 하는 유대인이 에베소에 이르니 이 사람은 언변이 좋고 성경에 능통한 자라"
(25절) "그가 일찍이 주의 도를 배워 열심히 예수에 관한 것을 자세히 말하며 가르치나 요한의 세례만 알 따름이라"
(26절) "그가 회당에서 담대히 말하기 시작하거늘 브리스길라와 아굴라가 듣고 데려다가 하나님의 도를 더 정확하게 풀어 이르더라"

A 아볼로가 에베소에 와서 전도했다. 아볼로는 학문이 많고 웅변가이며 인격이 훌륭한 학자였다. 학문적으로 말할 때는 바울보다 나은 면이 많았다. 구약성경에도 능통, 변증을 잘 하는 변증학자였고 고린도 교회에 아볼로파가 형성될 만큼 유명했다. 종교적 열심도 대단해서 세례요한의 세례까지는 지식이 능통한데 예수그리스도에 대한 지식은 대단히 빈약했다. 아볼로가 회당에서 학식과 웅변으로 가르침을 아굴라가 듣고 집으로 데리고 와 잘 대접하고서 바울에게서 배운 그리스도에 대한 구속의 도리를 자세하게 풀어서 가르쳐 주었다.

대학자요 구약성경에 능통한 아볼로가 장막 짓는 평신도 아굴라에게 가르침을 받는 것은 아주 겸손한 태도였고 아굴라도 믿음과 정성으로 대하였다.

Q 316) 유두고가 떨어져 죽었다(20:9) 아니 생명이 있다(20:10) 어느 것이 맞는 것인가?(20:9-10)

(20:9) "유두고라 하는 청년이 창에 걸터앉아 있다가 깊이 졸더니 바울이 강론하기를 더 오래하매 졸음을 이기지 못하여 삼층에서 떨어지거늘 일으켜보니 죽었는지라"
(20:10) "바울이 내려가서 그 위에 엎드려 그 몸을 안고 말하되 떠들지 말라 생명이 그에게 있다하고"

A 예배시간에 유두고 청년이 삼층 루에서 떨어져 죽게 되었다.
죽게 된 이유 1) 창에 걸터앉았다. : 예배태도가 불손했던 것이다

2) 심령상태가 졸고 있었기에 육체도 졸고 있었기에 죽었다.

3) 조심하지 못하고 떨어져서 죽었다. 졸음은 조심을 멀리한다.

죽은 유두고를 바울이 유두고 위에 엎드려 기도하였다. 바울은 사랑으로 유두고를 돌보아주므로 하나님이 역사하셔서 살려 주셨던 것이다.

그러므로 9절에 유두고가 떨어져 죽었다는 말이나 10절에 생명이 있다고 기도해서 살린 말이나 둘 다 맞는 것이다.

유두고는 자신이 회개하는 기회가 되었고 많은 사람들은 산 유두고 때문에 위로를 받게 되었다. 또 교회는 큰 권능과 기쁨이 넘쳤다.

Q 317) '하나님이 자기 피로 사신 교회' 피는 누구 피며 누가 누구에게 피를 바쳐 샀는가?(20:28)

"여러분은 자기를 위하여 또는 온 양떼를 위하여 삼가라 성령이 그들 가운데 여러분을 감독자로 삼고 하나님이 자기 피로 사신 교회를 보살피게 하셨느니라"

A 교회는 하나님이 예수의 피로 사서 세우신 교회이다. 교인들의 교회도 아니고 목사의 교회도 아니다. 교회의 주인은 하나님이시며 교회의 기초는 예수그리스도의 피이다. 예수그리스도의 피가 교회의 기초가 되었고 성도들은 예수그리스도 피로 인하여 생명이 살아나가는 것이다. 하나님이 자기 피로 사신 교회라고 하심은 하나님이 예수의 피로 하나님의 의의 공법에다 대신 피로 값을 치루고 교회와 성도들을 사셨다.

피는 예수의 피이며 예수님이 자기 피를 하나님의 의의 공법에 바쳐 사신 것이다.

이 예수의 피 때문에 우리가 거저 구원받고 하나님의 아들이 된 것이지 나의 공로는 단 0.1%도 섞이지 않은 것이다.

Q 318) '주는 것이 받는 것 보다 복이 있다' 주님이 주신 말씀이라는데 성경어디에 있는가?(20:35)

"범사에 여러분에게 모본을 보여준 바와 같이 수고하여 약한 사람들을 돕고 또 주 예수께서 친히 말씀하신 바 주는 것이 받는 것보다 복이 있다 하심을 기억하여야 할지니라"

A 대게 다른 사람에게 받는 것은 복으로 알고 있으나 사실은 다른 사람에게 주는 것이 더 복이있다. 받는 사람은 받아서 먹어서 없어지지만 주는 사람은 그 의가 하늘나라에 영원히 남아 있게 된다.(고후 9:9-10) 그래서 복이 되는 것이다, 주는 사람은 자기 마음이 기쁘고 믿음을 썼으므로 영혼이 반드시 자라게 된다. "예수님이 친히 말씀 하신 바"는 성경에 기록으로 남아있지 않으나 구전으로 내려오고 있는 말씀인데 기록으로 남겨있지 않을 뿐이다. 그러나 그와 비슷한 말씀은 사복음에도 몇 군대있다.(마5:42, 눅6:34,35, 눅6:38)

Q 319) 바울이 서원한 네 사람과 결례를 행한 일은 잘 된 일인가? 인본주의적 인가?(21:23-26)

(23절) "우리가 말하는 이대로 하라 서원한 네 사람이 우리에게 있으니"
(24절) "그들을 데리고 함께 결례를 행하고 그들을 위하여 비용을 내어 머리를 깍게하라 그러면 모든 사람이 그대에 대하여 들은 것이 사실이 아니고 그대도 율법을 지켜 행하는 줄로 알 것이라"
(26절) "바울이 이 사람들을 데리고 이튿날 그들과 함께 결례를 행하고 성전에 들어가서 각 사람을 위하여 제사 드릴 때까지의 결례 기간이 만기된 것을 신고하니라"

A 야고보와 장로들은 바울에게 타협방안을 제시했다. 그것은 서원한 네 사람이 예루살렘교회에 있으니 그들과 함께 결례를 행하고 비용을 내어 그들의 머리를 깍게하라는 것이었다. 26절에는 바울이 그 네 사람을 데리고 성전에 들어가 결례를 행하고 제사장에게 만기된 것을 고하였다. 이것

은 바울이 율법대로 지키고 유대인들의 환심을 사기 위한 것 이었다.

바울이 교리문제에 대해서는 일시라도 복종치 않았다.(갈2:3-4) 베드로도 면책하리만큼(갈2:12-19) 강경하였으나 교리문제가 아닌 것은 교회의 일치를 위하여 순응하였다. 그러나 이것은 외부적인 것만 일치시키는 것이므로 내부적인 문제나 근본적인 문제가 해결되는 것은 아닌 것이다. 인간 중심, 환심사기위한 인본주의였기에 결과적으로 실패하고 말았다.

Q 320) 바울이 다메섹도상에서 3일간 소경 되였다. (9:9) 다메섹에서 즉시 보게 되였다(22:13) 어느 것이 맞는가?

(9:9) "사흘 동안 보지 못하고 먹지도 마시지도 아니하니라"
(22:13) "내게 와 곁에 서서 말하되 형제 사울아 다시 보라 하거늘 즉시 그를 쳐다보았노라"

A 9:9에서는 사흘 동안 아무것도 보지 못하고 식음을 전폐하고 있었다. 22:13에서는 즉시 그를 쳐다보았더라. 이 두 절은 다메섹도상에서 주님을 만난 직후 되어 진 현상이었다. 두 구절이 상반된 것 같이 보인다.

그러나 자세히 살펴보면 사울이 다메섹도상에서 예수를 만난 후에 눈을 떴으나 아무것도 보지 못하고 "사흘 동안 보지 못했다" 그 후 주님이 아나니아를 보내셔서 안수해 주므로 즉시 보게 되었다(9:18) 이 두 구절은 상반된 것이 아니라 진행되는 과정을 말씀한 것이다.

Q 321) 바울이 예수님 때문에 심문을 받는다 하지 않고 죽은 자의 소망 곧 부활 때문에 심문 받는 다고 했나?(23:6)

"바울이 그 중 일부는 사두개인이요 다른 일부는 바리새인인 줄 알고 공회에서 외쳐 이르되 여러분 형제들아 나는 바리새인이요 또 바리새인의 아들이라 죽은 자의 소망 곧 부활로 말미암아 내가 심문을 받노라"

A 바울은 분명 예수 때문에 심문을 받게 된 것이다. 그런데 죽은 자의 소망인 부활 때문에 심문을 받는다고 했을까? 당시 바울을 정죄하려는 공회원들은 사두개인들과 바리새인들이었다. 이 두 교파가 교리문제로 서로 다투게 된 때다. 사두개인(부활도, 영도, 천사도 없다고 주장) 바리새인(다 있다고 믿는다)

이 죽은 자의 소망인 부활교리 때문에 두 교파간 심각한 대립의 싸움이 붙었다. 그래서 바울이 전하는 부활교리는 공회원들 사이에 큰 이슈가 되었다. 그러나 바울은 부활이 없다하는 사두개인들에게는 부활이 있으니 믿으라는 복음전파요 바리새인들은 부활은 믿되 예수의 부활을 믿지 않는 것을 예수님이 부활의 첫 열매로 우리위해 부활했음을 증거하므로 공회원들로 심한 심문을 받기에 이르러 바울이 예수님 때문이란 말보다 부활 때문에 심문받는 다고했다.

Q 322) 바울을 고소한 대제사장 아나니아는 바울을 염병이라고하고 이단의 괴수라고 한 이유는? (24:5-6)

(5절) "우리가 보니 이 사람은 염병 이라 천하에 퍼진 유대인을 다 소요하게 하는 자요 나사렛 이단의 괴수니라"

A 대제사장 아나니아와 장로들 변사 더둘로등 많은 유대인들이 바울을 고소하는 내용이 4가지이다. (벨릭스 총독에게 고소한 죄목들이다.)

1) 바울은 염병 같은 사람이다. 5절(나쁜 정신적 질병을 천하에 퍼뜨리는 자)

2) 바울은 이단의 괴수니라 5절 (유대교에선 그리스도교가 이단 이라는 뜻이다)

3) 바울이 천하에 다니면서 유대인들을 소란케 하는 자이다. 6절(소요죄는 로마법에서 아주 큰 죄, 중죄인으로 다루었다)

4) 바울은 성전을 더럽게 하는 자이다. 6절(종교상 용납될 수 없는 성전

모독죄 성전을 완전 더럽히는 자)

이 네 가지는 허위거짓고소문이며 자기이익을 위한 주장에 불과한 것 들이다.

Q 323) 바울이 가이사 황제에게 갈 것을 호소한 이유가 무엇인가?(25:6-12)

(8절) "바울이 변명하여 이르되 유대인의 율법이나 성전이나 가이사에게나 내가 도무지 죄를 범하지 아니하였노라 하니"
(11절) "만일 내가 불의를 행하여 무슨 죽을 죄를 지었으면 죽기를 사양하지 아니할 것이나 만일 이 사람들이 나를 고발하는 것이 다 사실이 아니면 아무도 나를 그들에게 내줄 수 없나이다 내가 가이사께 상소하노라 한대"

A 새로 부임한 베스도총독에게 유대인들 공회원 대제사장이 바울을 예루살렘으로 보내주길 요청했다. 그들의 본뜻은 2년 전에 계획했던 데로 매복했다가 암살하려는 의도였다. 가이사랴에 내려온 베스도가 바울을 심문했으나 그들의 고소들을 증명할 증거를 찾지 못 하므로 석방하려는 듯하나 바울은 암살계획을 알고 있는지라 도리어 로마황제 가이사에게 재판 받기를 요청하게 된다.

그 이유는 1) 하나님의 로마 전도에 대한 말씀이 있었고(행23:11)

2) 로마의 시민권이 있으니 당연한 권한으로 보호 속에 전도하고 싶고

3) 암살당해 죽느니 로마전도하다 순교해 죽는 것이 낫다고 생각 하여 가이사에게 호소하여 로마법정에 서게 되고 복음전도의 좋은 기회로 활용했고 후에 로마를 기독교 국가로 세계 선교 교두보로 사용했다.

Q 324) 바울이 금식 절기 후 지중해 항해 불가능을 하나님의 영감으로 확신하여 권면하나 백부장이 선장과 선주의 말만 들음에 대한 교훈(27:9-11)

(10절) "말하되 여러분이여 내가 보니 이번 항해가 하물과 배만 아니라 우리 생명

에도 타격과 많은 손해를 끼치리라 하되"
(11절) "백부장이 선장과 선주의 말을 바울의 말보다 더 믿더라"

A 금식하는 절기는 성력으로 7월10일(대속죄 일)이다. 양력으로 9월중순부터 10월에 해당 된 때는 지중해 바다에 자주 태풍이 불어 항해하기 아주 곤란 때이다. 그러나 백부장이 선장과 선주의 말만 믿고 바울의 말을 불순종하다 큰 실패를 보게 된다.

1) 바울의 말(하나님의 뜻을 전달한 말) 보다 선장과 선주의 말대로 따르다 실패했다.

2) 미항은 소도시이나 대도시 뵈닉스에 가서 과동(겨울지내는 것)하려고 하다 실패했다.

3) 많은 사람의 의견만을 따르려하고 하나님의 의견은 따르려하지 않음으로 실패했다.

4) 남풍이 순하게 불므로 아주 좋은 환경을 만난 줄 알고 근시안적 대세주의로 가다가 실패했다.

오늘날 이 세상에서도 우리가 이렇게 살다가는 실패하게 된다.

Q 325) 유라굴로 광풍은 자연 발생적일까? 하나님의 의도적 작품일까? 시기적으로 딱 맞아 떨어진 것인가?(27:12-16)

(14절) "얼마 안 되어 섬 가운데로부터 유라굴로라는 광풍이 크게 일어나니"
(15절) "배가 밀려 바람을 맞추어 갈 수 없어 가는 대로 두고 쫓겨가다가"

A 유라굴로는 큰 바람의 이름이며 그 방향이 동북풍으로 큰 태풍이다. 이 태풍을 만난 때는 정처없이 바람부는데로 물결치는 대로 떠 밀려 가게 되었다.

하나님의 종을 통해서 하나님이 인도해 주는데로 따라가지 아니하면 언제나 인본주의가 들어와 편리주의 다수결주의 대세주의를 따르면 큰 폭풍을 만나게 된다.

과연 이 광풍은 ①자연 발생한 것인가? ②하나님의 의도적인 작품인가? ③시기적으로 딱 맞아 떨어져 생긴 태풍일까?

여기서는 믿음에 의해 전후사건을 살펴본다면 2번인 하나님의 의도적 작품이라고 볼 수 있다.

그러나 믿음을 떠나게 되면 1번이나 3번을 선택할 수밖에 없다.

Q 326) 바울이 항해 경험도 없는이가 그레데 출항만류나 이후 항해에서 결말까지 예언하며 권면할 수 있음은?(27:17-24)

(21절) "여러 사람이 오래 먹지 못하였으매 바울이 가운데 서서 말하되 여러분이여 내 말을 듣고 그레데에서 떠나지아니하여 이 타격과 손상을 면하였더라면 좋을 뻔하였느니라"
(23절) "내가 속한 바 곧 내가 섬기는 하나님의 사자가 어제 밤에 내 곁에 서서 말하되"
(24절) "바울아 두려워하지 말라 네가 가이사앞에 서야 하겠고 또 하나님께서 너와 함께 항해하는 자를 다 네게 주셨다 하였으니"

A 하나님의 종(바울)의 권면을 받지 않고 출항하게 되여 이런 큰 어려움을 받게 됐으니 자신들의 잘못을 찾아 회개하고 이제부터 순종하면 구원을 받으리니 하나님의 말씀을 권면으로 위로와 소망의 말씀으로 받고 믿고 의지하길 부탁했다.

1) 안심하라 한 생명이라도 손상이 없다고 하나님이 말씀해 주셨다.

2) 바울아 두려워 말라 네가 가이사 앞에 서야한다는 하나님의 사자가 말했다.

3) "너와 함께 행선하는 자를 다 네게 주셨다"고 말씀하셨으니 안심하라

흑암과 광풍 속에 여망이 없던 이들에게 광명의 빛이 비취게 된 것이다. 언제나 영안이 열려있는 자는 하나님의 섭리와 경륜을 보고 예언하고 바른 길로 인도 할 수 있음이 증명된 것이다.

Q 327) 표류선상에서 바울의 활약은 선장, 선주, 백부장, 전 항해 객까지 다스리는 장이됨을 통한 교훈은?(27:27-44)

(27절) "열 나흘째 되는 날 밤에 우리가 아드리아 바다에서 이리 저리 쫓겨가다가 자정쯤 되어 사공들이 어느 육지에 가까워지는 줄을 짐작하고"
(30절) "사공들이 도망하고자 하여 이물에서 닻을 내리는 체하고 거룻배를 바다에 내려놓거늘"
(31절) "바울이 백부장과 군인들에게 이르되 이 사람들이 배에 있지 아니하면 너희가 구원을 얻지 못하리라 하니"
(33절) "날이 새어 가매 바울이 여러 사람에게 음식 먹기를 권하여 이르되 너희가 기다리고 기다리며 먹지 못하고 주린 지가 오늘까지 열나흘인즉"
(34절) "음식 먹기를 권하노니 이것이 너희의 구원을 위하는 것이요 너희 중 머리카락 하나도 잃을 자가 없으리라하고"
(35절) "떡을 가져다가 모든 사람 앞에서 하나님께 축사하고 떼어 먹기를 시작하매"
(36절) "그들도 다 안심하고 받아먹으니"
(44절) "그 남은 사람들은 널조각 혹은 배 물건에 의지하여 나가게 하니 마침내 사람들이 다 상륙하여 구조되니라"

A 열나흘이나 먹지 못하고 풍랑에 시달린 276인들은 구원의 소망이 없었지만 바울의 말을 듣고 용기를 얻어 음식도 먹고 기운을 차리게 된다.

음식을 배불리 먹고 밀을 바다에 버려 배를 가볍게 하였다. 결국 바울은 선장과 선주, 백부장 전 항해 객의 다스리는 장이 되었다.

하나님의 말씀을 따르는 하나님의 종이 영안이 열려 인생의 살길과 앞날의 방향을 알게 되여 모든 이들의 우두머리가 되어 지도자 역할을 하게 된다. 그의 말을 순종자는 살게 되나 그의 말을 불순종하게 되면 망하게 된다. 그는 하나님의 말씀만 따르기 때문에 이런 권능과 하나님의 경륜을 알고 따르게 되었다.

Q 328) 표류선상에서 바다에 버린 짐(화물) 배기구, 양식(밀)도 버리고 276명 전원 생명책임 진자 된 사명은?(27:27-44)

(31절) "바울이 백부장과 군인들에게 이르되 이 사람들이 배에 있지 아니하면 너희가 구원을 얻지 못하리라 하니"
(31절) "바울이 백부장과 군인들에게 이르되 이 사람들이 배에 있지 아니하면 너희가 구원을 얻지 못하리라 하니"
(33절) "날이 새어 가매 바울이 여러 사람에게 음식 먹기를 권하여 이르되 너희가 기다리고 기다리며 먹지 못하고 주린 지가 오늘까지 열나흘인즉"
(34절) "음식 먹기를 권하노니 이것이 너희의 구원을 위하는 것이요 너희 중 머리카락 하나도 잃을 자가 없으리라하고"
(35절) "떡을 가져다가 모든 사람 앞에서 하나님께 축사하고 떼어 먹기를 시작하매"
(36절) "그들도 다 안심하고 받아먹으니"
(44절) "그 남은 사람들은 널조각 혹은 배 물건에 의지하여 나가게 하니 마침내 사람들이 다 상륙하여 구조되니라"

A 표류선상에서 살아보려고 짐(화물)도 바다에 버리고 배기구도 버리고 양식(밀)도 바다에 버리게 되었다. 배를 가볍게 해서 항구에 무사히 도착하기위한 수단이었다.

결국 하나님의 말씀(지시)에 따라 순종자만 살게 되고 불순종했다면 살지 못했을 것이다. 하나님의 교회와 하나님의 종 신앙생활 등이 어리석은 것 같아도 하나님의 뜻과 섭리대로 나가면 이 길만이 살길인 것이다.

인간의 수단방법은 꼭 살 것 같아도 끝에는 망하는 방법이지만 하나님의 방법은 별 신통치 않은 것 같아도 반드시 성공하는 길이다. 성도는 하나님의 종이요 이 세상의 지도자가 되어 하나님의 뜻대로 인도해 나가야 한다.

Q 329) 멜리데섬에서 바울이 독사에 물리고도 산 것은 실화인가? 독사의 독을 이겨낸 해독약은?(28:1-10)

(3절) "바울이 나무 한 묶음을 거두어 불에 넣으니 뜨거움으로 말미암아 독사가 나와 그 손을 물고 있는지라"

(5절) "바울이 그 짐승을 불에 떨어 버리매 조금도 상함이 없더라"
(6절) "그들은 그가 붓든지 혹은 갑자기 쓰러져 죽을 줄로 기다렸다가 오래 기다려도 그에게 아무 이상이 없음을 보고 돌이켜 생각하여 말하되 그를 신이라 하더라"
(8절) "보블리오의 부친이 열병과 이질에 걸려 누워 있거늘 바울이 들어가서 기도하고 그에게 안수하여 낫게 하매"

A 독사가 바울의 손을 물고 있음을 본 섬 사람들은 바울이 큰 죄를 지은 사람이라 바다에서는 죽음을 면했으나 공의가 살지 못하게 한다고 믿었다. 독사에게 물리면 누구나 살지 못하고 죽기때문인 것이다.

이 이야기는 실화이고 역사적 사실이다. 그리고 독사의 독을 이겨낸 해독약은 곧 바울의 믿음이었다. 하나님의 말씀에 너는 나를 위해 가이사 황제 앞에 서야 된다는 약속의 말씀을 믿었고 또 막16:17-18의 말씀도 믿는 믿음이 독사의 독을 해독하는 능력을 행하게 되었다.

바울이 아무 해를 받지 않음으로 그들이 바울을 신이라고 말 한 것은 매우 잘못 된 표현이다. 오히려 보볼리오 부친의 이질을 낳게 해 주었다.

Q 330) 로마에 도착한 바울이 셋집에서 두 해 동안 찾아오는 사람에게만 복음전하는 것은 허송세월 아닌가?(28:30-31)

(30절) "바울이 온 이태를 자기 셋집에 머물면서 자기에게 오는 사람을 다 영접하고"

A 바울이 로마에 도착 2년 동안 셋집에서 오는 사람에게만 복음전파 한 것은 허송세월한 것이 아니고 하나님의 때가 될 때까지 사명을 완수한 큰일을 한 것이다.

1) 자기 셋집에서 전했다. 30절(집세는 성도들이 보내준 헌금으로 충당했다)

2) 그 기간은 2년간 이었다. 30절

3) 자기에게 찾아오는 사람들에게 전했다. 30절 (성도는 찾아오는 사람들에게 복음의 선물을 주는 자가 되어야 한다. 이것이 가장 큰 복이요 고귀한 선물인 것이다)

4) 담대히 하나님 나라를 전했다. 30절(롬1:16,갈6:14, 고후12:10)

5) 주 예수그리스도에 대한 것을 가르쳤다 31절(예수그리스도는 신구약 성경의 핵심이요 인류 구원의길, 영혼이 살고 자라는 길이다. 그래서 주 예수그리스도만 가르쳤다)

PART 3.

로마서

Roman

로 마 서

Q 331) 헬라인, 야만인, 지혜인, 어리석은 자에게 내가 다 빚진 자라고 바울이 고백함은 무슨 뜻인 가?(1:14)

"헬라인이나 야만인이나 지혜 있는자나 어리석은 자에게 다 내가 빚진자라"

A 빚 진자는 그 빚을 갚을 의무가 있는 것처럼 복음을 받은 자는 복음의 빚을 갚을 의무가 있다. 복음의 빚을 갚는 것은 모든 사람에게 자기가 받은 복음을 전해 주는 것이다.

고전9:16 "만일 복음을 전하지 아니하면 내게 화가 있을 것임이로다" 잠22:7 "빚진 자는 채주의 종이 되느니라"

겔3:11 듣든지 아니 듣든지 이 말씀을 전하라함은 복음을 받고서도 전하지 않는 자는 빚을 갚지 않은 자 이므로 반드시 화가 있다는 말이다.

그래서 우리는 우리가 받은 복음을 할 수만 있으면 다른 나라 사람에게까지 많은 사람에게 전해줄 의무가 있다는 뜻으로 "내가 빚진 자"라고 했다.

Q 332) 복음이(십자가, 부활) 하나님의 능력과 하나님의 의가 나타난다는데 세상은 이 복음을 왜 싫어하나?(1:16-17)

(17절) "복음에는 하나님의 의가 나타나서 믿음으로 믿음에 이르게 하나니 기록된 바 오직 의인은 믿음으로 말미암아 살리라 함과 같으니라"

A 복음을(십자가와 부활) 믿는 자에게 구원을 주시는 하나님의 능력이다. 그러나 그 당시 유명하고 지식 있는 사람 인간의 지혜를 구하고 철학을 논하는 것을 자랑스럽게 생각하는 이 세상 모든 사람들(불택자)은 복음을 싫어했다.

그 이유는 나사렛 예수가 사형을 받아 십자가에 못 박혀 죽었다가 사흘만에 다시 살아난 것과 또 저를 믿는 다는 것이 어리석어보이고 또 구원을 얻는다는데 너무 황당하고 어리석은 것이니 멸시하고 비웃음거리니 싫어하는 것이다.

그러나 이 복음을 믿는 자들은 하나님의 능력과 하나님의 의의가 나타나고 우리 각자에게 구원을 주시니 너무나 좋고 은혜롭고 기쁨이 넘친다. 그러나 불택자들에게 미련해 보이고 어리석어 보여서 좋아하지 않고 싫어했다.

Q 333) '오직 의인은 믿음으로 말미암아 살리라' 믿음이 있다 없다하면 살다가 죽고 또 사는 가?(1:17)

"복음에는 하나님의 의가 나타나서 믿음으로 믿음에 이르게 하나니 기록된바 오직 의인은 믿음으로 말미암아 살리라 함과 같으니라"

A 이 말씀은 성경에서 모두 네 번나온다.(롬1:17, 하12:4, 갈3:11, 히10:38) 믿음으로 사는 사람이라야 참 믿음을 소유한 사람이고 믿음으로 살지 않는 성도는 죽은 믿음을 가지고 있는 것이다.

과거의 성도들은 돈이 없어도 믿음으로 살았다. 사도요한은 밧모섬에 귀향살이 갔어도 믿음으로 살았고 다니엘 세 친구도 사자굴과 풀무 불에서도 믿음으로 살았다. 또 아브라함은 독자를 하나님께 바치면서도 믿음으로 살았다.

믿음으로 산다는 것은 ①그리스도를 영접하여 그리스도로 말미암아 산다는 것이며 ②그리스도의 생명으로 산다는 뜻이며 ③하나님의 말씀으로 산다는 뜻이다.

이 말씀에는 하나님의 능력이 나타나서 믿는 자에게 위대한 능력의 역사가 나타나 그 말씀을 이루어 나갈 수가 있다.

Q 334) 하나님이 내버려 두는 심판은 어떤 자에게 베푸시는 심판일까요?(1:24,26,28)

(24절) "저희의 마음의 정욕대로 더러움에 내버려 두사"
(26절) "하나님께서 저희를 부끄러운 욕심에 내버려 두사"
(28절) "하나님께서 저희를 그 상실한 마음대로 내버려 두사"

A 하나님께서 사람을 정욕대로 나가도록 내버려 두는 것이 크고 무서운 심판이다. 하나님이 버려두면 흑암가운데 빠져 욕심으로 죄를 범하다가 망하고 만다. 사람은 전적부패, 전적 타락하였기에 하나님을 찾지 않고 정욕대로 산다.

롬1:24 "저희의 마음의 정욕대로 더러움에 내버려 두사"
1:26 "하나님께서 저희를 부끄러운 욕심에 내버려 두사"
1:28 "하나님께서 저희를 그 상실한 마음대로 내버려 두사"

하나님의 간섭과 개입이 없이 인간은 더럽고, 타락, 죄를 좋아하므로 정욕대로 더러움에 내버려 두었고 저희를 부끄러운 욕심에 내버려 두었고 그가 상한 마음대로 내버려 두사 결국 인간 스스로 멸망하고 만다.

하나님이 내버려 두는 심판이 크고 무서운 심판이므로 하나님의 간섭이 축복이다.

Q 335) 세상 지혜는 썩지않이할 영광을 썩을우상영광으로 하나님의 진리를 거짓것으로 피조물을 조물주로 바꾸는 지혜를 왜 따르나?(1:22-25)

(22절) "스스로 지혜 있다 하나 어리석게 되어"
(23절) "썩어지지 아니하는 하나님의 영광을 썩어질 사람과 새와 짐승과 기어다니는 동물 모양의 우상으로 바꾸었느니라"

A 성도가 범죄 할 때 가장 먼저 오는 징계는 하나님과 멀어지고 영적교통이 끊어지고 심령이 우둔해지는 것이다. 그러므로 하나님을 떠난 다음에는 우상이 들어온다. 만물의 창조주이시며 인간의 생사화복을 주장하시

는 영광의 하나님 대신에 짐승과 버러지 형상의 우상과 우주천체의 우상도 섬긴다.

우상의 형태가 시대와 사람 따라 변한다. 돌이나 나무, 금, 은, 동으로 형상을 만들어 놓고 섬기기도하고 자연만물을 숭배하기도하며 사람이나 돈이나 권력이나 세상나라, 단체를 우상으로 섬기기도 한다. 무엇이든지 하나님보다 더 사랑하거나 그것들의 지배 받거나 그들을 의지하게 되면 우상이 된다.

썩지 아니할 영광(썩을 영광으로) 하나님의 진리(거짓 것으로) 피조물을(조물주로) 바꾼다.

Q 336) 동성연애자도 회개하면 구원도 얻고 교회 직분자도 될 수 있는가?(1:26-27)

(27절) "그와 같이 남자들도 순리대로 여자 쓰기를 버리고 서로 향하여 음욕이 불일듯 하매 남자가 남자와 더불어 부끄러운 일을 행하여 그들의 그릇됨에 상당한 보응을 그들 자신이 받았느니라"

A 하나님을 떠나 우상숭배 함으로 마침내 저열한 욕심에 빠지고 그리고 모든 음란죄에 빠지게 된다. 여기서 부끄러운 욕심인 인간 변태성 동성애를 말한다.

한 남자와 한 여자간의 정당한 가정 부부생활을 뛰어 넘어 여러 여자와 음행하는 것은 하나님의 진노를 불러일으키게 되었다.

남자들은 남자로 더불어 부끄러운 일을 행하며 이는 곧 남성간의 변태성 동성애로(레20:13) 소돔 고모라가 멸망한 죄가 곧 이 죄였다고 본다. 하나님은 이런 음행죄를 반드시 징계하신다. 성병, 에이즈, 가정불화와 파탄, 이혼은 이 죄에 대한 하나님의 보응이며 회개하면 구원받을 수 있으나 회개치 않고 그 죄를 단절치 않으면 세례도 직분도 받을 수 없는 무서운 죄임을 알아야한다.

Q 337) 28-32절에 21가지 죄악은 어떤 심판을 받아야 마땅한가?(1:28-32)

(28절) "또한 그들일 마음에 하나님 두기를 싫어하매 하나님께서 그들을 그 상실한 마음대로 내버려 두사 합당하지 못한 일을 하게 하셨으니"
(32절) "그들이 이같은 일을 행하는 자는 사형에 해당한다고 하나님께서 정하심을 알고도 자기들만 행할 뿐 아니라 또한 그런 일을 행하는 자들을 옳다하느니라"

A 對人 범죄 21가지이다. 누구든지 마음에 하나님 두기를 싫어하면 하나님이 그 사람을 지켜주지 않고 버려두신다. 하나님이 버리면 마귀가 들어와서 모든 합당치 못한 21가지를 시행하도록 한다. ①모든 불의 ②추악 ③탐욕 ④악의 ⑤시기 ⑥살인 ⑦분쟁 ⑧사기 ⑨악독이 가득한 자 ⑩수근 수근 하는 자 ⑪비방 ⑫하나님 미워하는 자 ⑬능욕 ⑭교만 ⑮자랑 ⑯악을 도모 ⑰부모거역 ⑱우매한 자 ⑲배약한 자 ⑳무정한 자 ㉑무자비한 자

이 같은 일을 행하는 자들은 사형에 해당됨을 하나님이 정해 놓으심을 알고도 또 자기들만 행할 뿐 아니라 그런 일을 행하는 자들을 옳다고 동참죄에 빠진다. 마귀는 우리로 하여금 21가지 대인범죄를 짓도록 유혹, 미혹하고 있다.

Q 338) 남을 판단하는 것은 네가 너를 정죄하는 것인 줄 알면서도 자꾸 판단이 나는 것은?(2:1,5)

(2:1) "그러므로 남을 판단하는 사람아, 누구를 막론하고 네가 핑계하지 못할 것은 남을 판단하는 것으로 네가 너를 정죄함이니 판단하는 네가 같은 일을 행함이니라"
(5절) "다만 네 고집과 회개하지 아니한 마음을 따라 진노의 날 곧 하나님의 의로우신 심판이 나타나는 그 날에 임할 진노를 네게 쌓는 도다"

A 사람들이 남의 잘못을 판단하는 것은 자기가 자기를 판단하고 정죄하는 결과가 된다. 이 말씀은 유대인에게나 모든 이방인에게도 다 같이 해당되는 일반적 원리이다. 특히 교만하고 외식하는 종교지도 자들은 성경

을 가지고 남을 판단하기를 좋아한다. 그러나 자기도 그와 같은 일을 행한다. 이것은 자기가 자기를 정죄한 것이 되어 아무 핑계 할 수 없다.

하나님의 판단은 진리대로 이루어진다. 사람들은 이렇게 되는 줄 알면서도 남을 판단하길 좋아하는 것은 본래 전적 타락한 본성을 가지고 있기 때문이다.

Q 339) 율법이 없을 때는 무엇이 율법이 되며 또 무엇이 이것을 증명해 주고 있는가?(2:12-15)

(12절) "무릇 율법 없이 범죄한 자는 또한 율법 없이 망하고 무릇 율법이 있고 범죄한 자는 율법으로 말미암아 심판을 받으리라"
(14절) "(율법 없는 이방인이 본성으로 율법의 일을 행할 때에는 이 사람은 율법이 없어도 자기가 자기에게 율법이 되나니"
(15절) "이런 이들은 그 양심이 증거가 되어 그 생각들이 서로 혹은 고발하며 혹은 변명하여 그 마음에 새긴 율법의 행위를 나타내느니라)"

A 율법 없이 범죄한 자도 율법없이 망하고 율법 하에 범죄한 자는 율법으로 심판 받는다.

율법없는 이방인들에게는 자기가 자기 율법이 되어 하나님의 심판을 다 받게 될 때 양심이 증거가 되며 우리가 옳지 못하게 산 것을 양심이 증거 해주는 것이다. 사람이 양심을 지킨다고 구원받지 못한다. 원래 죽은 영혼이 태어났고 사죄와 중생은 예수그리스도의 피를 믿음으로 만 되는 것이다. 사람이 아무리 양심대로 살았다 해도 원죄가 있고 또 하나님의 요구 죄가 있다. 이런 죄로 심판 받을 때 양심이 증거가 된다.

Q 340) 표면적 유대인과 이면적 유대인은 어떤 차이점이 있으며 하나님이 원하시는 것은?(2:28-29)

(2:28) "무릇 표면적 유대인이 유대인이 아니요 표면적 육신의 할례가 할례가 아니니라"

(29절) "오직 이면적 유대인이 유대인이며 할례는 마음에 할지니 영에 있고 율법 조문에 있지 아니한 것이라 그 칭찬이 사람에게서가 아니요 다만 하나님에게서니라"

A 표면적 유대인 : 아브라함의 자손을 가리킨다. 육신적 족보에 속한 아브라함의 자손

이면적 유대인 : 유대인이나 이방인이나 구별 없이 아브라함의 신앙을 가진 믿음의 사람들을 이면적 유대인이라고 하여 참 이스라엘인이다.(롬 4:12-16, 갈3:6-7, 29) 유대인들은 신령한 면을 무시하고 육적관계만 자랑했다. 언제나 하나님을 섬기는 성도는 의문, 제도, 의식에 있지 않고 죄를 회개하고 그 영이 하나님과 교통하며 성령의 인도와 주장 받는 이면적 유대인을 하나님은 원하신다.

Q 341) 유대인들이 믿지 아니함으로 하나님의 미쁘심, 사랑, 예정이 다 수포로 돌아가는가?(3:1-6)

(3-4절) "어떤 자들이 믿지 아니하였으면 어찌하리요 그 믿지 아니함이 하나님의 미쁘심을 폐하겠느냐 그럴 수 없느니라 사람은 다 거짓되되 오직 하나님은 참되시다 할지어다 기록된바 주께서 주의 말씀에 의롭다 함을 얻으시고 판단 받으실 때에 이기려 하심이라 함과 같으니라"

(6절) "결코 그렇지 아니하니라 만일 그러하면 하나님께서 어찌 세상을 심판하시리요"

A 질문 1)유대인이 이방인보다 더 나음이 무엇인가? 답: 하나님의 말씀을 받은 것이다.(1-2절)

2) 유대인소수가 믿지 않음으로 하나님의 약속이 폐하는가? 답: 그럴 수 없다. 하나님만 참된 약속지킴. (3-4)

3) 사람의 불의로 인하여 하나님의 의가 드러나는가? 답: 그렇지 않다. 하나님은 불의를 심판(5-6)

유대인들은 율법과 구약전체를 맡았으므로 하나님의 뜻을 알고 메시야

에 대한 소망이 있으며 의식과 제도에 참여하여 하나님을 섬기며 하나님의 외부적인 축복에 참여하게 되었다. 소수사람의 불신이 있어도 하나님의 신실하신 구원계획과 구속의 약속은 절대 폐 할 수 없는 것이다.

하나님께서는 신실하심으로 그 약속의 말씀이 반드시 성취된다. 하나님은 결코 불의한 분이 아니므로 인간의 불의한 것이 하나님께 공로가 되는 것이 아니다. 불의는 하나님의 심판의 대상인 것이다.

Q 342) 거짓으로 하나님께 영광돌려도(심판받지 않고) 하나님은 그 영광을 다 받으시는가?(3:7-8)

(7절) "그러나 나의 거짓말로 하나님의 참되심이 더 풍성하여 그의 영광이 되었다면 어찌 내가죄인처럼 심판을 받으리요"

A 사람의 거짓말 (불의한 일도) 하나님의 참되심이 풍성하여 그 영광이 되었으면(하나님께서는 사람의 거짓말과 불의를 이용하여 당신의 참되신 뜻과 구원계획을 성취하여 영광을 나타낸다고 하면) 그 거짓말(불의)한 사람이 어찌 심판을 받으리요?

예를 들면 가롯유다가 예수를 판 것으로 인하여 예수께서 십자가에서 구속을 성취하였으니 가롯유다도 그리스도의 구속 사업에 공로를 세운 것이 아닌가 하는 질문이다

그 대답은 8절에 "저희가 정죄 받는 것이 옳다"고 답하셨다. 그와 같이 비방하며 궤변을 말하는 자들은 정죄받는 것이 마땅한 것이다.

Q 343) 인간의 전적 부패하고 전적 타락을 본 단락에선 어떻게 표현하고 있는가?(3:9-20)

(10절) "기록된 바 의인은 없나니 하나도 없으며"
(11절) "깨닫는 자도 없고 하나님을 찾는 자도 없고"
(12절) "다 치우쳐 함께 무익하게 되고 선을 행하는 자는 없나니 하나도 없도다"
(19절) "우리가 알거니와 무릇 율법이 말하는 바는 율법 아래에 있는 자들에게 말

하는 것이니 이는 모든 입을 막고 온 세상으로 하나님의 심판 아래에 있게 하려함 이라"
(20절) "그러므로 율법의 행위로 그의 앞에 의롭다 하심을 얻을 육체가 없나니 율법으로는 죄를 깨달음이니라"

A ①의인은 한 사람도 없다.(10절) ②하나님과 선을 추구하지 않음(11-12절) ③선을 행하는 자도 없음(12절) ④속임수, 저주, 험담을 일삼음(13-14절) ⑤목구멍은 열린 무덤. 입술엔 독사의 독(13절) ⑥살육과 파괴를 일삼음(15절) ⑦피 흘리는데 빠르며(16절) ⑧평화의 길을 도무지 모르며(17절) ⑨하나님을 두려워하지 않는 교만(18절) 이런 전적 부패하고 타락된 인간들에게 1)율법은 모든 인간들에게 해당된다(19절 상) 2)율법은 누구도 핑계치 못하게 하기 위함(19절 하) 3)율법에 비추어 의롭다 인정될 인간은 한 사람도 없다(20절 상) 4)인간은 율법을 통해서 자기 죄를 깨달아 알아야 된다(20절 하)

Q 344) 율법이외 하나님의 한 의가 나타나셨으니 하나님의 의가 무엇이며 무엇이 증거 해 주고 있는 가?(3:21-22)

(21절) "이제는 율법 외에 하나님의 한 의가 나타났으니 율법과 선지자들에게 증거를 받은 것이라"
(22절) "곧 예수 그리스도를 믿음으로 말미암아 모든 믿는 자에게 미치는 하나님의 의니 차별이 없느니라"

A 율법에 의해 이 땅에는 의인이 한 사람도 없어 다 정죄 받아 멸망 받을 수밖에 없었다. 그래서 하나님이 율법 이외에 하나님의 한 의를 만들어 놓았다. 이 하나님의 의는 예수그리스도를 통하여 나타났다.

예수그리스도께서 신구약 성경을 다 순종하되 죽기까지 완전 복종하였으므로 하나님 앞에 완전무결한 의를 이루셨다. 그것이 하나님의 의이다. 이의를 하나님이 사람들에게 은혜로 주신 것이다.

이의는 누구나 와서 믿음으로 받기만 하면 된다. 또 이의는 오래전부터 구약성경에 약속했던 의이다. 구약성경에 장차 메시야가 와서 하나님의 뜻을 다 이루어 의를 세우시고 죄사함을 주시고 구원의 길을 열어 주실 것을 약속하셨다.

Q 345) 이신득의는 오직 믿음 차별 없는 은혜(유대인, 이방인) 율법 완전케 함이니 유대인들의 주장 은?(3:27-31)

(27절) "그런즉 자랑할 데가 어디냐 있을 수가 없느니라 무슨 법으로냐 행위로냐 아니라 오직 믿음의 법으로니라"
(29절) "하나님은 다만 유대인의 하나님이시냐 또한 이방인의 하나님은 아니시냐 진실로 이방인의 하나님도 되시느니라"
(30절) "할례자도 믿음으로 말미암아 또한 무할례자도 믿음으로 말미암아 의롭다 하실 하나님은 한 분이시니라"

A 인간이 의롭다고 된 것은 무슨 다른 원리나 행위로서가 아니라 오직 믿음의 법에 의한 것이므로(믿음으로 의롭다고한 이신득의) 사람은 누구나 자랑할 것이 아무것도 없다. 하나님은 유대인의 하나님이실 뿐아니라 이방인들의 하나님이기도하며 하나님은 한 분이시면서 할례자나 무할례자나 다 같이 믿음만 보시고 의롭다하시지 다른 것은 보시지 않으신다. 그러므로 오직 이신득의의 신앙이 율법을 폐하는 것이 아니라 도리어 굳게 세우는 것이다. 그리스도의 오심이 곧 율법을 완전케 하려 오셨다.(마5:17) 예수 믿는 자 만이 율법의 뜻, 깊은 진리를 다 알고 지킬 수 있고 제도를 완수할 수 있게 된 것이다.

Q 346) 이 땅에서 최고의 복을 얻은 자들은 어떤자들인가?(4:7-8)

(7절) "불법이 사함을 받고 죄가 가리어짐을 받은 사람들은 복이 있고 주께서 그 죄를 인정하지 아니하실 사람은 복이 있도다 함과 같으니라"

A 일한 것이 없이(선을 행한것이 없이) 하나님께 의로 여기심을 받은 자는 복 있는 자이다. 이런자의 행복에 대하여 다윗의 시편32:1-2을 70인역 성경을 인용하여 제시하셨다. 곧 하나님께서 허물을 용서하시고 죄를 덮어 주신 사람은 복되며 주께서 죄가 없다고 인정해 주시는 사람은 이 땅에서 최고 복을 얻은 자들이다

죽을 수밖에 없는 죄인이 예수그리스도의 십자가 밑에 나와서 회개하고 믿음에 설 때에 전에 지은 죄를 하나님이 모두 사해주시고 의인으로 인정하신다. 우리의 죄는 너무나 커서 무엇으로도 사함 받을 수 없고 씻을 수 없었다. 이 죄값로 무서운 형벌 즉 사형을 받아 멸망 받아야 마땅한데 우리가 믿음으로 값없이 모든 죄를 사함 받았으니 이런 자들이 이 땅에서 최고 복 받은 자들인 것이다.

Q 347) 아브라함이 바랄 수 없는 것을 바라고 믿는 믿음은 어데서 나왔으며 어떤 결과를 가져왔는가(4:18-22)

(18절) "아브라함이 바랄 수 없는 중에 바라고 믿었으니 이는 네 후손이 이같으리라 하신 말씀대로 많은 민족의 조상이 되게 하려 하심이라"
(20절) "믿음이 없어 하나님의 약속을 의심하지 않고 믿음으로 견고하여져서 하나님께 영광을 돌리며"

A 1) 바랄 수 없는 것을 바라고나간 믿음(자손에서 메시야가 나온다는 믿음)

2) 믿음이 약해지지 않은 불굴의 믿음(사래의 태 닫힘 알고도 뛰어 넘는 신앙으로)

3) 죽은자를 살리며 없는 것을 있는 것 같은 믿음(창17:5, 히11:17-19)

4) 약속을 능히 다 이루시는 하나님을 믿음(아브라함에게 약속된 모든 것을 다 이루시는 하나님)

창17:5의 약속인 열국의 아비가 되고 복의 근원이 되는 축복 또 이삭을 죽여 번제로 바치면 부활시켜 더 좋은 이삭으로 주실 것을 믿는 믿음. 이삭

아들 준다는 약속을 이루신 하나님이 주신 다는 메시야도 주실 것을 믿는 바랄 수 없는 것을 바라고 이미 사라의 태가 닫힘을 알고도 믿음이 약해지지 않았으며 하나님이 다 이뤄주실 것을 믿는 믿음을 의로 여겨서 믿음의 조상으로 만들어 주신 것이다.

Q 348) 아브라함과 우리가 똑같은 하나님의 위함을 받을 수 있는 것은 어떤 연유에서 인가?(4:23-25)

(23절) "그에게 의로 여겨졌다 기록된 것은 아브라함만 위한 것이 아니요"
(24절) "의로 여기심을 받을 우리도 위함이니 곧 예수 우리 주를 죽은 자 가운데서 살리신 이를 믿는 자니라"

A 아브라함이 의롭다는 칭의를 얻는 모든 것이 단지 아브라함에게만 적용되는 문제라면 후대의 사람들과는 아무상관이 없다. 아브라함에게 적용된 믿음을 통한 칭의는 하나의 실례이며 이는 아브라함만 위함이 아니요 예수를 구주로 믿는 모든 우리들에게도 그대로 적용되고 아브라함에게 주셨던 모든 것을 우리에게도 똑같이 주신다는 것이니 우리도 위함이 된 것이다. 아브라함은 이삭을 살릴 것을 부활신앙이나 우린 예수님이 부활하셨고 우리도 부활할 것을 믿는 믿음이 똑같기 때문이니 이를 의로 여기신 것이다.

Q 349) 환난 중에서도 기뻐해야할 이유가 무엇인가?(5:3-5)

(3절) "다만 이뿐 아니라 우리가 환난 중에도 즐거워하나니 이는 환난은 인내를"
(4절) "인내는 연단을, 연단은 소망을 이루는 줄 앎이로다"

A 하나님의 영광을 바라보고 즐거워하는 자는 환난 중에는 즐거워한다. 왜냐하면 환난은 인내를 인내는 연단을 연단은 소망을 이루어서 하나님의 영광에 도달하게 되겠기 때문이다.환난을 믿음으로 통과 하려면 참고 견디어야한다. 참고 견디면서 말씀을 지킬 때에 영혼이 자라나고 그리스도

의 형상이 이루어진다. 이것이 성도에게 소망이 이루어지는 것이요 하나님의 영광에 도달할 자격이 만들어 지는 것이다. 그러므로 성도는 환난 중에서도 즐거워하는 것이다. 그래서 성도는 항상 기뻐하고 범사를 감사를 드리며 살아야한다.

Q 350) 한사람(아담) 또 한사람(예수 그리스도)으로 온 것들은? 죄 많은 곳에 은혜가 넘치고 죄와 사망이 왕 노릇함과 같이 은혜로 의로 왕 노릇함의 이유는?(5:12-21)

(12절) "그러므로 한 사람으로 말미암아 죄가 세상에 들어오고 죄로 말미암아 사망이 들어왔나니 이와 같이 모든 사람이 죄를 지었으므로 사망이 모든 사람에게 이르렀느니라"
(14절) "그러나 아담으로부터 모세까지 아담의 범죄와 같은 죄를 짓지 아니한 자들까지도 사망이 왕 노릇 하였나니 아담은 오실 자의 모형이라"
(17절) "한 사람의 범죄로 말미암아 사망이 그 한 사람을 통하여 왕 노릇 하였은즉 더욱 은혜와 의의 선물을 넘치게 받는 자들은 한 분 예수 그리스도를 통하여 생명 안에서 왕 노릇 하리로다"
(19절) "한 사람이 순종하지 아니함으로 많은 사람이 죄인 된 것 같이 한 사람이 순종하심으로 많은 사람이 의인이 되리라"

A 아담 한 사람의 죄가 세상에 들어오고 죄를 통해 세상엔 사망이 들어왔다. 아담 안에서 모든 사람이 범 죄했으므로 모든 사람 또한 사망이 미치게 된 것이다. 또 한사람인 예수그리스도의 은혜로 인하여 모든 사람에게 은총이 넘치게 되었다. 한사람으로 사망이 왕노릇 하였으나 예수그리스도를 통해 은혜를 입고 의인이 된 자들이 생명 안에서 왕 노릇하게 되었다. 율법의 죄책으로 결국 의의근본인 예수님을 허락 받게되니 죄많은 곳에 은혜 넘치고 죄가 사망 안에서 죄인들에 왕 노릇함과 같이 구원의 은혜 역시 성도들에 왕 노릇하여 예수그리스도를 통해 영생에 이르게 하기 위함이었다.

Q 351) 그리스도와 합하여 세례를 받고나면 우리가 얻게 될 것이 몇 가지나 될까?(6:3-11)

(6절) "우리가 알거니와 우리의 옛 사람이 예수와 함께 십자가에 못 박힌 것은 죄의 몸이 죽어 다시는 우리가 죄에게 종노릇하지 아니하려함이니"
(7절) "이는 죽은 자가 죄에서 벗어나 의롭다 하심을 얻었음이라"
(11절) "이와 같이 너희도 너희 자신을 죄에 대하여는 죽은 자요 그리스도 예수 안에서 하나님께 대하여는 살아 있는 자로 여길지어다"

A 세례는 중생하여 예수그리스도를 믿고 죄사함을 받아 생명이 그리스도와 연합된 사람에게 증표나 인으로써 베푸는 것이다. 그러므로 합당하게 세례받은 자는 그리스도와 연합되였으며 그리스도의 생명과 인격에 연합된 것이다.

이것은 세례받은 사람의 상태이나 세례받음으로 그리스도와 연합된 자는 그리스도의 죽음과 연합된 자요 그리스도의 죽음과 연합된 자는 그리스도의 장사와 연합한자요 그리스도의 장사와 연합한자는 그리스도의 부활과 연합한 자이다. 그러므로 예수의 죽음은 내 죽음이요 장사, 부활, 승천, 천국, 영생은 다 내것이 되였으니 세례로 그리스도와 연합된 자는 예수님의 모든 것이 내것이 된 자이다. 1석 만조가 된 셈이다.

Q 352) 우리의 몸이 불의의 병기가 되었다가 의의 병기도 되는 이중구조를 가지고 있는 것인가?(6:12-14)

(13절) "또한 너희 지체를 불의의 무기로 죽기로 죄에게 내주지 말고 오직 너희 자신을 죽은 자 가운데서 다시 살아난 자 같이 하나님께 드리며 너희 지체를 의의 무기로 하나님께 드리라"
(14절) "죄가 너희를 주장하지 못하리니 이는 너희가 법 아래에 있지 아니하고 은혜 아래에 있음이라"

A 몸은 장차 무너질 장막이다(고후5:1) 그러나 이몸에 중생한 영이있고 부패성도 있다. 우리 몸이 중생한 영을 따라 살 때는 의를 행하게 되고

부패성을 따라 살 때는 죄를 범하게 된다. 불의의 병기, 의의 병기도 되는 이중구조를 가지고 있다.

그러므로 우리 몸을 죄가 주장하지 못하도록 쳐서 복종시키고 사욕을 순종치 말고 하나님의 의로운 말씀을 순종해 나가야한다. 불의의 병기가 되면 영적 생명의 역사가 끊어져 죽은 믿음이 된다. 그러나 우리 몸을 의의 병기로 드리면 영적생명의 역사가 있는 산 믿음이 된다.

의의 병기가 되어야할 당위성은 성도는 율법아래 있지 않고 예수그리스도의 구속의 은혜아래 있는 자는 죄가 주장하지 못하게 은혜가 왕 노릇하는 의의 병기로만 살아가야한다.

Q 353) 우리가 죄의 종이되면 사망의 열매를 하나님의 종이되어 거룩함에 이르면 영생의 열매를 한 몸 으로 두 열매를 맺을 수 있나?(6:20-23)

(20절) "너희가 죄의 종이 되었을 때에는 의에 대하여 자유로웠느니라"
(22절) "그러나 이제는 너희가 죄로부터 해방되고 하나님께 종이 되어 거룩함에 이르는 열매를 맺었으니 그 마지막은 영생이라"

A 믿기 전에는 죄의 종노릇하였으므로 의에대해 자유(지배를 받지 않음)했다. 이때는 좋은 열매가 하나도 없었고 그때행한 일 생각하면 부끄러워하나니 그 마지막이 사망이기 때문이다.

이제 예수그리스도를 믿는 자는 하나님의 종이되고 은혜의 종이 되었으므로 죄의 세력과 지배에서 해방 되었고 죄에 대하여 자유하게 되었다. 그러므로 성도는 하나님의 크신 은혜에 감격하여 하나님께 몸을 바치고 그의 명령과 인도대로 순종하여 거룩함에 이르는 열매를 맺게된다. 이것이 산 믿음이다.

죄의 값은 사망이요 하나님의 은혜의 선물은 영생이다. 사망은 죄의 댓가로 오는 것이요 영생은 하나님의 은사로 오는 것이다. 한 몸으로 두 열매를 맺는 것은 믿기 전에는 사망의 열매를 믿은 후에는 영생의 열매를 맺게 되기 때문이다. 전연 다른 열매를 맺게 된 것이다.

Q 354) 율법이 죽은 남편으로 비사하여 율법에서 자유얻은 그리스도인의 삶은 자유분망인가? 새 생명의 삶인가?(7:1-6)

(2절) "남편 있는 여인이 그 남편 생전에는 법으로 그에게 매인 바 되나 만일 그 남편이 죽으면 남편의 법에서 벗어나느니라"
(3절) "그러므로 만일 그 남편 생전에 다른 남자에게 가면 음녀라 그러나 만일 남편이 죽으면 그 법에서 자유롭게 되나니 다른 남자에게 갈지라도 음녀가 되지 아니하니라"
(6절) "이제는 우리가 얽매였던 것에 대하여 죽었으므로 율법에서 벗어났으니 이러므로 우리가 영의 새로운 것으로 섬길 것이요 율법 조문의 묵은 것으로 아니할 지니라"

A 율법으로부터 자유를 설명하기위한 혼인관계의 비유를 들어 설명하였은즉 여인이 남편생전에 다른 남자에게 가면 음부가 되지만 남편 사후에는 결혼관계의 법적 구속에서 해방되었으므로 다른 남자에게 가도 음부가 되지 않는다. 이처럼 성도들도 그리스도와 한 몸이 되어 율법에 대해 죽었으므로 이제는 부활하신 그리스도에게로 가서 하나님을 위해 새로운 삶을 살 수 있게 되었다. 따라서 성도는 낡은 법조문에 얽매여 섬기며 살것이 아니라 성령이 새롭게 하시는 것 곧 성령께서 주시는 새 생명으로 섬기며 살아야한다. 자유를 얻는 그리스도인의 삶은 자유를 열망한 삶이 아니고 새 생명의 삶을 영위해야한다.

Q 355) 죄를 깨닫게하는 제한적인 기능을 가진 율법을 하나님이 주신 목적은 무엇인가?(7:7-13)

(7절) "그런즉 우리가 무슨 말을 하리요 율법이 죄냐 그럴 수 없느니라 율법으로 말미암지 않고는 내가 죄를 알지 못하였으니 곧 율법이 탐내지 말라하지 아니하였더라면 내가 탐심을 알지 못하였으리라"
(8절) "그러나 죄가 기회를 타서 계명으로 말미암아 내 속에서 온갖 탐심을 이루었나니 이는 율법이 없으면 죄가 죽은 것임이라"
(9절) "전에 율법을 깨닫지 못했을 때에는 내가 살았더니 계명이 이르매 죄는 살아나고 나는 죽었도다"

(13절) "그런즉 선한 것이 내게 사망이 되었느냐 그럴 수 없느니라 오직 죄가 죄로 드러나기 위하여 선한 그것으로 말미암아 나를 죽게 만들었으니 이는 계명으로 말미암아 죄로 심히 죄되게 하려 함이라"

A 율법이 죄냐? 지금까지의 논법으로 볼때 율법이 죄의 근원인 것처럼 오해할 염려가 있으므로(7:5) 율법이 죄냐? 하고 물음에 "결코 그럴 수 없다"고 답변하였다. 율법이 없었으면 죄를 깨닫지도 알지 못하고 죄만 지었을 것이다. 10계명 중에서 "탐내지 말라"는 율법이 없었으면 탐심을 가지고도 탐심을 몰랐을 것이다.

전에 율법이 없을 때는 죄짓고도 죄의식을 모르고 살았으나 이제 죄를 알고 보니 나는 죽은 사람이다. 결국 사망에 이르게하는 역할만하게 된 것 같다. 율법 그 자체는 거룩하고 의로운 것이다. 율법이 사망을 가져온 것이 아니다. 율법은 죄를 깨달아 알게 하며 예수그리스도께 붙여주어 죄사함 받고 구원받고 영생얻게 하는 나라를 놓아준 것이다.

Q 356) 사도바울이 오호라 나는 곤고한자요 이 사망의 몸에서 누가 나를 구원해줄까? 하고 탄식한 이유?(7:14-25)

(15절) "내가 행하는 것을 내가 알지 못하노니 곧 내가 원하는 것은 행하지 아니하고 도리어 미워하는 것을 행함이라"
(18절) "내 속 곧 내 육신에 선한 것이 거하지 아니하는 줄을 아노니 원함은 내게 있으나 선을 행하는 것은 없노라"
(20절) "만일 내가 원하지 아니하는 그것을 하면 이를 행하는 자는 내가 아니요 내 속에 거하는 죄니라"
(22절) "내 속사람으로는 하나님의 법을 즐거워하되"
(23절) "내 지체 속에서 한 다른 법이 내 마음의 법과 싸워 내 지체 속에 있는 죄의 법으로 나를 사로잡는 것을 보는도다"

A 하나님의 율법이 신령한 것인 줄 알면서도 자신은 육정만 따르고 살고 있으며 자기가 원하는 것보다 원치 않은 것을 행하며 또 자신 속에 있는 죄의 성향을 자신도 어찌할 수 없는 연약한 인생임을 솔직히 고백한다.

선에 대한 소원은 있으나 그대로 살지 못하고 원치 않는 죄만 따르는 것으로 볼 때 거듭난 속사람의 소원과 다투어 육신의 정욕이 죄의 포로가 되도록 만들고 있으니 바울 자신은 곤고한 사람이라고 탄식하면서 누가 이사망의 몸에서 나를 구원해줄자 있는가? 하고 탄식하게 된다. 25절에 예수그리스도를 통하여 자신을 구원하실 하나님께 감사드리면서 마음은 하나님의 법을 육신은 죄의 법을 섬기는 성도로써 영적갈등과 싸움을 솔직하게 고백하고 스스로 인정하면서 나온 탄식이다.

Q 357) 육신의 일과 영의 일은 각각 어떤 결과를 가져오는 것일까?(8:1-8)

(4절) "육신을 따르지 않고 그 영을 따라 행하는 우리에게 율법의 요구가 이루어지게 하려 하심이니라"
(5절) "육신을 따르는 자는 육신의 일을, 영을 따르는 자는 영의 일을 생각하나니"
(6절) "육신의 생각은 사망이요 영의 생각은 생명과 평안이니라"
(8절) "육신에 있는 자들은 하나님을 기쁘시게 할 수 없느니라"

A 1) 육신의 일 쫓는자 : ①죄의 본성이 원하는 일 ②사망 ③하나님과 원수 ④하나님을 기쁘시게 할 수 없 (죄와 사망의 법) 다 ⑤육신의 부패성으로 살고

2) 영의 일을 쫓는자 : ①성령이 원하는 바의 일 ②생명과 평안이 있고 ③하나님의 자녀 되고 ④하나님을 (생명의 성령의법) 기쁘시게 할 수 있고 ⑤그리스도로 인해 영생 얻고 ⑥그리스도로 인해 부활의 권능 덧입고 ⑦중생한 영으로써 성령을 쫓아 살게 된다.

Q 358) 믿은자는 양자의 영, 자녀, 후사, 어느 것이 정답이며 그러므로 무엇도 기꺼이 받아야하는 가?(8:15-17)

(15절) "너희는 다시 무서워하는 종의 영을 받지 아니하고 양자의 영을 받았으므로 우리가 아바 아버지라고 부르짖는니라"

(16절) "성령이 친히 우리의 영과 더불어 우리가 하나님의 자녀인 것을 증언하시나니"

A 성령의 인도를 받아 예수를 믿게되면

1) 하나님의 영으로 인도를 받는 하나님의 자녀가 되었고 14절

2) 하나님을 아바아버지라 부르는 양자와 영을 받았고 15절

3) 성령이 증언하길 하나님의 아들된 것을 증거하고 16절

4) 하나님의 자녀면 그리스도와 더불어 하나님의 후사되었다. 17절

그러므로 그와 함께 영광을 받기위해서는 고난도 함께 받아야된다. 17절下

하나님의 자녀 양자의 영, 하나님의 아들, 하나님의 후사 이것들 외에 또 무엇을 바라리요 이보다 더 큰 것이 없으니 예수그리스도와 함께 영광을 얻기위해 주님이 주시는 잔과 십자가를 잘지고 나가야할 것이다.

Q 359) 모든 피조물들이 성도의 무엇 할 날을 고대하고 탄식하며 사모할까요?(8:19-22)

(18절) "생각하건대 현재의 고난을 장차 우리에게 나타날 영광과 비교할 수 없도다"

(21절) "그 바라는 것은 피조물도 썩어짐의 종노릇 한 데서 해방되어 하나님의 자녀들의 영광의 자유에 이르는 것이니라"

A 인간의 범죄로 말미암아 피조물들이 고통과 탄식 속에서 존재한다.(창 3: 참조) 하나님의 아들들이 범죄로인한 피조물과 만물의 탄식이 해결될 날을 고대하고 있는데 하나님의 아들이 부활하여 영광스런 몸으로 하나님의 자녀로 나타날 때 만물들의 탄식이 해결되게 된다(만유가 회복되어 천년세계가 되므로) 즉 성도들의 부활할 날을 고대하고 지금은 탄식 속에서 고통 속에서 존재한다.

한 가지 해석은 하나님은 완전 영이시고 만물은 육체뿐이나 만물이 하나님께 직접 영광 돌릴 수 없다. 그래서 영과 육을 같이 소유한 사람들에게 이

용당해서 사람이 그 만물로 에너지를 얻어 하나님께 영광 돌릴 때 만물이 하나님께 영광 돌린 것이다. 그래서 하나님의 아들들이 나타나서 자기들을 이용하길 고대하고 있는 것이다.

Q 360) 성도는 날마다 무엇을 소망하며 인내하며 기다려야하는 것인가?(8:23-25)

(24절) "우리가 소망으로 구원을 얻었으매 보이는 소망이 소망이 아니니 보는 것을 누가 바라리요"
(25절) "만일 우리가 보지 못하는 것을 바라면 참음으로 기다릴지니라"

A 성령의 처음 익은 열매를 받은자 곧 성령의 역사로 거듭나 구원받은 성도들 역시 속으로 탄식하는 가운데 몸의 구속 즉 종말론적 부활을 간절히 소망하고 있다. 성도는 바로 이 소망가운데 구원을 얻게 되었고 우리 육신의 눈으로 보이는 소망은 소망의 대상이 될 수 없다. 성도는 육신의 눈으로 보이지 않는 소망 이것은 곧 구원의 완성을 소망 한다는 뜻이다 이런 소망을 가진자는 인내하면서 다 이루어질 때까지 참고 기다려야한다.

Q 361) 성령님은 우리를 위해 무엇을 해주고 계시는가?(8:26-37)

(26절) "이와 같이 성령도 우리 연약함을 도우시나니 우리가 마땅히 빌 바를 알지 못하나 오직 성령이 말할 수 없는 탄식으로 우리를 위하여 친히 간구하시느니라"
(27절) "마음을 감찰하시는 이가 성령의 생각을 아시나니 이는 성령이 하나님의 뜻대로 성도를 위하여 간구하심이니라"

A 성도가 구원을 이루기 위하여 탄식할 때에 성령께서도 같이 탄식하시며 협력해주신다. 성도자신은 연약하며 그일(구원을 이루는 일)이 힘들고 어려우나 성령께서 도와주시므로 그 능력을 힘입어 이루어나간다.

성도가 연약하고 무지하여 갈 길도 알지 못하고 행할 능력도 없는 모든 사정을 성령께서 대신하여 하나님아버지께 간구하여 주시고 성도가 하나님의 뜻대로 나가도록 감동시켜주시고 인도해 주신다.

언제나 우리는 기도와 성경으로써 하나님의 뜻을 바로 찾아 순종하며 하나님의 구원운동이 바로 이루어지고 하나님의 나라와 하나님의 의가 이루어져 나가도록 하여야 한다. 이것이 성령이 성도를 붙드시고 기도하며 성취시키는 일이다.

Q 362) 성도에겐 모든 것이 합력하여 선을 이룬다면 우리가 할 것은 아무것도 없지 않는가? 굳이 있다면?(8:28-30)

(28절) "우리가 알거니와 하나님을 사랑하는 자 곧 그의 뜻대로 부르심을 입은 자들에게는 모든 것이 합력하여 선을 이루느니라"
(29절) "하나님이 미리 아신 자들을 또한 그 아들의 형상을 본받게 하기 위하여 미리 정하셨으니 이는 그로 많은 형제 중에서 맏아들이 되게 하려 하심이니라"
(30절) "또 미리 정하신 그들을 또한 부르시고 부르신 그들을 또한 의롭다 하시고 의롭다 하신 그들을 또한 영화롭게 하셨느니라"

A 율법주의자들은 종의 영을 받아 종의처지에서 무서워하여 하나님을 섬기지만 그리스도의 복음을 믿는(하나님의 사랑하시는 자, 그 뜻대로 부르심 받은자) 성도는 양자의 영을 받아 본능적으로 하나님을 향해 아바아버지라 부르며 하나님을 사랑한다.

그러므로 하나님도 그 뜻대로 부르셨으니 믿음을 지키는 자에게는 무슨 일을 당하는지 그 모든 것이 다 합력하여 선을 이루고 유익하게 된다는 뜻이다. 무슨 일을 당할 때 한 가지만 보지 말고 영적인 면과 내세적인 면을 합하여 보면 반드시 유익이 있다. 선을 이룬다는 것은 하나님의 뜻을 이룬다는 뜻으로 영적구원이 된다는 뜻이다. 성도가 당하는 모든 것은 하나님의 뜻을 이루고 영적구원이 임함을 믿고 순종해 나가면 된다.

Q 363) 아들을 주신 하나님이 그 아들과 함께 우리에게 주시고자 하는 것은 무엇일까?(8:31-32)

(31절) "그런즉 이 일에 대하여 우리가 무슨 말 하리요 만일 하나님이 우리를 위하시면 누가 우리를 대적하리요"
(32절) "자기 아들을 아끼지 아니하시고 우리 모든 사람을 위하여 내어주신 이가 어찌 그 아들과 함께 모든 것을 우리에게 은사로 주지 아니하시겠느뇨"

A 하나님께서 그 사랑하는 독생자를 아끼지 않고 우리에게 내어주셨는데 그 외의 것이야 무엇을 아끼겠는가! 성도에게 필요한 것은 하나님이 아끼지 않고 모두 주신다는 뜻이다. 여기 모든 것을 우리에게 주신다는 것은 성도에게 그리스도의 나라와 의의와 그리스도의 형상을 이루어 나가는데 필요한 모든 것을 다 주신다는 것이다.(은사, 믿음, 열정) 구원사역에 필요한 모든 것을 말하시고 있다. 그러므로 하나님의 은사로 그것들을 주실줄 믿고 감사히 받아 믿음으로 참고 하나님을 의뢰하여 그의 능력으로 모든 일을 해 나가야한다.

Q 364) 우리에겐 송사, 정죄, 그리스도의 사랑에서 끊을 자 없는 이때 우리의 사명은 무엇인 가?(8:33-36)

(33절) "누가 능히 하나님의 택하신 자들을 송사하리요 의롭다 하신 이는 하나님이시니"
(34절) "누가 정죄하리요 죽으실 뿐 아니라 다시 살아나신 이는 그리스도 예수시니 그는 하나님 우편에 계신 자요 우리를 위하여 간구하시는 자시니라"
(35절) "누가 우리를 그리스도의 사랑에서 끊으리요 환난이나 곤고나 핍박이나 기근이나 적신이나 위험이나 칼이랴"
(36절) "기록된바 우리가 종일 주를 위하여 죽임을 당케 되며 도살할 양 같이 여김을 받았나이다 함과 같으니라"

A 송사: 최고 재판자이신 하나님께서 성도를 의롭다고 하셨으므로 아무도 성도를 정죄 할 수 없다. 정죄 : 예수그리스도께서 우리의 과거와 현재와 미래의 모든 죄를 지시고 대신 죽으셨기 때문에 정죄할 수 없다.

예수께서 의를 완전히 이루고 죽어 부활하여 우리에게 의를 입혀주셨기에 정죄할 수 없고 그리스도께서 승천하셔서 하나님의 우편에 앉아 우리를 위하여 기도하시며 그 공로를 가지고 중재하시고 계시기 때문에 정죄할 수가 없다. 그리스도의 사랑에 끊을 자가 없다 : 하나님의 사랑은 무궁무진하시니 나이가라 폭포수같이 내려주시는 그리스도의 사랑을 아무도 막을래야 막을 수 없고 끊을래야 끊을 수 없다. 환난, 곤고, 핍박, 기근, 적신, 위험, 칼이랴 그러니 우리는 이 사랑받고 믿고 그대로 실천해 내시길 바란다.

Q 365) 바울이 형제구원이 소원이었음을 이해할 수 있으나 예수그리스도에게서 끊어짐은 이해가 되는 가? 혹 거짓이 아닌가?(9:1-3)

(1절) "내가 그리스도 안에서 참말을 하고 거짓말을 아니하노라 내게 큰 근심이 있는 것과 마음에 그치지 않는 고통이 있는 것을 내 양심이 성령 안에서 나로 더불어 증거하노니"
(3절) "나의 형제 곧 골육의 친척을 위하여 내 자신이 저주를 받아 그리스도에게서 끊어질지라도 원하는 바로라"

A 바울은 자기 형제 골육, 친척 즉 이스라엘 백성의 구원을 위하여 "내 자신이 저주를 받아 그리스도에게서 끊어질지라도 원하는 바로다"라고 했다. 바울이 하나님의 택한 백성 즉 교회를 자기 몸과 같이 사랑하는데서 나온 말이라고 본다.

이 말은 참말을 함이요 거짓말을 아니하노니 마음에 근심과 마음의 고통이 있음을 내 양심이 성령 안에서 증거한다고 함을 볼 때 거짓된 마음은 아닌 것 같다.

모세도 금송아지 만들어 섬기던 이스라엘백성을 보고 하나님이 진노하여서 벌하시려고 하실 때 모세가 간구하여 사해주시지 않으려면 주의 기록한 책에서 자기 이름을 지워 달라고 했다.(출32:32) 바울과 모세가 하나님의 백성사랑의 열정이 넘쳐서 자기들이 희생되어서라도 하나님의 백성들이 구원받아야 된다는 뜨거운 열정에서 나온 믿음의 행위라고 본다.

Q 366) 태어나지도 않고 무슨 선악을 행하지 않았는데 택하시고 유기하심은 평등에 위배됨이 아닌 가?(9:14-23)

(14절) "그런즉 우리가 무슨 말을 하리요 하나님께 불의가 있느냐 그럴 수 없느니라
(15절) "모세에게 이르시되 내가 긍휼히 여길 자를 긍휼히 여기고 불쌍히 여길 자를 "불쌍히 여기리라 하셨으니"
(16절) "그런즉 원하는 자로 말미암음도 아니요 달음박질하는 자로 말미암음도 아니요 오직 긍휼히 여기시는 하나님으로 말미암음이니라"
(21절) "토기장이가 진흙 한 덩이로 하나는 귀히 쓸 그릇을, 하나는 천히 쓸 그릇을 만들 권한이 없느냐"
(22절) "만일 하나님이 그의 진노를 보이시고 그의 능력을 알게 하고자 하사 멸하기로 준비된 진노의 그릇을 오래 참으심으로 관용하시고"
(23절) "또한 영광 받기로 예비하신바 긍휼의 그릇에 대하여 그 영광의 풍성함을 알게 하고자하셨을지라도 무슨 말을 하리요"

A 하나님의 선택과 유기에 대해 인간이 불공평하다고 질문한다면 그럴 수 없다고 답변한다. 하나님이 긍휼히 여길 자를 긍휼히 여기고 불쌍히 여길 자를 불쌍히 여김에 누가 토를 달 수 있으랴?

바로왕도 하나님이 세워서 하나님의 일을 해 나가셨다. 하나님은 하나님의 마음의 뜻대로 선택과 유기도 하신 것이다. 이것은 인간이 시비할 수 없는 하나님의 전적주권이 있으시기 때문이다. 그렇다면 하나님께서 어떻게 인간에 대해 책망할 수 있느냐? 인간이 하나님의 선택의 뜻을 어찌 거역할 수 있느냐고 질문할 때 토기장이 비유로 답변하셨다. 토기장이가 진흙 한 덩어리로 자기 뜻에 따라 귀한 그릇 천한 그릇을 만들 수 있음같이 하나님이 자기 뜻에 따라 선택과 유기도 마음대로 하심이 그 누구도 시비할 수 없는 것이니 하나님의 전적 주권에 순응하라

Q 367) "모래같이 많을 지라도 남은자만 구원을 얻으리니" 지금 우리는 "남은자" 반열에 설 수 있을 지?(9:27)

"또 이사야가 이스라엘에 관하여 외치되 이스라엘 자손들의 수가 비록 바다의 모

래 같을지라도 남은 자만 구원을 받으리니"

A 이 구절은 이사야10:22의 인용말씀이다. 육적(표면적) 유대인이 아무리 많아도 다 구원을 받는 것이 아니고 남은자 즉 택함을 받은 자만 구원을 얻을 것을 증거한 말씀이다. 여기 남은 자 사상은 포로기 동안에도 얼마를 은혜아래 보전하여 구원하여 하나님의 역사를 이어감을 통해 역으로(역설적) 유대인들이 그리스도를 거부하였으나 남은자 같이 소수의 유대인들이 그리스도교로 예수그리스도의 부활을 믿는 자만 구원 얻는다는 말씀이다. 이방인 가운데 도리어 남은 자 대열이 더 많고 그리스도를 거부하는 유대인들은 남은자 대열에 동참될 수 없음도 말해준다. 지금 우리도 이 남은자 대열에 동참하여 하나님의 역사를 이루어 나가는 반열을 이루어감을 감사드린다.

Q 368) 그리스도가 율법의 마침이 되었으니 이제부터는 율법은 아예 지킬 필요 없는가?(10:4)

"그리스도는 모든 믿는 자에게 의를 이루기 위하여 율법의 마침이 되시니라"

A 바른 진리 지식은 그리스도께서 믿는 자에게 의를 주기위하여 율법적 요구를 다 이루어 주시고 신구약성경을 다행하셨으며 우리를 위하여 대신 죽어 주신 것을 마음으로 받아 믿고 예수그리스도를 본받아 나가는 것이다.

원래 율법은 몽학선생으로서 사람들을 그리스도에게 인도하기 위하여 하나님께서 주신 것이다.(갈3:23-25) 그러므로 율법의 마침은 그리스도이시다. 마침이란 종국 성취의 뜻이 있다. 그리스도께서 율법을 다 성취하셨다. 사람을 그리스도께 인도하는 것이 율법의 본래의 사명이다. 이제 우리를 그리스도께 인도해서 예수믿게 했으니 율법의 사명은 끝났으나 그래도 율법을 다 지켜야 된다. 그래야 우리의 구원이 이루어져 나가기 때문이다.

Q 369) 네 마음에 믿으면 나 위해 죽으심을 안 얻어도 구원 얻을 수 있는가?(10:9-10)

(9절) "네가 만일 네 입으로 예수를 주로 시인하며 또 하나님께서 그를 죽은 자 가운데서 살리신 것을 네 마음에 믿으면 구원을 받으리라"
(10절) "사람이 마음으로 믿어 의에 이르고 입으로 시인하여 구원에 이르느니라"

A 예수그리스도의 십자가와 부활을 마음으로 믿기 만하면 구원을 얻는다. 사람이 의롭게 되는 것이 행위로 되는 것이 아니요 예수그리스도를 마음으로 믿기 만하면 하나님 앞에 의인이 되는 것이다. 입으로 시인한다는 것은 신앙 고백한다는 뜻이다. 다시 말하면 예수그리스도의 진리의 말씀을 다른 사람에게 증거하는 것을 말한다. 입으로 증거하는 것은 신앙행위의 첫 걸음이다. 마음으로 믿어 입으로 시인하면 구원을 얻게 되는 것이다. 구원을 이루어나간다는 뜻은 성도가 죄악에서 점점 벗어나오고 영이 점점자라고 그리스도의 형상이 인격에 이루어져서 그리스도를 옷 입게 되는 것을 가리킨다. 주를 시인하거나 부활을 믿는 자는 나 위해 죽으심을 안 믿을 수 없는 자들이 된다.

Q 370) 주의 이름을 부르는 자는 구원을 얻는 다면 안 믿고서도 부르기만 한다면 어찌되는가? (10:13-15)

(13절) "누구든지 주의 이름을 부르는 자는 구원을 받으리라"
(14절) "그런즉 그들이 믿지 아니하는 이를 어찌 부르리요 듣지도 못한 이를 어찌 믿으리요 전파하는 자가 없이 어찌 들으리요"
(15절) "보내심을 받지 아니하였으면 어찌 전파하리요 기록된 바 아름답도다 좋은 소식을 전하는 자들의 발이여 함과 같으니라"

A 구원에 이르는 순서와 방편을 언급했다. 하나님이 택자를 구원받도록 택하실 때에 그 방편과 순서까지도 다 예정해서 구원해 주시는 하나님이시다.

1) 그 사람이 주의 이름을 부름으로 구원을 얻게 예정하신 것이다. 13절

2) 택한 백성에게 믿음을 주기로 예정하신 것이다. 14절

3) 택한 백성에게 복음을 듣게 예정하신 것이다. 14절

4) 그 사람이 복음전함을 받도록 예정하신 것이다. 14절

5) 복음 전파하는 자를 그 사람에게 보내기로 예정하신 것이다. 15절

5번을 1번으로 1번을 5번으로 바꾸어 주의 이름부르기 전 모든 과정(방편)이 예정되어 결국 주의 이름을 부르도록해서 구원 얻도록 하신 것이다.

Q 37 1) '바알에게 무릎꿇지 않은자 칠천 명' 에서 실제 7천명인가? 상징적 숫자인가?(11:4)

"그에게 하신 대답이 무엇이냐 내가 나를 위하여 바알에게 무릎을 꿇지 아니한 사람 칠천 명을 남겨 두었다 하셨으니"

A 하나님이 바알에게 무릎꿇치 않은자로 남겨두신 자는 모두 7천명 이었다. 여기에서 숫자 칠천은 실제 수효를 가리킨다고 볼 수도 있으나 상징적의미를 지닌다고도 볼 수 있다. 히브리사회에서 숫자 '7' 은 '완전' 혹은 '구별' 됨을 의미한다. 그리고 '1,000' 은 '많음' 혹은 '무한대' 를 상징한다.

따라서 여기에서의 7,000명은 완전히 하나님께 헌신한 사람들이며 이들의 숫자가 상당수에 이를 것을 상징적으로 나타낸다고 볼 수도 있는 것이다. 주석가 반즈(A. Barnes)의 지적대로 이 상당한 숫자는 비록바알에게 기울어진 대다수의 이스라엘의 수에 비하면 턱 없이 적은 수이지만 자기 혼자밖에 남지않았다고 생각한 엘리야로서는 전혀 기대치도 못했던 많은 수였다고 본다. 실제 7천명으로 믿을 수도있고 상징적 많은 숫자로 보아도 잘못 믿는 것은 아니다.

Q 372) 하나님이 이스라엘 백성에게 혼미한 심령과 보지 못할 눈 듣지 못할 귀를 택한 백성인데도 주 셨을까?(11:8)

"기록된 바 하나님이 오늘까지 그들에게 혼미한 심령과 보지 못할 눈과 듣지 못할 귀를 주셨다 함과 같으니라"

A 이 말씀은 이사야 29:10, 신29:4의 뜻을 인용한 말씀이다. 하나님께서 저들에게 혼미한 심령과 보지 못할 눈과 듣지 못할 귀를 주신 것은 저들이 불택자인 까닭이요 그들에게 하나님께서 신령한 은혜를 주시지 않는 까닭이다. 불택자는 구원받을 자가 아니고 하나님의 진노의 그릇들이다.(롬 9:20-23) 그러므로 듣기는 들어도 깨닫지 못하고 보아도 알지 못하게 되었다. 이스라엘 백성중 불택자들에게 주신 것이지 이스라엘 백성중 택자들에게 주신 것이 아니다. 불택자들에겐 비밀로 하였지만 우리 예수믿고 구원받는 성도들에게 확실한 계시로 예언의 말씀으로 가르쳐 주신 것이다.

Q 373) 이스라엘이 넘어짐으로 구원이 이방인에게로 넘어감으로 이스라엘이 시기나게하는 방법을 하나 님이 왜 사용하셨을까?(11:11-12)

(11절) "그러므로 내가 말하노니 그들이 넘어지기까지 실족하였느냐 그럴 수 없느니라 그들이 넘어짐으로 구원이 이방인에게 이르러 이스라엘로 시기나게 함이니라"

(12절) "그들의 넘어짐이 세상의 풍성함이 되며 그들의 실패가 이방인의 풍성함이 되거든 하물며 그들의 충만함이리요"

A 이스라엘이 그리스도를 믿지 않았으므로 하나님의 은혜에서 떨어졌으나 아주 타락하여 멸망하는데 까지 나간 것은 아닌 것이다. 부분적으로 버림받은 것이고 전체가 버림받은 것이 아니니 이스라엘이 일시적으로 넘어져서 구원이 이방에 나갔다가 나중에는 다시 이스라엘백성이 구원을 받겠기 때문이다.

이스라엘이 넘어짐으로 구원이 이방에 나가게 되었다.(행13:4-6, 18:6,

28:25-28) 유대인들이 그리스도를 배척한 것이 이방인으로 하나님을 영접할 수 있는 계기가 된 것이다. 이방이 하나님께로 돌아와서 하나님을 아버지로 섬기는 것을 보고 이스라엘이 시기가 나서 하나께로 다시 돌아오게 된다는 것이다. 하나님이 많은 이방인들과 유대인들도 다 구원시키기 위함인 것이다.

Q 374) '이스라엘을(저희를) 버리는 것이 세상의 화목이 되거든' 택한 선민 버림이 어찌 세상화목이 된다고 했는가?(11:15)

"그들을 버리는 것이 세상의 화목이 되거든 그 받아들이는 것이 죽은 자 가운데서 살아나는 것이 아니면 무엇이리요"

A 이스라엘이 믿지 않음으로 하나님께서 내버렸고 복음이 이방으로 가서 많은 이방사람들이 이 복음을 믿고 하나님과 화목하게 되었다. 나중에 이스라엘이 시기가 나서 하나님께로 돌아올 때에는 이스라엘은 죽었다가 다시 살아난 아들과 같은 것이다. 하나님을 떠날 때 죽고 하나님을 찾아 하나님과 연합될 때는 산 것이다.

많은 이방인들을 하나님을 믿게해서 하나님과 화목하게 되는 것이 세상의 화목이 된 것이며 택한 백성을 일시 버렸다가 시기나서 다시 돌아 올 때 살려서 구원의 축복을 더 많이 주시고자하신 것이다.

Q 375) 돌감람나무를 참감람나무에서 접붙임을 받았지만 엄위를 볼 자와 인자를 왜 가져야 하는 지?(11:16-24)

(21절) "하나님이 원 가지들도 아끼지 아니하셨은즉 너도 아끼지 아니하시리라"
(22절) "그러므로 하나님의 인자하심과 준엄하심을 보라 넘어지는 자들에게는 준엄하심이 있으니 너희가 만일 하나님의 인자하심에 머물러 있으면 그 인자가 너희에게 있으리라 그렇지 않으면 너도 찍히는 바 되리라"
(23절) "그들도 믿지 아니하는 데 머무르지 아니하면 접붙임을 받으리니 이는 그들을 접붙이실 능력이 하나님께 있음이라"

(24절) "네가 원 돌감람나무에서 찍힘을 받고 본성을 거슬러 좋은 감람나무에 접붙임을 받았으니 원 가지인 이 사람들이야 얼마나 더 자기 감람나무에 접붙이심을 받으랴"

A 참감람나무는 유대인을 가리키고 돌감람나무는 이방인을 가리킨다. 유대인이 믿지 않았으므로 하나님은 돌감람나무같은 이방인을 불러서 그리스도를 믿게하여 신앙의 열매를 맺게 하였다. 유대인은 그리스도를 믿지 않았으므로 그 나무에서 꺾어져 나갔고 이방인은 믿음으로 그리스도에게 접붙임을 얻어 그리스도의 생명과 진액을 받아 신앙의 열매와 성령의 열매가 맺히게 된 것이다.

하나님은 인자와 엄위의 양면성이 있다. 인자는 사랑과 친절한 행위이며 엄위는 공의대로 처벌하는 엄격한 성품이시다. 믿고 순종하는 자에게는 인자로 대하시고 불순종하고 믿지 않는자에게는 엄위로 대하신다. 인자가 없으면 너희도 찍히는바 되어 엄위대로 하나님에게서 떨어지게 된다.

Q 376) 구원받은 이방인의 수료가 충만할 때까지 이스라엘의 더러는 완악하게 하신데 결국 이스라엘은 어찌되나?(11:25-26)

(25절) "형제들아 너희가 스스로 지혜 있다 하면서 이 신비를 너희가 모르기를 내가 원하지 아니하노니 이 신비는 이방인의 충만한 수가 들어오기까지 이스라엘의 더러는 우둔하게 된 것이라"
(26절) "그리하여 온 이스라엘이 구원을 받으리라 기록된바 구원자가 시온에서 오사 야곱에게서 경건하지 않은 것을 돌이키시겠고"

A 하나님의 오묘한 비밀은 이방인의 충만한 수가 구원의 자리에 들어오기까지 이스라엘의 더러는 완악하여 그리스도를 믿지 않다가 이방인의 수가 찰 때에는 이스라엘이 그리스도를 믿고 구원을 받게 된다는 것이다.

이것은 인간의 생각으로는 알 수 없는 일이다. 하나님께서는 인간지식에 뛰어난 역사로 구원운동을 성공시켜 나가신다. 아브라함 때부터 예수 때까지는 이스라엘 백성에 구원의 문이 열린 때이다. 그리스도 때부터 지금까지는 유대인께로 구원의 문이 닫히고 이방인들에게 구원의 문이 열렸다. 그리하여 복음이 전 세계로 전파되었다. 말세엔 유대교같이 그리스도교가 가속화되어 의식주의, 물질주의, 사업주의, 인본주의, 세상주의로 기울어져 적그리스도세력으로 이방교회 핍박으로 복음의 문이 닫히게 될 것이다. 그러면 다시 이스라엘에 복음의 문이 열린다.

Q 377) 하나님은 은사와 부르심(택하심)에는 후회함이 없다면 은사와 부르심 이외는 후회할 것이 더러 있다는 것인가?(11:29)

"하나님의 은사와 부르심에는 후회하심이 없느니라"

A 하나님께서는 일단 택하시고 은사를 주신 이상 사람이 혹 잘못한다고 해서 후회하거나 취소하시는 법이 절대 없으시다. 하나님은 은사와 부르심 이외에도 그 어떤 것에도 후회함이 없으신 하나님이시다. 성경구절을 찾아본다.

민23:19 하나님은 인생이 아니시니 식언치 않으시고 후회가 없으시도다

약1:17 하나님은 변함도 없으시고 회전하는 그림자도 없으시느니라

삼상15:29 이스라엘의 지존자는 거짓이나 변개함이 없으시니 ... 결코 변개치 않으신다.

말3:16 나 여호와는 변역지 아니하나니 히6:17 그 뜻이 변치아니함을 하나님은 어떤 일에도 후회하심이 없으신 하나님이시다

Q 378) '산제사'로 드려라함은 '죽은 제사'가 있다는 말인데 산제사와 죽은 제사의 구분은?(12:1)

"그러므로 형제들아 내가 하나님의 모든 자비하심으로 너희를 권하노니 너희 몸을 하나님이 기뻐하시는 거룩한 산 제물로 드리라 이는 너희가 드릴 영적 예배니라"

A 우리가 우리의 인격전체를 하나님께 드릴 때 산제사가 되는 것이다. 하나님께 제사 드린다고 죽은 짐승의 피를 드리는 것은 죽은 제사이고 성도가 자기를 온전히 하나님께 헌신하는 제사가 산제사이다. 가인의 제사는 죽은 제사인데 아벨의 제사는 산제사였다.

그러므로 산제사의 첫째 요건은 하나님의 말씀대로 제사가 하나님의 말씀대로 제사 드려야한다. 아무리 값진 제물을 많이 바치고 굉장한 제사를 하나님께 드렸다고 해도 성경에 맞지 않는 제사는 죽은 제사요 하나님께서 받지 않으시는 제사이다. 그러므로 우리는 성경을 바로 배워서 그 진리대로 하나님께 예배를 드려야 산제사를 드리게 될 수 있다. 산제사는 하나님께서 기뻐 받으시고 죽은 제사는 기뻐하시지도 않으시고 받지도 않으신다.

Q 379) 로마서에서의 성령의 7가지 은사와 고전과 에베소서에서의 성령의 은사와 비교분석한다 면?(12:6-8)

(6절) "우리에게 주신 은혜대로 받은 은사가 각각 다르니 혹 예언이면 믿음의 분수대로,"
(7절) "혹 섬기는 일이면 섬기는 일로, 혹 가르치는 자면 가르치는 일로,"
(8절) "혹 위로하는 자면 위로하는 일로, 구제하는 자는 성실함으로, 다스리는 자는 부지런함으로, 긍휼을 베푸는 자는 즐거움으로 할 것이니라"

A 이적적 은사는 고전의 9가지은사이다 (지지믿, 병능예, 영방방통) 비이적 은사는 로마서와 에베소서 4장의 12가지 은사이다. 로마서의 7가지 은사는(예언, 섬기는 일, 가르치는 일, 권위하는 자, 구제하는 자, 다스리는 자, 긍휼베푸는 자)

에베소서 4장에서의 5가지 은사는 직분적 은사이나(사도, 선지자, 복음전하는 자, 목사, 교사) 은사의 원어는 카리스마(*χάρισμα*)는 은혜로 주신 선물이라는 뜻이다. 이 은사는 하나님께서 은혜로 주신 것인데 각자에게 각각 다르게 주님의 뜻대로 주시며 목적은 십자가와 부활의 주를 증거하기 위함이다.

Q 380) 12:6-8 이외 9-13절의 사랑, 주 섬김, 기쁨, 인내, 기도, 돌봄, 대접도 여기 7가지를 은사로 보 아야하는가?(12:9-13)

(9절) "사랑에는 거짓이 없나니 악을 미워하고 선에 속하라"
(10절) "형제를 사랑하여 서로 우애하고 존경하기를 서로 먼저 하며"
(11절) "부지런하여 게으르지 말고 열심을 품고 주를 섬기라"
(12절) "소망 중에 즐거워하며 환난 중에 참으며 기도에 항상 힘쓰며"
(13절) "성도들의 쓸 것을 공급하며 손 대접하기를 힘쓰라"

A 12; 에 들어와서 3-5절까지는 자기 자신에 과대평가하지 말고 상대방을 인정하라

6-8절은 하나님이 주신 각양 은사 중 7가지를 들어 교회 세우는데 사용하고 9-13절에서는 교회 안에서의 성도의 바람직한 자세에 대한 말씀이다. 은사가 아니고 성도의 계율이다. 그 가운데서 9,10절은 성도들이 상호간에 서로 사랑하며 존경해야함을 권면하고 있다. 이러한 권면에 앞서 사랑과 존경의 당위성을 사랑의 진실성에서 찾고 있다.

여기 7가지는 성령의 은사가 아니고 성도의 지켜야할 율례라고 본다.

Q 381) 도덕군자보다 더 도덕적이요 윤리적이어야만 구원받은 자라고 볼 수 있는가?(12:14-26)

(14절) "너희를 박해하는 자를 축복하라 축복하고 저주하지 말라"
(15절) "즐거워하는 자들과 함께 즐거워하고 우는 자들과 함께 울라"
(16절) "서로 마음을 같이하며 높은 데 마음을 두지 말고 도리어 낮은 데 처하며 스스로 지혜 있는 체 하지 말라"
(17절) "아무에게도 악을 악으로 갚지 말고 모든 사람 앞에서 선한 일을 도모하라"
(18절) "할 수 있거든 너희로서는 모든 사람과 더불어 화목하라"
(19절) "내 사랑하는 자들아 너희가 친히 원수를 갚지 말고 하나님의 진노하심에 맡기라 기록되었으되 원수 갚는 것이 내게 있으니 내가 갚으리라고 주께서 말씀하시니라"
(20절) "네 원수가 주리거든 먹이고 목마르거든 마시게 하라 그리함으로 네가 숯불을 그 머리에 쌓아 놓으리라"

A 1) 너희를 박해하는 자를 축복하라 축복하고 저주하지 말라 14절
2) 즐거워하는 자들과 함께 즐거워하고 우는 자들과 함께 울라 15절

3) 서로 마음을 같이하며 높은 데 마음을 두지 말고 도리어 낮은 데 처하며 스스로 지혜 있는 체 하지 말 라 16절

4) 아무에게도 악을 악으로 갚지 말고 모든 사람 앞에서 선한 일을 도모하라 17절

5) 할 수 있거든 너희로서는 모든 사람과 더불어 화목하라 18절

6) 원수를 갚지 말고 하나님의 진노하심에 맡기라 19절-21절

구원받은 자는 하늘나라 백성이요 하나님의 아들이오니 어느 도덕군자보다도 더 도덕적이요 윤리적 이 어야한다. 14-21절에는 성도로써 지켜야 할 이웃생활 6가지 지침이라고 본다.

Q 382) 기쁘지 않으면서 원수를 먹이고 마시우라니 차라리 다른 사람에게 베풀고 영광도 칭찬들음이 더 낫지 않은가?(12:19-21)

(19절) "내 사랑하는 자들아 너희가 친히 원수를 갚지 말고 하나님의 진노하심에 맡기라 기록되었으되 원수 갚는 것이 내게 있으니 내가 갚으리라고 주께서 말씀하시니라"
(20절) "네 원수가 주리거든 먹이고 목마르거든 마시게 하라 그리함으로 네가 숯불을 그 머리에 쌓아 놓으리라"
(21절) "악에게 지지 말고 선으로 악을 이기라"

A 성도가 원심을 품거나 원수를 갚으려고 하면 영감을 받은 온유한 마음을 상실케 되며 믿음에서 떠나게 된다. 원수는 하나님께서 갚아 주실 것이니 성도는 원수를 사랑해야만 한다. 그리스도께서 원수 되었던 우리를 위해 죽으심으로 하나님의 나라를 이루어 놓으셨다. 성도들도 원수를 사랑하여 원수가 주릴 때 먹을 것을 주고 목마를 때 마실 것을 주면서 복음을 전하여 하나님 나라를 세우라

선으로 승리하면 진자도 감복으로 승리할 것이다. 악을 악으로 갚으면

둘 다 망한다. 그러면 이 세상에 악이 점점 더 많아지게 되고 죄악이 들어차면 하나님이 심판하게 된다. 원수라도 선으로 대해 굴복시키면 하나님 앞에 아름다운 것이 된다.

Q 383) 불신국가이나(순복) 불신위정자(하나님의 공복) 수탈하기위한 납세(하나님의 기본공의) 무조건 순종해야 하나님의 자녀인가?(13:1-7)

(1절) "각 사람은 위에 있는 권세들에게 복종하라 권세는 하나님으로부터 나지 않음이 없나니 모든 권세는 다 하나님께서 정하신 바라"
(4절) "그는 하나님의 사역자가 되어 네게 선을 베푸는 자니라 그러나 네가 악을 행하거든 두려워하라 그가 공연히 칼을 가지지 아니하였으니 곧 하나님의 사역자가 되어 악을 행하는 자에게 진노하심을 따라 보응하는 자니라"
(5절) "그러므로 복종하지 아니할 수 없으니 진노 때문에 할 것이 아니라 양심을 따라 할 것이라"
(6절) "너희가 조세를 바치는 것도 이로 말미암음이라 그들이 하나님의 일꾼이 되어 바로 이 일에 항상 힘쓰느니라"
(7절) "모든 자에게 줄 것을 주되 조세를 받을 자에게 조세를 바치고 관세를 받을 자에게 관세를 바치고 두려워할 자를 두려워하며 존경할 자를 존경하라"

A 국가 권세는 하나님이 정하신 것이다. 불신국가나 불신정권도 하나님이 주신 분복이다. 하나님의 자녀는 국가 권세를 인정하고 순복해야한다. 원래위정자는 하나님이 악을 제거하기위한 하나님의 공복으로 세운것이니 선한일이든지 악한일이든지 하나님의 뜻으로 알고 순복하고 그 이유는 하나님이 하나님의 경륜을 이루기 위해 하나님의 심부름꾼(청지기)으로 세웠다. 통치자들에게 순복하되 억지로 하지 말고 양심으로 해야 된다.

공공세금을 바치는 문제도 같다. 하나님이 세속권력이라도 하나님의 기본 공의를 시행하고 있으니 성도는 납세의 의무를 다하고 통치자에게 합당한 존경을 나타내라. 하나님의 자녀는 만사를 하나님의 뜻에 의해 주신줄 믿고 순복하는 정신으로 살라.

Q 384) 사랑의 빚 이외는 어떤 빚도 져서는 안 되는가? 다른 빚지면 죄인가? 또 사랑의 빚은 무엇을 의미하는가?(13:8)

"피차 사랑의 빚 외에는 아무에게든지 아무 빚도 지지 말라 남을 사랑하는 자는 율법을 다 이루었느니라"

A 우리가 복음의 빚을 모든 사람에게 지고 있는 것과 같다(1:14) 우리는 모든 사람을 사랑해야할 부채를 가지고 있다. 내가 먼저 다른 사람에게 사랑을 받았기 때문에 빚진자라고 말한 것이 아니다. 우리는 예수 그리스도의 무한하신 사랑을 받았으니 그 사랑을 다른 사람에게 나누어 줄 의무와 책임이 있다. 이것이 사랑의 빚이다. 우리는 사랑의 빚 외에 다른 빚 즉 물질적인 빚은 지지 말아야된다. 빚진 죄인이란 속담처럼 다른 빚은 지면 죄인이 되고 만다. 죄인은 무서운 심판이 기다린다. 그래서 사랑 빚 이외는 어떤 빚도 져서는 안 된다.

Q 385) '사랑은 율법의 완성이니라' 율법과 사랑은 별개인것 같은데 어떻게 사랑이 율법의 완성이 될 수 있는가?(13:10)

"사랑은 이웃에게 악을 행하지 아니하나니 그러므로 사랑은 율법의 완성이니라"

A 만일 사랑이 어떤 사람의 인격과 삶을 지배한다면 그는 그리스도의 공동체 안에서 누구에게도 상처를 주는 일이 없게되며 불신자들과 사회 전체에 대해서도 좋은 영향을 주게된다. 그리스도를 세상에 나타낼 수 있는 신앙의 가장 구체적인 모습이 사랑이다. 사랑없는 교리, 사랑을 나타내지 못하는 신학은 자랑할게 하나도 없다. 사랑없는 은사도 아무 유익이 없다.

제일 큰 계명이 하나님께 사랑과 이웃사랑이다. 율법과 선지자의 대 강령이었다. 사랑은 율법의 완성이다. 사랑을 적극적으로 하나님의 뜻대로 충실할 때 율법과 선지서를 다 이룬 것이다. 그래서 사랑은 율법의 완성이라고 말씀하신 것이다.

Q 386) 육신의 일을 도모하지 말고 오직 거룩한 생활을 하라 그러면 육신의 금욕이나 고행을 원하는 것인가?(13:14)

"오직 주 예수 그리스도로 옷 입고 정욕을 위하여 육신의 일을 도모하지 말라"

A 육신 일을 위해 골몰하는 것은 정욕을 위하는 마음에 사로잡았기 때문이다. 정욕은 욕심을 가리키고 욕심에는 물욕과 정욕과 사욕 등이 있다. 욕심을 채우기 위하여 육신의 일을 도모하는 것은 믿음에서 떠나 죄의 종으로 전락되는 것이요 마귀시험에 빠진 것이다.

그렇다고 바울이 우리에게 경건하게 살기 위해서 금욕이나 고행 등을 행할 것을 권하는 것은 아니다. 그는 금욕이나 고행을 요구하는 것이 아니라 그리스도 안에서 절제를 교훈하는 것이다. 금욕주의나 고행주의는 복음주의가 아니다

Q 387) 먹지 않은자는 먹는 자를 판단하지 말라 그러면 우상의 제물을 먹는 자를 판단하지 말아야하는 가?(14:3)

"먹는 자는 먹지 않는 자를 업신여기지 말고 먹지 않는 자는 먹는 자를 비판하지 말라 이는 하나님이 그를 받으셨음이라"

A 당시 교회 안에는 여러 계층의 교인들이 있었다. 유대파 기독교인들은 과거에 레위기 11장에 금한 짐승고기를 먹지 않는 습성이 그대로 있고 시장에서 유통되는 고기도 다 우상에게 제사드리고 파는 것이 되어서 일체 먹지 않았다.

그러나 헬라파 기독교인들은 레11장에 금한 짐승고기에 대해서도 전통적으로 먹지 않는 생활치 않았고 시장에 유통되는 짐승고기도 의심없이 먹었다. 신약시대와서는 이 모든 구약의 의식과 제도는 완전히 해제된 것이다.

그래서 먹는 자는 먹지 않은자를 판단치 말고 먹지 않는 자는 먹는 자를 판단치 말아야된다. 신약시대는 그런 음식먹어도 안 먹어도 모두 상관없다.

그리고 여기서는 우상의 제물을 가지고 다루는 것이 아니기 때문에 우상의 제물 먹는 자는 판단 받아야 된다.

Q 388) '우리중에 누구든지 자기를 위하여 사는 자가 없고' 솔직히 우리가 누굴 위해 사는가?(14:7-9)

(7절) "우리 중에 누구든지 자기를 위하여 사는 자가 없고 자기를 위하여 죽는 자도 없도다"
(8절) "우리가 살아도 주를 위하여 살고 죽어도 주를 위하여 죽나니 그러므로 사나 죽으나 우리가 주의 것이로다"
(9절) "이를 위하여 그리스도께서 죽었다가 다시 살아나셨으니 곧 죽은 자와 산 자의 주가 되려하심이라"

A 성도는 그리스도께서 피로 값지고 사신 몸이므로(고전6:9-20) 자기 것이 아니고 그리스도의 것이다. 그러므로 자기를 위하여 살 권리가 없고 오로지 그리스도만 위하여 살아야한다.

성도가 자기를 위하여 살려고 하는 것은 믿음에서 떠났기 때문이다. 이사를 해도 주를 위해서 해야 된다. 성도가 무엇을 하든지 자기를 위하여 하는 것은 믿음에서 떠난 행동이다.

성도는 주를 위하는 일이면 죽음의 자리에도 단마음으로 순종하고 가야한다. 주를 위하여 마땅히 죽어야 할 때가 왔는데도 죽지 않으려고 하는 것은 믿음을 떠난 것이요 주님을 배반하는 것이다. 믿음을 떠난 생활하는 것은 도리어 죽는 것만 못한 것이다.

지금 우리의 현실은 자기를 위해 살려하고 주를 위해 죽기를 싫어하고 있지 않은가? 살펴보고 새로운 각오와 결단이 있어야한다.

Q 389) '믿음으로 좇아 하지 않은 모든 것이 죄니라' 사적인 일에 믿음을 떠나 한 것은 모두가 다 죄 인가?(14:23)

"의심하고 먹는 자는 정죄되었나니 이는 믿음을 따라 하지 아니하였기 때문이라 믿음을 따라 하지 아니하는 것은 다 죄니라"

A 믿음이란 하나님과 그 말씀을 마음으로 순종하고 몸으로 순종하는 것이다.(약2:22) 믿음으로 좇아 아니하는 것은 하나님과 그 말씀을 순종하지 않는 것이니 곧 죄가 된다. 그러므로 신앙양심에 옳지 않다고 생각 되는 것을 행하는 것은 모든 것이 죄가 되는 것이다. 여기서는 사적인 것이나 공적인것 모두 믿음으로 하지 않으면 죄가 되는 것이다.

음식을 먹을 때 하나님께 혹 죄가 되지 않을까 의심하게 되면 먹지 말라 어떤 행사나 다른 사람과 관계를 가지는데도 하나님 앞에 옳지 않을까 의심이 생기면 그것을 하지 말아야한다. 그때 그것을 먹거나 행하면 죄가 된다. 그 이유는 믿음으로 좇아 하지 아니한 것이 되기 때문이다.

Q 390) 구약의 기록목적이 우리를 교훈하고 인내와 소망을 가지기 위함인가?(15:4)

"무엇이든지 전에 기록한 바는 우리의 교훈을 위하여 기록된 것이니 우리로 하여금 인내로 또는 성경의 안위로 소망을 가지게 함이니라"

A 구약이 기록된 목적이 나온다. 바울은 그것이 믿는 자들을 교훈하고 믿음의 인내와 성경의 격려를 통하여 소망을 가지게 하기 위해서 기록되었다는 사실을 밝히고 있다. 즉 구약성경의 기록이 역사의 저편으로 지나간 단순한 과거사실에 그치지 않고 현재 영적 삶을 살아가는 자들에게 교훈을 주는 초시대적 기능까지 가지고 있다는 사실을 말하고 있는 것이다. 모든 성경은 우리의 교훈을 위하여 기록된 것이므로 우리는 무슨일을 당하든지 성경에서 교훈과 위안을 받고 성경대로 이루어질 것을 소망하면서 끝까지 참고 나가야한다. 그리하면 하나님께서 반드시 성경대로 권고하시고 성경대로 이루어주신다. 성경은 보혜사이신 성령하나님의 감동으로 기록된 영원불변하는 진리의 말씀으로서 위로하는 힘을 가지고 있다.

Q 391) 이방인을 제물로 드린다는 바울의 고백은 어색하며 이것을 성령 안에서 거룩하게 되는 것인가?(15:16)

"이 은혜는 곧 나로 이방인을 위하여 그리스도 예수의 일꾼이 되어 하나님의 복음의 제사장 직분을 하게 하사 이방인을 제물로 드리는 것이 성령 안에서 거룩하게 되어 받으실 만하게 하려 하심이라"

A 복음의 제사장인 바울이 하나님께 드린 제물이 바로 이방인들임을 명시적으로 나타내고 있다. 이처럼 바울이 자신을 가리켜서 이방인이라는 제물을 하나님께 드리는 제사장으로 표현한 것은 의미가 크다. 제사장이 자신의 직무를 수행할 때는 반드시 제물을 가지고가야 했다. 이러한 구약의 제사제도를 잘 아는 바울이 자신과 이방인에 대해 이렇게 묘사한 것은 이방인들에게 복음을 전하여 하나님과 이방인을 화해케 하는 것이 자신의 직무임을 분명히 인식하고 있다는 증거가 된다.

바울이 이방인을 제물로 드린다는 것은 1)하나님 밖에 있던 이방인에게 복음전해 회개시켜 하나님의 백성이 되게 하는 것) 2)회심한 이방인으로 하여금 거룩한 산제사의 삶. 신령한 삶으로 사는것 바울은 바로 이방인으로 하여금 이와 같은 흠없는 제물이 되게하여 하나님께 열납되도록 하려는 것이다.

Q 392) '남의 터 위에 건축하지 아니하노라' 교회가 있는 곳에는 교회개척해서는 안된단 말인 가?(15:20)

"또 내가 그리스도의 이름을 부르는 곳에는 복음을 전하지 않기를 힘썼노니 이는 남의 터 위에 건축하지 아니하려 함이라"

A 바울이 이방인의 사도로 부르심을 받았으므로 할 수 있는데도 그리스도의 이름을 부르는 곳에는 전하지 않고 복음을 받지 않는 곳에 가서 복음을 전하려고 애쓴 흔적이다. 바울은 다른 전도자가 전도하는 곳에서는 전도하려고 하지 않았다. 오늘날도 이미 세워진 교회 옆에 다가 교회를 또

세우는 일은 옳지 않은 일이다.

바울은 오직 복음의 터가 없는 곳에 예수그리스도라는 기초를 놓기 위해서만 소명을 받았다고 믿고 있었기에 다른 사람이 기초공사를 한 곳에 다시 기초공사(예수그리스도 터)를 다시 할 필요 없다고 단정 짓는다. 그러나 세워진 교회에 성도들의 성숙과 필요한 교훈을 더 하는 것은 계속해 온 것이다.

Q 393) 그중요한 이방인선교를 잠시 쉬고 예루살렘교회의 구제금을 얻어 구제에 빠진 것은 바울의 실 수 아닌가?(15:26-29)

(26절) "이는 마게도냐와 아가야 사람들이 예루살렘 성도 중 가난한 자들을 위하여 기쁘게 얼마를 연보하였음이라"
(27절) "저희가 기뻐서 하였거니와 또한 저희는 그들에게 빚진 자니 만일 이방인들이 그들의 영적인 것을 나눠 가졌으면 육적인 것으로 그들을 섬기는 것이 마땅하니라"
(28절) "그러므로 내가 이 일을 마치고 이 열매를 그들에게 확증한 후에 너희에게 들렀다가 서바나로 가리라"

A 지금은 바울이 예루살렘에 올라 가려한 이유는 아가야와 마게도냐(헬라지방) 교회들이 예루살렘성도중 가난한 사람을 위하여 기쁘게 구제 연보를 해주었기 때문에 그 연보를 전달하기 위하여 예루살렘에 가고자 한 것이다.

이방 성도들은 예루살렘교회에 대하여 빚진자이다. 신령한 말씀을 전해 받았으면 전해준자에게 빚을 진 것이다. 예루살렘교회에서 이방교회에게 복음을 전해주었으니 이방교회는 예루살렘교회에 신령한 빚을 진 것이다. 그 빚을 물질로 갚는 것은 마땅하다. 그러므로 이방교회가 기쁨으로 연보하여(육신의 것으로 그들을 섬기는 것이 마땅하다) 예루살렘교회에게 보내게 된 것은 마땅하다. 바울의 실수가 아니라 이런 영적 빚 갚는 원리를 가르치고 그리스도안에 한 형제니 형제사랑, 우애의 도리를 가르치기 위함이었다.

Q 394) 겐그리아 교회 일꾼 자매 뵈뵈는 종인지? 일꾼인지? 여집사인지? 아니면 교회 지도자 인 지?(16:1)

"내가 겐그레아 교회의 일꾼으로 있는 우리 자매 뵈뵈를 너희에게 추천하노니"

A 뵈뵈는 겐그레아교회의 일꾼이라고 했다. 일꾼의 원어 διάκονος(디아코노스)는 집사로 번역할 수 있는 말이다. 한글성경 각 주에는 집사라고 붙여졌다. 즉 뵈뵈는 겐그레아교회의 여집사로써 바울이 전도하는 일을 많이 도와주고 바울을 잘 대접하였으며 여러 성도를 위해서도 많이 봉사하고 물질적 원조와 구제를 많이 한 집사이다. 이런 뵈뵈가 금번에 바울의 천거서를 받아 로마서를 가지고 로마교회에 가서 로마교회를 봉사와 지도하도록 되어있다. 그래서 뵈뵈는 그리스도의 종도 되고 일꾼도 되고 여집사도 되고 교회지도자로 된 것이다.

Q 395) 브리스길라와 아굴라가 바울을 위해 생명까지 내놓았다는 표현은 좀 과장이 심한 것아닌 가?(16:4)

"그들은 내 목숨을 위하여 자기들의 목까지도 내놓았나니 나뿐 아니라 이방인의 모든 교회도 그들에게 감사하느니라"

A 브리스길라와 아굴라는 부부로서 브리스가는 아내이고 아굴라는 남편이다. 브리스가와 아굴라의 부부는 바울의 동역자로써 전에 바울을 많이 도와준 사람들이다.(행18:2-3, 18,26)

바울이 핍박을 받을때 에 이 부부가 바울의 목숨을 살리기 위하여 자기들의 목숨을 내어 놓은 자들이었다. 그들은 바울이 하는 하나님의 일이 귀중하기 때문에 자기들의 생명을 내 놓고 바울을 도와주었던 것이다.

그러므로 이 부부는 바울의 은인이요 하나님교회를 위하여 충성된 사람들이다. 그래서 바울이 저희는 내 목숨을 위하여 자기 목이라도 내어 놓았다고 한 말은 과장이나 거짓이 아닌 진실과 사실에 입각한 솔직한 고백인 것이다.

Q 396) 루포와 바울은 한 피받은 형제도 아닌데 루포의 어머니가 어찌 자기어머니라고 하는가?(16:13)

"주 안에서 택하심을 입은 루포와 그의 어머니에게 문안하라 그의 어머니는 곧 내 어머니니라"

A 루포는 막 15:21에 구레네 시몬의 아들이라 기록됐다. 구레네 시몬은 예수님의 십자가를 대신지고간 사람이다. 이 사건 때문에 그 아들 루포와 그 부인(루포의 어머니) 이 복을 받았다. 십자가 지고가다 예수님이 하나님의 아들이요 그리스도인 것을 발견하고 믿게 되었고 예수님가까이서 그의 겸손, 온유, 자비 등 그리스도를 발견케 된다.

구레네 시몬은 부인과 자녀에게 이 믿음을 전해주고 세상을 떠났으나 그의 부인과 아들이 예수도 잘 믿고 바울의 하는 전도사업도 전적으로 도왔고 구속사업에 많이 도움을 주게 된다. 그래서 바울이 루포의 어머니를 자신의 어머니로 모신 것이다. 한 방울의 피가 섞이지 않았지만 형제가 됐고 한 어머니를 모신 것이다.

Q 397) '거룩한 입맞춤'(Kiss)이란 어떻게 하는 것이며 지금도 그렇게 해야 하는가?(16:16)

"너희가 거룩하게 입맞춤으로 서로 문안하라 그리스도의 모든 교회가 다 너희에게 문안하느니라"

A 입맞춤은 서양의 악수와 같은 고대근동지방의 보편적인 인사법중하나였다. 이 입맞춤은 남자는 남자끼리 여자는 여자끼리 했던 것으로 보이는데(고전6:20, 살전5:26) 초기 그리스도인들은 형제애의 표시로서 이렇게 인사를 나누는 풍습이 있었고 2세기 이후에 이것은 예배의식의 일부가 되

기도 하였다.

이러한 입맞춤은 당시 이질적 배경출신의 교인들을 하나로 묶는 기능을 발휘했다. 귀족출신, 노예출신, 자유서민출신 사회계층과 배경이 다른 헬라인, 야만인, 유대인등 종족 즉 배경의 소원하고 막힌 담을 헐고 친근케 되는데 입맞춤이 큰 역할을 했다. 이교도의 입맞춤은 무질서하고 난잡한 면이있으나 그리스도교에서는 '거룩한' '순수한' 한 수식어 '하기오' 로 강조함을 의의가 깊다. 이교도의 입맞춤과는 구별해야한다.

Q 398) 거짓교사들의 특징3가지(분쟁을 야기, 이기주의자, 아첨으로 미혹자) 이런 요소가진 자는 다 거 짓교사인가?(16:17-18)

(17절) "형제들아 내가 너희를 권하노니 너희가 배운 교훈을 거슬러 분쟁을 일으키거나 거치게 하는 자들을 살피고 그들에게서 떠나라"
(18절) "이같은 자들은 우리 주 그리스도를 섬기지 아니하고 다만 자기들의 배만 섬기나니 교활한 말과 아첨하는 말로 순진한 자들의 마음을 미혹하느니라"

A 1) 분쟁을 야기하는자: 바른 진리를 거스리고 분쟁만 일으키는 자는 떠나라했다. 이런자를 용납하면 온 교회가 다 부패하고 탈선되기 때문이다.(갈5:9)

2) 이기주의자: 잘못된 교훈을 가르치는 자는 예수그리스도를 섬긴다는 미명아래 자기들의 유익만 구하고 자기욕심만 채운다. 공교롭게 속임수로 자기 이익만 챙긴다.

3) 아첨으로 미혹자: 순진한 자들은 비판력이 부족하여 속기 쉬운 자들이다.

아첨하는 말로 순진한 자들의 마음을 미혹해서 신앙에서 떠나도록한다. 이런 거짓교사들은 누룩과 같아서 곧 온 덩어리에 퍼져 다 썩게 만든다(교회를 혼란케 한다)

Q 399) 이 편지를 대서한 더디오도 문안 나오는데 로마서는 바울이 쓴 것이 아니지 않은가?(16:22)

"이 편지를 기록하는 나 더디오도 주 안에서 너희에게 문안하노라"

A 바울은 친히 이 로마서를 쓰지않고 더디오를 시켜서 불러주어 대서하도록 하였다. 다른 서신들도 다른 사람들이 대서하였다.(고전16:21, 갈6:11 골4:18, 살후3:17) 그러나 대서자의 이름이 나온 것은 여기가 유일하다

더디오는 바울의 비서였던 것 같다. 바울의 사역에서 더디오가 찾이 한 비중이 결코 적지 않음도 알아야한다. 더디오는 상당한 학식을 가진 사람이다. 물론 바울이 불러준 것을 받아쓴 역할만 한 것이나 그에 대한 바울의 신뢰도가 없었다면 이 일을 할 수 없었을 것이다. 대서자가 자신을 밝힐 만큼 바울의 호의가 돈둑했다고 본다.

그가 특별한 설명없이 '나 더디오' 라고 쓴 것은 로마교회에도 잘 알려진 인사라고 보이며 대서자의 이름도 유일하거니와 더디오에게 너도 문안하라고 말할 정도로 신의가 있었다.

PART 4.

고린도전후서

Corinthians 1,2

고린도전서

Q 400) 모든 구변과 모든 지식이 풍부한 고린도교회에 대한 말이 긍정적인가? 부정적인가?(고전1:5)

"이는 너희가 그 안에서 모든 일 곧 모든 구변과 모든 지식에 풍족하므로"

A 하나님께서 고린도교회에게 주신 은혜는 모든 구변과 모든 지식이 풍부한 것이었다. 과연 고린도교회에 대한 긍정적인 말씀인가? 아니면 부정적인 말씀인가? 여기 구변을 원어로 로고스(λόγος)로 말씀(진리)이라는 뜻이며 지식은 깨달음이다.

하나님의 말씀이 고린도교회에 풍족하였고 교인들은 그 말씀을 지식적으로만 배우지 않고 깨달음이 풍족하였다. 그러므로 바울이 "그리스도의 복음이 너희중에 견고히 섰다"고 말했다. 고린도교회는 사도바울이 1년6개월동안거하며 하나님의 말씀을 가르친 곳이다. 그러므로 고린도교회가 성경을 많이 배웠고 성경말씀이 풍족하다는 의미로 말씀했으니 긍정적인 말씀이라고 본다.

Q 401) 복음을 전하는데 지혜로운 말하면 안되는가? 아니면 적극 사용해서라도 전도가 잘 되어야하는 가?(1:17)

"그리스도께서 나를 보내심은 세례를 베풀게 하려 하심이 아니요 오직 복음을 전하게 하려 하심이로되 말의 지혜로 하지 아니함은 그리스도의 십자가가 헛되지 않게 하려 함이라"

A 바울이 전도할 때에 될 수 있는데로 지혜있는 말을 하지 않았다. 전도할 때에 지혜있는 말을 쓰면 십자가가 가리워질 염려가 있기 때문이다.

전도자가 지혜로운 말을 쓰면 듣는 사람이 십자가를 깨닫고 떠나가는 것보다 전하는 사람의 말을 좋아하며 따라가기 때문이다.

1:21에는 전도의 미련한 것으로 믿는 자를 구원하시기 기뻐하신다고 했다. 여기 전도의 미련한 것은 십자가의 도로 전도하는 방법을 가리킨다. 오직 십자가의 도리로만 전도하려니 어렵고 힘이든다. 십자가의도가 훼손되지 않는다면 지혜로운 말을 사용해서라도 믿으려고 애쓰는 자들에게 지혜로운 말을 적극 활용해도 된다.

Q 402) 십자가의 도가 이중성인데 과연 진리인가? 진리는 언제나 하나이지 이중성일 수 있는가?(1:18)

"십자가의 도가 멸망하는 자들에게는 미련한 것이요 구원을 받는 우리에게는 하나님의 능력이라"

A 십자가의 도 : 예수그리스도를 믿는 도를 가리킨다. 예수그리스도의 십자가의 피가 그리스도교 중심교리

멸망하는 자에겐: 미련한것(불신자에겐 아주 어리석게 보인다)

구원얻은 우리에겐: 하나님의 능력(믿는 사람은 죄 가운데서 구원해내고 생명 살리는 능력)

기독교는 인간의 지혜에서 나온 종교가 아니고 순전히 객관적인 하나님의 계시에 의해 되어진 종교이기 때문에 인간의 지혜로는 전연 이해되지 않을 뿐더러 어리석게만 보일뿐이다. 그러나 십자가의 도나 예수그리스도의 보혈의 피를 믿게되면 하나님의 능력이 있어 죄가운데서 구원해내고 생명을 살려 내고 세상과 마귀를 이기게하고 예수그리스도의 나라와 그 의를 이루어나가신다. 여기 이중성은 생각하는 사람들 객체가 둘이 서로 다른 생각이나 하나는 진리가 아니고 하나님의 능력만이 진리이다.

Q 403) 예수그리스도는 지혜와 총명을 폐하려 오신 것인가? 세우러 오신 것인가?(1:19)

"기록된바 내가 지혜 있는 자들의 지혜를 멸하고 총명한 자들의 총명을 폐하리라 하였으니"

A 십자가의 도가 세상 사람들이 볼 때는 아주 미련하게 보인다는 뜻이다. 그러나 하나님은 이 도를 전파하셔서 죄인들을 구원하시는 것을 기뻐하신다. 모든 인간이 죄로 인하여 어두워지고 영혼이 죽었으므로 자기 지혜로는 하나님을 알지 못한다. 그러므로 하나님께서 십자가의 도를 주어서 인간을 구원하시기를 기뻐하셨다. 이것이 하나님의 지혜인 것이다.

물론 전도에도 쉽고 편리한 방법도 있다. 또 지혜로운 말과 철학이나 과학적인 말도 있다. 다 전도에 활용할 수 있으나 하나님의 방법이 아니기 때문에 영혼 살리는 데는 잘 되지 않는다. 미련한 방법이긴 하나 십자가의 도로 전도할 때 지나고 보면 많은 영혼이 살아나는 것을 볼 수 있다.

Q 404) 예수그리수도는 전도의 미련한 방법을 기뻐하시는데 우리는 왜 쉽고 편리한 방법을 원하는가(고전1:21)

"하나님께서 전도의 미련한 것으로 믿는 자들을 구원하시기를 기뻐하셨도다"

A 십자가에 도가 세상 사람들이 볼 때는 아주 미련하게 보인다는 뜻이다. 그러나 하나님은 이 도를 전파하셔서 죄인들을 구원하시는 것을 기뻐하신다. 모든 인간이 죄로 인하여 어두워지고 영혼이 죽었으므로 자기 지혜로는 하나님을 알지 못한다. 그러므로 하나님께서 십자가에 도를 주어서 인간을 구원하시길 기뻐하셨다. 이것이 하나님의 지혜인 것이다.

물론 전도에도 쉽고 편리한 방법도 있다. 또 지혜로운 말과 철학이나 과학적인 말도 있다. 다 전도에 활용할 수 있으나 하나님의 방법이 아니기 때문에 영혼을 살리는데는 잘 되지 않는다. 미련한 방법이긴 하나 십자가에

도로 전도할 때 지나고 보면 많은 영혼이 살아나는 것을 볼 수 있다.

Q 405) 유대인(표적) 헬라인(지혜) 구원받은 자(예수그리스도의 십자가와 부활)를 원하는데 한국교회가 원하는 것은?(1:22-23)

(22절) "유대인은 표적을 구하고 헬라인은 지혜를 찾으나"
(23절) "우리는 십자가에 못 박힌 그리스도를 전하니 유대인에게는 거리끼는 것이요 이방인에게는 미련한 것이로되"

A ①유대인 : (표적) 이적과 표적을 숭상하는 유대인들에게는 십자가에 못 박힌 예수그리스도의 도를 부인할 수 도 인정할 수도 없기 때문에 거리끼는 것이 되었다.

②헬라인 : (지혜) 인간의 지혜를 숭상하는 헬라인들에게는 십자가의 구속이 이해가 되지 않음으로 아주 미련 하게만 보였다.

③구원받은 자: (십자가와 부활) 구원은 오직 하나님이 불러서 십자가를 믿게한 것이며 이적이나 인간의 지혜 로 되는 것이 아님을 믿게 된다.

④한국교회 : (축복) 한국교인들은 축복 싫어하는 사람은 없다. 여기에 초점을 맞추다보니 십자가의 도가 거 리끼는 것도 되고 아주 미련하게 보이는 경우가 많다. 우리 한국교회는 오직 십자가와 부활을 믿 어 구원의 축복을 받아야 된다.

Q 406) 하나님이 미련하고 약하고 멸시 받은자를 택하셨기에 불의와 부정이 더 심하고 하나님나라가 더디 이루어지나 왜?(1:27-29)

(27절) "그러나 하나님께서 세상의 미련한 것들을 택하사 지혜 있는 자들을 부끄럽게 하려 하시고 세상의 약한 것들을 택하사 강한 것들을 부끄럽게 하려 하시며"
(28절) "하나님께서 세상의 천한 것들과 멸시 받는 것들과 없는 것들을 택하사 있는 것들을 폐하려 하시나니"
(29절) "이는 아무 육체도 하나님 앞에서 자랑하지 못하게 하려 하심이라"

A 십자가의 도를 믿는 사람들 가운데 미련하고 약하고 천하고 멸시받고 가난한 사람들이 많이있다. 이들이 예수를 믿어 하나님의 능력과 하나님의 지혜가 되었다. 그리스도 안에 들어온 후에는 미련한 것들이 지혜있게 되고 약한 것들이 강하게 되는 역사가 일어난다. 믿음 안에 거할때는 엄청난 하나님의 능력이 나타나서 세상이 놀랄 지경이다.

그러나 믿음이 해이해지고 나태해지고 욕심과 정욕으로 점점 타락하게 되니 옛 모습인 미련하고 약하고 천하고 멸시와 가난이 또 찾아오게 되므로 불의와 부정을 서슴없이 저질러 하나님의 이름을 망령되이 이끌어 이 사회도 지탄의 대상이 된다. 그러니 구원받은 수가 다 차지 않음으로 하나님나라가 더디 이루어지고 있는 것이다.

Q 407) 성령으로 전하면 확신과 충만할텐데 왜 바울은 약하고 두려워하며 떨어야했는가?(2:3-5)

(3절) "내가 너희 가운데 거할 때에 약하고 두려워하고 심히 떨었노라"
(4절) "내 말과 내 전도함이 설득력 있는 지혜의 말로 하지 아니하고 다만 성령의 나타나심과 능력으로 하여"
(5절) "너희 믿음이 사람의 지혜에 있지 아니하고 다만 하나님의 능력에 있게 하려 하였노라"

A 바울이 전도할 때에 십자가만 나타내려고 심히 떨었다. 자칫 잘못하면 예수그리스도의 십자가가 가리워질 염려가 있으므로 바울이 때로는 할 말도 못하고 때리면 맞고 욕하면 먹고 죽일려고 하면 죽음도 불사했다.

로마의 시민권을 사용했다면 이런 어려움없이 편안히 복음 전할 수 있었을 텐데도 오직 주님의 십자가가 가리워 질까봐 로마시민권을 사용하지 않으므로 약하고 낮은 자리에서 약하고 두려워하는 자리에서 십자가로만 전도했던 것이다.

바울이 약하고 두려워하는 전도를 하니 성령의 나타남과 능력으로 하게 되었다. 성령을 힘입어 성령의 역사로 전하니 하나님의 능력이 머물게 되었다. 그래서 더 많이 약하고 두려워하는 심령으로 전할 때 성령의 나타남과 하나님과 능력이 덧입혀지게 되었다.

Q 408) 하나님으로 온 영을 받으면 세상 것 다 통달 할텐데 우리가 통달치 못하는 것은 세상 영을 받 아서 그런가?(2:11-12)

(11절) "사람의 일을 사람의 속에 있는 영외에 누가 알리요 이와 같이 하나님의 일도 하나님의 영외에는 아무도 알지 못하느니라"
(12절) "우리가 세상의 영을 받지 아니하고 오직 하나님으로부터 온 영을 받았으니 이는 우리로 하여금 하나님께서 우리에게 은혜로 주신 것들을 알게 하려 하심이라"

A 하나님께서 우리에게 성령을 주신 것은 하나님의 감추었던 비밀을 알게 하려는 것이다. 예수를 믿을 때 이미 보혜사 성령을 받았으며 그 성령이 언제나 성도 안에 계신다. 그러므로 다시 성령을 받을 필요가 없고 다만 성령의 감동과 인도와 주장을 충만히 받으려고 해야 한다. 이 성령으로 하나님께서 우리로 하여금 세상 것을 다 통달하도록 각각은사를 주신다. 14절에 "육체에 속한 사람은 하나님의 성령의 일을 받지 아니하나니

하심은 중생하지 못한 육신 중심으로 사는 사람은 성령의 일을 받지도 못하고 깨닫지도 못하고 어리석게 본다. 하나님께로 온 영을 다 받아 은사를 누려나가면 세상 것 다 통달하고도 남음이 없을 것이다.

Q 409) 바울이 고린도교회를 젖으로 먹이는 어린이 취급을 한 것은 그 이유가 어디에 있을까?(3:1-9)

(1절) "형제들아 내가 신령한 자들을 대함과 같이 너희에게 말할 수 없어서 육신에 속한 자 곧 그리스도 안에서 어린 아이들을 대함과 같이 하노라"
(2절) "내가 너희를 젖으로 먹이고 밥으로 아니하였노니 이는 너희가 감당하지 못하였음이거니와 지금도 못하리라"
(3절) "너희는 아직도 육신에 속한 자로다 너희 가운데 시기와 분쟁이 있으니 어찌 육신에 속하여 사람을 따라 행함이 아니리요"

A 성도는 하나님의 집이요 하나님의 밭이다(9절) 그런데 고린도 교인들이 어리기 때문에 바울이 그들에게 젖으로 먹였다고 하였다. 젖으로 먹인다는 것은 성경을 초보적인 진리로 알기 쉽게 가르쳐 주는 것이다.

단단한 식물은 성경에서 깊은 진리, 깊은 뜻, 신령한 뜻을 찾아 해석하는 것이다.

고린도 교인들이 어리고 육신에 속한 증거는 시기와 분쟁이 있는 것이다. 시기하고 분쟁하는 것은 영예와 영광심 즉 자기를 위하는 것 때문이다. 교인들은 하나님의 밭이요 하나님의 집(성전)이다. 그러므로 하나님의 밭에서 농사가 잘되고 하나님의 집이 잘 지어져가는 것이 중요한데 너무 어리고 육신에 속한 교인이 많아 바울이 이 교회에선 젖으로 먹이고 단단한 음식으로 먹이지 못하게 되었다.

Q 410) 사역자들을 건축자로 풍유하시되 불로 시험함은 심판때 같은데 여기서 불택자들에게 하신 풍유인 가?(3:10-15)

(10절) "내게 주신 하나님의 은혜를 따라 내가 지혜로운 건축자와 같이 터를 닦아 두매 다른 이가 그 위에 세우나 그러나 각각 어떻게 그 위에 세우기를 조심할지니라"
(11절) "닦아 둔 것 외에 능히 다른 터를 닦아 둘 자가 없으니 이 터는 곧 예수 그리스도라"
(14절) "누구든지 그 위에 세운 공력이 그대로 있으면 상을 받고"
(15절) "누구든지 공력이 불타면 해를 받으리니 그러나 자기는 구원을 얻되 불 가운데서 얻은 것 같으리라"

A 공력이 불탄자들은 나무와 풀과 짚으로 지은 자들이다(12절) 이들은 공력이 다 불타 없어진 자들이다. 불로심판하실 때 공력이 불에 타면 해를 받으나 그 사람은 불 가운데서 나온 것과 같은 구원을 받는다.

공력은 불탔으나 기초가 바로 되었기 때문에 구원을 받은 것이다. 기초마저 못된 것(예수그리스도를 믿지 않는 것)은 다 지옥에 가지만 이 사람들은 자기가 일한 공력만 다 없어지고 예수는 믿었기 때문에 지옥에 가지 않는다. 여기서 불로 시험함은 심판때 같으나 여기 풍유는 불택자(공력 불탓다고 해서)들에게 하신 풍유가 아니고 택하신자들 중 게으르고 비진리 좋아하는 교인들을 향하여 주신 것이다.

Q 411) 우리가 곧 성전인데 어찌 성전이 부정, 부패 더러움이 가득 차 있는데도 성전인가?(3:16-17)

(16절) "너희가 하나님의 성전인 것과 하나님의 성령이 너희 안에 거하시는 것을 알지 못하느뇨"
(17절) "누구든지 하나님의 성전을 더럽히면 하나님이 그 사람을 멸하시리라 하나님의 성전은 거룩하니 너희도 그러하니라"

A 우리가 하나님의 성전이 된 것은 첫째: 신자 개인이 하나님의 성전이다. 즉 신자의 중생한 영혼 속에 성령님이 계신다. 둘째: 그리스도를 믿는 신자의 무리(교회)가 하나님의 성전이다. 신자들 가운데 그리스도가 계시며(눅17:21) 성령님이 임재하여 교통하시기 때문이다.

누구든지 이 성전을 더럽히면 하나님이 진노하셔서 멸망시킨다. 어떤 손해가 와도 하나님의 교회에 손해주지 않아야한다.

성전도 성도가 부정, 부패, 더러움이 가득 차있어도 성전이 되는가?

우리가 중생한 것은 물과 성령으로 영혼이 중생했고 하나님의 아들이 된 것이다. 비록 우리 몸에(성전) 부정, 부패, 더러움이 일시 있어도 하나님의 성전 됨은 변함이 없다.

Q 412) 바울이 고린도교인들같이 왕 노릇하기를 소원했을까? 아니면 다른 뜻이 있는가?(4:8)

"너희가 이미 배부르며 이미 부요하며 우리 없이 왕 노릇 하였도다 우리가 너희와 함께 왕 노릇 하기 위하여 참으로 너희의 왕 노릇 하기를 원하노라"

A 고린도 교인들이 심령의 가난한 자리를 떠나 마음의 배가 부르고 은혜와 진리를 사모하는 마음이 없어졌다. 그들의 겸손하지 않고 스스로 높아져 바울을 제처 놓고 왕 노릇한 것을 "우리 없이 왕 노릇하는 것" 이라했다.

그리스도 안에서 참된 왕권은 하나님의 명령을 순종하여 예수와 함께 죽고 예수와 함께 참는데서 얻어지는 것이다. 왕권이 커지려면 그리스도의 고난에 참여하고 예수의 부활의 생명에 참여하여야한다. 바울이 소원은 이런 왕 노릇하기를 소원한 것이다.

영적세계 그리스도의 세계의 왕들은 겸손하고 심령이 가난하며 남을 사랑하고 희생봉사하는 세계의 왕이다. 바울이 소원한 왕권이다. 오해 없으시길 바란다.

Q 413) 사역자의 가는 길은 어떤 길인가? 영광스런 길인가? 비천한 길인가? 왜 그런가?(4:9-13)

(10절) "우리는 그리스도의 연고로 미련하되 너희는 그리스도 안에서 지혜롭고 우리는 약하되 너희는 강하고 너희는 존귀하되 우리는 비천하여"
(11절) "바로 이 시간까지 우리가 주리고 목마르며 헐벗고 매맞으며 정처가 없고"
(12절) "또 수고하여 친히 손으로 일을 하며 후욕을 당한즉 축복하고 핍박을 당한즉 참고"
(13절) "비방을 당한즉 권면하니 우리가 지금까지 세상의 더러운 것과 만물의 찌끼 같이 되었도다"

A 사역자의 가는 길은 험한 길이다. 사형수같이 죽이기로 작정되었고 가장 천한 자리(비천)에 두고 세계와 천사와 사람에게 구경거리가 된다. 사역자는 교회와 하나님의 나라가 잘 되기 위해 희생물이다.

사역자는 그리스도 연고로 미련하되 교회는 그리스도 안에서 지혜롭고 사역자는 약하나 교회는 강하고 사역자는 비천하나 교회는 존귀하게 되는 것이 사역자의 갈 길이다. 사역자의 가는 길은 주와 복음을 위해(교회) 오예

물과 만물의 쓰레기 취급을 받게 된다. 그러니 인간의 눈으로 볼 때 사역자의 길은 비천하고 천한 자리이다.

그러나 이 연고로 하나님의 교회와 하나님의 나라가 잘 되면 하나님이 신령한 것으로 무한하게 부어주실 것이니 이 길은 비천한 길 같으나 결국은 영광의 길인 것이다.

Q 414) 근친상간의 음행죄를 저지른 고린도교회에 내린 주님의 심판은 구원함인가? 멸망함인 가?(5:1-5)

(1절) "너희 중에 심지어 음행이 있다 함을 들으니 이런 음행은 이방인 중에라도 없는 것이라 누가 그 아비의 아내를 취하였다 하는도다"
(2절) "그리하고도 너희가 오히려 교만하여져서 어찌하여 통한히 여기지 아니하고 그 일 행한자를 너희 중에서 물리치지 아니하였느냐"
(4절) "주 예수의 이름으로 너희가 내 영과 함께 모여서 우리 주 예수의 능력으로"
(5절) "이런 자를 사단에게 내어주었으니 이는 육신은 멸하고 영은 주 예수의 날에 구원 얻게 하려 함이라"

A 고린도교회에 음행죄가 들어왔다. 교인중에 어떤 사람은 심지어 자기 계모를 취한 일이 있었던 것 같다. 바울이 고린도교회에 심함 책망을 하시었다. 바울이 멀리 떨어져 있으나 기도하는 가운데 자기 영혼의 인도를 받아서 그 음행한 사람을 치리하기로 방침을 세웠다.

이런자를 사단에게 내어주었으니(범죄자를 책벌하였다는 뜻) 육은 멸하고(책벌 받은 동안 육신적으로는 교회의 정회원권 박탈로 정죄하의 상태) 영은 주예수날에(영혼은 예수님이 재림하여 심판하시는 날에) 구원얻게 하려함이라(영으로 회개하고 하나님만 섬길때 용서와 천국으로 인도한다.) 여기서 주의 심판은 간음죄를 범해도 회개하면 구원을 주고 회개 않으면 멸망함이다.

Q 415) 우상숭배자, 음행자, 탐욕자, 토색자에 대한 교제 여하(如何) (교인일 경우, 불신자일 경우? 따로 따로) (5:9-13)

(9절) "내가 너희에게 쓴 것에 음행하는 자들을 사귀지 말라 하였거니와"
(10절) "이 말은 이 세상의 음행하는 자들이나 탐하는 자들과 토색하는 자들이나 우상 숭배하는 자들을 도무지 사귀지 말라 하는 것이 아니니 만일 그리 하려면 세상 밖으로 나가야 할 것이라"
(11절) "이제 내가 너희에게 쓴 것은 만일 어떤 형제라 일컫는 자가 음행하거나 탐람하거나 우상 숭배를 하거나 후욕하거나 술 취하거나 토색하거든 사귀지도 말고 그런 자와는 함께 먹지도 말라 함이라"

A 교인이(우상숭배자, 음행자, 탐욕자, 토색자) 이런 자들과는 사귀지도 말고 함께 먹지도 말라고 강하게 권면한다. 그 이유는 이런 죄가 전염이 되어 너도 그런 죄를 저지르게 되는 것을 차단하기 위함이다

그러나 불신자(우상숭배자, 음행자, 탐욕자, 토색자)일 경우에는 사귀지 말라는 것이 아니다. 만일 그렇게 하려면 성도가 이 세상에서 살 수 없다. 외인들(교인이 아닌 사람들)이 범죄하는 것이 당연한데 이들과 교제를 단절하면 살 수가 없다. 교인일 경우 치리하고 다스리고 불신자일 경우 관여치 말라 그리고 할 일은 전도로 하나님 앞에 돌아오도록만 할 일이다.

Q 416) 교회내 분쟁은 교회 안에서 해결하고 세상법정을 피하고 손해보고 속는 것이 낫다면 억울하게 살아야하나?(6:1-7)

(1절) "너희 중에 누가 다른 이로 더불어 일이 있는데 구태여 불의한 자들 앞에서 송사하고 성도 앞에서 하지 아니하느냐"
(2절) "성도가 세상을 판단할 것을 너희가 알지 못하느냐 세상도 너희에게 판단을 받겠거든 지극히 작은 일 판단하기를 감당치 못하겠느냐"
(6절) "형제가 형제로 더불어 송사할 뿐더러 믿지 아니하는 자들 앞에서 하느냐"
(7절) "너희가 피차 송사함으로 너희 가운데 이미 완연한 허물이 있나니 차라리 불의를 당하는 것이 낫지 아니하며 차라리 속는 것이 낫지 아니하냐"

A 성도 간에 될 수 있는대로 송사는 하지 않아야 된다. 부득이해서 송사를 하더라도 교회의 판단(치리)을 받아야하고 세상법정(법원)에서 불신자의 판결을 받는 것은 옳지 않은 처사이다. 교회에서 해결받고 끝내야 된다.

차라리 속고 불의를 당해도 예수의 이름에 욕이 돌아가지 않고 또 전도의 문이 막히지 않도록 해야 한다. 손해보지 않을 것을 하나님을 위해 손해보고 속지 않아도 될 것을 주를 위해 속는다면 하나님이 기뻐하시고 다른 것으로 몇 배로 보상해 주신다.

세상적으로 억울한 것 같으나 하나님이 반드시 갚아 주실 것을 믿고 억울해도 참고 손해 보아도 속아도, 참고 견디어 승리하고 지는 것이 이기는 것이라는 원리이다.

Q 417) 성도의 자유에 대한 오용과 음행을 멀리해야할 이유가 있다면?(6:12-13)

"모든 것이 내게 가하나 다 유익한 것이 아니요 모든 것이 내게 가하나 내가 아무에게든지 제재를 받지 아니하리라", "식물은 배를 위하고 배는 식물을 위하나 하나님이 이것저것 다 폐하시리라 몸은 음란을 위하지 않고 오직 주를 위하며 주는 몸을 위하시느니라"(12-13절)

A 아무리 나에게 필요한 자유라도 옳은것이라 해도 우리 영혼과 교회에 유익이 없고 덕이 안되는 것은 성도는 절제해야 한다. 성도는 하나님과 교회에 영광이 되고 진리를 세워나가는 일에 유익이 되도록 행동해야한다.

아무리 옳은 일이라 해도 거기에 얽메어 종노릇하지 말아야하고 꼭 절제해야 된다.(예: 주릴때 음식 먹을 권이 있으나 절제필요, 찬송부름은 좋으나 설교시간에 삼가는 것)

성도의 몸은 그리스도의 지체인데 음행을 하면 창기의 지체가 된다. 그리스도의 지체를 가지고 창기의 지체를 만드는 것이 얼마나 큰 죄인가? 창기와 합하는 자는 창기와 한 몸이 된다. 예수믿는 사람은 그리스도와 영적으로 연합이 되어 있으므로 주와 하나가 이미 되어있으니 음행을 멀리해야 할 이유가 된다.

Q 418) 결혼여부의 기본원칙과 부부생활의 일반적 교훈중 기도하기 위해서만 분방하라했다. 그 이유 는?(7:1-5)

(1절) "너희의 쓴 말에 대하여는 남자가 여자를 가까이 아니함이 좋으나"
(2절) "음행의 연고로 남자마다 자기 아내를 두고 여자마다 자기 남편을 두라"
(3절) "남편은 그 아내에게 대한 의무를 다하고 아내도 그 남편에게 그렇게 할지라"
(5절) "서로 분방하지 말라 다만 기도할 틈을 얻기 위하여 합의상 얼마 동안은 하되 다시 합하라 이는 너희의 절제 못함을 인하여 사단으로 너희를 시험하지 못하게 하려 함이라"

A 결혼의 목적이 단지 음행방지에만 있는 것은 아니다. 결혼은 하나님의 뜻이며 신성한 것이며 부부는 서로의 의무를 다해야 하나님의 의를 이루는 것이 된다. 부부사이의 성(性)적 면에 있어서는 상대방의 의견을 무시하지 말고 의견을 존중하고 자기주장만 하지 말고 먼저 남을 배려함이 더 좋은 법이다.

성도가 서로 기도할 기회를 얻기 위해 합의상 얼마동안만 분방할 수는 있으나 빨리 합방해야 된다. 억지로 분방하면 마귀가 틈타 죄짓게 할 가능성이 있으므로 억지로 분방치 말고 혼인을 귀히 여기고 침소를 더럽히지 말아야한다.(히13:4)

Q 419) 바울이 말한 결혼관은 개인적 권도(바울의 말)인가? 절대적 명령(하나님의)인가? 왜 그런 것인 가?(7:6-7)

(6절) "그러나 내가 이 말을 함은 권도요 명령은 아니라"
(7절) "나는 모든 사람이 나와 같기를 원하노라 그러나 각각 하나님께 받은 자기의 은사가 있으니 하나는 이러하고 하나는 저러하니라"

A 고전 7장에서 나오는 결혼관은 바울의 개인적 권도(바울이 명령적으로 하는 말이 아니고 사랑으로 권면하는말)로 보인다. 6절(권도요 명령은 아니다) 12절(주의 명령은 아니다) 25절(처녀에 대하여는 내가 주께받은 계명이 없으되)

그러나 바울이 10절에는 (명하는 자는 내가 아니요 주시라)고 했으며 마지막 40절에는(나도 또한 하나님의 영을 받은 줄로 생각하노라) 하심을 볼 때 물론 주님으로부터 직접 받은 명령이나 계명은 받지 못했으나 하나님의 영(성령)받은 자의 말씀이니 곧 하나님의 절대적 말씀이요 명령이요 계명인 것이다. 유기적 영감설로 성령님이 오류 없이 바울을 통해 하나님의 절대적 말씀, 명령, 계명을 주신 것이다.

Q 420) 미혼자, 과부는 독신자처럼 그냥 지내는 것이 좋은가? 늦게라도 결혼함이 좋은가?(7:8-9)

(8절) "내가 혼인하지 아니한 자들과 및 과부들에게 이르노니 나와 같이 그냥 지내는 것이 좋으니라"
(9절) "만일 절제할 수 없거든 혼인하라 정욕이 불같이 타는 것보다 혼인하는 것이 나으니라"

A 여기 미혼자나 과부들은 독신자들처럼 혼자서 사는 것이 하나님의 일 하는데 아주 좋은 일이나 그러나 절제하기 힘들고 정욕이 불같이 타서 음란한 생각이 들어오면 도리어 믿는 일도 안되고 마귀가 틈타서 죄짓기 쉽게 되고 말 것이다.

그러므로 절제가 가능해서 주의 일 때문에 혼자 그냥 지내는 것이 좋은 일이나 절제가 불가능하다고 생각될 때는 혼인을 빨리 서둘러 일찍하는 것이 낫다. 비록 늦었다고 그냥지내지 말고 신앙이 맞고 서로 사상이 맞고 사랑해 줄 것이 약속되면 반드시 결혼하는 것이 하나님 나라 위해서(교회)와 자기개인과 가정을 위해서 좋은 것이니 잘 선택하여 하나님의 뜻을 바로 찾으시길 바라노라

Q 421) 이혼문제 있어 성도간과 불신자와 결혼한자에대한 각각의 기준과 결론은 무엇인가?(7:10-16)

(10절) "혼인한 자들에게 내가 명하노니 (명하는 자는 내가 아니요 주시라) 여자는 남편에게서 갈리지 말고"
(11절) "(만일 갈릴지라도 그냥 지내든지 다시 그 남편과 화합하든지 하라) 남편도 아내를 버리지 말라"
(12절) "그 남은 사람들에게 내가 말하노니 (이는 주의 명령이 아니라) 만일 어떤 형제에게 믿지 아니하는 아내가 있어 남편과 함께 살기를 좋아하거든 저를 버리지 말며"
(13절) "어떤 여자에게 믿지 아니하는 남편이 있어 아내와 함께 살기를 좋아하거든 그 남편을 버리지 말라"

A ⦿ 성도간의 이혼은 원칙상 이혼불가하오나 부부가 만일 갈라졌을 경우는 그냥 지내다가 다시 합하도록 해야한다. 하나님이 짝지어 주신 것이니 불가하다.

⦿ 믿지 아니하는 아내가 살기를 좋아할 때는 그 남편은 이혼해서는 안 된다.

⦿ 쌍방이 서로 불신중에 만났으나 한쪽이 먼저 믿게 되였을 경우

1) 믿지 않는 자가 믿는 자와 살길 좋아하면 그 사람과 이혼해선 안 된다.

2) 믿지 않는 자가 믿는자와 살길 좋아하지 않으며 예수 버리고 자기 사랑만 하라 할 때는 이혼하는 것이 낫다.

3) 믿지않는 자가 꼭 갈리기 원하면 갈지라

⦿이혼은 원칙상 불가하오나 신앙생활유지가 불가능할 때는 이혼해서라도 신앙유지하라

Q 422) 부름받을 때 부른 그대로 처지대로 행할 것(첫번째17절, 두번째 20절, 세번째24절)에 대한 권 면은?(7:17-24)

(17절) "오직 주께서 각 사람에게 나눠 주신 대로 하나님이 각 사람을 부르신 그대로 행하라 내가 모든 교회에서 이와 같이 명하노라"

(20절) "각 사람이 부르심을 받은 그 부르심 그대로 지내라"
(24절) "형제들아 각각 부르심을 받은 그대로 하나님과 함께 거하라"

A 1) 17절 : 주님이 부르실 때의 환경과 형편을 바꾸려하지 말고 거기에서 믿음을 지키라는 것이다. 바울이 이 진리를 모든 교회에서 가르쳤다.

2) 20절 : 성도는 어떠한 형편에 처하든지 그 자리에서 믿음을 잘 지키고 거기에서 신앙과 양심과 영의 자유를 얻고 하나님의 종노릇을 바로 하라는 의미이다.

3) 24절 : 할례를 받았든지 안 받았든지 종이든지 자유자든지 하나님을 모시고 그리스도의 종으로 사는 것이 자기 영이살고 하나님의 나라가 점점 이루어지는 복 받는 길임을 강조해서 한 말씀이다.

Q 423) 종, 노예제도에 대한 바울이 현제와 같은 해결책을 주지 못한 것은 이유가 있는가?(7:21-23)

(21절) "네가 종으로 있을 때에 부르심을 받았느냐 염려하지 말라 그러나 자유할 수 있거든 차라리 사용하라"
(22절) "주 안에서 부르심을 받은 자는 종이라도 주께 속한 자유자요 또 이와 같이 자유자로 있을 때에 부르심을 받은 자는 그리스도의 종이니라"

A 남의 종으로 있어도 그 자리에서 영의 자유와 양심의 자유를 누리면서 믿음을 지키면 아름다운 것이다. 그러나 형편이 자유 할 수 있으면 종살이를 그만두고 자유인이 되어도 좋다는 뜻이다.

믿음으로 그리스도 안에 있는 자는 누구나 영의 자유를 얻은자요 그리스도 안에서는 영적 자유를 얻은 사람이다. 또 세상에서는 자유자라고 해도 주안에서는 예수그리스도의 종이다.

바울은 육적 종의 신분까지도 영의 자유와 양심의 자유만 누린다면 그 이상을 바라지 않았으나 현제 모든 사람은 종제도, 노예제도 자체를 부정하며 영의 자유와 양심의 자유이전 신체의 자유를 더 소중히 여기는 시대이기 때문이다.

Q 424) 미혼처녀의 결혼 여부는 어떻게 하는 것이 은혜로운 것인가? 바울의 개인적인 권면인 가?(7:25-31)

(25절) "처녀에 대하여는 내가 주께 받은 계명이 없으되 주의 자비하심을 받아서 충성된 자가되어 의견을 고하노니"
(26절) "내 생각에는 이것이 좋으니 곧 임박한 환난을 인하여 사람이 그냥 지내는 것이 좋으니라"
(28절) "그러나 장가가도 죄 짓는 것이 아니요 처녀가 시집가도 죄 짓는 것이 아니로되 이런 이들은 육신에 고난이 있으리니 나는 너희를 아끼노라"

A 처녀에 대하여 1) 그냥처녀로 재내는 것도 좋고(임박한 환난에서 견디기 쉬움)

2) 시집가는 것도 좋은면이 있다(결혼하여 가정 이뤄 주를 위해) 결혼은 육신의 고난이 있고 고난 속에서 잘 인내하여 구원을 이루라

⊙아내있는 자는 아내 없는 자 같이 살라(아내에게 메어 하나님도 모르면 안 됨)

⊙남편있는 자는 남편 없는 자 같이 살라(남편에게 메어 하나님도 모르면 안 됨)

⊙아내에게 메여있는 자는 놓이기를 구하지 말라(부부는 메여있는 상태로 살라)

⊙아내에게 놓였던 자는 아내를 구하지 말라(재혼치 말고 혼자 신앙생활 잘 영위하라는 뜻)

※바울은 성령 받았으니 성령의 인도대로 한 권면이다.

Q 425) 남편 사별한 과부의 재혼에 관한 교훈은? 성경의 권위에 입각한 것인가? 바울 개인적 권면인 가?(7:39-40)

(39절) "아내가 그 남편이 살 동안에 매여 있다가 남편이 죽으면 자유하여 자기

뜻대로 시집 갈 것이나 주 안에서만 할 것이니라"
(40절) "그러나 내 뜻에는 그냥 지내는 것이 더욱 복이 있으리로다 나도 또한 하나님의 영을 받은 줄로 생각하노라"

A 과부가 자기 뜻대로 시집갈 수 있다. 그러나 주안에서 해야된다. 즉 주안에서 믿음을 지키면서 하라는 뜻이다. 자기 깨달은 신앙양심을 양보하여 불신자나 이단자에게 시집가는 것은 믿음을 배반하는 것이요 그리스도를 떠나는 일이다. 이런 과부는 믿음지키는 일보다 재혼을 더 중히 여기는 자가 된다.

또한 과부의 독신생활도 권면한다. 과부독신은 얽메이는 데가 없으므로 주의 일을 하는데 시간과 마음과 몸을 전적으로 바치게 되며 그러면 하나님이 복을 많이 준다.

바울 자신이 독신 생활하는 것을 하나님의 성령의 은사로 생각하며 다른 사람에게 권면하는 것도 하나님의 영의 인도로 한다는 것으로 성경의 권위에 입각한 권면이 된다.

Q 426) 우상의 제물에 관한 지식으로 제일 중요한 것(1-3), 원칙적으로 먹을 수 있나?(4-6), 형제를 위 해서는(7-13),(8:1-13)

(1절) "우상의 제물에 대하여는 우리가 다 지식이 있는 줄을 아나 지식은 교만하게 하며 사랑은 덕을 세우나니"
(4절) "그러므로 우상의 제물 먹는 일에 대하여는 우리가 우상은 세상에 아무 것도 아니며 또한 하나님은 한분 밖에 없는 줄 아노라"
(6절) "그러나 우리에게는 한 하나님 곧 아버지가 계시니 만물이 그에게서 났고 우리도 그를 위하며 또한 한 주 예수 그리스도께서 계시니 만물이 그로 말미암고 우리도 그로 말미암았느니라"
(9절) "그런즉 너희 자유함이 약한 자들에게 거치는 것이 되지 않도록 조심하라"
(10절) "지식 있는 네가 우상의 집에 앉아 먹는 것을 누구든지 보면 그 약한 자들의 양심이 담력을 얻어 어찌 우상의 제물을 먹게 되지 않겠느냐"
(13절) "그러므로 만일 식물이 내 형제로 실족케 하면 나는 영원히 고기를 먹지 아니하여 내형제를 실족치 않게 하리라"

A 우상의 재물 1) 제일 중요한 것 : 성도가 우상의 제물을 다른 사람의 양심을 위해 먹지 말아야 된다.(9-12) 또 우상의 제물을 먹는 자는 우상의 제단에 참여하는 자이다(고전10:18) 우상제물 먹는 것을 성령이 금하신 것(행15:28,29)

2) 원칙적으로 먹을 수 있나? : 시장에 내다파는 우상의 제물을 모르고 먹는 자들에 대해 성도는 하나님 한 분만 섬긴다. 귀신이 많으나 우리 성도에게는 아무것도 아니며 만물을 창조하신 하나님 이외는 신이 없다. 원칙적으로 먹을 수 없으나 모르고는 먹을 수 있다.

3) 형제를 위해서는? : 약한 형제의 양심이 더러워진다면 절대먹어서 안되며 형제를 실족케 한다면 영원히 식물을 먹지 않겠다고 다짐했다.

Q 427) 바울이 다른 교역자들같이 부양받을 권리를 스스로 제한하고 포기한 이유?(9:1-21)

(2절) "다른 사람들에게는 내가 사도가 아닐지라도 너희에게는 사도니 나의 사도 됨을 주 안에서 인친 것이 너희라"

(3절) "나를 힐문하는 자들에게 발명할 것이 이것이니"

(4절) "우리가 먹고 마시는 권이 없겠느냐"

(5절) "우리가 다른 사도들과 주의 형제들과 게바와 같이 자매 된 아내를 데리고 다닐 권이 없겠느냐"

(12절) "다른 이들도 너희에게 이런 권을 가졌거든 하물며 우리일까보냐 그러나 우리가 이 권을 쓰지 아니하고 범사에 참는 것은 그리스도의 복음에 아무 장애가 없게 하려 함이로라"

(13절) "성전의 일을 하는 이들은 성전에서 나는 것을 먹으며 제단을 모시는 이들은 제단과 함께 나누는 것을 너희가 알지 못하느냐"

(14절) "이와 같이 주께서도 복음 전하는 자들이 복음으로 말미암아 살리라 명하셨느니라"

(18절) "그런즉 내 상이 무엇이냐 내가 복음을 전할 때에 값없이 전하고 복음으로 인하여 내게 있는 권을 다 쓰지 아니하는 이것이로라"

(19절) "내가 모든 사람에게 자유하였으나 스스로 모든 사람에게 종이 된 것은 더 많은 사람을 얻고자 함이라"

A 하나님의 일꾼이 먹고 마실 권리가 있으며(교역자가 교회에서 사례 받을 권리) 아내도 데리고 다닐 권리도 있다고 베드로와 부인의 예를 들어 말씀했다. 우리가 너희에게 신령한 것을 뿌렸은 즉 너희 육신의 것을 거두었다고 과한 것이 아니다. 영혼이 사는 신령한 것을 받았으니 신령한 것을 받은자가 물질면으로 공궤하는 것이 옳다.

바울에게 당연한 권리가 있으나 복음에 장애가 없도록 하기위해서 그 권리를 포기한 것이다. 복음전하는 사람은 어떻게 하는지 한 사람이라도 더 예수께로 인도하고 교인들이 시험에 들지 않도록 장애가 될 만한 일을 피해야한다.

만일 바울이 자기의 권리를 다 썼다고하면 거짓선지자들이 바울을 더 많이 비방하고 교인들도 많이 시험에 들었을 것이다.

Q 428) 바울 자신이 스스로 종이되고 율법 있는자 앞에서 또는 율법 없는자 앞에서 약한 자가 된 이유 는?(9:19-22)

(20절) "유대인들에게는 내가 유대인과 같이 된 것은 유대인들을 얻고자 함이요 율법 아래 있는 자들에게는 내가 율법 아래 있지 아니하나 율법 아래 있는 자 같이 된 것은 율법 아래 있는 자들을 얻고자 함이요"
(21절) "율법 없는 자에게는 내가 하나님께는 율법 없는 자가 아니요 도리어 그리스도의 율법 아래 있는 자나 율법 없는 자와 같이 된 것은 율법 없는 자들을 얻고자 함이라"
(22절) "약한 자들에게는 내가 약한 자와 같이 된 것은 약한 자들을 얻고자 함이요 여러 사람에게 내가 여러 모양이 된 것은 아무쪼록 몇몇 사람들을 구원코자 함이니"

A 바울이 그리스도의 구속으로 인하여 죄와 율법에서 해방되어 자유자가 되었다. 그러나 더 많은 사람을 그리스도께로 인도하여 구원받게 하려고 바울이 스스로 모든 사람의 종이 되었다. 이것은 그리스도께서 우리를 구원하시려고 종의 형상을 입은 것과 같다(빌2:6-8) 모든 사람을 포용하는

것이 예수님이나 바울의 종된 원칙이다.

유대인에게는 유대인같이 율법아래 있는 자들에게는 율법아래 있는 자같이 되고 또 율법 없는 자에게는, 약한 자에게는, 이렇게 여러 모양으로 된 것은 아무쪼록 많은 사람의 마음을 얻어 구원을 주고자 하는 포용정책이었다.

Q 429) 이스라엘이 모세에게와 바다에서 세례받았나 아니면 성막제사 시에 받았나? 안 받고서도 받았 다고 하는가?(10:2)

"모세에게 속하여 다 구름과 바다에서 세례를 받고"

A 모세는 이스라엘을 인도한 하나님의 종이다. 하나님께서는 인도자를 앞세우고 그를 통해서 하나님의 백성들을 인도하신다. 오늘날도 교역자를 통해 교회를 인도하신다.

여기서 구름은 하나님의 임재를 가리키고 바다에서 세례를 받은것은 이스라엘백성들이 홍해를 마른 땅으로 건넜는데 거기서 세례를 받았다고 말씀하고 있다. 홍해바다에서 하나님의 이적을 보고 애굽의 모든 습성을 버리고 하나님을 더욱 친근히 믿고 의지하게 된 것을 의미하고 있다.

원래 세례란 믿는다는 표를 한 것이며 세례 받았다는 것은 깨끗함(성결)을 입었다는 뜻이다.

이스라엘 백성들의 세례(바다에서)는 성막제사 시에 받은 것이 아니고 바다가운데 지나면서 믿고, 회개, 의지함으로 받은 것이지 의식을 행한 것은 아니다.

Q 430) 우리가 당하는 모든 시험은 감당할 시험만 주시나? 반반의 것을 주시나? 감당치 못할 것도 주 시나?(10:13)

"사람이 감당할 시험 밖에는 너희에게 당한 것이 없나니 오직 하나님은 미쁘사 너희가 감당치 못할 시험 당함을 허락지 아니하시고 시험 당할 즈음에 또한 피할 길을 내사 너희로 능히 감당하게 하시느니라"

A 하나님은 우리에게 감당할 시험만 주신다. 하나님은 성도의 미쁘신 아버지이신데 그 하나님께서 감당치 못할 시험을 주어서 사랑하는 아들을 망하게 하겠는가? 그러므로 내가 힘이 약한데 너무 큰 시험이 왔다고 실망하지 말고 믿고 순종해야한다.

피할 길 : 1) 하나님의 말씀대로 바로서는 것이다. 잘못된 것 회개하고 바로 서있으면 된다.

2) 하나님께로 가까이 나아가는 것이다. 시험이 올 때는 하나님을 간절히 찾고 그리스도 안으로 들어와야 된다.

승리의 길 : 1) 감당할 것을 주신 줄 믿고 감당해 나가야한다. 2) 온전하고 구비하여 조금도 부족함 없게 하시려고 주신 줄 믿고 3) 온전히 기쁘게 여겨야한다 4) 피할 길로 가야한다 5) 참고 견디어야 한다

Q 431) '떼는 떡은 성찬예식의 떡인가? 유월절 잔치의 떡인가? 일상 식사자리의 떡인가? 어느 것이며 그 의미는?(10:16)

"우리가 축복하는바 축복의 잔은 그리스도의 피에 참예함이 아니며 우리가 떼는 떡은 그리스도의 몸에 참예함이 아니냐"

A 여기서 떼는 떡은 유월절 잔치의 떡같고 고린도교회시대에 예찬의 떡 같기도하나 성찬예식에서 주의 몸으로 알고 떼는 떡을 가리킨다.

성찬예식에 참여하는 자는 그리스도의 살과 피에 참여하는 것으로 그리스도와 연합하여 한 몸을 이룬것 같이 우상의 제물을 먹고 마시는 것도 그 제사에 동참하는 것이며 귀신과 연합하는 것이 된다. 이 떡을 떼는 자는 곧 하나님의 자녀가 되고 예수그리스도와 한 몸이 되었음을 표한다.

Q 432) 우리가 주의잔과 귀신의잔 주의상과 귀신의상에 겸하여 참여하지 않는가? 참여하는 가?(10:21)

"너희가 주의 잔과 귀신의 잔을 겸하여 마시지 못하고 주의 상과 귀신의 상에 겸

하여 참예치 못하리라"

A 주의 성찬예식에 참여하여 주의 몸과 피에 참여한 성도가 하나님의 아들이 되고 예수그리스도와 한 지체가 되었으니 어느 경우든 귀신의 잔과 귀신의 상에 참여해서는 안 된다.

그런데 주의 잔과 주의 상에 참여하고서도 믿음이 약하거나 몰라서 우상의 제물을 먹음으로 우상의 배후에 있는 귀신의 상과 귀신의 잔에 참여하는 일이 되므로 성도로써는 있을 수 없는 일이나 만약 우상의 제물을 먹는 자는 귀신의 잔과 귀신의 상에 참여하는 자가 되고 만다. 이것은 주님과 귀신을 겸하여 섬기는 일로써 참으로 가증한 일이나 보응을 받게 된다.

Q 433) 우상의 제물이라 말하면 먹지말고 말하지 않으면 묻지말고 먹어야 하는가? 모르고 먹으면 죄가 안되나?(10:27-28)

"불신자 중 누가 너희를 청하매 너희가 가고자 하거든 너희 앞에 무엇이든지 차려놓은 것은 양심을 위하여 묻지 말고 먹으라", "누가 너희에게 이것이 제물이라 말하거든 알게 한 자와 및 양심을 위하여 먹지 말라" (27-28절)

A 성도가 불신자의 초대를 받았을 때에 그 앞에 차려놓은 것은 묻지 말고 먹으라고 했다. 그러나 먹는 도중에 누가 이것은 우상의 제물이라고 알려주면 먹지 말아야한다.

그 이유는 그 말한 자의 신앙양심에 큰 손해를 주지 않기 위함이다. 말한 자의 신양양심도 문제지만 알고도 먹고 있는 자기 자신도 문제가 된다. 모르고 먹는 다고 죄가 안 되는 것은 아니다. 예로 양잿물, 독약을 꼭 알고 먹어야 죽고 모르고 먹으면 안 죽는가 똑같다. 죄가 되므로 안 먹으려고 애써야 된다. 먹는 것은 자유이나 먹은 것에 대한 책임은 져야하는 것이다.

Q 434) 남자의 머리는 그리스도, 여자의 머리는 남자, 그리스도의 머리는 하나님이라면 남녀차별 주의 가 아닌가?(11:3-4)

"그러나 나는 너희가 알기를 원하노니 각 남자의 머리는 그리스도요 여자의 머리는 남자요 그리스도의 머리는 하나님이시라", "무릇 남자로서 머리에 무엇을 쓰고 기도나 예언을 하는 자는 그 머리를 욕되게 하는 것이요"

A 남녀의 인권은 동등이다. 성령의 은사와 은혜를 주심도 동등이나 질서에 있어서는 남자가 여자의 머리가 된다. 그 이유를 세 가지로 들자면 1) 창조의 원리에 있어서 그러하고(7-9절) 2) 천사의 감시에 있어서 그러하고(10절) 3)본성, 즉 자연의 감각에 있어서 그러하다고 했다(14절)

창2:18,20-22에 여자는 남자를 돕는 배필로 창조한 것이다. 돕는 배필보다 도움 받는 자가 머리가 되는 것이다. 그래서 여자의 머리는 남자요 남자의 머리는 그리스도요 그리스도의 머리는 하나님 이니라

Q 435) 남자는 머리에 무엇을 쓰고 기도나 예언하거나 여자는 벗고서 머리밀고서 하는 것이 왜 그 머 리를 욕되게 하는가?(11:4-6)

(4절) "무릇 남자로서 머리에 무엇을 쓰고 기도나 예언을 하는 자는 그 머리를 욕되게 하는 것이요"
(5절) "무릇 여자로서 머리에 쓴 것을 벗고 기도나 예언을 하는 자는 그 머리를 욕되게 하는 것이니 이는 머리 민 것과 다름이 없음이니라"
(6절) "만일 여자가 머리에 쓰지 않거든 깎을 것이요 만일 깎거나 미는 것이 여자에게 부끄러움이 되거든 쓸지니라"

A 여자는 남자에게 복종하는 표시로 머리에 무엇을 쓰거나 긴 머리로 대신도 한다. 그러나 남자는 하나님의 형상이 되므로(7절) 그 머리에 무엇이나 쓰지 않고 예언이나 예배드림이 마땅하다. 여자의 머리는 남자이므로 여자는 권세아래 있는 표식으로 머리에 무엇을 쓰라고 명령하신 것이다(10절) 만일 여자가 머리에 쓰지 않고 기도나 예언을 하는 것을 머리를(남자) 욕되게 하는 것이다.

그러므로 여자가 머리를 짧게 깍거나 미는 것이나 수건을 쓰지 않으면 본성이 부끄러움을 느끼듯 남자가 머리를 길게 기르거나 수건을 쓰면 본성

이 부끄러움을 느껴야한다. 권세아래 있음은 그의 지도와 그의 영광을 위해서 이 법도를 잘지켜 나가야한다.

Q 436) 우리는 편당이 있어야하는가? 없어야 하는가?(11:19)

"너희 중에 편당이 있어야 너희 중에 옳다 인정함을 받은 자들이 나타나게 되리라"

A 반대편이 있어야 옳은 것이 더 잘 나타난다. 어두운 곳에서 빛이 더욱 환하게 드러나는 것과 마찬가지이다. 옳지 않은 것이 나와 반대하면 옳은 것이 더욱 확실히 드러나게 된다. 예로 마틴 루터를 위대하게 만든 것은 당시 타락한 천주교 세력들이었다.

진리를 반대하는 세력이 있으면 진리가 손해를 보는 것 같으나 도리어 옳은 것이 환하게 드러나게 되므로 오히려 더 옳음을 나타내준다. 이런 의미에서 편당이 있어야한다고 말씀한 것이다.

Q 437) 고린도교회의 성찬예식에 문제점과 오류가 있었는데 성찬예식의 진정한 의미는?(11:17-26)

(23절) "내가 너희에게 전한 것은 주께 받은 것이니 곧 주 예수께서 잡히시던 밤에 떡을 가지 사"

(24절) "축사하시고 떼어 가라사대 이것은 너희를 위하는 내 몸이니 이것을 행하여 나를 기념하라 하시고"

(25절) "식후에 또한 이와 같이 잔을 가지시고 가라사대 이 잔은 내 피로 세운 새 언약이니 이것을 행하여 마실 때마다 나를 기념하라 하셨으니"

(26절) "너희가 이 떡을 먹으며 이 잔을 마실 때마다 주의 죽으심을 오실 때까지 전하는 것이니라"

A 고린도교회에서는 성찬예식을 할 때에 예찬(음식을 모여서 함께 먹는 일)을 겸하여 시행했는데 그 일이 도리어 은혜스럽지 못하고 가난한 자들을 부끄럽게 만들었다. 이 일로 바울이 고린도 교회를 칭찬치 않고 도리

어 책망을 하였다.

처음엔 애찬 후 성찬예식을 거행했고 애찬의 비용이 너무 많아 교회재정이 부족해서 성도가 자기 먹을 것을 자기 집에서 준비해서 애찬을 나누고서 성찬예식을 하게 되었다. 부자들은 많이 먹고 취하고 가난한 자들은 대체로 먹지 못해 배고프고 시장해서 이런 폐단을 없애기 위해 AD.412년 칼타고 회의에서 애찬을 폐지하기로 결의하고 오늘까지 성찬만이 행하게 되었다.

성찬예식의 진정한 의미? 1) 예수께서 나 위해 십자가에서 피 흘려 죽으심으로 내 죄로 씻어주심을 믿는 것

2) 좀 더 깊이 예수를 사귀는 것으로 오직 예수로 인하여사는 것이다.

Q 438) '성령이 아니고는 예수를 주라할 수 없다' 성령이 그리스도인들의 예수그리스도에 대한 이해와 고백인가? 고린도 교인들의 성령이해의 오해불식인가?(12:3)

> "그러므로 내가 너희에게 알게 하노니 하나님의 영으로 말하는 자는 누구든지 예수를 저주할 자라 하지 않고 또 성령으로 아니하고는 누구든지 예수를 주시라 할 수 없느니라"

A 예수가 구주로 믿어지는 것은 성령을 받은 증거이다. 또 성령으로 말하는 자는 예수를 저주할 자라고 하지 않는다. 예수를 저주하는 것은 성령의 역사가 아니다. 예수를 믿기 전에는 죄 값으로 영혼이 죽어있었으나 성령께서 하나님의 말씀을 가지고 죽었던 영혼을 살려 놓았으므로 예수를 구주로 믿게 된 것이다.

그러므로 예수를 구주로 믿는 자는 중생한 것이며 다 성령을 받은 것이다. 성령 받은 증거는 예수님이 구주로 믿어지는 것이다. 예수를 믿으면서도 자기가 성령을 받지 못한 줄로 알고 성령 충만과 성령의 은사 받고져 하는 것은 잘못 믿는 것이다.

본 의제의 해답은 전자보다 후자를 더 지지 할 수가 있다.

Q 439) 은사는 성령님이 직임은 주님이 역사는 하나님이 주시나 삼위일체 하나님이 분업해서 교회의 다양성을 책임지시나?(12:4-7)

(4절) "은사는 여러 가지나 성령은 같고"
(5절) "직임은 여러 가지나 주는 같으며"
(6절) "또 역사는 여러 가지나 모든 것을 모든 사람 가운데서 역사하시는 하나님은 같으니"
(7절) "각 사람에게 성령의 나타남을 주심은 유익하게 하려 하심이라"

A 은사는 성령님을 직임에는 주님을 역사에는 하나님을 말하였으나 은사, 직임, 역사, 이 셋을 전부 하나님과 주님과 성령님이 하시는 것이다. 여기에 삼위일체의 하나님이 나타나셨다. 성부, 성자, 성령의 위는 셋이지만 하나님은 일체시며 하나이다. 삼위가 오직 한 분 하나님이시다

이 삼위의 하나님께서 동일한 구원사업을 하시는 것이다. 모든 은사와 직임과 역사가 한 하나님께서 온 것이므로 사랑으로 아끼고 도와주고 협력하여 하나님의 일만 잘 되게 해 나가야한다.

Q 440) 지혜, 지식, 믿음, 병 고침, 능력 행함, 예언, 방언, 영분별, 방언 통역 등 9가지 은사의 순서나 크고 작음이 있는가? 또 경중이 있는가?(12:8-11)

(8절) "어떤 이에게는 성령으로 말미암아 지혜의 말씀을, 어떤 이에게는 같은 성령을 따라 지식의 말씀을"
(9절) "다른 이에게는 같은 성령으로 믿음을, 어떤 이에게는 한 성령으로 병 고치는 은사를"
(10절) "어떤 이에게는 능력 행함을, 어떤 이에게는 예언함을, 어떤 이에게는 영들 분별함을, 다른 이에게는 각종 방언 말함을, 어떤 이에게는 방언들 통역함을 주시나니"
(11절) "이 모든 일은 같은 한 성령이 행하사 그 뜻대로 각 사람에게 나눠 주시느니라"

A 은사는 한 성령님 안에서 나왔기 때문에 궁극적 목적이 똑같기 때문에 더 중요하고 덜 중요한 것이 없으며 오직 하등의 차이가 없는데 더 중요하게 생각하여 교만에 빠지게되면 죄만 쌓는다.

각각 맡은 직임도 신앙의 척도도 아니요 신앙의 고저로 온 것이 아니다. 어느 직임도 다른 성도를 섬기며 봉사하라고 세워 놓은 당연직인 것이다. 실제로 보이는 은사 보다 보이지 않는 은사(믿음, 소망, 사랑)를 더 귀중히 여겨야한다. 성령이 임의로 주신 성령의 선물인 것이다. 은사 소유 욕구에 불타고 있다. 은사 사모는 좋은 것이되 경중을 따져 중한 것만 차지하려고 경한 것 멸시해서도 안 된다.

Q 441) '더 큰 은사' 와 '제일 좋은 길' 인 두 구절은 하나인가? 아니면 따로 따로를 위함인가?(12:31)

"너희는 더욱 큰 은사를 사모하라 내가 또한 제일 좋은 길을 너희에게 보이리라"

A '더 큰 은사' 는 8-10절의 성령의 9가지 은사보다 더 큰 은사가 있다. 더 큰 은사는 하나님의 말씀이다. 하나님의 말씀이 방언이나 예언의 은사보다 훨씬 크다. 여기서 예언의 말씀은 마땅히 하여야할 하나님의 말씀(성경)을 깨달은 것이다. 그 말씀대로 자기가 순종하여 만들어지고 그 말씀대로 교회를 세워나가야만 한다.

9가지은사도 귀중하지만 머지않아 예언도 폐하고 방언도 지식도 폐할 날이 온다. 그러나 성도가 말씀대로 영적 성전을 지어나가는 것만 하나님 앞에 영원히 남는 것이다.

'제일 좋은 길' 은 다음 13장에 나오는 '사랑' 이다. 교회를 세워나가는데도 사랑이 제일이다. 더 큰 은사를 사모하는 동시에 사랑으로 그것을 이루어 나가야한다. 두 구절은 한절 안에 있지만 하나가 아니고 따로따로를 위함인 것이다.

Q 442) 모든 것으로 구제하고 몸을 불사르게 내어줄지라도 과연 사랑 없이도 이런 것이 가능하다고 보는가?(13:3)

"내가 내게 있는 모든 것으로 구제하고 또 내 몸을 불사르게 내줄지라도 사랑이 없으면 내게 아무 유익이 없느니라"

A 자선사업을 한다고 해서 우리영혼이 살아나고 구원받은 것이 아니다. 남을 위해서 자기의 모든 재산과 몸까지 희생하는 것은 아주 큰 희생이다. 그러나 이런 것도 믿음 없이 하나님의 사랑(아가페) 없이 하는 불신자들도 있다.

그러므로 사랑이 없을 때는 그것이 하나의 자선사업에 그치고 영혼을 구원하지 못한다. 구제도 믿음과 사랑으로 하지 않으면 아무 영적유익이 없다. 왜냐하면 그것은 중생한 영의 역사로 한 것이 아니기 때문인 것이다. 비록 작은 것(봉사, 구제, 도움)이라도 믿음과 사랑으로 하여야만 하나님이 기뻐하신다.

Q 443) '내게 아무 유익이 없느니라' 내게 유익이 있게 하기 위해서 순교도 믿음도 방언도 하면 되는가?(13:3)

"내가 내게 있는 모든 것으로 구제하고 또 내 몸을 불사르게 내줄지라도 사랑이 없으면 내게 아무 유익이 없느니라"

A '내게 아무 유익이 없느니라'는 중생한 영혼을 위한 일이 되지 못하고 부패한 육신만 위해 일하다보면 생명의 세계와는 아무상관 없게 됨으로 유익이 없는 것이다. 예수님이 요6:63에 "살리는 것은 영이니 육은 무익하니라 내가 너희에게 이른 말이 영이요 생명이 다"라고 하셨다.

아무리 예언하는 능이 있고 산을 옮길만한 믿음이 있어도 사랑이 없으면 내가 아무것도 아니며 모든 것으로 구제하고 내 몸을 불사르게 내어 줄지라도 사랑 없으면 내게 아무 유익이 없느니라 순교도 믿음도 방언도 영혼을 위한 생명세계의 일로 하는 것이다.

Q 444) 사랑의 성질이 15가지 사랑이라니 '사랑'을 한마디로 요약할 수 없는가(13:4-7)

(4절) "사랑은 오래 참고 사랑은 온유하며 시기하지 아니하며 사랑은 자랑하지 아니하며 교만하지 아니하며"
(5절) "무례히 행하지 아니하며 자기의 유익을 구하지 아니하며 성내지 아니하며 악한 것을 생각하지 아니하며"
(6절) "불의를 기뻐하지 아니하며 진리와 함께 기뻐하고"
(7절) "모든 것을 참으며 모든 것을 믿으며 모든 것을 바라며 모든 것을 견디느니라"

A 사랑의 성질을 본문에서 15가지를 밝힌다. 다른 성경에서 모두 11가지를 밝혀 모두 26가지나 된다. 사랑의 세계는 무변광대하며 우리의 이 작은 머리로 다 이해하기는 힘들다. 이 사랑의 세계는 진리의 세계요 은혜의 세계요 빛과 생명의 세계요 구속과 구원 생명의 세계요 하나님과 그리스도와 성령의 세계이다. 그러나 우리는 26가지를 들어 희미하게나마 사랑의 세계를 볼려고 애쓴다.

이 사랑의 세계를 우리의 언어와 단어로 표현 불가능한 것이다. 영으로 영혼의 깊은 세계에 들어가지 않고서는 사랑의 세계를 이해할 수가 없는 영역이다. 그러나 26가지를 지키다보면 이 오묘한 세계에 도달 할수 있으며 사랑을 꼭 한마디로 말한다면 곧 하나님이시다(God is Love 요3:8,16)

Q 445) 사랑의 영원성을 6가지로 요약해서 설명할 수 있는가?(13:8-13)

"사랑은 언제까지나 떨어지지 아니하되 예언도 폐하고 방언도 그치고 지식도 폐하리라"(8절)
"우리는 부분적으로 알고 부분적으로 예언하니" (9절)
"온전한 것이 올 때에는 부분적으로 하던 것이 폐하리라" (10절)
"내가 어렸을 때에는 말하는 것이 어린 아이와 같고 깨닫는 것이 어린 아이와 같

고 생각하는 것이 어린 아이와 같다가 장성한 사람이 되어서는 어린 아이의 일을 버렸노라" (11절)
"우리가 지금은 거울로 보는 것 같이 희미하나 그 때에는 얼굴과 얼굴을 대하여 볼 것이요 지금은 내가 부분적으로 아나 그 때에는 주께서 나를 아신 것 같이 내가 온전히 알리라" (12절)
"그런즉 믿음, 소망, 사랑, 이 세 가지는 항상 있을 것인데 그 중의 제일은 사랑이라" (13절)

A 1) 언제까지 떨어지지 않는 것(13:8) 사랑은 변하거나 없어지지 않는 특징이 있다.

2) 부분적인 것이 아니고 온전한 것(13:9-10) 사랑은 오직 영원하고 거룩한 것만 남는다.

3) 율법의 완성이다(13:10) 십계명의 원뜻 하나님과 이웃사랑의 완성인 것이다.

4) 어린이생각이 어른생각으로 바뀌고(13:11) 영원한 내세까지 가지고 갈 생각으로 함.

5) 거울로 보는 것 보다 직접 보는 것이다(13:12) 그 나라는 희미하지 않고 확실한 것이다.

6) 믿음 소망보다 더 우선하는 것(13:13) 세 가지 중 천국에서 우선적이고 영원성이 있는 것이 사랑이다.

이 영원성 6가지는 우리가 꼭 가져야 할 소유하고 천국까지 가지고 가야 할 사랑의 은사인 것이다.

Q 446) 교회의 덕을 위해 방언과 예언을 대조하여 유익성 및 한계성을 말한 본장의 의도는?(14:1-19)

" 그런즉 형제들아 내가 너희에게 나아가서 방언으로 말하고 계시나 지식이나 예언이나 가르치는 것으로 말하지 아니하면 너희에게 무엇이 유익하리요" (6절)
"이와 같이 너희도 혀로써 알아듣기 쉬운 말을 하지 아니하면 그 말하는 것을 어찌 알리요 이는 허공에다 말하는 것이라" (9절)

"그러므로 내가 그 소리의 뜻을 알지 못하면 내가 말하는 자에게 외국인이 되고 말하는 자도 내게 외국인이 되리니" (11절)
"내가 만일 방언으로 기도하면 나의 영이 기도하거니와 나의 마음은 열매를 맺지 못하리라"(14절)

A 성도는 항상 신령한 것을 사모해야한다. 신령한 것은 육신에 속한 것이나 세상에 속한 것과는 반대되는 것이다. 즉 성령과 중생한 영혼에 속한 것이요 영적인 것이다. 예언은 하나님의 말씀을 가리킨다.(계1:3, 딤전1:18) 방언은 세 가지가 있으니 ①다른 나라 말 외국어 방언 ②알아듣지 못하는 방언 ③새 방언이다

예언은 하나님의 말씀을 가지고 교회에 덕을 세우고 유익을 준다. 방언은 성도들에게 유익이 없다(6절) 허공에다 말하는 것(9절) 말하는 자나 듣는 자 모두 외인이 되고(11절) 방언기도는 자기 영은 기도를 하나 마음에는 열매가 없다(14절) 고전14장은 방언과 예언을 하되 교회 덕을 위해 예언은 권장하되 방언은 자제를 요청하는 것이 전체의 요지이다.

Q 447) 영으로 기도하고 마음으로 기도함과 찬미도 영과 마음으로 하는 것의 구분은 어떻게 하는 것일까?(14:14-15)

"내가 만일 방언으로 기도하면 나의 영이 기도하거니와 나의 마음은 열매를 맺지 못하리라" (14절)
"그러면 어떻게 할까 내가 영으로 기도하고 또 마음으로 기도하며 내가 영으로 찬송하고 또 마음으로 찬송하리라" (15절)

A 영으로 기도하고 : 성도가 영으로 하나님과 교통하는 것을 가리키고
마음으로 기도함 : 마음으로 무엇을 구하는 것을 가리킨다.
영으로 찬미하고 : 영으로 하나님과 교통하여 즐거워하는 것을 가리키고
마음으로 찬미함 : 마음으로 가사내용을 이해하며 찬송하는 것이다.
방언으로 기도하면 자기 영은 기도하나 마음에는 열매가 없다. 여기 마

음에 열매가 없다는 것은 깨달음이 없는 것 회개가 없는 것, 불의를 떠나고 바른 길을 걸으려는 결심이 없는 것 등을 말한다. 그래서 우리는 개인적으로 영의 기도와 영의 찬미를 공적 예배시엔 마음의 기도와 찬미를 해야 한다.

Q 448) '여자는 교회에서 잠잠하라' '오직 복종할지라' 여자는 교회에서 말하지도 말고 순종만이 미덕인가?(14:34-35)

(34절) "여자는 교회에서 잠잠하라 그들에게는 말하는 것을 허락함이 없나니 율법에 이른 것 같이 오직 복종할 것이요"
(35절) "만일 무엇을 배우려거든 집에서 자기 남편에게 물을지니 여자가 교회에서 말하는 것은 부끄러운 것이라"

A 모든 교회에서 함과 같이 라는 뜻이며 교회의 규례도 성경에 근거한 것을 지켜야한다. 이 규례는 창3:16에 근거한 것이며 여자가 교회에서 남자를 가르치는 위치에 있게 되면 자기 남편위에 있게 됨으로 "남편에게 복종하라"는 말씀에 위배되는 것이다.

그러므로 여자는 교회에서 잠잠하라고 한다. 여기 잠잠하라는 말은 여자가 교회에서 아무 말도 찬송도 기도도하지 말라는 말이 아니고 남자들을 주장하는 공적교훈을 하지 말라는 것이다. 왜냐면 여자의 머리가 남자이기에 남자교역자가 예수그리스도와 성경에서 배워 교회와 여자에게 가르치고 여자는 교역자에게 배워서 자녀나 아랫사람을 가르치고 인도하되 자기 남편의 머리가 돼서는 안 된다. 믿음없는 남편은 예외이다.

Q 449) '죽은자들을 위하여 세례받은 자들'이란 초대교회시대는 죽은 자들을 위하여 세례받아 주었는가?(15:29)

"만일 죽은 자들이 도무지 다시 살아나지 못하면 죽은 자들을 위하여 세례를 받는 자들이 무엇을 하겠느냐 어찌하여 그들을 위하여 세례를 받느냐"

A 죽은 자들을 위하여 세례 받는다는 성구는 성경난해구절 중의 하나이다.

1) 세례 받지 않고 죽은 신자를 위해 산 신자가 대신 세례받는 다는 견해(메이어)

2) 죽은 자의 부활을 믿음으로 산 사람이 세례받아 주는 견해(렌스키)

3) 여기서는 물세례가 아니라 순교자에 의한 피의 세례라는 견해(고데)

4) 바울의 대인논증(자연의 논지를 강화하고 정당화하기위해 타인의 주장을 자신의 주장처럼 인용하는 것으로 이 주장의 진실유무에 상관치 않는다) 이외에도 많은 학설이 있다. 아무튼 초대교회시대 이런 사례가 있었던 것같다. 그래서 바울이 그들의 습관을 그대로 언급하므로 부활이 없다는 고린도교회에게 쉽게 가르치고자하는 목적뿐이다. 이단 교리를 바울이 인정하는 것은 아니다.

Q 450) '나는 날마다 죽노라' 어떻게 날마다 죽고 부활하고 또 죽겠다는 것인가?(15:31)

"형제들아 내가 그리스도 예수 우리 주 안에서 가진바 너희에게 대한 나의 자랑을 두고 단언하노니 나는 날마다 죽노라"

A 나의 자랑은 오직 복음이며 예수그리스도의 십자가 부활만 자랑했던 바울이다. 성도가 날마다 죽어야 날마다 살아난다. 부활의 소망이 있기 때문에 고난을 받으며 죽음을 무릎쓰고 전도를 하며 의를 행한다.

여기 날마다 죽는다는 말은 자기를 죽음에 넘기우는 것, 생명을 내여 놓고 죽음의 노선을 걸어가는 것이다. 자기가 완전히 낮아지고 자존심이나 교만한 맘, 자만한 맘을 완전히 십자가 못 박아 죽이는 생활이다 보니 온유, 겸손해지고 항상 낮아지고 섬기는 자리에서 사는 것이 날마다 죽는 것이다.

Q 451) '나는 범인처럼 에베소에서 맹수로 더불어 싸웠으면' 바울이 언제 맹수와 더불어 싸웠는가?(15:32)

"내가 범인처럼 에베소에서 맹수로 더불어 싸웠으면 내게 무슨 유익이 있느뇨 죽은 자가 다시 살지 못할 것이면 내일 죽을 터이니 먹고 마시자 하리라"

A 여기 범인(凡人)처럼은 부활 소망이 없는 일반 불신자처럼 이라는 뜻이다. 맹수로 더불어 싸웠으면의 뜻은 실제로 바울이 맹수와 싸운일은 없다. 이것은 비유이다. 맹수처럼 악랄하게 복음을 대적하고 핍박하는 사람들과 죽음을 무릅쓰고 싸우면서 바울이 복음만 전하였다.

그런데 만일 부활이 없다고하면 이렇게 맹수 같은 그들과 싸운 일이 바울에게 무슨 유익이 있겠는가? 하는 반문이며 범인처럼 부활이 없다고 믿는 불신자라면 맹수와 같은 사람과 생명 내놓고 싸울 자가 있겠는가? 하는 의미이다. 소망 없는 자는 내일 죽을 것이니 먹고 마시자 했을 것이다.

Q 452) '썩을 것으로 심고 썩지아니 할 것으로 다시 살며' 썩을 것을 심었는데 싹이 나와 살 수 있는 것인가?(15:42)

"죽은 자의 부활도 이와 같으니 썩을 것으로 심고 썩지 아니할 것으로 다시 살며"

A 사람이 죽어서 장사 지내는 것은 종자를 심는 것과 같다. 종자를 심으면 거기에서 새 생명이 움트고 나오는 것처럼 사람이 죽어 장사되면 그 시체에서 새 생명이 부활하게 된다. 여기 썩을 것은 현재 우리육체가 다 썩을 것이다.

그러나 썩지 아니 할 것은 부활체를 말한다. 현재 썩을 몸이 죽으면 다음에 썩지 않이 할 신령한 몸으로 부활하게 된다. 성도가 죽기 전에도 현재의 썩을 것을 믿음으로 희생하면 장래에 썩지 않을 것을 많이 거둔다.

한 알의 밀알이 죽어 썩으면 많은 열매를 맺고 죽지 않고 썩지 않으면 언제나 한 알 그대로 있다.(요12:24)

Q 453) '혈과 육은 하늘나라를 유업으로 받을 수 없고' 우리 부활체는 육체도 부활하는데 하늘나라에 못 가는가?(15:50)

"형제들아 내가 이것을 말하노니 혈과 육은 하나님 나라를 유업으로 받을 수 없고 또한 썩은 것은 썩지 아니한 것을 유업으로 받지 못하느니라"

A 현재 우리는 혈과 육을 가지고 있는 몸이다. 혈기가 살아있고 육신중심으로만 살고 있는 고깃덩어리들이 다 썩어서 죽어야만 그 나라를 유업으로 받을 수 있다. 엘리야나 에녹은 우리같은 혈과 육이 아니고 다 죽어서 하나님의 뜻에 복종된 혈과 육이므로 산체로 승천해서 하늘나라를 소유했다.

우리의 혈과 육의 몸으로는 신령하고 썩지 않는 영원한 하늘나라를 유업으로 받을 수 없다. 썩을 수밖에 없는 혈과 육의 몸이 죽어야만 된다. 그러나 썩은 몸이 다시 부활하거나 신령체로 변화되어야만 그때야 비로써 그 나라를 유업으로 받을 수 있는 것이다.

Q 454) '사망이 이김의 삼킨바 되리라' 고 기록한 성경은 어디며 무슨 말씀에서 따온 것인가?(15:54)

"이 썩을 것이 썩지 아니함을 입고 이 죽을 것이 죽지 아니함을 입을 때에는 사망이 이김의 삼킨바 되리라고 기록된 말씀이 응하리라"

A 예수그리스도의 재림과 성도의 부활로 인하여 썩지 아니할 몸, 죽지 아니할 몸을 입을 때에는 사망을 완전히 이기게 된다. 이때에 이사야 25:8의 예언이 완전히 성취될 것이다.(①사망을 영원히 멸하실 것이며 ②주님이 모든 얼굴에서 눈물을 씻기시리라)

사망이 이김의 삼킨바 되리라는 말씀은 호13:14을 인용한 것으로 사망이 생명의 승리에 삼킨바 된다는 뜻이다. 그리스도의 부활과 성도의 영적 새 생명과 부활의 승리는 사망을 완전히 삼켜서 멸절시키고 말 것이다.

Q 455) '사망이 쏘는 것은 죄요' 사망이 무엇을 쏘고 죄는 인격적인가?(15:56)

"사망의 쏘는 것은 죄요 죄의 권능은 율법이라"

A 사망은 사람을 이기고 정복하고 사람을 화살을 쏘는 것 같이 쏜다. 사망이 들어오면 영웅호걸이라도 그것을 이기지 못한다. 아무리 행복스러운 가정과 사회라고 할지라도 사망이 찾아와 쏘면 고통을 당하고 마침내 사망에게 정복당하고 만다. 정복당하는 것 죽는 것을 사망이 쏘는 것이다.

사망은 죄로 인하여 세상에 들어 왔으며 사망의 권세는 하나님의 율법이 있다. 로마서7:8에 ". . . 이는 법이 없으면 죄가 죽은 것임이니라"고 하였다. 죄가 율법을 의지하여 살아 득세하고 힘을 얻어 모든 사람을 쏘고 넘어뜨리고 쓰러뜨려 죽게 함으로 사망이 이긴다.

Q 456) '내게 광대하고 공효를 이루는 문이 열리고' 이 말의 뜻이 무엇이며 풍기는 분위기는 어떠한가?(16:9)

"내게 광대하고 공효를 이루는 문이 열리고 대적하는 자가 많음이니라"

A 바울이 에베소에 머무르려고 한 이유를 설명하게 된다.

1) 광대하고 공효를 이루는 문이 열렸기 때문이다. : 복음사업에 성공의 역사가 많이 나타났다. 이것이 광대하고 공효를 이루는 문이 열린 것이다. 하나님의 일을 하는데 많은 효과 나타나 복음이 널리 전파되어 나가고 전도의 열매가 많이 맺혀나가는 때는 그곳을 떠나면 안 된다.

2) 대적하는 자가 많기 때문이다 : 이런 자가 많으면 고난이 많아 교역자들이 떠나려고 하는 것이 보통이나 바울은 그 곳을 떠나지 않고 복음을 열심히 전했다.

※ 하나님께서 길을 열어 주시고 문이 열렸을 때는 힘써서 그 일을 이루어 나가야 한다.

Q 457) '주를 사랑하지 않으면 저주를 받을 지어다' 세상에 주를 조금 사랑한다고 저주까지 받는가?(16:22)

"만일 누구든지 주를 사랑하지 아니하거든 저주를 받을지어다 주께서 임하시느니라"

A 주를 사랑하지 않는 자는 예수를 믿지 않는 자를 가리킨다. 예수를 믿지 않는 자는 벌써 저주를 받은 것이다. 예수를 믿는 자는 법적으로 그리스도 안에 있는 자요 영적으로 그리스도 안에 있어야 될 자이다.

그리스도 안은 구속의 세계요 사랑과 빛의 세계요 기쁘고 평안한 세계이다.

그리스도의 사랑 밖의 세계는 다 저주의 세계이다. 우리 시조 아담이 범죄하여 이 세상이 저주를 받았다. 이 저주받은 세계에서 축복의 세계로 들어가려면 그리스도 안에 들어가야 한다. 고후 5:14 "그리스도의 사랑이 우리를 강권하시도다" 여기 "주를 사랑하지 안 거든"은 예수를 믿지 않는 자로 이미 저주하여 있는 자이다.

고린도후서

Q 458) 바울이 아시아 어디에서 환난을 당했는가? 살 소망이 끊어질 정도의 심한 환난이 구체적으로 무엇인가?(고후1:8)

"형제들아 우리가 아시아에서 당한 환난을 너희가 모르기를 원하지 아니하노니 힘에 겹도록 심한 고난을 당하여 살 소망까지 끊어지고"

A 바울이 아시아에서 복음을 전하다가 심한 환난을 받았으나 하나님이 건져 주셨다.(행19:23-41, 고전15:32) 바울이 그 경험을 들어서 하나님

은 환난 중에 위로하여 주시고 유익을 주신다고 간증하고 있는 것이다.

여기 아시아는 소아시아로 지금의 터키 서북부지역이다. 바울이 아시아에서 당한 환난은 힘에 지나도록 심한 고생이었고 살 소망까지 끊어지는 정도였다. 그 환난이 너무 커서 마음에 사형선고를 받은 줄로 알았다. 딤후 4:17에 "내가 사자의 입에서 건지웠느니라" 사자의 입에 놓여있는 것 같은 큰 고생 살 소망까지 상실한 지경인데 하나님이 하나님만 의지하도록 하시고서 건저 주셨다.

Q 459) '많은 사람의 기도로 얻은 은사를' 여기은사는 바울의 영권인가? 바울을 구해 낸 하나님의 호의인가?(1:11)

"너희도 우리를 위하여 간구함으로 도우라 이는 우리가 많은 사람의 기도로 얻은 은사로 말미암아 많은 사람이 우리를 위하여 감사하게 하려 함이라"

A 바울이 고린도 교인들에게 기도해 달라고 부탁한 것은 바울 개인을 위한 이기주의적 발상이 아니다. 바울이 자기들을 통해서 이루어 나가는 하나님의 구원운동이 잘 되기 위해서 기도해 달라고 부탁한 것이다.

바울을 통해서 이루어 나가는 하나님의 구원운동이 많은 사람의 기도로 얻은 은사와 협력으로 되어진 것이며 바울 혼자서는 할 수 없는 일이다.

기도로 얻은 은사는 바울의 개인 영권도 있었으나 그래도 여러 성도들이 기도해 주므로 얻어진 기도의 은사 때문에 주의 일에 열매가 열리게 된 것이다. 하나님의 구원 운동도 한 두 사람으로 할 수 없고 여러 사람의 기도와 정성과 노력과 모든 것을 다 바쳐서 협력할 때 더욱 잘 되어가는 것이다.

Q 460) 예수그리스도는 '예' 만 있고 '아니요 함이 없는 분인가? 그럼 예수그리스도는 yes man인가? 무슨 뜻 인가?(1:19)

"우리 곧 나와 실루아노와 디모데로 말미암아 너희 가운데 전파된 하나님의 아들 예수 그리스도는 예하고 아니라 함이 되지 아니하셨으니 그에게는 예만 되었느니라"

A 예수그리스도는 언제나 하나님의 뜻대로 yes(순종)만 했다. 한번도 "아니다" no(불순종)한 적이 없다.(요5:30) 그래서 예수님은 죽기까지 순종하여 우리의 구원을 완성해 놓았다.(빌2:8) 그러나 유대인이나 죄인들의 잘못 됨을 보신 예수님은 분명히 "아니다" no 하시는 no man 이시다. 그러나 하나님의 말씀에는 무조건 yes man 이시다.

우리가 만약 하나님의 일을 하면서 자기가 유리한데로 이랬다 저랬다한다면 하나님을 이용하는 결과가 온다. 그래서 죄를 더 쌓게 된다. 하나님의 뜻엔 yes man이 되고 세상나라 사람들의 잘못을 보면 언제나 no man이 되어야 한다.

Q 461) 한 사람이 두 냄새를 풍길 수 있는가?(이 사람에겐 사망의 냄새를 저 사람에게는 생명의 냄새를)(2:16)

"이 사람에게는 사망으로 좇아 사망에 이르는 냄새요 저 사람에게는 생명으로 좇아 생명에 이르는 냄새라 누가 이것을 감당하리요"

A 빌1:28-29 " 이것이 저희에게는 멸망의 증거요 너희에게는 구원의 증거이니 이는 하나님께로 부터난 것이니라" 즉 그리스도의 향기가 구원얻은 우리에게는 생명에 이르는 냄새요 멸망하는 자들에게는 사망에 이르는 냄새라고 하시였다. 그리스도의 냄새가 나는 신자가 참신자이며 영이 산 신자인 것이다. 영이 살았기에 그리스도의 향기가 묻어나는 것이다.

성도들을 통하여 나타난 그리스도의 향기가 그것을 반대하고 막는 무리에게는 사망에 이르는 냄새가 된다. 진리의 역사가 힘있게 발전해 나아가면 진리를 대적하는 반대세력이 나온다. 이런 반대자에겐 복음이 사망냄새로 들려진다.

Q 462) 고린도교인들이 '우리의 편지인가?' '그리스도의 편지인가?' 여기서 편지는 무엇을 말함인가?(3:2-3)

"너희가 우리의 편지라 우리의 마음에 썼고 뭇 사람이 알고 읽는 바라 너희는 우리로 말미암아 나타난 그리스도의 편지니 이는 먹으로 쓴 것이 아니요 오직 살아계신 하나님의 영으로 한 것이며 또 돌비에 쓴 것이 아니요 오직 육의 심비에 한 것이라"

A 여기서 편지의 저자가 그리스도라는 뜻이다. 고린도 교인들은 바울로 말미암아 나타난 그리스도의 편지이다. 고린도 교인들은 바울의 편지이며 그리스도의 편지도 된다. 바울이 하나님의 종이라는 추천서나 천거서가 필요 없이 고린도 교인들을 보면 그리스도의 편지이면서 추천서라고 본다.

편지라고 표현한 것은 고린도 교인들을 보면 사도바울을 알 수 있고 또 그리스도도 알 수 있기 때문에 편지라고 했다. 또 그리스도는 하나님의 편지이다. 그리스도를 보면 하나님 아버지를 알 수 있기 때문이다. 성도는 세상에 대해 편지가 되어 그리스도와 하나님을 나타내야 된다. 고린도 교인들이 "우리의"(바울 전도단)편지도 되고 "그리스도"의 편지도 된다. 오늘날은 성도가 곧 편지이다.

Q 463) '영의 직분' '의의 직분' '길이 있을 직분' 여기 세 가지는 구체적으로 무엇을 의미하는가?(3:4-11)

"돌에 써서 새긴 죽게 하는 율법 조문의 직분도 영광이 있어 이스라엘 자손들은 모세의 얼굴의 없어질 영광 때문에도 그 얼굴을 주목하지 못하였거든" (7절)
"하물며 영의 직분은 더욱 영광이 있지 아니하겠느냐" (8절)
"정죄의 직분도 영광이 있은즉 의의 직분은 영광이 더욱 넘치리라" (9절)

A ⊙영의 직분 : 복음과 성령으로 사람의 영혼을 살리는 사도직분이며 영을 살려 내는 그리스도의 종의 직분을 말한다. 영의 직분은 영광의 직분이다.

⊙의의 직분 : 복음은 예수를 믿음으로 죄사함을 받고 의롭다함을 얻게 하기 때문에 복음의 직분은 의의 직분 이다. 영의 직분과 동일하다.

⊙길이 있을 직분 : 율법의 직분은 곧 없어질 영광이나 영의 직분과 의의 직분은 영원히 없어지지 않고 길이 있을 직분이다. 이 직분은 처음엔 사도가 받았고 그후엔 교역자와 복음을 전하는 성도가 받은 것이다.

Q 464) 구약읽을때에 벗어지지않는 수건이있으니(이것이 없어질 것) 구체적으로 설명한다면?(3:14-16)

"그러나 그들의 마음이 완고하여 오늘까지도 구약을 읽을 때에 그 수건이 벗겨지지 아니하고 있으니 그 수건은 그리스도 안에서 없어질 것이라" (14절)
"오늘까지 모세의 글을 읽을 때에 수건이 그 마음을 덮었도다" (15절)

A 이스라엘 백성들은 마음이 완고하기 때문에 구약을 읽어도 그 율법이 내포하고 있는 그리스도를 발견하지 못하였다. 이것은 수건이 아직 벗어지지 않은 것이다. 그리스도를 믿어야 율법이 바로 깨닫고 의식주의에서 벗어날 수 있다. 그리스도를 믿지 않는 자는 구약의 참뜻을 알지 못한다. 그리스도의 생명의 역사와 영적 자유의 세계에서 사는 자가 아니면 아직도 수건이 벗어지지 않는 자이다. 누구든지 그리스도 안에서 수건이 벗어져야 참된 진리를 깨달을 수 있고 영적 생명의 길을 걸을 수가 있다.

Q 465) '주의 영이있는 곳에는 자유함이 있느니라' 여기서 자유함은 무슨 자유를 의미하는 것인가?(3:17)

"주는 영이시니 주의 영이 계신 곳에는 자유가 있느니라"

A 주님 자신이 영이시고 진리와 영감을 가지시고 우리영혼을 살리시는 분이시며 성도와 영적연합. 영적교통을 하시는 분이시다. 주의 영이 있는 곳의 자유는

1) 율법의 속박에서 벗어난 영의 자유
2) 영의 자유로 모든 신앙생활을 해 나가고 믿음을 지켜나가게 되는것

3) 영적 세계에 들어간 자는 믿는 일을 스스로하고 싶어서 자유롭게 하는 것

4) 영의 세계에 들어가서 믿는 사람은 언제나 자유와 생명이 있는 것을 말한다.

그래서 진리의 길을 따라가야 영의 자유가 있다. 주의 영은 언제나 진리가운데로 인도하며 이 진리가운데 있는 자에게 영의 자유가 있고 생명이 있다.

Q 466) '보배를 질그릇에 가졌으니' 여기 보배는(영광의 직분, 예수 안에서 하나님을 아는 빛) 무엇이며 질그릇은?(4:7)

"우리가 이 보배를 질그릇에 가졌으니 이는 심히 큰 능력은 하나님께 있고 우리에게 있지 아니함을 알게 하려 함이라"

A ⊙ 보배 : 영광과 복음의 직분이다. 복음자체가 보배이며 복음의 직분도(영광의 직분) 보배이다.

이 복음은 예수를 믿어 예수 안에서 하나님을 아는 빛으로 나타나며 영광의 직분, 의의직분, 복음의 직분이라 한다.

⊙ 질그릇 : 신적요소를 제외한 인간성을 가리킨다. 사람은 전적 부패하고 타락하고 연약하기 때문에 가치없는 질그릇과 같은 것이다.

질그릇 같은 인간이 진리를 많이 깨닫고 믿고 책임과 의무 를 감당키 위해 힘을 다해야 복음이 발전되어나가고 하나님 나라가 확장되고 구원운동이 이루어져 나간다.

Q 467) 사도가 극심한 고난을 받으면(압박, 답답한 일, 핍박, 맞아 죽음) 고린도 교인들에게 돌아오는 것은?(4:8-12)

"우리가 사방으로 우겨쌈을 당하여도 싸이지 아니하며 답답한 일을 당하여도 낙심하지 아니하며" (8절)

"박해를 받아도 버린 바 되지 아니하며 거꾸러뜨림을 당하여도 망하지 아니하고" (9절)

"우리가 항상 예수의 죽음을 몸에 짊어짐은 예수의 생명이 또한 우리 몸에 나타나게 하려 함이라" (10절)

A 바울사도가 항상 극심한 고난을 받아(압박, 답답한 일, 핍박, 죽음) 죽음의 길을 걸어갔음으로 그리스도의 생명의 역사가 바울 안에서 역사하게 되었고 그 생명의 역사가 바울을 통해 고린도 교회에도 전달되었다.

바울이 전하는 복음을 듣고 고린도교회 속에는 생명이 역사하였다. 교역자의 심령이 먼저 살아야 교인들의 심령도 살려낼 수 있고 교인들이 살아야 아직도 구원받지 못해 죽어 있는 가족, 친지, 친구들도 살려 낼 수 있는 것이다.

바울의 극심한 고난으로 날마다 죽음의 길을 걸으며 잘 극복할 때 그리스도의 새 생명의 역사가 바울과 고린도교회와 오늘 우리에게 까지 생명의 역사가 돌아오게 된 것이다.

Q 468) 겉 사람은 후패하나 속사람은 새롭도다. 겉 사람은 질그릇, 몸, 죽을 육체(옛사람) 구분되어야한다. 새로워 질수 없는가?(4:16-17)

"그러므로 우리가 낙심하지 아니하노니 우리의 겉사람은 낡아지나 우리의 속사람은 날로 새로워지도다"(16절)
"우리가 잠시 받는 환난의 경한 것이 지극히 크고 영원한 영광의 중한 것을 우리에게 이루게 함이니"(17절)

A 겉 사람(옛사람) 육신을 가리킨다. 육의 사람은 핍박과 비방과 외부적으로 오는 많은 환난을 받아 쇠약 해지고 노쇠, 죽음이 점점 가까워지는 상태를 말한다. 다른 곳에서는 겉 사람을 질그릇, 몸, 죽은 육체라고도 했다.

속사람(새사람) 중생한 영혼을 가리킨다. 속사람이 새로워지는 사람은 외부적으로 환난과 고통을 당할지 라도 낙심하지 않고 즐거워한다. 겉 사람이 깨어져나가야 속사람이 새로워 질수가 있는 것이다. 그러므로 성도의 겉 사람이 후패해지는 것도 도리어 유익이 될 수 있었다. 성도의 영혼이 진리와 영감으로 날마다 자라나야 속사람이 새로워지는 것이다.

Q 469) 우리의 장막집, '하늘의 영원한 집'은 구체적으로 무엇을 의미하는가?(5:1)

"만일 땅에 있는 우리의 장막 집이 무너지면 하나님께서 지으신 집 곧 손으로 지은 것이 아니요 하늘에 있는 영원한 집이 우리에게 있는 줄 아느니라"

A ⊙ 땅에 있는 우리의 장막집 : 육신을 가리킨다. 사람은 영과 육이 합한 존재이나 영혼이 주격이다. 사람 의 영혼이 육신의 장막을 쓰고 살다가 하나님이 영혼을 불러 가시면 육신의 장막을 벗어놓고 내세로 가게 된다. 육신을 장막집이라고 한 것은 육신이 잠깐 있다가 무너질 것(죽어 없어질 것)이기 때문이다.

⊙ 하늘에 있는 영원한 집 : 육신의 장막을 벗을 때 믿는 사람의 영혼은 천국으로 가는데(이곳을 하늘에 있는 영원한 집) 믿지 않은 사람의 영혼은 지옥으로 간다. 천국은 우리의 본향이지만 우리가 하늘 에서 온 것은 아니라 또 영혼이 하늘에 있었던 것도 아니다. 태어나기 전 우리영혼도 없었다. 천국을 본향이라 함은 하나님 아버지집이기 때문이다.

Q 470) '그리스도 안에 있으면 새로운 피조물이라' 그리스도 안에 있으면 거저 되는 것인가? 다른 무슨 조치가 필요한가?(5:17)

"그런즉 누구든지 그리스도 안에 있으면 새로운 피조물이라 이전 것은 지나갔으니 보라 새 것이 되었도다"

A 그리스도 안에 있는 성도는 새 생명을 가진 하나님의 자녀가 되었으므로 육체대로 알고 육체대로 취급하던 것은 다 지나간 것이다. 이제 우리가 그리스도 안에서 중생한 영혼으로 사는 새 사람이 되었으니 만큼 새사

람, 새생활, 새 세상으로 살아야 된다. 16절같이 사람을 대할 때 육체대로 알던 것을 이젠 육체대로 알지 아니하노라(유대인, 이방인, 할례자, 무할례자, 중요한 것 아니다) 심지어 그리스도도 육체대로 알았으나 새로운 피조물이 되고서는 그리스도는 하나님의 아들이요 우리 구세주임을 믿고 지난날 잘못알고 살았던 것을 고쳐야 한다. 그저 예수만 믿으면 새로운 새 사람되고 특별한 다른 조치가 필요 없는 것이다.

Q 471) 예수는 우리 죄를 다 짊어지시고 죄인이 되어 화목제물이 되어 여기 '죄를 삼으신 것'과 관계성은?(5:21)

"하나님이 죄를 알지도 못하신 이를 우리를 대신하여 죄로 삼으신 것은 우리로 하여금 그 안에서 하나님의 의가 되게 하려 하심이라"

A 하나님께서 우리와 화목하기 위해서 최고의 희생으로 독생자를 주께서 우리를 대신하여 십자가에 죽게 하셨다. 예수님은 경험적으로 죄를 지은 일이 없음으로 죄를 알지도 못 하신자라고 하셨다.

이런 예수님을 죄를 삼으신 것은 하나님께서 예수로 죄인을 삼은 것이 아니고 죄 자체를 삼으셨다는 뜻이며 예수님은 십자가에서 죄인 취급을 받으셨다. 그러나 죄인이 되신 것은 아니다. 죄인 취급을 받은 것은 저주와 극도의 형벌로 고난을 받은 것을 말하고 있다.(갈3:13)

예수님은 우리 죄를 대신 짊어지시고 대신 벌을 받으시면서 하나님의 의를 이루어 우리들의 의로 삼으셨다. 이것이 화목의 법이요 구속을 이루는 법이다.

Q 472) 직분수행에서 오는 온갖 수고와 고난을 감수하고 신앙의 미덕을 드러낸 조건이 모두 몇 개나 되나 열거하면?(6:3-10)

"우리가 이 직분이 비방을 받지 않게 하려고 무엇에든지 아무에게도 거리끼지 않게 하고" (3절)

"오직 모든 일에 하나님의 일꾼으로 자천하여 많이 견디는 것과 환난과 궁핍과 고난과" (4절)
"매 맞음과 갇힘과 난동과 수고로움과 자지 못함과 먹지 못함 가운데서도" (5절)
"깨끗함과 지식과 오래 참음과 자비함과 성령의 감화와 거짓이 없는 사랑과" (6절)
"진리의 말씀과 하나님의 능력으로 의의 무기를 좌우에 가지고" (7절)

A ①아무에게도 거리끼지 않게 하고 ②하나님의 일꾼으로 자천하여 ③많이 견디는 것 ④환난, 궁핍, 곤란 ⑤매 맞음, 갇힘 ⑥수고로움(요란한 것, 자지 못함, 먹지 못함) ⑦깨끗함 ⑧지식 ⑨오래 참음 ⑩자비 ⑪성령의 감화 ⑫거짓이 없는 사랑 ⑬진리의 말씀 ⑭하나님의 능력 안에 있어 ⑮의의 병기로 좌우하고 ⑯영광과 욕됨으로 ⑰악한 이름과 아름다운 이름으로 ⑱속이는 자 같으나 참되고 ⑲무명한 자 같으나 유명한 자 ⑳죽은 자 같으나 살고 ㉑징계를 받은 자 같으나 죽임당하지 않고 ㉒근심하는 자 같으나 항상 기뻐하고 ㉓가난한 자 같으나 많은 사람을 부요하게하고 ㉔아무것도 없는 자 같으나 모든 것을 가진 자로다. 직분수행에서 오는 온갖 것은 이외도 너무 많아 셀 수가 없으리라

Q 473) 불신자, 이교도, 거짓사도와 연합금지 명령의(비유6, 구약성경인용4)구체적인 내용은?(6:14-18)

"너희는 믿지 않는 자와 멍에를 함께 메지 말라 의와 불법이 어찌 함께 하며 빛과 어둠이 어찌 사귀며"(14절)
"그리스도와 벨리알이 어찌 조화되며 믿는 자와 믿지 않는 자가 어찌 상관하며" (15절)
"하나님의 성전과 우상이 어찌 일치가 되리요 우리는 살아 계신 하나님의 성전이라 이와 같이 하나님께서 이르시되 내가 그들 가운데 거하며 두루 행하여 나는 그들의 하나님이 되고 그들은 나의 백성이 되리라"(16절)

A 비유 ① 너희는 믿지 않는 자와 멍에를 같이 하지 말라 (14절)
② 의와 불법이 어찌함께 하며(14절)

③ 빛과 어두움이 어찌 사귀며(14절)

④ 그리스도와 벨리 알이 어찌 조화되며(15절)

⑤ 믿는 자와 믿지 않은 자가 어찌 상관하여(15절)

⑥ 하나님의 성전과 우상이 어찌 일치가 되리요(16절)

구약성경 인용 : 출29:45, 레6:12 렘31:1 겔37:27

Q 474) 근심은 그 자체가 죄인데 여기선 '하나님의 뜻대로 하는 근심'이 나오는데 모순이 아닌가?(7:10)

"하나님의 뜻대로 하는 근심은 후회할 것이 없는 구원에 이르게 하는 회개를 이루는 것이요 세상 근심은 사망을 이루는 것이니라"

A 근심엔 두 가지가 있다. ①세상근심. ②하나님의 뜻대로 하는 근심이 있다.

①세상근심 : 무엇을 먹을까 무엇을 마실까 무엇을 입을까하여 근심하는 것이다. 눅21:34 생활의 염려로 마 음이 둔하여지고 부 하려하는 마음을 품거나 세상염려를 하면 마귀의 올무에 걸려들어 마귀에게 끌려가게 된다.

②하나님의 뜻대로 하는 근심 : ①책망을 받을 때 잠깐 근심이 들어오는 것 ②자기의 잘못 된 것 때문에 하는 근심 ③바로하려고 하여도 잘 안 되어서 하는 근심 ④잘 믿으려고 하는 근심 ⑤믿음 없음의 걱정될 때 하 나님의 뜻대로 하는 근심을 하는 자는 하나님이 반드시 많은 은혜와 능력으로 붙들어주시고 반드시 구원 에 이르게 해 주신다. 이런 근심엔 모순이 없다.

Q 475) 부요하신 예수그리스도께서 우리 위하여 가난하게 되셨는데 이 가난이 우릴 부요하게 만드셨다니?(8:9)

"우리 주 예수 그리스도의 은혜를 너희가 알거니와 부요하신 이로서 너희를 위하여 가난하게 되심은 그의 가난함으로 말미암아 너희를 부요하게 하려 하심이라"

A 예수님은 본래 부요한 하나님이신데 우리를 위해서 하나님의 보좌와 영광의 자리를 다 내어 놓으시고 낮아져서 가난하게 되어 종살이 하다가 나중에는 십자가에서 죽어주셨다. 그러므로 우리는 구속과 의와 생명과 거룩함을 얻어(고전1:30) 모든 신령한 축복에 부요한 자들이 되었다.

하나님이 우리아버지이시니 하나님의 것이(이 땅의 모든 것, 하늘나라의 것) 다 우리 것이 됐으니 우리보다 더 부요한 자가 없다. 예수님은 이런 우리를 만드시기 위해서 이 땅에서 가난한 자가 되어 너무 어렵게 사셨고 그 가난이 우릴 부요케 하신 것이다.

Q 476) 헌금하는데 인색함으로나 억지로 했다면 아무소용이 없는가? 그래도 참작이 되는 것 아닌가?(9:7)

"각각 그 마음에 정한 대로 할 것이요 인색함으로나 억지로 하지 말지니 하나님은 즐겨 내는 자를 사랑하시느니라"

A 성도가 인색한 마음으로 연보하는 것은 근심하는 마음과 아까운 마음으로 하기 때문이며 이렇게 인색한 마음이나 억지로 연보하면 하나님이 기뻐하시지 않으신다 그래서 본문에 명령하시길 "인색함으로나 억지로 하지 말라"라고 말씀하셨다. 아벨과 가인의 제물에서 차이점을 논한다면

①정성의 차이(첫 것(맏물)드려라) ②믿음의 차이(저가 죽었으나 믿음으로 말하느니라) ③감사의 차이(순교자와 살인자로 나타남)

하나님이 받으시는 예배, 예물, 봉사, 충성이 되려면 인색과 억지로 말아야 된다.

※하나님이 나은 제사로 받으심은 이런 몇 가지 이유였을 것이다.

Q 477) 우리의 싸우는 병기가 있는데(4가지) 열거와 함께 육체대로 싸우지 않고도 승리가 가능한가?(10:3-5)

"우리가 육신으로 행하나 육신에 따라 싸우지 아니하노니" (3절)

"우리의 싸우는 무기는 육신에 속한 것이 아니요 오직 어떤 견고한 진도 무너뜨리는 하나님의 능력이라 모든 이론을 무너뜨리며" (4절)
"하나님 아는 것을 대적하여 높아진 것을 다 무너뜨리고 모든 생각을 사로잡아 그리스도에게 복종하게 하니" (5절)

A 싸우는 병기 ①육체에 속한 것 아니고 하나님 앞에서 견고한 전파하는 강력한 힘

②모든 이론을 다 파하고

③하나님 아는 것을 대적하여 높아진 것 다 파하고

④모든 생각을 사로잡아 그리스도께 복종하는 것

우리는 육체를 가지고 있으나 육체대로 싸우지 않고 영적 전쟁을 해야한다. 위에서 싸우는 병기 4가지를 가지고 싸우지 혈과 육으로 싸우는 것이 아니다. 이런 복음이 처음에는 약하고 미련하게 보이지만 복음에는 하나님의 능력이 있고 성령이 역사하시기 때문에 택한 백성을 도우셔서 어떤 전쟁도 승리케 하신다.

Q 478) 바울이 갑자기 중매장이가 되었을까? 신랑은 누구며 신부는 누구인가? 우리는 어느 편에 들어가는가?(11:2)

"내가 하나님의 열심으로 너희를 위하여 열심을 내노니 내가 너희를 정결한 처녀로 한 남편인 그리스도께 드리려고 중매함이로다 그러나 나는"

A 성도를 향한 하나님의 열심은 하나님의 사랑과 은혜를 다 주어서 성도로 하여금 하나님만 사랑하고 신앙의 정조를 지켜 점점 자라나고 하나님의 형상을 이루어 흠과 티가 없이 재림하시는 그리스도 앞에 바로서는 신부로 만드시기 위해서 사랑의 대상자로 삼으시고 바울을 중매쟁이로 변모시켰다.

여기는 신랑은 재림하시는 예수그리스도이시며 신부는 구원받은 성도들이다. 교역자는 교인들을 예수께 중매해 주고 자기는 교인들에게서 아무 대

접이나 환영이나 영광이나 유익을 보려고 하면 안 된다. 우리는 그리스도의 신부로 음부가 되지 않기 위해 오직 예수만 위해 남은 생애를 장식하시길 바라노라

Q 479) 바울이 다른 교회로부터 받은 사례금을 탈취한 것이라고 극단적인 군사적 용어를 쓴 이유는?(11:8)

"내가 너희를 섬기기 위하여 다른 여러 교회에서 비용을 받은 것은 탈취한 것이라"

A 바울이 다른 교회에서는 사례금을 받았다고 하였다. 교역자가 교회에서 사례금을 받는 것은 죄가 아니다. 바울이 고린도 교회에서는 사례금을 받지 않이 했으나 다른 여러 교회에서는 사례를 받아 생활하였다.

바울이 고린도 교회에서 일할 때에 고린도 교회에서 사례를 받는 것이 마땅한 것인데 다른 교회에서 주는 돈으로 생활한 것이 다른 교회에 대해서는 탈취한 것과 같다는 뜻이다.

하나님의 복음을 고린도 교회에서 자비량하고 사례금을 없이 전한 것이 죄를 지었느냐 죄 지은 것이 아니다. 너희들이 돈으로 정죄한다면 다른 교회에서 받은 사례금은 탈취한 것이라고 보아야 한다는 논조인 것이다.

Q 480) '사단도 광명한 천사로 가장' 하여 나타나는데 여기선 궁극적으로는 누굴 말하는가?(11:14)

"이것은 이상한 일이 아니니라 사탄도 자기를 광명의 천사로 가장하나니"

A 사단도 하나님의 빛의 천사로 가장하여 나타난다. 미워도 빛에 속한 천사와 같이 나타내는 지혜가 있기 때문에 사람들이 속게 된다. 그러나 이것은 이상하다고 놀랄 것이 없다고 본다.

그 이유는 마귀가 늘 그런 수법으로 나타났기 때문이다. 마귀에게 속지 않으려면 욕심과 허영심을 버리고 하나님의 말씀에 굳게 서서 그리스도와

영적교통을 하며 신앙양심을 날카롭게 써서 아닌 것은 즉시 떠나고 옳은 것은 즉시 따라야한다.

여기서는 궁극적으로 거짓사도와 거짓선지자 거짓스승을 두고 하는 말씀이다. 본색을 감추기위해서 더 겸손하고 온유하게 보이나 속은 이리와 같다.

Q 481) 자랑은 주께 인정을 받지 못하는데 바울이 복음을 위한 수고와 고난에 대한 자랑은 잘못됨이 아닌가?(11:16-18)

"내가 다시 말하노니 누구든지 나를 어리석은 자로 여기지 말라 만일 그러하더라도 내가 조금 자랑할 수 있도록 어리석은 자로 받으라" (16절)

A 자기 자랑은 어리석은 일이요 잘못 된 줄 알면서도 바울이 부득불 자기를 조금 자랑하게 된 것은 고린도교회에 거짓선지자들이 들어와 바울의 모든 것이 다 잘못되었고 자기들이 옳다고 주장하는 말에 고린도 교인들이 속아 넘어 간데서 바울도 그러한 것이다.

17절에 "내가 말하는 것은 주를 따라 말하는 말이 아니요" 바울이하는 말이 영감되지 않았다는 의미가 아니다. 바울이 조금 자기를 자랑하는 것은 주님을 본받아하는 말이 아니라는 뜻이다. 예수님은 자기 자랑을 하시지 않았다. 바울이 자기 자랑을 하는 것은 예수님을 본받아 하는 것은 아니지만 성령의 감동을 입어서 부득불 조금 자랑한다는 것이다. 그래서 바울의 자기 자랑은 복음을 위해서 한 것이니 잘못된 것 아니다.

Q 482) 바울이 환상과 계시의 신비체험(3층천, 입신)을 공개하고 자랑함이 성경적인가?(12:1-6)

"무익하나마 내가 부득불 자랑하노니 주의 환상과 계시를 말하리라" (1절)
"내가 이런 사람을 아노니 (그가 몸 안에 있었는지 몸 밖에 있었는지 나는 모르거니와 하나님은 아시느니라)"(3절)
"그가 낙원으로 이끌려 가서 말로 표현할 수 없는 말을 들었으니 사람이 가히 이르지 못할 말이로다"(4절)

A 바울이 자신의 명예를 구하는 사람이 아니므로 자신에 관할 것을 자랑하는 것은 자기에게 무익한 일이다. 그런데 바울이 자기에 대한 비방이 너무 심하여 교인들이 자기를 오해하기 때문에 그 교인들을 위하여 자신을 바로 알리지 않을 수 없었다.

환상: 현실에 없는 것을 있는 것 같이 느끼는 상념. 계시: 가리워졌던 것을 열어 보여주는 것이다. 바울에게 있었던 환상과 계시는 성경에 기록하기 위해서 주신 표준계시이다. 이 표준계시는 사도와 속사도 시대까지 주셨고 그후 에는 종결되었다.(A.D397) 오늘날 꿈이나 환상, 묵시 또는 계시는 성경에 맞지 않으면 전부 잘 못된 것이다. 잘못된 것을 믿고 따르다가는 마귀의 시험에 빠지고 만다. 바울의 신비체험은 성경을 기록하기 위해주셨으니 성경적이라고 볼 수 있다.

Q 483) 바울이 입신할 때 ①육만 끌려갔다 ②영만 끌려갔다 ③영과 육이 다 끌려갔다. 맞는 것과 이유는?(12:2-3)

"내가 그리스도 안에 있는 한 사람을 아노니 그는 십사 년 전에 셋째 하늘에 이끌려 간 자라 (그가 몸 안에 있었는지 몸 밖에 있었는지 나는 모르거니와 하나님은 아시느니라)" (2절)
"내가 이런 사람을 아노니 (그가 몸 안에 있었는지 몸 밖에 있었는지 나는 모르거니와 하나님은 아시느니라)" (3절)

A 하늘: 첫째하늘 물질계, 둘째하늘 정신계, 셋째하늘 영계이다. 바울이 갔다 온 삼층 천과 신비주의자들이 입신했다고 하는 것과 많은 차이점이 있다.

1. 바울은 주체가 분명하였으나 신비주의자들의 입신은 주체성 없이 꿈꾸는 것 같았다.

2. 바울은 객관적으로 끌리어 갔고 신비주의자 들은 주관적으로 느낀 현상이다.

3. 바울은 피동적으로 끌리어 갔고 신비주의자들은 능동적으로 자기가

힘써서 한 것이다.

4. 바울은 스스로 원해서 된 것이 아니고 신비주의자들은 자기가 원해서 소원대로 되어진 것

5. 바울은 14년 전에 한번만 갔으나 신비주의자들은 입신하기 원하기만 하면 자주 함.

6. 바울은 삼층 천에 간 것은 성경에 맞고 신비주의자들은 그 내용이 성경에 맞지 않는다.

하나님에 의해서 끌리어 갔기 때문에 바울 자신은 ①②③ 어느 것 인지 알 수가 없다.

Q 484) 바울이 받은 육체의 가시 곧 사탄의 사자는 무엇을 두고 한 말이며 하나님이 왜 주셨을까?(12:7)

"여러 계시를 받은 것이 지극히 크므로 너무 자만하지 않게 하시려고 내 육체에 가시 곧 사탄의 사자를 주셨으니 이는 나를 쳐서 너무 자만하지 않게 하려 하심이라"

A 육체의 가시를 주어 찌르는 듯한 고통을 당했다.

⊙ 가시: 바울에게 준 눈병(편지를 대서시키고 싸인 형식, 갈라디아에서는 교회 눈이라도)

⊙ 사탄의 사자: 바울이 과거에 사단의 종노릇하여 성도들을 핍박하다가 다메섹도상에서 주의 빛을 보고 눈이 어두워졌을 때 얻은 눈병이므로(행 9:8-9 그 후에 다시 보게 되었으나 완전히 나은 것은 아닌 듯함) 사단 의사자라고 하였다. 이 가시는 하나님이 허락해서 생긴 것이지만 그것을 집행하는 자는 마귀이다. 성도에겐 누구나 다 가시가 있다. 성도에게 가시가 없으면 연단을 받지 못하고 만들어지지 못하게 된다.

Q 485) 바울이 좋아한 것 (그리스도를 위하여 약한 것들 능욕, 궁핍, 핍박, 곤란) 우리는 이런 것들을 얼마나 좋아하고 있는지?(12:10)

"그러므로 내가 그리스도를 위하여 약한 것들과 능욕과 궁핍과 박해와 곤고를 기뻐하노니 이는 내가 약한 그 때에 강함이라"

A 약한자에게 하나님의 능력이 머문다는 것을 바울이 깨닫고 자기의 약한 것들과 능욕과 궁핍과 곤란을 기뻐하였다. 궁핍과 핍박과 곤란을 당할 때에 자기의 위신과 재물과 영예와 영광이 다 깨져나가고 하나님만 의지하며 예수님만 바라보게 되므로 예수님의 능력이 자기에게 와서 머물게 된다.

가시로 인하여 자기가 다 깨어지고 약할 때에 하나님의 능력이 나타나고 하나님이 친히 붙들고 일을 하신다.(예, 모세가 하나님의 일 할 때)

문제는 바울은 이런 진리를 깨닫고 그렇게 좋아하던 것들을 우리들은 한결같이 좋아하지 않고 있음이 문제이다. 그러니 하나님의 능력과 권능이 나타나지 않고 인생을 시행착오를 일으킨 과거가 증명하고 있다. 그래도 안 좋아한다.

Q 486) 바울이 고린도 교인 영혼을 위해 허비하는데(재물, 자신) 너희사랑을 덜 받겠느냐? 무엇을 원하는가?(12:15)

"내가 너희 영혼을 위하여 크게 기뻐하므로 재물을 사용하고 또 내 자신까지도 내어 주리니 너희를 더욱 사랑할수록 나는 사랑을 덜 받겠느냐"

A 바울이 고린도 교인들의 영혼을 위해 사례금도 받지 않을 뿐아니라 그들을 위해서 바울의 자기재산을 다 허비했으며 자기 자신까지 모두 다 희생하였다. 원래 사랑하는 자를 위해서는 모든 것을 기쁨으로 희생할 수 있는 것이다.

그러나 바울이 너희를 더욱 사랑할수록 나는 덜 사랑을 받겠느냐? 이 말은 바울은 고린도교인들을 위해 많은 사랑을 베풀었것만 고린도 교인들은 비방하는 사람들(거짓스승들)의 말을 듣고 바울을 모해하여 바울에게서 멀어졌을 때 바울의 마음이 괴로워서 고린도교인들을 향한 사랑의 호소이다.

Q 487) 바울이 고린도교회 제3차 방문계획을 시행하기 전 4가지 두려움에 쌓임은 믿음부족인가? 죄가 되는가?(12:20-21)

"또 내가 다시 갈 때에 내 하나님이 나를 너희 앞에서 낮추실까 두려워하고 또 내가 전에 죄를 지은 여러 사람의 그 행한 바 더러움과 음란함과 호색함을 회개하지 아니함 때문에 슬퍼할까 두려워하노라" (21절)

A 1) 나의 원하는 것과 같이 보지 못하고 또 내가 너희에게 너희 원치 않는 것과 같이 보일까 두려워하며:

바울이 원치 않는 상태(회개치 않은 상태)에 있을까 두려워했다.

2) 다툼과 시기와 분냄과 당 짓는 것과 중상함과 수군수군하는 것과 거만함과 어지러운 것이 있을까 두렵 고: 바울과 고린도교회가 서로 원치 않는 상태에서 이런 것들을 속히 회개하라

3) 내 하나님이 나를 너희 앞에서 낮추실까 두려워하고: 바울이 고린도에 가서 고린도교인들이 바울의 말 을 순종치 않은 것을 보게되면 하나님 앞에 부끄러운 일로 하나님이 낮추는 일이다.

4) 내가 전에 지은 여러 사람의 행한 바 더러움과 음란함과 호색함을 회개치 아니함: 이런 것들을 회개하 라 경책했것만 회개치 않았을 때 부끄러움 근심함. 믿음 부족이 아니고 죄가 되는 것은 아니다.

Q 488) 바울이 회개치 않는자를 용서치 않는다고 함은 예수님이 70번씩 7번이라도 용서하라와 배치됨이 아닌가?(13:1-2)

"내가 이미 말하였거니와 지금 떠나 있으나 두 번째 대면하였을 때와 같이 전에 죄 지은 자들과 그 남은 모든 사람에게 미리 말하노니 내가 다시 가면 용서하지 아니하리라" (2절)

A 바울이 그전에도 범죄자를 용서하지 않았으며 이번에도 가면 용서하지 않을 것이므로 미리 준비해서 책벌받은 일이 없도록 하라는 권면이다, 범죄 후 가만히 있다가 벌 받는 것보다 이러한 책망을 받고 미리 회개하는 것이 낫다. 누구든지 죄를 자복하면 하나님 앞에 불쌍히 여김을 받을 것이요 죄를 자복하지 않으면 하나님이 용서치 않으시고 반드시 징벌하심이 하나님의 공의이시다.

70번씩 7번이라도 용서하라는 명령은 죄를 짓고 회개할 때만 용서하라는 것이지 회개치 않고 죄짓는 것을 재미로 고의로 고범죄 짓는 자들을 용서하라는 것은 아니다. 그렇게 되면 이 땅은 무질서해지고 정의도 사라진다.

Q 489) 믿음에 있는가 자신을 시험해보라 함은 믿음이 없는 자는 하나님께 버림 받은 자 되기 쉬운데도 믿음보다 더 좋아 하는 것은(13:5-6)

"너희는 믿음 안에 있는가 너희 자신을 시험하고 너희 자신을 확증하라 예수 그리스도께서 너희 안에 계신 줄을 너희가 스스로 알지 못하느냐 그렇지 않으면 너희는 버림 받은 자니라" (6절)

A 고린도 교인들이 비방하는 사람들의 말을 듣고 미혹되어 "바울이 참사도가 아니고 공교한 자가 되어 자기들을 속이려고 하는 것이 아닌가?" 하고 의심하게 되었다. 그러므로 바울이 그들에게 "너희 자신이 믿음에 있는가 시험해 보라"고 말한 것이다.

고린도교인들의 속에 믿음만 있으면 바울에 대한 확실한 증거가 있을 것이다. 그러나 그들이 믿음을 쓰지 않기 때문에 미혹되어 시험에 빠진 것이다. 사도바울이 사도가 된 증거는 그들의 마음에 다 쓰여져 있다.(3:2)

예수님도 성령님도 우리가운데 계셔서 옳은 진리 우리가 가져야할 믿음을 가르쳐주고 양심으로 알게해 주어도 깨닫지 못하게 되면 혹 버리운자가 아닌가 의심하라 우리는 이런 믿음보다 유혹하는 말에 잘 속고 세상적인 것을 더 좋아하는 자는 버리운자이다.

Q 490) 13:13의 축도를 인위적 편집이라고 주장하나 그렇지 않음과 삼위일체 축복내린 이유와 꼭 이대로만 해야하는가?(13:13)

"주 예수 그리스도의 은혜와 하나님의 사랑과 성령의 교통하심이 너희 무리와 함께 있을지어다"

A 삼위일체 축도로서 본서신 전체를 결론짓는다. 진보주의자들은 이러한 바울의 삼위일체적 축도의 형식을 두고 후기편집으로 단정한다. 즉 이는 어떤 편집자가 두 개나 혹은 그 이상의 단편들을 결합시켜 완벽한 삼위일체적 축도로 재구성한 결과로 간주하지만 이것은 결코 인위적이거나 편집적이지 않다. 오히려 철저히 바울적인 성격을 함축한다. 삼위일체교리보다 더 분명하게 성경에서부터 끌어 낼 수 있는 교리는 없다. 그러나 삼위일체교리는 인간의 역사나 이성으로는 절대 규명되지 않는다. 그것은 전적으로 성부, 성자, 성령의 존재론적인 일체와 관련된 신비이기에 그러하다. 삼위일체의 신비한 관계는 이 세상 존재이전부터 있던 소위 영원한 관계이다. "너희 무리" → "우리 무리로" "있을찌어다" → "있으라"는 명령. 가급적으로 이대로 만해야한다.

PART 5.

갈라디아서–골로새서

갈라디아서

Q 491) '다른 복음은 없나니'는 오늘날 어떤 주의를 말하는 것일까?(종교다원주의, 범신론, 다신론, 또 성경구절은?)(갈1:7)

"다른 복음은 없나니 다만 어떤 사람들이 너희를 교란하여 그리스도의 복음을 변하게 하려 함이라"(7절)

A 성경에 어긋난 것은 복음이 아니다. 예컨대 다른 복음은 위조화폐와 같다. 위조화폐가 진짜화폐와 거의 똑같으나 지극히 작은 부분이 다르다. 복음도 거의 다 같다고 하더라도 조금만 하나라도 다르면 그것은 복음이 아니고 다른 복음이다.

다른 복음은 인간의 학설에 불과하다. 다른 복음은 참 복음을 약화시키고 참 복음을 가리우는 것이며 더 나아가서는 참 복음을 파괴시키는 반 복음이다.

다른 복음에는 교리적 다른 복음이 있고(이단설: 종교다원주의 범신론, 다신론 등) 행위적인 다른 복음이있다. 행위적 다른 복음은 말로는 바른 복음을 말하나 행위로는 바른 복음을 떠난 것을 말한다.(디도1:16)

행4:12, 고전3:11에 어긋난 것이 곧 다른 복음이다.

Q 492) 천사가 다른 복음을 전하면 저주를 받는데(천사숭배론 시대) 사람이 다른 복음을 전하면 어찌되나?(1:8)

"그러나 우리나 혹은 하늘로부터 온 천사라도 우리가 너희에게 전한 복음 외에 다른 복음을 전하면 저주를 받을지어다"

A 다른 복음을 전하는 그가 누구라도 반드시 저주를 받는다는 뜻이다. 사도바울과 그 일행이나 참 종이라고 할찌라도 다른 복음을 전하면 저주

를 받는다는 뜻이다. 만일 바울이라도 전에 바른 복음을 전해서 바른 교회를 세웠으나 후에 변해서 다른 복음을 전한다면 반드시 저주받는다.

또 하늘로부터 온 천사라도 다른 복음을 전하면 저주받는다. 예수그리스도를 믿음으로만 구원받는 길 이외에 다른 복음은 절대로 없는 것이다.(행4:12, 고전3:11, 디도1:16)

Q 493) 사람듣기 좋은 말만 골라서(아첨, 아부)하는 자들은 어떤 결론이 올까요?(1:10)

"이제 내가 사람들에게 좋게 하랴 하나님께 좋게 하랴 사람들에게 기쁨을 구하랴 내가 지금까지 사람들의 기쁨을 구하였다면 그리스도의 종이 아니니라"

A 다른 복음을 전하면 많은 사람들이 좋아한다. 왜냐면 그것은 육체주의요 세상주의요 넓은 길이기 때문이다. 그러나 바른 복음을 전하면 사람들에게 핍박을 받는다(딤후3:12) 바른 복음은 자기를 부인하고 세상을 십자가에 못 박고(갈6:14) 예수만 따라가는 길이기 때문에 많은 반대와 핍박이 뒤따른다.

성도가 사람들에게 좋게 하려면 진리를 양보해야 되고 인본주의를 써야 된다. 그러나 진리를 양보하면 자기 영적 생명이 죽고 하나님이 진노하신다.

하나님의 종이라는 직분을 가졌어도 사람을 기쁘게 하는 길로만 걸어가면 그리스도의 종이 아니고 삯꾼이 되고 자기 배만 위하는 자로 사람의 종이 되고 만다.

Q 494) 바울이 회심 이후 다메섹에서 아라비아로 그리고 다메섹 그리고 그 이후는? 그 년 한까지 자세히 논하면?(1:17-18)

"또 나보다 먼저 사도 된 자들을 만나려고 예루살렘으로 가지 아니하고 아라비아로 갔다가 다시 다메섹으로 돌아갔노라" (17절)
"그 후 삼 년 만에 내가 게바를 방문하려고 예루살렘에 올라가서 그와 함께 십오

일을 머무는 동안" (18절)

A ①A.D 34. 다메섹도상 회심 ②A.D 34-36. 아라비아 체류(3년) ③A.D 36. 다메섹 체류(여러날)

④A.D 36. 예루살렘1차 방문 ⑤A.D 36-46. 길리기아 다소체류 ⑥A.D 46. 바나바가 안디옥교회로

⑦A.D 46. 안디옥교회해외선교사로 선정 ⑧A.D 46. 예루살렘방문(헌금전달) ⑨A.D 47-49. 1차 전도여행(구브로, 소아시아) ⑩A.D49. 예루살렘공의회(교리문제) ⑪A.D 49-52. 2차 전도여행(소아시아, 마게도냐, 아가야) ⑫A.D 52. 예루살렘 4차방문 ⑬A.D 53-58. 3차 전도여행(소아시아, 마게도냐, 아가야) ⑭A.D 58. 예루살렘 5차방문 ⑮A.D 58. 체포, 핍박 구금 ⑯A.D 59. 가이샤라 호송, 가이사 황제께 항소 ⑰A.D 60-61. 4차 전도여행(그레데 멜리데 보리올 로마) ⑱A.D 64. 1년간 석방 마케도냐 여행 ⑲A.D 67. 제2차 투옥(로마) ⑳A.D 68. 봄 목 잘려 순교함.

Q 495) 갈2:1의 '십 사년 후에' 어디서부터 14년 인가? 자세하게 논한다면?(갈2:1)

"십사 년 후에 내가 바나바와 함께 디도를 데리고 다시 예루살렘에 올라갔나니"

A 본절은 바울이 제3차 예루살렘에 올라가 예루살렘공의회(교리문제)에 참석한 때이다(행15장) 이때가 A.D49년이다. 그래서 여기 14년 후는 (갈1:18-24) 즉 제1차 예루살렘 방문 후 14년이라는 뜻이지 바울이 제1차 예루살렘방문 후(A.D 36) 햇수로 14년 동안 예루살렘에 있는 사도들과 교제하지 않았다는 사실을 밝히는 목적은 바울의 사도직의 독립성을 증명하기 위함이다.

사실 바울이 예루살렘 2차 방문 때도 있었다. 제2차 방문 때는 이방교회(안디옥교회) 구제한 구제금을 예루살렘교회에 전달하기 위해서 잠시 들렸을 뿐이고(행11:29, 12:25) 사도들과 교제하거나 다른 일을 본 일이 없다.

Q 496) 디도는 억지로 할례받지 못하게 한 바울이 디모데는 유대인을 위해 할례를(행16:1-3) 행한 이유는?(2:3)

"그러나 나와 함께 있는 헬라인 디도까지도 억지로 할례를 받게 하지 아니하였으니"

A 바울이 디모데에게는 할례를 행하였다.(행16:3) 디모데의 어머니는 유대인이나 아버지가 헬라인이었다. 디모데를 할례시켜 유대인들에 보내 유대인들을 얻고자 함이요 이때 이곳에서는 할례가 구원문제와 아무 상관이 없든 때였다.

그러나 디도는 억지로 할례를 행치 않았다. 갈라디아교회엔 할례받아야 구원이 있다는 이단이 성행하기에 바울이 디도는 억지로 할례를 받게 아니하였던 것이다. 오직 믿음으로 구원받는 것이지 할례를 행하거나 행치 않거나 아무상관이 없는 것이다.(갈5:6) 오직 할례주의자들의 그릇된 구원관을 배격키 위함이다.

Q 497) 후배(바울)가 선배(베드로)를 함부로 면책할수있는가? 신앙세계는 위계질서도 없는가?(2:11-13)

"게바가 안디옥에 이르렀을 때에 책망 받을 일이 있기로 내가 그를 대면하여 책망하였노라" (11절)

A 유대인과 이방인들과 동석해서 음식먹는 것은 부정해지는 율법주의 율례이다. 베드로가 바울과 바나바 기타 유대인들 그리고 안디옥 교인들과 한자리에서 음식 먹을때 예루살렘에서 야고보가 보낸 유대인이 왔었다. 이들은 할례파 기독교인들 이었다.

베드로가 비난이 두려워서 이방인들과 함께 먹지 않은 것처럼 숨어버렸다. 베드로에 이 외식을 본 바울이 책망한 것은 후배가 선배(베드로)를 책망한 것이다. 진리에는 선후배나 노소관계로 인한 차별이 있을 수 없다. 모든 사람 앞에서 진리를 무너뜨리는 사람은 모든 사람 앞에서 책망을 하고 진리를 반드시 밝혀야 된다.

베드로가 아무리 유명한 사도이나 그의 체면보다 진리가 더 큰 것이기 때문이다. 개인문제로는 후배가 선배를 면책할 수 없다.

Q 498) '성령으로 시작하였다가 육체로 마치겠느냐?' 무슨 의미인지? 우리에게도 적용되는지?(3:3)

"너희가 이같이 어리석으냐 성령으로 시작하였다가 이제는 육체로 마치겠느냐"

A 성령으로 진리를 믿고 영으로 그리스도와 교제하는 것이 참 신앙인 것이다. 그런데 육체로 돌아서는 것은 참 신앙에서 돌아서는 것이다. 그런데 갈라디아교인들이 할례를 주장하는 것은 육체로 돌아선 것이다. 따라서 사도바울이 갈라디아 교인들을 향해 너희가 신령한 신앙으로 시작했다가 육체로 마치겠느냐고 책망한 것이다.

오늘날도 예수믿고 복 받아라 하고서 기복신앙으로 흘러가는 것은 육체로 돌아서는 것이다. 예수믿고 병낫고 성공하고 부자되고 건강해야지 그렇지 않으면 저주 받았다고 주장하는 사람들이 육체로 마치는 자다.

Q 499) 그리스도께서 우리를 어디에서 속량하셨을까?(율법에서, 마귀에게서 죄에서)(3:13)

"그리스도께서 우리를 위하여 저주를 받은 바 되사 율법의 저주에서 우리를 속량하셨으니 기록된 바 나무에 달린 자마다 저주 아래에 있는 자라 하였음이라"

A 그리스도께서 우리를 율법의 저주에서 속량해 내셨다. 속량이란 값을 치루고 징벌을 면케하거나 속박에서 해방시켜 건져내는 것을 뜻한다. 신21:23의 "나무에 달린 자마다 저주 아래있는 자라"

예수그리스도께서 십자가에 못박혀 죽으심으로 우리를 위하여대신 저주를 받으사 하나님의 공의의 공법에따라 우리의 죄 값을 다 치루시고 우리를 율법의 저주에서 속량해 내신 것이다.

어떤이들은 마귀에게서 속량했다거나 죄에서 속량했다고 하는 자들은 하나님이 예수님의 피를 마귀에게 바치겠다는 자들이 된다.

Q 500) 아브라함의 자손은 하늘의 별과 같이 여럿을 가리킨 것인가? 아니면 다른 뜻이 있는 것인가? (3:16)

"이 약속들은 아브라함과 그 자손에게 말씀하신 것인데 여럿을 가리켜 그 자손들이라 하지 아니하시고 오직 한 사람을 가리켜 네 자손이라 하셨으니 곧 그리스도라"

A 하나님이 아브라함에게 장차 네 자손이 바닷가의 모래알처럼 밤하늘 별들같이 많은 자손을 주시겠다는 약속으로 알고 있다. 그러나 갈라디아3:16에 보면 "여럿을 가리켜 네 자손들이라 하지 않고 오직 하나를 가리켜 네 자손이라고 하셨으니 곧 그리스도이시라" 오직 예수그리스도 한사람을 가리키는 것이다. 하나님이 아브라함에게 네 후손 중에 메시아인 그리스도를 허락한다는 약속을 믿으니 하나님이 의로 여기셨고 믿음의 조상으로 만드셨다.(참조 창15:5, 롬9:7-8) 육신의 많은 자손을 가리킴이 아니고 약속의 아들인 예수그리스도를 가르키며 또 그리스도를 통해서 많은 백성이 구원을 받을 것을 가리키고 있는 것이다.

Q 501) '사백 삼십년 후의 율법' 여기 사백 삼십년은 언제부터 언제까지인가? (3:17)

"내가 이것을 말하노니 하나님께서 미리 정하신 언약을 사백삼십 년 후에 생긴 율법이 폐기하지 못하고 그 약속을 헛되게 하지 못하리라"

A 하나님이 아브라함에게 예수그리스도의 약속을 하시고 430년이 지난 후에 모세에게 율법을 주셨다. 그러므로 그리스도의 약속은 율법보다 430년 전에 주신 것인데 나중에 온 율법이 먼저 온 언약을 폐하거나 헛되게 하지는 못한다는 것이다. 아브라함에게 주신 약속이나 모세율법이나 똑같

은 약속이다.

이스라엘이 애굽에 머문 해가 430년이 되어있다.(대략적 연대와 자세한 년대) 여기 정착한 년대는 645년 후에 생긴 율법이다. 애굽 체류기간 430년 아브라함100-75= 25년, 이삭 60년, 야곱130년 도합 645년이 정답이다. 그러나 바울이 이스라엘 백성이 애굽에 거한 것만 말씀한 것이지 아브라함 때부터 정확히 기록하지 않는 것뿐이다.

Q 502) 율법을 주실 때 천사들이 손으로 받아(중보의 손) 전했나? 모세가 우리에게 전했나?(3:19)

"그런즉 율법은 무엇이냐 범법하므로 더하여진 것이라 천사들을 통하여 한 중보자의 손으로 베푸신 것인데 약속하신 자손이 오시기까지 있을 것이라"

A 중보란 두 당사자 사이에서 쌍방을 다 위하는 것이다. 하나님과 사람사이의 중보는 모세를 중보자로 세우고 주신 율법은 조건이 있는데 그것은 사람이 하나님의 율법을 행하면 하나님께서 사람에게 복 주실 의무가 있고 행하지 않느면 벌 받을 것을 조건으로 하고 있다.

천사들로 말미암아 : 율법은 천사를 통해서 모세에게 주어졌다.(행7:53)

중보의 손을 빌어 : 중보자는(하나님과 사람사이) 모세를 가리킨다.

율법은 모세가 우리에게 전했다. 그러나 하나님이 천사를 통해서 모세에게 전해 주었다.

Q 503) 성경이 모든 것을 죄 아래 가두어 두는 정죄 단죄 역할을 하는가?(3:22-23)

"믿음이 오기 전에 우리는 율법 아래에 매인 바 되고 계시될 믿음의 때까지 갇혔느니라" (22절)

A "성경이 모든 것을 죄 아래 가두웠으니"(정죄) 23절 끝 "갇혔느니라"(단죄)

여기 성경은 율법을 기록한 성경 즉 율법을 가리킨다. 율법은 모든 것을 죄 아래 가두웠다.(롬3:19-20) 즉 모든 사람이 율법으로 정죄를 받았다는 뜻이다.

그 목적은 예수그리스도를 믿게하여 아브라함의 복(약속)을 받게 하려는 것이다. 그 약속은 그리스도로 말미암아 의와 구원을 받은 것이다.

"믿음이 오기 전" : "그리스도가 오기 전" 또는 "그리스도를 믿기 전"이라는 뜻이다. 그때는 율법에 매인바 되어 죄의 세력에 갇혀 있었다.

"계시될 믿음의 때까지" : 그리스도를 믿을 때까지 또는 그리스도가 오실 때까지를 가리킨다. 예수그리스도가 오셔서 예수그리스도를 믿으면 율법의 정죄와 단죄에서 풀려 해방된다는 것이다.

Q 504) 율법이 몽학선생이 된 이유는 무엇이며 몽학선생이란 무엇을 의미하는 가?(3:24-25)

"이같이 율법이 우리를 그리스도께로 인도하는 몽학선생이 되어 우리로 하여금 믿음으로 말미암아 의롭다 함을 얻게 하려 함이라" (24절)

A 몽학선생이란 주인의 어린아이나 젊은 아들을 교육, 지도, 감독하는 하인으로 오늘날 가정교사와 비슷하다.

이는 아이들이 학교에 오고갈 때 지도하고 보호, 안내해주며 집에서는 공부를 지도하며 그 아이의 도덕적 지적 성장에 필요한 교육을 맡는다. 몽학선생의 헬라원어는 파이다고고스(παιδαγωγός) '스승' (고전4:15)이다.

율법으로 인하여 죄를 깨닫고 그리스도에게로 가서 그리스도를 믿은 후에는 몽학선생인 율법아래 있지 않는다. 예수그리스도를 믿은 성도라도 일시적으로 그리스도를 떠나 범죄 하면 몽학선생인 율법이 다시 정죄하여 그리스도께로 인도하는 역할을 세상 끝 날까지 계속한다.

Q 505) 예수그리스도만 믿으면 그냥 아브라함의 자손이 되는 것인가?(이스라엘민족) 유업 후사가 되나?(3:29)

"너희가 그리스도의 것이면 곧 아브라함의 자손이요 약속대로 유업을 이을 자니라"

A 예수를 믿는 자는 예수그리스도께 속했으므로 영적 아브라함의 자손이 되고 이면적 유대인(이스라엘민족)이 되었다. 그러므로 하늘나라 유업을 이을 자들이다. 예수믿으면 다 하나님의 아들이 되고 하나님의 아들은 다 하늘나라를 유업으로 받는다.

그래서 그리스도 안에 있는 자는(예수 믿는 자) 유대인이나 헬라인이나 남자나 여자나 종이나 자유인이나 동서고금 그 어디에서나 아브라함의 자손이 되었으며 차별 없이 다 같은 하나님의 아들이요 기업이요 후사가 되었으니 예수 믿으면 이처럼 큰 복을 믿는 것이다.

Q 506) 아들인 예수를 어찌하여 '율법아래' 나게 하셨을까? 어찌 여자에게 나게 하신 것인가?(4:4-5)

"때가 차매 하나님이 그 아들을 보내사 여자에게서 나게 하시고 율법 아래에 나게 하신 것은 율법 아래에 있는 자들을 속량하시고 우리로 아들의 명분을 얻게 하려 하심이라"

A 하나님께서 그리스도를 보내시기로 언약하신 때가 차매 그 약속하신대로 독생자 예수그리스도를 보내주셨다. 이 예수를 여자에게서 나게 하시고 율법아래 태어나게 하신 이유?

1) 아담의 후손을 구원하려면 아담의 후손인 여자에게서 낳아야만 된다.

2) 또 율법아래 있는 자를 구속하려면 율법아래서 낳아야만 되었다.

그러므로 예수그리스도는 ①사람을 대신하여 속죄 할 수 있었고

②율법의 요구대로 의를 행하여 의가 되게 하였고

③인간의 죄 값을 대신 지불하기 위하여 십자가에서 죽으셨다

Q 507) 할아버지도, 아버지도, 아들도 다 같이 하나님을 아버지라고 부를 수 있는 이유는?(4:6)

" 너희가 아들이므로 하나님이 그 아들의 영을 우리 마음 가운데 보내사 아바 아버지라 부르게 하셨느니라"

A 성도가(할아버지, 아버지, 아들, 손자도) 예수그리스도를 구주로 믿을 때에 법적으로 하나님의 아들이 되었고 또 아들의 영(성도에게 영원하신 그리스도의 영을 보내어 중생한 영과 연합하게 된다. 그 연합된 영이 아들의 영, 양자의 영이다) 그의 영혼 속에 보내 주었으므로 하나님을 향하여 모두가 다 아버지라고 부를 수 있다.

성도는 누구나 하나님 아버지의 생명을 받았으므로 하나님을 아바 아버지라 부를 수 있다. 성도의 영은 본능적으로 하나님을 아버지라 부르고 사랑하며 따르게 되며 사모하는 것이다. 이것은 성도가 법적으로 뿐만아니라 생명적, 본질적으로 하나님의 아들이 된 증거이다. 할아버지도, 아버지도, 아들, 손자도 다 아버지라고 하니 촌수가 이상한 것 같으나 정상이다.

Q 508) "너희를 시험하는 것이 내 육체에 있으되" 바울의 육체 있는 시험거리가 무엇인가?(4:14)

"너희를 시험하는 것이 내 육체에 있으되 이것을 너희가 업신여기지도 아니하며 버리지도 아니하고 오직 나를 하나님의 천사와 같이 또는 그리스도 예수와 같이 영접하였도다"

A 바울이 심한 눈병으로 인하여 보기에 추하고 사람들에게 무시 받을 만하였다고 한다. 그것이 교인들에게도 큰 시험거리가 될 만하였다. 그러나 갈라디아교인들은 바울이 전하는 복음을 받아 믿고 감사하면서 심한 눈병을 앓는 바울을 업신여기지도 아니하고 버리지도 아니했다. 오히려 저들의 눈을 빼어 바울에게 주고자했고(15절) 하나님의 천사와 같이 대했고 예수그리스도와 같이 영접하고 대접하여 받들어 모시었다.

바른 복음을 전하는 교역자를 천사와 같이 대접하는 자는 은혜받은 증거요 하나님 앞에 큰 복과 상을 받게 될 것이다. 그를 영접하는 자는 곧 그리스도를 영접하는 자이다.

Q 509) 시내산이 아라비아에 있는가? 시내산과 예루살렘은 같은 것인가?(4:25)

"이 하갈은 아라비아에 있는 시내 산으로서 지금 있는 예루살렘과 같은 곳이니 그가 그 자녀들과 더불어 종 노릇 하고"

A 시내산은 바란 광야의 남부에 위치한 반도로 동으로 아카바만 서로는 스에즈운하 삼각모양인 이 반도엔 숲, 바란, 신, 진 광야 4개의 광야가 있다. 현재는 이 산을 에벨무사(Jebel Musa)로 모세가 십계명을 받은 산이다. 여기선 아라비아에 있다고 한 것은 아라비아에 속한 때도 많았기 때문이다.

하갈의 아들 이스마엘은 시내산(바란 광야에 있는 산)에서 주신 율법과 같다. 이 하갈이 자녀와 함께 종노릇한 것같이 율법 아래있는 자들은 율법의 종노릇만 한다는 뜻이다. 아라비아에 있는 시내산은 지금 예루살렘과 같은 곳이라는 뜻이다. 예루살렘은 성전이 있고 그 지성소에는 언약궤가 있으며 언약궤 안에는 시내산에서 받은 십계명이 들어있다. 그 성전에서는 율법대로 제사를 드린 것이다. 그러므로 예루살렘은 율법의 중심지가 된 것이다.

Q 510) 홀로사는 자의 자녀(과부)가 남편있는 자의 자녀(유부녀) 보다 많을 수 있는가?(4:27)

"기록된 바 잉태하지 못한 자여 즐거워하라 구로를 모르는 자여 소리 질러 외치라 이는 홀로 사는 자의 자녀가 남편 있는 자의 자녀보다 많음이라 하였으니"

A 여기서는 이사야 54:1을 70인역에 있는데로 인용한 것이다. 여기서 잉태치 못한 자, 구로치 못한 자와 홀로 사는 여자는 복음을 가리킨다. 복

음은 육신을 따라 난 것이 아니고 약속을 따라 낳았기 때문이다.(예 사라) 여기에 비해 남편있는 자는 율법을 가리킨다. 하갈이 육신을 따라 이스마엘을 낳은 것은 율법을 가리킨다.

다시 말하면 율법을 지키는 유대교보다 복음을 믿고 지키는 그리스도교가 더 많아질 것이라는 뜻이다. 또 홀로 살면서 육신의 것 세상의 것 의지하지 않고 하나님만 의지하면서 영적생명의 길만 걷는 신령한 성도는 많은 신령한 자녀를 가질 수밖에 없다. 그러나 남편 있는 자는 세상, 육신 남편위해 살다 육신의 자녀만 낳지 신령한 자녀를 많이 못 낳았다는 뜻도 된다.

Q 511) 육체의 일 15가지를 행하는 자들은 하나님나라를 유업으로 받을 수 없음은 지옥 간다는 말인지 아님 그래도 천국 간다는 말인지?(5:19-21)

"육체의 일은 분명하니 곧 음행과 더러운 것과 호색과" (19절)
"우상 숭배와 주술과 원수 맺는 것과 분쟁과 시기와 분냄과 당 짓는 것과 분열함과 이단과" (20절)
"투기와 술 취함과 방탕함과 또 그와 같은 것들이라 전에 너희에게 경계한 것 같이 경계하노니 이런 일을 하는 자들은 하나님의 나라를 유업으로 받지 못할 것이요" (21절)

A 여기서는 마치 육체의 일 15가지를 행하는 자는 다 하나님의 나라를 유업으로 받지 못함으로 지옥으로 가는 것 같은 분위기를 느낄수있다. 그러므로 예수그리스도를 믿지 않고 육체의 소욕에 따라 여기 기록된 15가지를 마음껏 저지르는 자는 하나님나라를 유업으로 받지 못하므로 지옥에 갈 수밖에 없다.

그러나 예수그리스도를 잘 믿는 사람이라도 육체의 소욕을 따라 가다보면 15가지의 육체 일에 빠지게 되므로 하나님의 징계가 와서 고난을 받으나 구원을 얻되 불 가운데서 얻는 것같이 부끄러운 구원을 얻게 된다.(고전 3:15, 5:5)

Q 512) 성령의 9가지 열매를 열거하고서 "금지할 법이 없다"함은 어떤 의미인가요?(5:22-23)

"오직 성령의 열매는 사랑과 희락과 화평과 오래 참음과 자비와 양선과 충성과 온유와 절제니 이같은 것을 금지할 법이 없느니라"

A 예수를 믿고 성령의 인도를 받게 되면 성령의 9가지열매가 열리게 된다. 사랑, 희락, 화평, 인내, 자비,. 양선, 충성, 온유, 절제 이 9가지 열매이다.

성령의 이 9가지열매는 금지할 법이 이 세상에는 없다. 어느 국가나 어느 지방에 가도 이것을 못하게 하는 나라는 없다. 성령님은 곧 하나님이시다. 하나님의 권능이 전지전능하시고 무소부재하시기 때문에 세상의 그 어떤 방법으로도 성령의 역사를 금지할 나라도 없고 금지할 법이 없는 것이다. 이것은 세계 어디를 가나 통하는 법이다. 성령의 역사를 반대하면 하나님을 막는 자들이 되어 결국 하나님이 다 해결하시고 성령의 역사만 이루어 나가시게 될 것이다.

Q 513) 자기행위에 대해서 자랑할 것이 있고 남에게는 없다는 말인지? 다른 뜻이 있는지?(6:4)

"각각 자기의 일을 살피라 그리하면 자랑할 것이 자기에게는 있어도 남에게는 있지 아니하리니"

A 자기를 하나님의 말씀에 비추어 그대로 되었나 시험해 보면 자기 잘못된 것만 많이 발견하게 될 것이다. 자기의 잘못을 잘 살핀 자들은 자기는 자랑할 것이 아무것도 없고 자랑할 것은 하나님의 은혜에 감사할 것뿐이다. 만약 자기에게 조금 잘 한 것이 있다 해도 다른 사람과는 비교하지 않음으로 자기 혼자서 기뻐하고 감사하는 것으로 그친다.

이것이 곧 자랑할 것이 자기에게 있다고 하면서 남에게는 자랑할 것이 없다는 뜻이다. 나의 행한 것은 죄 뿐이고 나의 나 된 것은 하나님의 은혜로 된 것뿐이다.(고전15:10) 그러므로 성도는 다른 사람에게 자랑할 것이 아무것도 없고 자랑할 것은 오직 하나님의 은혜 외에는 없다는 뜻이다.

Q 514) 교인은 교역자와 '모든 좋은 것을 함께하라' 범위는 어디까지이며 않하면 죄인가? (6:6)

"가르침을 받는 자는 말씀을 가르치는 자와 모든 좋은 것을 함께 하라"

A 성도는 가르침을 받는 교역자에게 물질 면으로 대접하라는 것이다. 가르침을 받았으면 대접하는 것이 마땅하고 신령한 것을 받았으니 물질로 보답하는 것은 당연한 것이다. 이것이 믿음을 쓰는 결과이다. 교인들이 교역자를 대접할 줄 모르면 하나님 앞에 잘못된 것이다. 교역자는 세상 사업을 하지 아니하고 하나님의 일(기도하며 말씀 가르치는 일)에 전무하기 때문에 교인들이 물질로 잘 대접하여 생활에 곤란이 없도록해야 함이 교인의 의무이다. 그리하면 그 교역자가 하나님의 일을 더 잘 할 수 있으므로 하나님나라가 더욱 확장되 나간다.

Q 515) '하나님은 만홀히 여김을 받지 않으신다' 무슨 말이며 어떻게 하는 것일까?(6:7)

"스스로 속이지 말라 하나님은 업신여김을 받지 아니하시나니 사람이 무엇으로 심든지 그대로 거두리라"

A 교역자를 물질로 대접하지 않는 자는 믿음을 쓰지 않은 것이므로 하나님의 축복을 받지 못하게 되고 하나님의 약속을 받지 못하게 되므로 스스로 속는 것이 된다. 참교역자를 반대하는 것은 하나님이 그 교역자를 세웠고 하나님이 붙들고 일을 하는 자를 반대하므로 결국은 하나님을 반대하고 만홀히(조롱하는 것을 가리킨다) 여기는 것이 되어 하나님으로부터 호된

책망을 받게 된다.

또 교역자를 대접하지 않으면서 은혜만 받겠다고 하면 심지도 않고 거두겠다는 것이 된다. 교역자를 존경하고 대접해야만 은혜와 축복을 받는다. 우리가 사람의 생각대로 하면서 믿는 자는 하나님을 만홀히 여기는 죄가 첨가된다.

Q 516) '육체를 심는 자는 썩어질 것'을 '성령을 심는 자는 영생'을 거두게 되는 원인은?(6:8)

"자기의 육체를 위하여 심는 자는 육체로부터 썩어질 것을 거두고 성령을 위하여 심는 자는 성령으로부터 영생을 거두리라"

A 1) 육체를 위하여 심는자: 육신과 세상을 위하여 일하는 자를 말한다. 이러한 일의 결과는 썩어진 것을 거둘 수밖에 없다. 그 이유는 잠시 후에 이세상도 가고 정욕도 가기 때문이다. 이 세상이나 세상에 있 는 것을 사랑하여 거기에 마음과 정력과 물질을 다 기울이고 하나님을 위해서는 바치지도 않고 일하지도 않고 하나님의 종을 대접하지도 않았다면 썩어진 것을 거두고 영적인 일에 있어서는 아무것도 거둘 것이 없다.

2) 성령을 위해 심는자: 성령의 인도를 따라 진리대로 하나님을 위하여 사는 자이다. 성령을 위해 심어 놓으면 반드시 영생을 거둔다. 영생을 거둔다는 것은 ①성도의 중생한 영이 자라는 것을 가리키고 ②천국에 가서 영원히 사는 것을 가리킨다.

Q 517) 선을 행하되 낙심이 오면 어찌해야 되나 만일 낙심하면 죄가 되나요?(6:9)

"우리가 선을 행하되 낙심하지 말지니 포기하지 아니하면 때가 이르매 거두리라"

A 여기 선은 하나님의 일을 가리킨다. 성령이 인도하는 대로 선한 일을 하려고 할 때에 마귀들이 역사하여 방해하고 대적하기 때문에 낙심할

만한 일이 생긴다. 외부적으로 강한 세력이 반대하더라도 낙심하지 말며 내적으로 힘이 약하고 피곤할 때에도 낙심하지 말고 계속하여 선을 행하면 하나님이 붙들어 주시고 영생의 열매를 거둘 때가 온다.

우리가 하나님의 일을 시작했다가 외부적인 난관에 부딪히고 내부적으로 힘이 약해졌다고 하여 피곤하여 쓰러지지 말고 계속하여 하나님을 의뢰하고 힘써서 일하면 때가 이르매 거두게 된다. 낙심은 믿음이 부족한 연고니 믿음으로 회복하라

Q 518) 너희를 억지로 할례 받게 하려는 그들의 속셈은 무엇인가?(6:12-13)

"할례를 받은 그들이라도 스스로 율법은 지키지 아니하고 너희에게 할례를 받게 하려 하는 것은 그들이 너희의 육체로 자랑하려 함이라" (13절)

A 할례당(육체의 모양을 내려하는 자들) 들은 육체적 할례 받는 것을 자랑거리로 삼았으니 즉 육체의 모양을 내는 자들이다. 그들이 억지로 할례를 받게 하므로 그리스도 교인들도 할례 받은 자들이 있었다. 처음에 예수그리스도를 믿음으로 구원받는 다는 귀한 진리를 받았고 체험한 바도 많았는데(3:1-5) 또 할례를 받는 것은 유대인들의 핍박을 면하려 함이었다.

할례를 받는 것은 진리를 지키는 일도 아니요 성령의 일도 아니요 외부적인 의식을 자랑하는 것뿐이다. 오늘날에도 참 진리를 깨달은 자들이 협박을 면하기 위하여 다른 방편을 취하는 자들이 많아지고 있다.

Q 519) 바울이 왜 십자가만 자랑하게 되었고 누가 십자가에 못 박혔다는 것인가?(6:14)

"그러나 내게는 우리 주 예수 그리스도의 십자가 외에 결코 자랑할 것이 없으니 그리스도로 말미암아 세상이 나를 대하여 십자가에 못 박히고 내가 또한 세상을 대하여 그러하니라"

A 성도가 십자가외에는 자랑할 것이 하나도 없다. 십자가는 그리스도교의 중심 진리이며 생명이다. 그리스도의 십자가로서 우리 생명이 살아났으니 이것 밖에는 자랑할 것이 없다. 십자가의 도로 우리가 구원을 받았고 예수님이 십자가에서 희생해주신 살과 피를 우리 영이 날마다 먹고 살아가는 것이다.(요6:53) 이 길을 걸어가면 세상이 나를 십자가에 못 박는다. 여기 못 박는 다른 것은 못쓰겠다고 내어 버리는 것을 말한다.

또 참 성도는 세상을 십자가에 못 박는다. 그 이유는 십자가에 달린 주님만 사랑하고 십자가의 도만 생명으로 삼고 세상과는 타협하지 않기 때문이다.

Q 520) 바울이 '예수의 흔적을 가졌노라' 함은 무슨 흔적이고 통상 무엇을 말하고 있는가?(6:17)

"이 후로는 누구든지 나를 괴롭게 하지 말라 내가 내 몸에 예수의 흔적을 지니고 있노라"

A 여기서 예수의 흔적(증표)이란 예수님을 위해 매맞은 흔적, 환난 받은 자취, 희생과 고난의 흔적을 가리킨다. 예수를 위해 이런 흔적을 받았으니 예수님의 흔적을 가졌다고한다. 하늘나라에 가면 하나님이 그 흔적을 보고서 상급을 주신다. 이 예수의 흔적이 많은 자는 천국에 가서 상급이 크다. 흔적의 헬라원어로 '스틱마타' 로 영원한 상처로 남는 것을 말한다. 또는 '스틱그마' (στίγμα)라고 하는데 낙인, 표인 것이다.

에베소서

Q 521) '그리스도 안에서 하늘에 속한 모든 신령한 복으로' 여기 모든 신령한 복이란 무엇인가?(엡1:3)

"찬송하리로다 하나님 곧 우리 주 예수 그리스도의 아버지께서 그리스도 안에서 하늘에 속한 모든 신령한 복을 우리에게 주시되"

A 성도에게는 하나님이 이미 하늘에 속한 모든 신령한 복을 다 주셨다. 그 복은 이 세상에 속한 것이 아니고 하늘에 속한 것이며 물질적인 것이 아니고 영적인 것이며 썩어질 것이 아니고 영원한 것이다.

믿지 않는 사람들은 물질적인 면 육체적인 면 세상적인 면이 잘 되면 큰 복을 받는 줄로 안다. 그러나 이세상의 부귀와 영화와 명예 영광은 풀의 꽃과 같이 잠시 후에 시들어 버리고 말 것이다.(벧전1:24-25)

Q 522) 우리를 택함이 창세전인가? 후인가? 왜 예수그리스도 안에서 택했다고 하는가?(1:4)

"곧 창세전에 그리스도 안에서 우리를 택하사 우리로 사랑 안에서 그 앞에 거룩하고 흠이 없게 하시려고"

A 하나님께서 창세전에 우리 성도를 하나님의 아들로 택해주신 것이 제일 큰 복이다. 하나님의 예정안에서 우리를 아들로 택해 놓았기 때문에 우리가 하나님의 아들이 되었다. 성도는 모두 하나님의 아들이 된 것이다.

'그리스도 안에서 우리 택하사' 하심은 그리스도의 구속을 전제로 성도를 택했다는 해석도 있으나 그것은 중요한 해석이 되지 못한다.

영원 전부터 계신 그리스도께서 인간을 선택함에 있어 인간의 범죄와 상관없이 택한 백성을 온전하게 하기로 책임을 지시고 택했다는 뜻이다.

Q 523) 예정론과 운명론은 같은 것인가? 다른 것인가?(1:5)

"그 기쁘신 뜻대로 우리를 예정하사 예수 그리스도로 말미암아 자기의 아들들이 되게 하셨으니"

A ⊙ 예정론(Paedestinrianism)인류의 구원과 관련하여 하나님의 마음 속에 있었던 영원한 목적을 지칭하는 말. 넓은 의미로 역사적사건 들까지 이 범주에 포함되며 이를 가리키는 말이 '신적작정' (Divine decrees) 임. 하지만 일반적으로 예정론이란 용어는 구원과 관련하여 쓰임. 최초주장자는 성어거스틴 이후 칼빈에 의해 구원과 멸망에의 이중예정설로 발전하기에 이름

⊙ 운명론(Destinism) 사람의 행동을 지배하는 큰 힘. 인간의 예측을 초월하거나 인간의 의지와는 무관한 힘. 이 사상이 생겨난 것은 어떤 불가피성, 필연성, 예측불허의 상황인간의 한계등과 관련됨. 그리스도교는 운명을 거부한다.

예정론과 운명론은 전연 다른 것이다.

Q 524) '때가찬 경륜을 위하여' 은 예정에 대한 목적인가? 통일되게 하심의 목적인가?(1:9-10)

"그 뜻의 비밀을 우리에게 알리신 것이요 그의 기뻐하심을 따라 그리스도 안에서 때가 찬 경륜을 위하여 예정하신 것이니"

A '그리스도 안에서 때가 찬 경륜을 위하여 예정하신 것이니' 이 말은 하나님의 예정하신 그때가 찬 것을 가리킨다. 만사는 하나님의 예정하신 때가 있다. 그때가 되면 그 예정이 성취된다. 하나님의 구속예정도 그 예정한 때가 되었을 때에 독생자를 보내어 십자가에서 구속을 이루게 하셨다. 하나님께서 허락하신 때가 있고 성취할 때가 있다. 경륜이란(원어로 *οἰκονόμια*) "집 지키는 자"라는 뜻인데 광범위한 의미에서 하나님의 계획

을 말한다. 예수그리스도의 구속의 궁극적인 목적은 하늘에 있는 것이나 땅에 있는 것을 통일되게 하시려는 계획으로 예정하신 것이다. "때가 찬 경륜을 위하여"는 예정에 대한 목적보다는 통일되게 하심이 목적이다.

Q 525) '약속의 성령'은 보혜사 성령인지 또 다른 성령인지? 어떤 성령을 말하고 있는 것인가?(1:13)

"그 안에서 너희도 진리의 말씀 곧 너희의 구원의 복음을 듣고 그 안에서 또한 믿어 약속의 성령으로 인치심을 받았으니"

A 오순절에 보혜사 성령을 보내시기로 하나님이 이미 약속하셨다. 구약시대도 약속하셨고(요엘2:28) 신약시대에도 약속하셨던 것이다.(행1:5, 1:8), 그 약속의 성령을 (보혜사 성령) 오순절에 보내셔서 그 성령으로 우리가 인침을 받은 것이다.

오순절에 오신 성령은 다시 가신 것이 아니며 신약시대 내내계셔서 역사하신다. 오늘날 우리가 예수를 믿는 것도 오순절에 임한 성령으로 믿는 것이다. 그러므로 우리는 오순절 성령을 받은 것이다.(행2:1-4)

여기 약속의 성령은 보혜사 성령을 가리킨다.

Q 526) '지혜와 계시의 정신을' 여기 '정신'이란 무엇을 두고 말씀해 주시나?(1:17)

"우리 주 예수 그리스도의 하나님, 영광의 아버지께서 지혜와 계시의 정신을 너희에게 주사 하나님을 알게 하시고"

A '지혜'는 영적 지혜를 말한다.(고전2:1-14) '정신'이란 말이(헬라어로 ($\pi\nu\epsilon\upsilon\mu\alpha$) '영'이라는 말이다. 그러므로 계시의 영은 '성령'을 가리킨다.

성령으로만이 하나님의 말씀을 깨닫고 알고 믿을 수 있다. 성령으로 하지 않고는 예수를 주라고 시인 할 수도 없는 것이다.(고전12:3) 여기서 '우리 주 예수그리스도의 하나님, 영광의 아버지께서 지혜와 계시의 정신을 너희에게 주사 하나님을 알게하시고' 성령으로만이 영적지혜와 성경말씀을 깨닫고 믿고 의지하도록 해달라는 뜻이 된다.

Q 527) '허물과 죄로 죽었던 너희를 살리셨노라' 언제 죽었으며 언제 살아났는가?(2:1)

"그는 허물과 죄로 죽었던 너희를 살리셨도다"

A 사람이 태어날 때부터 이미 죽은 영혼을 가지고 태어났다. 죽은 영혼이 예수를 믿는 순간에 다시 살아난 것이다.(중생= 거듭남) 그러나 예수 믿지 않은 자들은 육만 살았지 영은 죽어있는 상태이니 세상 것, 육신의 것만 알고 살고 있다.

영혼이 죽었다는 것은 하나님과 단절된 것을 의미한다. 생명 되신 하나님과 끊어진 영혼은 죽은 것이며 물과 성령으로 거듭나지 아니하면 하나님 나라에 들어갈 수 없다. 요5:25 '죽은 자들이 하나님 아들의 음성을 들을 때가 오나니 곧 이때라 듣는 자는 살아나리라 요5:24 "믿는 자는 영생을 얻었고 심판에 이르지 아니하나니 사망에서 생명으로 옮겼느니라" 믿기 전에 죽어 있었던 영혼이 예수 믿음으로 살아났다는 성경구절이다.

Q 528) '함께 하늘에 앉히시니' 언제인가? 지금인가? 미래인가? 보좌, 우편인가?(2:6)

"또 함께 일으키사 그리스도 예수 안에서 함께 하늘에 앉히시니"

A 우리의 죽었던 영혼을 그리스도와 함께 다시 살렸고, 그 영혼을 그리스도와 함께 일으켜서 그리스도와 함께 하늘에 앉게 하였다.

⊙ 살렸다 : 는 것은 죽었던 영혼에게 새 생명을 주신 것을 가리키며

⊙ 일으켰다 : 는 것은 그리스도의 생명과 능력을 계속 공급하는 것을 가리킨다.

⊙ 하늘에 앉히시니 : 중생한 성도의 영혼이 그리스도와 함께 영적 세계에 앉아서 동거하는 것을 말한다. 이 모두가 과거사로 되어있으니 우리 영혼은 이미 살아났고 그리스도의 생명과 능력으로 살고 있으며 그리스도와 함께 하늘(신령한 세계)에서 살고 있다. 지금 현제이고 현 세상부터이다.

Q 529) 믿음은 하나님이 주신 선물인데 그 대가를 하나님께 지불해야 하는 것인가?(2:8-9)

"너희는 그 은혜에 의하여 믿음으로 말미암아 구원을 받았으니 이것은 너희에게서 난 것이 아니요 하나님의 선물이라" (8절)

A 믿음은 하나님의 선물이다. 하나님은 택한 백성에게 믿음을 선물로 주신다.(롬8:30) 그러므로 구원은 순전히 하나님의 은혜로 말미암아 된 것이다. 하나님이 믿음을 줄 때에 택한 백성에게만 준다.(행13:48) 그래서 택한 백성만 구원받는 다는 말과 누구든지 믿기만 하면 구원을 받는 다는 말은 모순이 없는 같은 말이다.

우리의 구원이 행위에서 났다고 하면 자기가 잘해서 구원받았다고 자랑할 수 있다. 그러나 하나님의 은혜로 값없이 거저 받은 것이기 때문에 자랑할 것이 없다. 대가 지불해야하는 것인지? 그 은혜 감사해서 영광 돌리며 충성하는 것이 지불방법이다.

Q 530) '이 둘로 자기 안에서 한 새 사람을 지어' 예수님이 언제 새 사람을 어떻게 지었나?(2:15)

"법조문으로 된 계명의 율법을 폐하셨으니 이는 이 둘로 자기 안에서 한 새 사람을 지어 화평하게 하시고"

A 예수그리스도께서 십자가에 못 박혀 죽으시므로 율법의 의문과 증서를 폐하고 도말하여 유대인과 이방인을 하나로 만들고 화평하게 하신 것

이다. 원수란 의문에 속한 계명의 율법을 말한다. 이것들이 유대인과 이방인 사이에 원수가 되었던 것이다. 의문에 속한 계명의 율법이란 의문은 율법과 계명에 속한 의문 즉 할례, 유월절, 월삭 같은 것을 가리킨다. 율법은 구약의 율법 전체를 말하며 계명은 율법의 요긴한 개개의 명령을 가리킨다. 그리스도께서 율법과 계명 자체를 폐하신 것은 아니니다. 다만 율법과 계명에 속한 의식과 의문과 같은 증서를 폐하신 것뿐이다.(골2:14-15) 십자가상에서 이 둘로 한 새 사람을 지으셨다.

Q 531) 하나님의 거하실 처소가 되기 위해 최초와 최후완성은 어떻게 이루어지는가?(2:22)

"너희도 성령 안에서 하나님이 거하실 처소가 되기 위하여 그리스도 예수 안에서 함께 지어져 가느니라"

A 전체의 성전은 진리와 성령으로 짓고 또 함께 짓는 것이며 혼자 짓는 것이 아니다. 성령 안에서(성령의 감동을 받는 것을 말한다) 함께 지어져(서로 협력하고 연결되어야 성전이 지어나갈 수 있다)가느니라.

그러므로 성도가 진리를 가지고 영감을 받아 서로 연결하고 협력하여야 큰 성전이 건축되어 나간다. 이 성전은 주님이 재림하시는 날까지 지어서 나가야한다. 최초로 처소로 짓기 시작한 때는 개인은 예수 믿을 때부터 동참한 것이며 예수님은 십자가상부터이다. 최후완성은 주님이 재림하는 그 날에야 완전 완공 될 것이다.

Q 532) '넓이, 길이, 높이, 깊이'는 무엇을 나타내고자 함인가? 최고 정점은 어디에 이르는가?(3:19)

"그 너비와 길이와 높이와 깊이가 어떠함을 깨달아 하나님의 모든 충만하신 것으로 너희에게 충만하게 하시기를 구하노라"

A 이는 그리스도의 사랑을 가리키는데 그리스도의 사랑은 우주보다 넓고 하늘보다 높으며 바다나 음부보다 사단의 깊은 것(계2:24) 보다 더 깊고 영원하다. 그리스도가 우리를 사랑하는 사랑의 넓이, 길이, 높이, 깊이는 말과 글로는 다 표현할 수가 없는 무궁무진한 것이다.

하나님의 모든 충만은 하나님의 속성의 전부를 가리키고 있다.(마5:48) 우리가 그리스도의 사랑을 알면 알수록 하나님의 모든 충만이 우리에게 점점 채워져 나간다. 최고의 정점은 곧 하나님께로 이르게 된다.

Q 533)몸, 성령, 소망, 주, 믿음, 세례, 하나님도 하나인데 하나 되지 못하는 이유가 무엇인가?(14:4-6)

"몸이 하나요 성령도 한 분이시니 이와 같이 너희가 부르심의 한 소망 안에서 부르심을 받았느니라"(4절)
"주도 한 분이시요 믿음도 하나요 세례도 하나요" (5절)

A 몸 : 교회, 영적 교회는 하나이다. 성령 : 성도를 중생시켜 믿게 해 주신 성령은 하나이다.

한 소망: 내세 천국에 대한 소망과 하나님께 대한 소망은 모든 성도가 동일하다.

주 : 모든 참 교회와 모든 성도가 한주 예수그리스도를 믿고 있다.

믿음 : 참 믿음의 대상은 삼위일체 하나님 한 분뿐이며 예수그리스도의 구속의 도리를 믿는 것도 동일하다

세례 : 기본 회개를 하고 예수그리스도를 구주로 믿어 구원받은 자에게 베푸는 세례도 동일

만유의 아버지 : 하나님이 만물을 창조하시고 만물을 주관하시는 주인이라는 뜻이다.

이 위 7가지를 이대로 믿지 않기 때문에 하나 되지 못하고 교파가 갈리듯 많은 성도가 서로 갈리고 다투고 싸운다. 하나 되기를 힘써야 한다.(4-6)

Q 534) '잠자는 자여 깨어서 죽은 자 가운데서 일어나라'(잠자는 자= 죽은 자)맞는 것인가?(5:14)

"그러므로 이르시기를 잠자는 자여 깨어서 죽은 자들 가운데서 일어나라 그리스도께서 너에게 비추이시리라 하셨느니라"

A 여기 잠자는 자는 낮잠을 자는 사람이다. 예수 믿는 사람은 낮잠을 자고 불신자들은 죽은 자가되어 밤잠을 잔다. 믿는 사람은 빛 가운데 있고 낮에 속한 자이기에 잠을 자더라도 낮잠을 잔다. 다시 말하면 심령의 잠을 자는 것이다. 성도가 잠을 자게 되면 영이 죽은 것이 아니고 심령의 역사가 쉬는 것이다. 심령이 잠자고 있으면 영적세계에 대해서는 감각이 없다.

여기 죽은 자들 가운데서 심령이 잠자는 때는 신앙이 죽은 때이다(약 2:26) 그리하여 심령의 감각이 없고 믿음의 역사도 없다. 이렇게 되면 영적 생명의 역사가 중단되고 육신 중심으로 살게 되어 죽은 자와 방불하다. 성도라면 이때 회개하고 나와야 한다. 여기 잠자는 자는 곧 죽은 자가 아니다. 낮잠과 밤잠은 큰 차이가 있다. 구별해야 된다.

Q 535) 친교나 담소나 대화로 화답해야하는지? 아니면 시와 찬미와 노래로 화답을 해야 하는지?(5:19)

"시와 찬송과 신령한 노래들로 서로 화답하며 너희의 마음으로 주께 노래하며 찬송하며"

A 여기 시와 찬미는 시는 구약의 시편을 말하고 찬미는 하나님의 성호를 찬양하기 위해 지은 노래(찬양, 성가 등)이다. 여기 신령한 노래는 영적 노래이고 중생한 영이 성령과 함께 부르는 찬양이다. 우리 성도끼리 교제도 이처럼 시와 찬미와 노래와 화답함이 옳다. 사람들은 모이면 친교나 담소 그리고 대화를 통해서만 교제하려고 하고 있다. 물론 의사소통으로 은혜스러운 면도 많지만 마귀가 틈타서 시험에 드는 경우도 많다. 성도간의 교제든 하나님께 대한 교제든 신령한 노래로 하나님께 찬송을 해야 하나님께 상

달되고 영이 소생한다.

Q 536) 죄는 물로 씻어질까? 말씀으로 깨끗하게 하는 방법은? 어느 정도까지 해야하나? (5:26)

"이는 곧 물로 씻어 말씀으로 깨끗하게 하사 거룩하게 하시고"

A 여기 물로 씻어는 디도 3:5에 있는 중생의 씻음과 같은 말이다. 그리스도께서 우리 죄를 씻어서 중생시켜주시고 말씀으로 우리를 점점 깨끗하게 하사 티나 주름 잡힌 것이 없게하여 자기 앞에 영광스러운 교회로 세우려고 하신다.

그리스도께서 십자가에서 우리 죄를 씻어서 말씀으로 더 깨끗하게 하시고 또 거룩하게 구별되게 하심으로 주님의 영광스런 교회로 세워지게 되었다. 물로야 죄를 씻을 수 없고 예수그리스도가 대신 십자가 저주로 깨끗하게 참됨을 상징하며 말씀으로 깨끗하게 하는 방법은 하나님이 주신 말씀을 늘 사모하고 믿고 자신들이 고쳐 나가므로 깨끗해지는 것이 된다.

Q 537) '이 비밀이 크도다' 여기서 비밀이란 무엇이며 왜 비밀이라고 하였을까?(5:32)

"이 비밀이 크도다 나는 그리스도와 교회에 대하여 말하노라"

A 둘이 한 몸이 되는 비밀, 머리와 몸에 대한 비밀, 그리스도와 교회에 대한 비밀, 부부관계가 잘 되므로 그리스도의 교회가 잘 되어나가는 비밀을 말한다. 원래 부부관계가 육신으로 시작하여 육신으로만 사는 것 같은데 예수그리스도의 영광스런 교회에까지 이르게 되는 것은 비밀이 아닐 수 없다.

이 원리가 아무리 어렵고 이해가 힘들어도 중생한 영혼이 있는 자들은 이해가되고 믿어져서 비밀이 될 수가 없다. 그러나 불신자들에게는 너무 어렵고 깨달아 지지 않음으로 '이 비밀이 크도다' 라고 숨겨 놓아진 비밀이 된다. 여기 비밀은 우리에겐 너무나 잘 믿어지는 교리이나 전연 모르는 사람은 비밀과 같다.

Q **538) '하나님의 전신갑주' 는 무엇을 의미하는지? 또 우리가 입을 전신갑주는?(6:11)**

"마귀의 간계를 능히 대적하기 위하여 하나님의 전신 갑주를 입으라"

A 여기 전신갑주는 완전 무장을 가리키며 우리가 입어야할

전신갑주는 ① 진리의 띠 14절 ②의의 흉패 14절 ③ 복음의 신 15절 ④ 믿음의 방패 16절 ⑤ 구원의 투구17절 ⑥ 성령의 검 17절이다.

성도가 영적 무장을 하고 날마다 정사와 권세와 악한 영들과 싸워 이겨 나가야 한다. 성도가 이런 영적 무장을 하지 않으면 마귀를 이길 수가 없다. 마귀도 영물이므로 사람보다는 강하고 지혜로우나 하나님보다는 약하다. 사람의 지혜로 나가면 마귀에게 지고 하나님의 지혜와 권능으로 나가면 마귀를 능히 이길 수 있다.

빌립보서

Q **539) 예수그리스도의 심장으로 너희 무리를 사랑했다는데 어떻게 했다는 것인가?(빌1:8)**

"내가 예수 그리스도의 심장으로 너희 무리를 얼마나 사모하는지 하나님이 내 증인이시니라"

A 예수그리스도의 심장이란 예수님이 죄인들을 진정으로 사랑하여 자신의 몸과 살과 피를 기쁜 마음으로 희생하며 주신 심정을 말한다. 바울이 이러한 심정을 가진 것은 바울의 마음속에 예수그리스도가 계신 증거이다.(빌2:17)

빌립보교인들이 믿음의 제물로 하나님께 바치고 봉사한다고 하면 바울은 자신의 피를 그 위에 쏟아 부을 찌라도 기쁘다는 것이다. 교역자가 바울처럼 예수그리스도의 심장으로 교인들을 진정으로 사랑하고 사모하는 마음을 가진 교역자가 예수그리스도의 심장으로 성도를 사랑하는 자이다.

Q 540) 바울이 투옥된 것이 도리어 복음에 진보가 될 수 있을까? 오히려 퇴보될 텐데(빌1:12)

"형제들아 내가 당한 일이 도리어 복음 전파에 진전이 된 줄을 너희가 알기를 원하노라"

A 바울이 당한일이란 복음을 전하다가 감옥에 갇힌 일이다. 바울이 감옥에 갇힌 일로 인하여 복음의 길이 막히고 실패한 것이 아니고 도리어 복음의 진보가 되었다. 진보가 되었다는 것은 점점 더 널리 전파되고 발전해 나간다는 뜻이다.

바울이 옥에 갇히므로 그 자신이 그리스도 안에 있는 신앙의 사람으로 시위대와 기타 모든 사람에게 나타났다는 뜻이다. 그러므로 바울이 갇힌 것은 그리스도를 나타낸 것이요 복음을 나타낸 것이며 복음의 진보가 되었다. 성도는 무슨 일을 당하든지 그리스도인으로 나타나야하며 복음의 진보가 되어야한다.

Q 541) 이 세상에서 오래사는 것이 복인가 떠나서 하나님께 가는 것이 복인가?(빌1:20-24)

"나의 간절한 기대와 소망을 따라 아무 일에든지 부끄러워하지 아니하고 지금도

전과 같이 온전히 담대하여 살든지 죽든지 내 몸에서 그리스도가 존귀하게 되게 하려 하나니"(20절)

"내가 그 둘 사이에 끼었으니 차라리 세상을 떠나서 그리스도와 함께 있는 것이 훨씬 더 좋은 일이라 그렇게 하고 싶으나" (23절)

"내가 육신으로 있는 것이 너희를 위하여 더 유익하리라" (24절)

A 많은 사람들을 자기를 위하여 살고 자기의 명예와 영광을 위하여 살고 있다. 교회 안에서도 자기를 위하여 예수를 믿고 자기위해 교역자 노릇도하고 자기를 위해 하나님의 일을 한다면 그 사람은 그리스도의 종이 아니니라. 우리는 그리스도만 위해 살아야 된다. 그리스도를 위해 사는 자는 죽는 것도 유익이고 사는 것도 더 유익이다. 1) 오래 살림은 자기 구원을 이루어 나가라는 뜻 2) 복음 전파하는 사명을 좀 더 감당케 하려고 오래살림. 3) 다른 사람의 생명을 조금 더 살려나갈 수 있기 때문이다. 바울이 사는 것도 복이고 죽는 것도 복이 됐으니 그 두 사이에 끼에 있다고 고백한다. 그러나 우리는 세상을 떠나서 그리스도와 같이 있을 욕망을 가지고 살아야 된다. 두 가지가 다 복이로되 후자가 더 복이 크므로 사모하고 산다.

Q 542) '그리스도의 마음을 품으라' 는데 우리에겐 도리어 불가능한 것을 명령함인가 (2:5-8)

"너희 안에 이 마음을 품으라 곧 그리스도 예수의 마음이니" (5절)

A 예수그리스도의 마음은 겸손과 봉사와 하나님을 순종하는 마음이다.

예수님의 마음이란 1) 성부하나님과 동등 된 영광과 존귀와 보좌를 내어놓고 낮아졌다.

2) 종이 된 것이다 : "종의 형체" : 실제로 종의 본체가 되었다는 뜻

3) 지극히 낮아진 것 : 창조자가 피조물로 의인이 죄인의 자리까지 낮아짐

4) 하나님의 뜻을 죽기까지 복종함 : 예수님은 모든 율법, 성경 말씀 다 행

하고 하나님의 뜻을 완전히 이루어 드렸다. 이 일하기엔 죽기까지 복종했다.

우리 성도들은 예수님의 이런 마음을 품고 살아가야 한다. "너희 안에 이 마음을 품으라 곧 그리스도예수의 마음이니" 이것이 곧 믿음이요 구원의 완성이 될 것이다.

Q 543) '너희 구원을 이루라' 여기 구원은 기본 구원인지? 성화 구원인지? 그 의미는?(2:12)

"그러므로 나의 사랑하는 자들아 너희가 나 있을 때뿐 아니라 더욱 지금 나 없을 때에도 항상 복종하여 두렵고 떨림으로 너희 구원을 이루라"

A 구원을 이룬다는 것은 죄에서 점점 벗어져 나온 다는 뜻이다. 누구나 예수를 믿으면 믿는 그 때에 법적으로 구원을 받았고(기본 구원은 이미 받았고) 영이 중생하였다.

그러나 육신은 아직도 죄 가운데 있기 때문에 육신의 부패성을 점점 벗어 버리고 중생한 영이 점점자라는 것이 곧 구원을 이루어 나가는 것이며 신학적으로는 성화구원이라고 표현한다.

롬8:10 "몸은 죄로 인하여 죽은 것이나 영은 의를 인하여 산 것이라" 몸의 구속은 육신의 죄 가운데서 점점 벗어져 나오는 것이다(롬8:23) 성도가 구원을 이루어 나가는 것은 인격이 그리스도의 형상을 닮아가는 것이다. 여기서는 성화구원을 말한다.

Q 544) 바울이 자기자랑을 위해서 열심을 내었나 아니면 무엇 때문인가?(2:16)

"생명의 말씀을 밝혀 나의 달음질이 헛되지 아니하고 수고도 헛되지 아니함으로 그리스도의 날에 내가 자랑할 것이 있게 하려 함이라"

A ⊙ 생명말씀은 성경말씀을 가리키며 영감으로 진리 안에 들어갈 때에 우리의 생명이 산다.

⊙ 생명말씀을 밝혀 나가는 것은 개인이 나가서 전도하는 일과 교회를 세워서 밝혀 나가므로 할 수 있다.

교회가 진리에 바로서 있지 못하면 혼자서 아무리 진리를 밝혀나가려고 해도 못한다.

⊙ 달음질도 헛되지 않게는 바울이 사명을 위하여 전도하고 교회를 위하여 애쓴 것이 헛되지 않게 하라는 말로써 그동안 걸어온 것이 헛되지 않기 위해서 애를 썼다는 것

⊙ 그리스도의 날에 나로 자랑할 것이 있게는 예수그리스도의 재림하는 날에 자랑할 것이 있도록 하기 위 해하는 것이다. 주 예수님 앞에서 자랑하기 위함이다.

Q 545) 여기서 관제는 어떤 제사이고 그 본 의미는 무엇을 의미하는가?(2:17)

"만일 너희 믿음의 제물과 섬김 위에 내가 나를 관제로 드릴지라도 나는 기뻐하고 너희 무리와 함께 기뻐하리니"

A 관제는 포도주를 마지막 제물위에 붓는 제사이다. 빌립보 교인들이 믿음을 지키며 희생하고 봉사하는 것을 믿음의 제물이라고 하였다. 성도들이 믿음으로 희생하고 봉사하는 것을 믿음의 제물이라고 하였다. 성도들이 믿음으로 희생하고 봉사할 때에 바울은 자신의 피를 거기에 붓는다 할찌라도 기뻐한다고 했다.

이것은 바울이 빌립보 교인들을 사랑하고 진리를 밝혀나가는 일을 자기 생명보다 귀중히 여겼기 때문이다. 헬라어 '스펜도' 로 붓는 것 짜는 것 부음이다. 성도는 교회를 위해 관제의 부음이 되어 버린다면 안 되는 일이 없을 것이다.

Q 546) 바울이 소개한 디모데는 어떤 사람이며 디모데를 보낸 이유가 있다면?(2:19-23)

"내가 디모데를 속히 너희에게 보내기를 주 안에서 바람은 너희의 사정을 앎으로 안위를 받으려 함이니"(19절)
"그들이 다 자기 일을 구하고 그리스도 예수의 일을 구하지 아니하되" (21절)
"디모데의 연단을 너희가 아나니 자식이 아버지에게 함같이 나와 함께 복음을 위하여 수고하였느니라" (22절)

A 주를 위해 일 한다는 사람들 중에는 자기를 위하여 일을 하는 사람이 많았다. 바울과 같이 복음을 변명하는 사람들 가운데도 자기의 유익만 구하고 예수그리스도의 일을 구하지 아니하는 자가 많았다. 그들은 자기 일을 첫째로 하고 하나님의 일을 둘째, 셋째로 하는 자들이다. 무엇을 첫째로 삼느냐가 중요한 것이다.

예수님이 첫째인 사람은 자기에게 있는 것이 모두 예수님에게 이용당하고 자기의 이익을 첫째로 삼는 자는 예수를 위한다 해도 그것이 형식뿐이며 주의 일을 한다고 해도 결국은 자기의 유익을 위하여 예수를 이용하는 것 밖에 안 된다. 디모데는 오직 예수그리스도만 위하고 자식이 아비에게 함같이 바울을 수종들면서 복음을 끝까지 수고한 분임을 소개한다.

Q 547) 에바브로디도의 병은 무슨병이며 언제걸렸으며 에바브로디도가 왜 근심한 것일까?(2:25-30)

"그러나 에바브로디도를 너희에게 보내는 것이 필요한 줄로 생각하노니 그는 나의 형제요 함께 수고하고 함께 군사 된 자요 너희 사자로 내가 쓸 것을 돕는 자라" (25절)
"그가 너희 무리를 간절히 사모하고 자기가 병든 것을 너희가 들은 줄을 알고 심히 근심한지라" (26절)

A 에바브로디도의 병은 일명 향수병이라고 하나 실제는 그렇지 않다. 그가 병들어 죽게 되였다는 것을 볼 때 향수병으로 죽는 사람은 없기에

더 크고 심한 병이 걸렸으며 무슨 병인지 병명을 알 수가 없다. 이 병이 발병된 것은 빌립보교회의 사자로 헌금을 거둬 바울에게 전해주고 바울을 섬기다가 생긴 병이기에 에바브로디도는 이런 심한 병명이 빌립보교회에 들려질까봐 근심했고 바울은 자기를 돕는 자가 죽을병이 걸렸으나 근심하게 되었다. 치유의 은사가 있었으나 하나님이 성경기록의 은사로 바꿔 주셔서 이제는 치유할 수 없었으나 바울과 디도의 근심을 덜려하사 하나님이 낳아 주신 것이다.

Q 548) 삼가 할 것 3가지 각각 왜 삼가야 하는지 이유와 뜻이 있다면?(3:2)

"개들을 삼가고 행악하는 자들을 삼가고 몸을 상해하는 일을 삼가라"

A 삼가 할 것 1) 개들, 2) 행악하는 자들 3) 손할례당을 삼가라고 했다. 이들은 한결같이 물고 찢는 자들이며 교역자들 가운데도 이런 자들이 더러 있다. 사56:10-11 벙어리 개노릇하는 교역자가 있다.

⊙ 개 ① 짖는데 있다(경고함) ②잠자기 좋아하고 꿈꾸는 자라고 하였다 ③탐욕이 많으며 족한 줄 모른다

④ 물고 찢는다. 진주나 보화도 물고 찢는다.

⊙ 행악하는 자 : 하나님의 일꾼이지만 믿음을 지키지 않고 악행을 거침없이 하는 자 들이다.

⊙ 손할례당 : 할례를 받아 몸을 상하게 하는 것을 주장하는 자들이 손할례당이다.

이러한 자들을 삼가지 않으면 자신과 교회에 큰 손해를 입게 된다.

Q 549) 현재의 할례당은 어떤 사람이며 바울이 이에 대한 자랑은?(3:3-6)

"나는 팔일 만에 할례를 받고 이스라엘 족속이요 베냐민 지파요 히브리인 중의 히

브리인이요 율법으로는 바리새인이요"(5절)
"열심으로는 교회를 박해하고 율법의 의로는 흠이 없는 자라" (6절)

A 우리가 곧 할례당이라 함은 우리가 영적으로 할례를 받았다는 뜻이다. 그리스도를 구주로 영접한 성도는 기본 회개를 하고 죄사함을 받았으니 영적할례 받고 구원받은 자들이다. 이런 자들에게 육적 할례는 아무 효력이 없는 것이다.

육체를 신뢰 : 인간에게 있는 특권과 우수성과 자랑할 만한 것들을 신뢰한다는 뜻이다. 바울이 이스라엘사람으로써 육체적으로 신뢰할 만한 것들이 많이 있었으나 거짓선지자들처럼 그것을 자랑하지는 않았다. 바울의 자랑(8일 만에 할례받고, 이스라엘 족속, 베냐민지파, 히브리인 중에 히브리인이요, 율법으로는 바리새인, 열심히 교회핍박 율법으로는 흠없는 자) 거짓선지자들같이 자랑해 보았으나 다 소용없고, 영적으로 은혜받고 나감이 더 중요함

Q 550) 이 세상 모든 것을 배설물로 여기는 바울은 허무주의인가? 포기주의인가?(3:8)

"또한 모든 것을 해로 여김은 내 주 그리스도 예수를 아는 지식이 가장 고상하기 때문이라 내가 그를 위하여 모든 것을 잃어버리고 배설물로 여김은 그리스도를 얻고"

A 이 세상 것은 마치 배설물로 여기고 나니 예수님이 좋고 예수님만 귀하고 세상의 모든 것들은 아무유익이 없고 도리어 해가 되므로 내어버리게 된다. 우리는 세상 모든 것을 이용하여 그리스도예수를 더욱더 발견하고 얻어야 된다. 그 후에는 그리스도만 소유해야하고 세상 것들은 다 내어버려야 된다.

이런 자는 1) 과거에 자랑하고 신뢰하던 모든 것이 다 해가되며

2) 그것들을 잃어버리게 되고 3) 배설물로 여기게 된다.

이렇게 되니 마치 허무주의자 같고 때로는 포기주의자 같기도하다. 그러나 허무주의자도 아니고 포기주의자도 아니다. 세상 것은 버리고 예수그리스도만 붙들고 나가기 때문이다.

Q 551) 부활의 권능과 그 고난에 참여하게 되면 어떤 결과를 얻는가:(3:10-11)

"내가 그리스도와 그 부활의 권능과 그 고난에 참여함을 알고자 하여 그의 죽으심을 본받아" (10절)

A "어떻게 해서든지 죽은 자 가운데서 부활에 이르려 하노니" (11절)

그리스도의 부활의 권능에 참여하려면 그리스도의 고난에 참여해야만 한다. 바울이 그리스도의 죽으심을 본받아 어찌하든지 부활에 이르려고 애썼다. 그리스도께서 당한것 같은 그 고난을 당하면 그리스도께서 소유한 것과 같은 큰 권능에 참예하게 된다.

그리스도의 고난은 1) 하나님의 말씀을 다 순종하면서 당하는 고난이다.

2) 그의 몸된 교회를 위하여서 받은 고난이다.(골1:24)

"그의 죽으심을 본받아 어찌하든지 죽은 자 가운데서 부활에 이르러 하노니" 바울은 그리스도의 고난에 참여해서 죽는데까지 이르고 그리스도의 부활의 권능에 참여하려고 하였다. 이것이 바울의 소망이요 노력하는 목표였다.

Q 552) 얻은 것도 없고 이룬 것도 없는 실패자가 무엇을 잡으려고 했을까?(3:12-13)

"내가 이미 얻었다 함도 아니요 온전히 이루었다 함도 아니라 오직 내가 그리스도 예수께 잡힌바 된 그것을 잡으려고 달려가노라"(12절)

"형제들아 나는 아직 내가 잡은 줄로 여기지 아니하고 오직 한 일 즉 뒤에 있는 것은 잊어버리고 앞에 있는 것을 잡으려고" (13절)

A 얻은 것도 이룬것도 없는 것은 예수그리스도의 부활의 권능을 이룬 것 얻은것이 없다는 것이니 부활의 권능이 없다고 실패자는 아닌 것이다. 오직 그리스도예수께 잡힌바 된 그것을 잡으려고 쫓아간다고 고백하였다.

성도는 그리스도께 붙잡혔다. 그리스도께서 우리를 붙잡은 목적이 있는데 그 목적에 우리를 도달케 하려고 하나님이 우리를 붙잡고 끌고 가셨다. 그러므로 우리도 그 목적에 도달하기위하여 쫓아가야 한다. 그리스도께서 끌고 갈 때에 우리도 쫓아가야만 성공이 된다. "잡힌바 된 그것"은 그리스도께서 나를 붙잡은 그 목적을 가리킨다. 그 목적은 3:14의 "푯대를 향하여 그리스도예수 안에서 하나님이 위에서 부르신 부름의 상을 위하여 쫓아가노라"

Q 553) 여기서 십자가의 원수로 행하는 여러 사람들은 어떤 사람들이며 그들 중심은?(3:18)

"내가 여러 번 너희에게 말하였거니와 이제도 눈물을 흘리며 말하노니 여러 사람들이 그리스도의 십자가의 원수로 행하느니라"

A 교회에 다니는 사람들 가운데에 십자가의 원수가 많다. 즉 그리스도교 안에 십자가의 원수가 많다는 말이다. 이들이 교회에 들어와서 성도들을 미혹시키고 있기 때문에 바울이 전에도 여러번 경고의 말을 했다.(빌 3:1-2) 본절에서도 바울이 눈물을 흘리면서 경고의 말을 했다.

십자가의 원수로 행하는 자들의 상태는(빌3:19) "저희의 마침은 멸망이요 저희의 신은 배요 그 영광은 저희의 부끄러움에 있고 땅의 일을 생각하는 자라" 이런 비참한 자들이다.

Q 554) 십자가의 원수들이 받을 형벌과 이땅에서의 모습은 어떤 모양일까?(3:19)

"그들의 마침은 멸망이요 그들의 신은 배요 그 영광은 그들의 부끄러움에 있고 땅의 일을 생각하는 자라"

A 그리스도 안에서 십자가의 원수로 행하는 자들은

① 배로 하나님을 삼고 : 배로 하나님을 삼고서 물질주의, 먹자주의, 탐욕주의를 가리킨다. 기독교회안에 이런 자들이 들어와 교회를 타락시킨다.

② 부끄러움으로 영광을 삼고 : 하나님 앞에 가면 부끄러움으로 나타날 것들을 영광으로 삼는다는 뜻으로 이것 은 방탕주의, 자유 방종주의, 신앙정조 버리고 인본주의로 나가는 자들이다.

③ 땅의 일만 생각하는 자들 : 하늘의 일이 아니고 이 세상일만 생각하는 자들이다. 세상주의, 현실주의, 인본 주의자들은 교회에 들어와서 교인을 세속화 시키고 있다. 이상 세 가지 종류에 속한 자들은 십자가의 길을 걸어가지 않고 예수를 믿겠다는 자들이므로 십자가의 원수들이요 마침내 멸망할 자들인 것이다.

Q 555) 우리형체가 변화되었을 때 예수그리스도와 똑같은 형체가 될 것인가? 다른가?(3:21)

"그는 만물을 자기에게 복종하게 하실 수 있는 자의 역사로 우리의 낮은 몸을 자기 영광의 몸의 형체와 같이 변하게 하시리라"

A 주님이 재림하실 때에는 우리의 낮은 몸을 주님의 영광의 형체와 같이 변케 하신다고 했다. 우리성도가 부활하신 주님의 부활체와 같이 신령하고 영광스런 몸으로 변화되어 하나님 앞에서 살게 된다. 이것이 우리의 소망이다.

육신의 몸을 가지고 사는 것은 잠시 잠깐 뿐이다. 이 세상에서 사는 동안은 성도가 하늘나라에 가기위한 준비기간이요 이 세상은 연단 받는 장소이다. 이 세상은 아침안개와 같이 잠깐 지나가고 우리가 영원히 살 나라는 하늘나라이다. 이 소망을 가진 자마다 예수님의 깨끗하심과 같이 자기를 깨끗케 해야 된다.(요일3:2-3)

Q 556) 아무것도 염려하지 말고 기도와 간구, 감사만 드리면 예수님이 우리에게 주실 것은?(4:6-7)

"아무 것도 염려하지 말고 다만 모든 일에 기도와 간구로, 너희 구할 것을 감사함으로 하나님께 아뢰라" (6절)
"그리하면 모든 지각에 뛰어난 하나님의 평강이 그리스도 예수 안에서 너희 마음과 생각을 지키시리라"(7절)

A 염려할만한 일이 있어도 그 염려를 주께 맡기고 기도해야 된다.

기도는 하나님과 교통하는 일반적인 기도이다. 간구는 특별한 사건과 무슨 문제가 생겼을 때에 그것을 위하여 기구하는 것이 간구이다.

감사함으로 하나님께 아뢰라 ①영적 세계에 들어가야 기쁨과 감사가 나온다. ②하나님께서 모든 것을 은혜로 주신 줄 믿고 감사기도해야 한다. ③앞으로도 하나님이 제일 좋은 것으로 주실 줄 믿고 하나님께 맡기면 감사가 나온다.

모든 지각에 뛰어난 하나님의 평강 사람의 생각을 초월한 평강이다. 인간의 생각으로는 불안과 공포와 큰 고통의 환경이지만 기도하는 성도에게는 하나님의 역사와 위로로써 인간지각에 뛰어난 천래의 평강을 주신다.

Q 557) 4:13은 '적극적 사고방식', '긍정적 사고방식'을 말씀한 것인가? 아닌가?(4:13)

"내게 능력 주시는 자 안에서 내가 모든 것을 할 수 있느니라"

A 미국의 LA의 수정교회(크리스탈 처치)목사 로버트슐러목사의 주장이다.

"무엇이든 생각하며 바라는 것은 다 그대로 된다" 이것을 적극적 사고방식 또는 긍정적 사고방식이란 이론이다. 그러나 모든 것이나 무엇이든지가 될 수 없다. 무엇이든지 하나님이 예정된 것은 그대로 되지만 하나님이 예정 돼있지 않은 것은 되는 것이 없다. 그럼 여기 능력주시는 자 안에서란 무슨 뜻인가요?

① 하나님이 하시는 대로 이용당하면 모든 것을 다 하실 수 있다.

② 성경대로 하나님의 뜻대로 하는 일은 다 할 수 있다.

③주의 능력을 힘입어 하는 것은 다 할 수 있다. 본절의 말씀은 적극적 사고방식이나 긍정적 사고방식을 위한 말씀이 아니라 하나님의 전적 주권 하에서 불가능이 없음을 강조함이다.

Q 558) "이는 받으실만한 향기로운 제물"은 헌금을 가리킴인가? 다른 것인가?(4:18)

"내게는 모든 것이 있고 또 풍부한지라 에바브로디도 편에 너희가 준 것을 받으므로 내가 풍족하니 이는 받으실 만한 향기로운 제물이요 하나님을 기쁘시게 한 것이라"

A 여기서 받으실만한 향기로운 제물은 헌금을 가리킴이다.

그래서 연보하는 것은 ① 믿음을 쓰는 일이다. ② 복음에 참예하는 일이다.

③ 다른 사람을 살려나가는 일에 참예함. ④ 하나님의 은혜에 감사하는 일이다.

⑤ 하나님을 사랑하고 하나님을 위하는 일이다.

그러므로 연보는 하나님께 향기로운 제물이 되고 하나님이 기뻐하시는 것이 된다.

우리가 이 세상에 올 때 빈손으로 왔으니 갈 때도 빈손들고 갈 것이다. 하나님이 주신 것을 하나님의 뜻대로 바로 쓰고 그것을 하나님께 바치는 것은 믿음을 쓰는 것이다. 그래서 성도가 연보할 때에 인색한 마음으로 하면 안 된다. (고후9:7)

골로새서

Q 559) 천사 숭배론의 이단교리 주장하는 골로새교회에 네 천사들은 무엇들인가?(골1:16)

"만물이 그에게 창조되되 하늘과 땅에서 보이는 것들과 보이지 않는 것들과 혹은 보좌들이나 주관들이나 정사들이나 권세들이나 만물이 다 그로 말미암고 그를 위하여 창조되었고"

A 16절에 보좌들, 주관자들, 정사들, 권세들은 천사들을 가리킨다. 예수님은 창조자로써 보이는 것(피조물 중에 육안으로 볼 수 있는 것들 가견적인 만물을 가리킨다) 보이지 않는 것들(피조물 중에 육안으로 볼 수없는 것들 즉 모든 영들과 영적 세계의 모든 것들을 가리킨다)과 천사들을 창조하셨다.

천사 중에는 선한 천사와 악한천사가 있다. 악한 천사는 마귀이다. 마귀는 본래는 선한 천사였으나 교만하여 하나님 같이 되려고 했기 때문에 하나님이 쫓아내어 어두움의 권세아래 가두어 놓았다.(겔23:13-17, 벧2:4) 여기 네 천사 역시 예수님이 창조한 천사로 하나님이 준 하나님의 각각 천사의 은사 면이다.

Q 560) '그리스도의 남은 고난' 이란 무엇이며 바울이 어찌하는 것이 채우는 것인가?(골1:24)

"내가 이제 너희를 위하여 받는 괴로움을 기뻐하고 그리스도의 남은 고난을 그의 몸 된 교회를 위하여 내 육체에 채우노라"

A 예수님이 십자가 위에서 우리 죄를 위하여 고난을 받을 때 온전히(100%) 다 당하셨으며 조금도 남겨놓으신 것은 없다. 우리가 구원받는

데 있어서 속죄의 고난을 99%는 예수님이 받으시고 나머지 1%는 본인이 받는다고 주장한다면 그것은 이단설이 된다. 우리의 구원이 인간의 고난이나 공로는 조금도 관계 할 수 없다.

그러면 그리스도의 남은 고난이란 무엇인가?

① 복음을 전하기 위하여 당하는 고난이다

② 복음으로써 생명을 살리기 위하여 당하는 고난이다(고전4:15)

③ 성도자신 속에 그리스도의 형상을 이루어 나가기위하여 당하는 고난이다.(갈4:19) 그러므로 그리스도의 남은 고난은 복음을 전하는 교역자가 당해야 된다.

Q 561) '의문에 쓴 증서'는 무엇을 뜻하며 도말하고 제하시는 데는 꼭 십자가에 못 박으셔야 하는가?(2:14)

"우리를 거스리고 우리를 대적하는 의문에 쓴 증서를 도말하시고 제하여 버리사 십자가에 못 박으시고"

A 의문에 쓴 증서 : 차용증서와 같이 우리에게 그대로 하라고 독촉하는 문서이다. 율법에 기록된 대로 하지 않는 자는 저주를 받는다고 하여 항상 우리를 재촉하고 있었다.(갈3:10) 율법이 요구하는 그 대가를 지불하기 전까지는 그것이 우리에게 지불을 요구하고 우리는 거기에 대한 책임을 져야한다.

도말 : 장부의 기록을 지워버린다는 뜻. 제하여 버리사 : 철거하여 버렸다는 뜻이다. 즉 예수그리스도께서 십자가에 못 박혀 죽으심으로 의문에 쓴 증서(독촉문서)를 도말(기록 지워버림) 제하셨으니(철거해 버림) 우리가 구원받게 된 것이다. 의문에 쓴 증서는 도말 했으나 그 내용과 진리는 영원히 변하거나 없어지지 않는다(마5:18)

Q 562) 성도는 아예 위엣 것만 생각하고 땅엣 것은 생각지 말아야 하는가?(3:2)

"위엣 것을 생각하고 땅엣 것을 생각지 말라"

A 위엣 것을 생각하고 : 신령하고, 영원한 것 즉 하나님의 나라와 그 의를 추구하는 자는 반드시 그것들을 받아 이루게 된다.

땅엣 것을 생각지 말라 : 성도가 땅에서 일은 하지만 그 목적은 위엣 것을 이루기 위해서 해야 한다. 그러므로 성도가 세상에서 무슨 일을 하든지 ① 예수님을 생각하며 ② 주께서 시키는데로 순종하며 ③ 예수님 위해서 모든 일을 해야만 한다. "땅에 있는 지체"는 모든 죄성을 가리킨다(3:5)

땅엣 것을 생각지 말라는 것은 모든 죄성(부패성)을 생각지 말라는 뜻도 있다.

Q 563) 탐심이 어째서 우상숭배라고 하셨을까?(3:5)

"그러므로 땅에 있는 지체를 죽이라 곧 음란과 부정과 사욕과 악한 정욕과 탐심이니 탐심은 우상 숭배니라"

A 탐심을 품으면 돈이 우상이 되어 하나님보다 돈이나 물질을 더 귀히 여기고 그것을 의지하며 살게 된다. 사람들이 돈을 많이 벌어 세상에서 잘살아 보려고 탐심을 품지만 결국은 그것 때문에 망한다. 예수님이 말씀하시기를 사람이 사는 것이 재산의 넉넉함에 있지 않다고 하셨다(눅12:15) 사람의 사는 것은 하나님께 있고 그 말씀에 있다. 하나님의 말씀을 받아먹고 그 말씀 안에서 사는 것이 생명이 사는 길이요 가치 있는 삶이다. 하나님의 말씀을 바로 믿는 사람은 이미 영이 살아있고 또 영원히 살 것이다. 이런 자에게는 이 세상의 이 모든 것도 더하여 주실 것이다.(마6:33) 모든 죄는 탐심에서부터 들어오고 탐심이 커가면 우상이 되고 만다. 그래서 '탐심은 우상숭배니라' 라고 말씀한 것이다.

Q 564) '라오디게아로서오는 편지'는 라오디게아에 보낸 서신인지 에베소서인지?(4:16)

"이 편지를 너희에게서 읽은 후에 라오디게아인의 교회에서도 읽게 하고 또 라오디게아로서 오는 편지를 너희도 읽으라"

A 본서를 골로새교회에서 읽은 후에 라오디게아 교회에 보내어 읽게 하라는 말을 보면 성경의 서신들은 개인이나 개 교회에 관한 것이 아니고 여러 교회에서 읽어야 될 공적서한인 것이 분명하다.

현존 성경에는 라오디게아서가 없다. 바울사도가 당시 서신들을 여러 교회에서 윤독케 하였으므로 혹 에배소서나 다른 서신(현존 성경에 있는 서신)이 라오디게아 교회에서 읽혀지고 있었던 것 같다. 그러므로 그 서신을 골로새교회에서도 읽으라는 것이다. 이 서신이 에베소서인지 라오디게아서인지 확실치 않으나 라오디게아 교회에 보낸 서신서가 있었음은 분명한 것이다.

PART 6.

데살로니가전후서

Thessalonians 1,2

데살로니가 전서

Q 565) 설교시간의 말씀은 무조건 다 하나님의 말씀인가? 거기에 사람의 말도 있는가?(살전2:13)

"이러므로 우리가 하나님께 쉬지 않고 감사함은 너희가 우리에게 들은바 하나님의 말씀을 받을 때에 사람의 말로 아니하고 하나님의 말씀으로 받음이니 진실로 그러하다 이 말씀이 또한 너희 믿는 자 속에서 역사하느니라"

A 데살로니가 교인들이 바울에게서 하나님의 말씀을 받을때에 사람의 말로 받지 않고 하나님의 말씀으로 받았다. 교역자가 하나님의 말씀을 전해줄 때에 그 시간에 하나님이 직접 자기에게 말씀해 주시는 것으로 알고 성령으로 그 말씀을 받아야한다.(1:6) 그리하면 그 말씀이 자기 속에서 역사하고 생명의 양식이 된다. 말씀이 생명의 양식이 되어야 영이 점점 자라나서 그리스도의 장성한 분량에 이른다.(엡4:13)

설교를 들을 때나 성경 읽을 때에 그 말씀을 사람의 말로 받으면 생명이 없다. 하나님의 말씀으로 받을 때에 사모하는 마음으로 받고 생명의 양식으로 삼기 위해 받고 말씀을 받아 자기의 고칠 것을 고치고 회개할 것을 찾아 회개해야 한다. 다윗 왕은 압살롬 반역 때 시므이의 저주를 하나님의 저주로 받았으므로 하나님의 도움을 받아 승리케 된다.

Q 566) 성도가 주의 재림시 전도자들의 소망이나 기쁨이 될 수 있나? 그 이유는?(2:19)

"우리의 소망이나 기쁨이나 자랑의 면류관이 무엇이냐 그의 강림하실 때 우리 주 예수 앞에 너희가 아니냐"

A 앞 18절에서 바울이 데살로니가에 가기를 열망한 것은 그 교인들의 인격을 신령하게 잘 길러서 주님 앞에 아름다운 자들로 세우기 위함이었다. 교인들이 하나님 앞에 잘 되는 것이 바울의 소망이요 기쁨이요 자랑이요 면류관이다. 교인들의 영이 자라나고 신령한 인격으로 만들어지는 것은 교역자가 이 세상에서도 기쁘거니와 주의 재림할 때와 영원한 천국에서도 기쁨이요 자랑이요 면류관이 된다.

부모는 자녀들의 성공이 곧 부모의 성공이다. 스승도 제자의 성공이 스승의 성공이 된다. 교역자 역시 성도의 인격이 잘 길러짐이 교역자의 소망, 기쁨, 면류관이 된다.

Q 567) '그러므로 저버리는 자는 사람을 저버림이 아니요' 여기서 저 버림 받은자는 누구인가?(4:8)

"그러므로 저버리는 자는 사람을 저버림이 아니요 너희에게 그의 성령을 주신 하나님을 저 버림이니라"

A 여기서 '저버리는 자' 는 위에 말한 경건에 관한 교훈과 권면을 저버리는 자는 그 권면하는 사람을 저버림이 아니고 그 교훈을 성령으로 주시는 하나님을 저버림이 된다는 뜻이다. 또 4절에 말한 자기 아내를 저 버리는 자는 그 아내를 주신 하나님을 저 버림이 된다는 뜻도 된다.

눅10:16에 "너희를 저 버리는 자는 나를 저 버리는 것"이라는 말씀과 같다.

사람들이 예수님의 제자를 버렸지만 그것이 하나님을 버린 것이 된다. 그러므로 복음 안에서 맺어준 정당한 관계를 저 버리는 것은 하나님을 저 버리는 것이다. 부모나 아내나 선생이나 동역자나 형제에 대해서 하나님이 정당하게 성령의 인도로 맺어준 관계 즉 인륜을 저 버리는 자는 하나님을 저 버리는 것이 된다. 여기 저 버림을 받은자는 곧 하나님이시다.

Q 568) 성도는 초상을 당하면 슬퍼해야하나? 기뻐해야 하나?(4:13)

"형제들아 자는 자들에 관하여는 너희가 알지 못함을 우리가 원치 아니하노니 이는 소망 없는 다른 이와 같이 슬퍼하지 않게 하려 함이라"

A 예수믿고 죽은 성도를 '자는 자' 라고 했다. 자는 사람 앞에 놓고 기뻐해야 하나?, 슬퍼해야 되나?

1) 생명이 없어지지 않고 세계만 바꾸어진 것이다. : 잠자는 자는 현상 세계에서 꿈의 세계로 바꾸어진 것처럼 성도의 죽음도 생명이 없어진 것이 아니라 현실세계서 영적세계로 바뀐 것.

2) 잠자는 자는 깨어날 것을 전제로 하고 있다: 예수 믿고 죽은 성도들이 예수님 재림하실 날에 부활한다. 부활한 주님은 우리성도의 생명이기 때문에 죽은 성도들도 다 부활하여 일어날 것이다.

3) 마취한 수술환자처럼 고통없게 하나님이 자도록 했다. 수술한자에겐 마취가 필수적이다. 고통도 슬픔도 괴로움도 모르고 도리어 편안한 상태에서 쉬고 계신 것이다. 안식세계이다. 이런 것을 모르는 자들은 아 무 소망이 없으니 슬퍼해야되나 이런 진리를 아는 성도들은 슬퍼해야 할 이유가 없다. 슬픔은 잠시 이별과 그간 효도 봉양치 못한죄 회개하는데서 흐르는 눈물이다.

Q 569) 주의 공중재림시 성도는 휴거하여 하늘로 올라갈 때 영만 올라가나? 영육이 다 올라가나?(4:17)

"그 후에 우리 살아 남은 자도 저희와 함께 구름 속으로 끌어 올려 공중에서 주를 영접하게 하시리니 그리하여 우리가 항상 주와 함께 있으리라"

A 예수그리스도께서 재림하실 때에 그리스도 안에서 죽은 사람이 먼저 부활하여 공중에 올라가 예수님을 맞이하게 되고 살아서 믿는 자는 그 후에 부활체로(신령하고 거룩한 변화체로) 변화되어 공중에 들려올라가서

예수님을 영접하게 된다. 그리하여 공중에서 예수님과 같이 세상을 심판한다.(고전6:2, 계2:26-27)

휴거로 공중에 올라갈 때 영만 올라가나 영육이 다 같이 올라가나? 문제이다. 휴거 이후에 "우리가 항상 주와 함께있으라" 함을 볼 때 영육이 다 같이 올라가야 된다. 공중에서 어린양과 혼인예식이 있은 후 세상을 다 심판하고 그 후에 천년왕국에서 천 년간 왕 노릇해야 되기 때문에 육신도 영도 다 올라가야만 되는 것이다.

Q 570) 주님이 재림하실 때 구름타고 오시는지? 또 휴거할 때 구름 속으로 올라가는지?(4:17)

"그 후에 우리 살아 남은 자도 저희와 함께 구름 속으로 끌어 올려 공중에서 주를 영접하게 하시리니 그리하여 우리가 항상 주와 함께 있으리라"

A 주님 재림 하실 때: 주님이 재림하실 때에는 굉장한 영광중에 오신다. 주님의 호령과 천사장의 소리와 하나님의 나팔로 천지가 진동하게 모든 사람이 다 볼 수 있게 오시는 것이다. 행1:9 구름이 저를 가리어, 살전4:17 구름 속으로 끌어올리어, 단7:13 구름을 타고 와서, 계11:12 구름을 타고 하늘로 올라가니 그러므로 주의 재림은 큰 영광으로 오시는데 마치 구름타고(영광의) 오심은 문학적 표현기법이다.

우리가 휴거할 때 : 주님 공중 재림하시면 우리 살아남은 자들도 공중으로 들림 받음으로 휴거라고 했다.

이때 구름 속으로 끌어올려 공중에서 우리가 구름 속으로 올라감을 표현했다. 지구는 구름으로 덮혀있다. 공중에 올라가려면 반드시 구름 속을 지나가야만 가능하다. 그래서 구름 속으로 끌어올려 라고 표현한 것이다.

Q 571) 주의 재림은 도적같이 임하는 것인지? 예고된 방문인지? 성도에겐 어떤 모습일까?(5:2-4)

"주의 날이 밤에 도적 같이 이를 줄을 너희 자신이 자세히 앎이라" (2절)
"형제들아 너희는 어두움에 있지 아니하매 그 날이 도적 같이 너희에게 임하지 못하리니" (4절)
"그러므로 우리는 다른 이들과 같이 자지 말고 오직 깨어 근신할지라" (6절)

A 일반적으로 어두움에 있는 자들에게나 잠자는 자들에게는 주님이 도적같이 오고 깨어 빛 가운데 있는 자에게는 도적같이 임하지 못한다. 믿는 사람은 낮에 속했기 때문에 원칙적으로는 주님이 도적같이 임하지 않으신다. 신앙이 깨어 있는 성도는 성경에 있는 모든 징조를 보고 주의 재림할 때가 가까운 줄 알고 만반의 준비를 하고 기다리기 때문에 언제 오시든지 도적이 온 것처럼 의외의 사건이 될 수가 없는 것이다. 예수믿는 자라 할지라도 신앙이 잠자고 술 취하고 있으면 뜻하지 않는 날 알지 못하는 시간에 예수님이 도적같이 오시게 된다.

Q 572) '성령을 소멸치 말며' '성령을 근심시키지 말며'(엡4:30) 소멸과 근심시킴은 어떤 모양일까?(살전5:19)

"성령을 소멸치 말며"(살전5:19) "성령을 근심시키지 말며"(엡4:30)

A 성도의 신앙생활에 있어서 성령의 감동은 귀한 것이다. 왜냐하면 영적 신앙의 모든 일은 성령으로 하지 않고는 할 수가 없기 때문이다.(고전12:3) 성령 소멸은 성령의 감동이 올 때에 경히 여겨서 무시해 버리지 말고 즉시 순종하라는 뜻이다.

게으르거나 육신의 생각을 쫓아갈 때는 성령을 근심시키고 또 성령을 소멸하게 된다. 이것은 하나님을 배척한 큰 죄가 된다. 행20:22에 사도바울이 성령에 매임을 받아 환난과 결박이 기다리는 예루살렘으로 올라 갔다.

성령을 소멸하지 않으려면 환난과 핍박과 십자가를 각오해야 한다. 성령을 소멸하면 성령님이 근심하시니 성령을 근심시키게 된다. 두 모습이 똑같으며 모두 죄가 되므로 삼가야만 된다.

데살로니가 후서

Q 573) 이단자들이 '하나님의 성전에 앉아서' 여기 하나님의 성전은 어딜 두고 한 말인가요?(살후2:4)

"저는 대적하는 자라 범사에 일컫는 하나님이나 숭배함을 받는 자 위에 뛰어나 자존하여 하나님 성전에 앉아 자기를 보여 하나님이라 하느니라"

A '하나님의 성전에 앉아' : 거짓 선지자와 거짓 그리스도는 그리스도교 안에서 나온다는 뜻이다. 적그리스도는 기독교 밖에서 나오나 거짓 선지자와 거짓 그리스도는 그리스도교 안에서 나온다.

'자기를 보여 하나님이라 하느니라' : 자기를 하나님의 자리에까지 높이거나 자기가 하나님이라고 직접 말하지 않아도 최고의 자리(하나님의 자리)까지 올려놓는 자이다. 저들은 모든 사람의 생사권을 자기가 가지고 있는 것처럼 말하고 자기를 통해서만 구원받는 것처럼 말한다. 그들이 하나님의 성전에 앉았다는 것은 그들이 기독교 안에서 나오고 하나님의 교회에 앉아서 주장하며 역사할 것도 가리킨다고 본다.

오늘날 신신학, 신비주의, 자유주의들이 그리스도 안에서 일어나서 자기들의 사상대로 해석하고 이용하여 하나님의 교회를 세상주의와 인본주의로 만들어 자기들의 이용물로 삼을 것을 말한다.

Q 574) 유혹받게 하고 거짓 것을 믿게 함의 하나님의 뜻은 결국 무엇인가?(2:11-12)

"이러므로 하나님이 유혹을 저의 가운데 역사하게 하사 거짓 것을 믿게 하심은", "진리를 믿지 않고 불의를 좋아하는 모든 자로 심판을 받게 하려 하심이니라" (11-12절)

A '하나님이 유혹받게 하고 거짓 것을 믿게 함의 하나님의 뜻은

① 진리의 말씀을 믿지 않는 자들을 심판하기 위함이요

② 양심을 쓰지 않고 불의를 좋아하는 자들을 심판하기 위함입니다. 참 진리에 굳게 서서 선한양심을 쓰는 자는 마귀가 유혹하지 못한다. 그러므로 유혹의 역사가 엄하면 알곡과 쭉정이가 갈라지고 그 쭉정이를 심판 하기 위해서 하나님이 마귀의 유혹을 허락하시는 것이다. 성경말씀의 인도를 받으며 말씀만 따라가는 자는 마귀가 미혹하지 못한다. 그러나 말씀에 굳게 서 있지 못하고 이적 기사를 크게 여기고 희한한 능력을 보 고 따라가는 자는 마귀의 미혹을 받게 된다.

Q 575) '일하기 싫거든 먹지도 말라' 노동은 신성한 것인가? 저주의 대가인가?(3:10)

"우리가 너희와 함께 있을 때에도 너희에게 명하기를 누구든지 일하기 싫어하거든 먹지도 말게 하라 하였더니"

A 일하기 싫거든 먹지도 말게 하라는 말씀은 아담의 후손되는 모든 사람에게 주신 하나님의 절대적인 진리이다. 그 이유는 하나님께서 아담과 그 후손에게 땀을 흘려야 먹고 살도록 명하였기 때문이다.(창3:19) 그러므로 일하기 싫거든 먹을 권리가 없으니 먹지 못하게 해야한다. 바울이 데살로니가전서4:11에서는 "또 너희에게 명한 것 같이 조용하여 자기 일을하고 너희 손으로 일하기를 힘쓰라"고 순하게 권면해도 안들이니 살후3:10에서 "일하기 싫거든 먹지도 말라"고 강하게 책망하신 것이다. 노동은 하나님의 저주로 인간에 주신 것이다. 하나님의 저주를 잘 순종하므로 도리어 신성한 것이 된 것이다. 힘들고 어렵고 고난이 와도 하나님 말씀대로 순종해가면 거기에서 놀라운 축복이 온다. 노동은 신성한 것이지 저주에 대가만은 아니다.

PART 7.

디모데전후서 • 디–벧후

Timothy 1,2

디모데전서

Q 576) 바울같은이가 죄인중 괴수라면 우린 사탄의 원조라고해야 될텐데?(딤전1:15)

"미쁘다 모든 사람이 받을만한 이 말이여 그리스도 예수께서 죄인을 구원하시려고 세상에 임하셨다 하였도다 죄인중에 내가 괴수니라"

A 바울은 A.D 55년경에는 고전 15:9에서 "사도중에 지극히 작은자"라 했는데 A.D 60년대초에는 엡3:8에서 "모든 성도중에 지극히 작은자"라 했고 A.D 66년경에는 딤전1:25에서 "죄인중에 괴수"라고 고백하였다.

자기 속에있는 부패성, 자기 속에있는 들보, 날마다 발견하고 제거하다보니 너무너무 많은 허물과 죄가 계속 계속 한도 끝도 없음이 발견되므로 고백하면 할수록 세월이 흐르면 흐를수록 더 죄만 발견되므로 사도바울이 이런 고백을 함같이 우린 사탄의 원조라고 해야한다.

Q 577) "「여자들은 해산하므로 구원얻는다면」남자나 불임여성의 구원은 불가능한가?"(2:15)

"그러나 여자들이 만일 정절로써 믿음과 사랑과 거룩함에 거하면 그 해산함으로 구원을 얻으리라"

A 본문의 구원론은 여성이나 남성이나 불임여성이나 다 똑같으나 이 구원의 지속과 영원성을 증명해주기위한 방법론은 다소 차별이 있는 듯하나 원리는 오직 '예수 그리스도를 구주로 믿음'이 하나인 것이다. 그중 여자들은 먼저 정절과 믿음과 사랑과 거룩함에 거하여야되고 해산하는일 즉 가정에서 자녀들을 낳고 기르는 일을 잘하여 나감으로 구원을 이룬다는

뜻에서 말씀한 것이다. 예수그리스도를 구주로 믿는자는 벌써 구원을 받은 것이다.(요5:24)

Q 578) 장로는 한 아내의 남편만된다면 재혼자, 독신주의자는 장로 될 수 없는가?(3:2)

"한 아내의 남편이 되며 절제하며 근신하며 아담하며 나그네를 대접하며"

A 당시 영지주의자들은 금욕주의와 독신주의를 주장하였고 또다른 파에서는 향락주의에 빠져 일부다처주의를 주장하고 있었다. 그러므로 우리 기독교는 일부일처주의가 정당하다는 것을 밝히는 동시에 장로는 특히 이런일에 모본이 되어야하고 또 성경의 원리에 한 남편이 두 아내를 데리고 사는 것을 엄히 금하고 있기때문다. 성적순결을 지켜 하나님의 자녀의 표상인 성결과 가정의 신성성을 지켜 하나님의 가정을 이루고 모본이되고 무슨 일에든지 하나님의 영광만 나타내야 된다.

Q 579) 독신주의자나 모든 식물, 우상의 제물, 주초, 마약이 하나님의 말씀과 기도로 거룩해 질 수 있는가? (4:3-5)

"혼인을 금하고 식물을 폐하라 할 터이나 식물은 하나님이 지으신바니 믿는자들과 진리를 아는 자들이 감사함으로 받을 것이니라 . . . 하나님의 말씀과 기도로 거룩하여짐이니라"

A 그 당시 영지주의자들은 결혼을 죄악시하고 독신생활을 신성시했다. 구약 레11:의 부정한 고기를 먹지말아야 된다면서 체식주의만 주장했다.

하나님이 지으신 모든 것은 다 선하므로 믿음으로 기도하면 다 선하고 거룩해진다. 여기서 주의할 것은 우상의 제물에 대한 말씀이 아닌것이다. 우상의 제물은 행15:20에 '더러운 것' 이라했고 고전10:18 '우상의 제단에 참여자' ,고전10:20 '귀신과 교제하는자' 라고 했다. 롬14:23 '믿음으로하지 않은 모든 것이 죄' 이므로 이런것들은 기도로 거룩해 질 수 없다.

Q 580) 가족을 좀 돌보지않고 무관심한것이 믿음을 배반한자요 불신자보다 더 악한 자 될 수 있는가?(5:8)

"누구든지 자기 친족 특히 자기가족을 돌아보지 아니하면 믿음을 배반한 자요 불신자보다 더 악한자니라"

A 친족중에 과부나 돌아보아야할 가족이 있으면 돌보아주어야 성도라고 본다. 돌보지 않은것은 악한 것이다. 요즘은 자기 부모도 돌보지않는 악한 시대가 되었다. 믿는 자로써 자기부모를 돌보지 않는 것은 믿음을 배반한자요 불신자보다 더 악한자이다. 그의 자손이나 혈족이있으면 교회에 짐지우지 말아야만한다. 자신들이 스스로 도리를 다해 하나님의 복을 받도록 가르치는 중에서 나온 말이다.

Q 581) 돈이란 필요악인가, 필요선인가? 악의 화신인가, 선의 화신인가 무엇인가?(6:10)

"돈을 사랑함이 일만 악의 뿌리가 되나니 이것을 사모하는 자들이 미혹을 받아 믿음에서 떠나 많은 근심으로써 자기를 찔렀도다"

A 돈을 사랑하면 돈이 우상이되고 심령의 눈이 어두워지고 미혹을받아 범죄하게 된다. 원래 돈은 필요악도 아니고 절대 필요선도 아니다. 하나님이 주신 지혜로 믿음안에서 사용되면 절대선이 될 것이다. 사람의 정욕과 육신의 만족을 위해 사용된다면 절대악이 될 수 밖에없다. 그러므로 돈 자체는 악의 화신도 아니요 또한 선의 화신도 아닌 것이다. 선은 오직 하나님뿐이다. 성도의 삶이 가난하고 궁핍하든지 풍부하고 부요하던지 오직 경건 속에서 만족과 감사로 일관하며살면 어느것도 바람직한 삶이 될 것이다. 돈은 필요악도 선도아니고 악의 화신도 선의 화신도 아니다.

디모데후서

Q 582) 예수님의 초림으로 사망을 폐하셨다는데도 아직도 이세상엔 왜 사망이 왕노릇하는가?(딤후1:10)

"이제는 우리 구주 그리스도 예수의 나타나심으로 말미암아 나타나셨으니 저는 사망을 폐하시고 복음으로써 생명과 썩지아니할 것을 드러내신지라"

A 그 예정하신 뜻대로 예수 그리스도께서 이 세상에 오셔서 모든 택한 백성을 대신하여 죽으셨다가 부활하심으로 사망을 폐하시고 영원한 생명을 드러내어 이 생명을 모든 믿는자에게 주셨다. 예수 그리스도로 말미암아 죽음이 우리와 하나님을 영원히 갈라놓은 것이 아니라 도리어 영원의 길로 들어가는 단계의 문이 된 것이다. 그래서 죽어도 다시사는 영생의 소망으로 사망을 폐하신 것이다. 주님이 오심으로 사망은 폐하셨고 생명은 썩지 않을 영생을 드러내셨으니 이 복음보다 더 가치있는 것은 이 세상에는 없다. 우리 죽음은 영생의 첫걸음이니 걱정할 것이 없다.

Q 583) 본문의 네 그릇에서 하나님이 쓰시는 그릇은 아무래도 값비싼 그릇일까, 다른 것인가?(2:20-21)

"큰 집에는 금과 은의 그릇이 있을 뿐아니라 나무와 질그릇도있어 귀히 쓰는 것도 있고 천히 쓰는 것도 있나니 그러므로 누구든지 이런 것에서 자기를 깨끗이하면 귀히 쓰는 그릇이되어 거룩하고 주인의 쓰심에 합당하며 모든 선한일에 예비함이 되리라"

A 큰 집은 하나님의 교회이고 그릇들은 성도들이나 그릇들이 종류와 차이는 각자의 재능과 은사와 사명이 다른 것뿐이다. 모든 성도는 하나님의 일에있어 다양한 도구로 이미 창세전에 예정된 자들이다. 그러나 성도가 귀하게 쓰임받는 조건은 외부적조건과 능력이 아니라 오직 성결함에 하나님이 쓰신다. 나무나 질그릇같은 존재도 성결만 유지하면 도리어 더 크게

쓰임받는 도구가되며 아무리 귀한 그릇이라도 성결치 못하면 하나님의 도구로 쓰임받지 못하게되어 존재가치가 없어지고만다.

Q 584) 모든 성경은 하나님의 감동으로만 쓰여졌는지? 정확무오한지? 인간 생각은 없는 것인지?(3:16)

"모든 성경은 하나님의 감동으로 된 것으로 교훈과 책망과 바르게함과 의로 교육하기에 유익하여"

A 모든 성경은 하나님께서 성령으로 기자를 감동시켜 하나님의 뜻을 오류가 없이 기록하게한 것이므로 성경전부가 하나님의 말씀이요 정확무오한 유일의 법칙이다.(유기적 영감설) 벧후1:24 '사람의 뜻으로 낸 것이아니요', 살전2:13 '사람의 말이 아니고 하나님의 말씀이다', 벧전1:23 '썩지않이 할 씨, 살아있는 말씀' 벧후1:19 '더 확실한 예언으로' 이런 말씀이 믿어지는 자는 구원자요 믿어지지 않는 자는 불쌍한 자다.

Q 585) 데마가 데살로니가로 간 것은 배신자? 배교자? 시험든 것인가?(4:10)

"데마는 이 세상을 사랑하여 나를 버리고 데살로니가로갔고"

A 데마가 스승인 바울의 마음을 기쁘게 해드리지 못한것은 큰 실수요 죄라고 본다. 그러나 17년간이나 열심히 충성, 봉사, 헌신하다가 한번의 실수와 허물은 우리가 덮어주는 아량도 필요하다. 확실한 증거와 정보가 없는 데마사건을 과연 배신자로 배교자로 매도하다가는 더 큰 범죄에 빠지게 된다. 데마를 무조건 미화만하는 것도 데마를 무조건 매도만 하는 것도 우리는 신중해야할 것 같다. 기독교 전승사나 다른 어떤 기록도 증거가 없기 때문이다. 한국교회 약10만명의 교역자중 데마와 같은 이정도 실수 없는 자가 과연 몇 사람이나 있을까? 염려된다.

디 도 서

Q 586) '그레데인중에 어떤 선지자'는 누구이며 바울은 이 사람 말을 그대로 믿은 것인가?(1:12)

"그레데인 중에 어떤 선지자가 말하되 그레데인들은 항상 거짓말쟁이며 악한 짐승이며 배만 위하는 게으름쟁이라 하니"

A 본래부터 그레데인들은 거짓말을 잘하고 악한 짐승같이 남을 해 하기를 잘하고 자기 배만 채우려는 이기주의자(욕심쟁이)들 이었다고 한다. 그런데 그레데교회 안에서도 그 지방의 악한 습관이 들어왔다. 10-11절에 그레데 교회에도 복종치 않고 헛된 말을하여 속이고 더러운 이를 취하려고 마땅치 않는 것을 가르치는 거짓교사와 거짓선지자들이 많이 있다고 하였다. 마귀도 그 사람의 성격과 습성을 이용해서 시험하곤 한다. 베드로에게는 그 급한 성격을 이용하여 늘 실수를 저지르게했다. 그레데 교회에도 그들의 풍속과 게으름, 거짓된 성품을 이용 마귀가 시험했다. 바울은 이 거짓 선지자 말을 믿는 것이 아니고 인용하므로 실물교제로 사용한 것이다.

Q 587) '중생의 씻음이 구원을 뜻하는지 세례를 뜻하는지?(3:5)

"우리를 구원하시되 우리의 행한바 의로운 행위로 말미암지 아니하고 오직 그의 긍휼하심을 좇아 중생의 씻음과 성령의 새롭게 하심으로 하셨나니"

A 이 구절의 말씀은 우리가 구원받은 것은 우리의 의로운 행위로 인함이 아니라 순전히 하나님의 사랑과 은혜로 말미암았으므로 다른 사람의 잘못을 관용하고 불쌍히 여겨야 한다는 말이다.

여기 '중생의 씻음'은 구원을 뜻하는지 세례를 뜻하는지 아리송하다. 중생의 씻음은 중생함으로 깨끗해진 것을 가리킨다. 중생은 죽었던 영혼이 다시 살아난 것을 가리킨다.(요3:3-8) 그러므로 여기서 중생의 씻음은 구원을 뜻하고 있다고 본다. 중생한 자에게는 언제나 성령님이 내주(內住) 하셔서 새 사람으로 만들어 나가는 것을 성령의 새롭게 하심이다.

Q 588) 이단에 속한 자들에 대한 성도들의 대책은(3:10-11)

"이단에 속한 사람을 한두번 훈계한 후에 멀리 하라", "이러한 사람은 네가 아는 바와 같이 부패하여서 스스로 정죄한 자로서 죄를 짓느니라"(10-11절)

A 이단은 성경의 중대한 바른 교리를 부인하고 다른 교리를 택한자들이다.

①사도신경을 믿지 않는자 ②삼위일체를 부인하는 자 ③그리스도의 신성을 부인하는 자 ④동정녀 탄생과 부활, 재림, 천국을 부인하고 ⑤예수그리스도를 믿음으로만 구원받는것 부인하고 ⑥성경전체를 하나님의 말씀으로 믿지 않는 자 ⑦성경이외에 하나님의 말씀이 있다고 하는 자들이 이단이다.

이단이 집에 오면 인사도 하지 말고 집에 들이지도 가까이 말아야한다.(요21:10-11) 교인 중에 이단에 빠진자가 생기면 교회가 법적으로 한두번 훈계한 후에 회개하지 않으면 책벌하여 출교해야 된다. 그러므로 이단은 정죄하여 끊어버려야 참성도가 미혹을 받지 않고 참교회가 손해를 입지 않는다.

빌레몬서

Q 589) 오네시모가 전에는 무익하였으나 이제는 너와 내게 유익하게 된 것은?(몬 11절)

"저가 전에는 네게 무익하였으나 이제는 나와 네게 유익하므로"

A 오네시모가 전에는 불의한 일을하고 도망까지 했으므로 무익한 자였으나 이제는 회개하고 믿음에 바로 섰기 때문에 유익한 자가 되었다. 오네시모가 이제는 자기주인에게 뿐만 아니라 바울에게도 유익한 자가 되었다.

누구나 범죄하고 제자리를 지키지 않으면 하나님께 무익하고 사람에게도 무익한 자가 된다. 그러한 사람은 하나님과 교회와 복음에 손해만 줄뿐이다. 회개한 오네시모야 말로 옥중에 있는 바울에게 큰 도움을 주었고 배반했던 빌레몬에게 돌아가면 큰 유익을 줄자가 되었다. 회개는 이렇게 180도 변화요 하나님과 교회에 희생 봉사하므로 전에는 무익하던 존재가 이제는 유익한 자가 되어야한다.

Q 590) 바울은 종의 제도를 인정한 것인가? 부정한 것인가? 왜 그랬을까?(16절)

"이 후로는 종과 같이 아니하고 종에서 뛰어나 곧 사랑 받는 형제로 둘자라 내게 특별히 그러하거든 하물며 육신과 주 안에서 상관된 네게랴"

A 오네시모가 예수를 믿고 새 사람이 되었으니 전과 같이 종으로만 취급하지 말고 사랑받는 형제로 대하라는 것이다. 누구나 믿음으로 그리스도와 연합된 성도는 종이나 주인이나 다 같은 형제로 대하라는 것이다. 누구나 믿음으로 그리스도와 연합된 성도는 종이나 주인이나 다 같은 형제가 된다. 성도는 자기 수하에서 일하는 사람을 관료주의로 압제하고 공갈하면 하나님 앞에 책망을 받게 된다. 바울은 혁명보다는 언제나 하나님이 하신 일을 순종하는데 인생관을 두었다. 종 해방운동 보다 순종운동을 더 귀히 여겼다.

아랫사람이 윗사람에게 ①윗사람을 마땅히 공경할 자로 알고 ②상전이 성도일 경우 형제로 섬기라

종의 도(디도2:9-10) ①아랫사람은 윗사람에게 순종하고 ②아랫사람이 윗사람의 것을 떼먹지 말고 ③충성을 다하라고 권면했다.

종의 제도를 그 당시 인정도 부정도 안한 것은 바울의 신앙관이 하나님이 만드신 제도대로 순종하라는 것이다.

히브리서

Q 591) "이 모든 날의 마지막에 이들로 우리에게 말씀하셨으니" 주님이 마지막 선지자인가? 아들로 말씀했다니 무슨 의미 인가?(1:2)

"이 모든 날 마지막에 아들로 우리에게 말씀하셨으니 이아들을 만유의 후사로 세우시고 또 저로 말미암아 모든 세계를 지으셨느니라"

A 말세는 ①말일 ②그리스도의 초림으로부터 재림 때까지 두 가지로 본다. 여기서는 ②를 뜻한다. 아들은 예수그리스도이다. 따라서 이 말씀은 예수 그리스도로 말미암아 신약계시가 주어진 것을 말한다. 예수 그리스도가 오시기전(구약시대)에는 하나님께서 여러 선지자를 통해서 여러 모양으로 계시를 주셨으나 예수 그리스도가 오신 후에는 예수 그리스도를 통하여 하나님과 하나님의 뜻을 온전히 나타내 주셨다.

구약의 율법은 그림자요 그리스도는 실체이다.(히10:1) 그러므로 그리스도는 계시의 최고 절정이요 완성이요 종결이다(요1:17) 예수 그리스도로 말미암아 주신 계시는 최고 절정이요 최종적인 진리이다. 이것을 사도들과 그 수종자에 의해 문서로 기록한 것이 신약성경이다.

Q 592) 천사론에서 1:7은, 사역면 1:13, 자격면을 말했는데 왜 숭배론이 나왔나?(1:7)

"또 천사들에 관하여는 그는 그의 천사들을 바람으로, 그의 사역자들을 불꽃으로 삼으시느니라 하셨으되"

A 1:7은 사역면에서 사역자로 사용했다. 시104:4 인용한 70인역데로 옮긴 것이다. 예수 그리스도께서 천사들을 바람이나 불꽃처럼 부리신다는 의미이다. 천사를 바람으로 그의 사역자를(천사) 불꽃으로 삼으셨다.

1:13은 자격면에서는 그리스도가 모든 원수로 발로 밟는 발등상되게 하기까지 천사는 우편에 앉아 보증인이 되라고 하였다. 1:7은 그리스도가 더 우월하다는 것을 알기위한 것으로 천사들은 그리스도의 봉사자요 심부름꾼이며 그리스도는 절대자이시다.

사역면에서나 자격면에서나 그리스도의 우월성이 나타나는데도 천사 숭배론이 나온 것은 하나님 앞에서 심부름하는 자를 하나님자체인줄 잘못 안 것이며 그리스도보다 높은분으로 착각한 것이다.

Q 593) 2:1-4에서 ①공변된 보응 ②큰 구원 ③저희와 함께 증거, 무슨 의미들 인지?(2:1-4)

"천사들로 하신 말씀이 견고하게 되어 모든 범죄함과 순종치 아니함이 공변된 보응을 받았거든"(2절)
"우리가 이같이 큰 구원을 등한히 여기면 어찌 피하리요 이 구원은 처음에 주로 말씀하신 바요 들은 자들이 우리에게 확증한 바니"(3절)
"하나님도 표적들과 기사들과 여러가지 능력과 및 자기 뜻을 따라 성령의 나눠주신 것으로써 저희와 함께 증거하셨느니라" (4절)

A 1) 공변된 보응 : 천사들로 하신 말씀(율법)이 신적 권위가 있어 견고하게 된 것이다. 그러므로 율법을 어긴 자들을 공변된 보응을 받게 된다는 뜻.

2) 큰 구원 : 그리스도의 구속의 복음을 가리킨다. ①율법은 천사를 통해 복음은 천사보다 우월하신 예수그리 스도께서 직접 주신것 ②율법은 죄를 깨닫게 하나 복음은 그리스도께서 피 흘려 죄를 사해 주시기 때문이다.

③율법(죄 인정죄) 복음(생명살림) ④율법(두려워하는 종을 낳게) 복음(양자를 낳아 아버지라 부름)

3) 저희와 함께 증거: 천사와 예수그리스도와 함께 또 성령 그리고 성도 모두들과 함께 큰 구원에 대한 증인이 되어 증거하여 확실히 나타내 보이심을 말함.

Q 594) '저를 천사보다 못하게 하시며' 어찌 천사보다 못하게 하셨나? 누굴 가리키는가?(2:6-9)

"저를 잠간 동안 천사보다 못하게 하시며 영광과 존귀로 관 씌우시며"(7절)

A 예수그리스도를 잠깐 동안 천사보다 못하게 하셨다는데 그리스도께서 인간의 몸을 입으시고 이 세상에 오셔서 고난 받으신 사실을 말하는 것이다. 천사는 영적인 존재로서 시공간을 초월하여 활동하며 고난이 없다. 그러나 예수그리스도께서는 이 세상에 계실 때에 육신을 입으셨고 시공간의 제한을 받으셨고 여러 가지 고난을 받으셨으며 마침내 십자가에서 죽으셨다. 이것은 예수님이 잠깐 동안 천사보다 못하게 된 점이다. 이렇게 낮아짐을 보이신 것은 하나님의 은혜로 말미암아 모든 사람을 위하여 죽음을 맛보려고 하신 일들이다.

Q 595) 사망의 권세 잡은 자 곧 마귀를 없이하신 이유는? 무엇인가? (2:14-18)

"자녀들은 혈육에 함께 속하였으매 그도 또한 한 모양으로 혈육에 함께 속하심은 사망으로 말미암아 사망의 세력을 잡은 자 곧 마귀를 없이 하시며"(14절)
"자기가 시험을 받아 고난을 당하셨은즉 시험 받는 자들을 능히 도우시느니라" (18절)

A 예수그리스도는 인성으로 볼때에 우리와 똑같은 인간이시며 우리와 똑같은 혈육에 속해있다. 예수님께서 우리와 같은 혈육에 속한 것은 인간의 죄를 대속하시며 마귀를 이기기 위함이었다. 인간의 죄로 사망이 왔고 마귀는 사망권세를 잡고 있으므로 이 사망과 마귀의 세력에서 우리를 건져내려면 우리의 죄를 그리스도께서 대속해야한다. 우리의 죄를 대속하려면 그리스도께서 우리와 똑같은 인간의 몸을 입으시고 세상에 오셔서 율법을 다 이루시고 십자가에 죽으셔야 했던 것이다. 사망의 권세 잡은자 곧 마귀를 없이 하신 이유는? 천사들을 붙들어 주려하심이 아니요 오직 아브라함의 자손을 붙들어 주려 하심이라고 본다.

Q 596) 모세와 예수님을 비교분석하고서는 예수님의 어느 면을 드러내기 위함인가"?(3:1-6)

"그러므로 함께 하늘의 부르심을 입은 거룩한 형제들아 우리의 믿는 도리의 사도시며 대제사장이신 예수를 깊이 생각하라" (1절)
"또한 모세는 장래에 말할 것을 증거하기 위하여 하나님의 온 집에서 사환으로 충성하였고" (5절)
"그리스도는 그의 집 맡은 아들로 충성하였으니 우리가 소망의 담대함과 자랑을 끝까지 견고히 잡으면 그의 집이라"(6절)

A 모세와 예수님을 비교하여 예수님의 우월성을 드러낸다. 모세는 하나님의 온 집에서 충성했고 예수님은 그 집 주인이며 집지으신 창조주이다. 모세는 하나님의 온 집에서 사환으로 충성했고 그리스도는 그 집 맡은 아들로 충성한 자이다.

그리스도가 장래에 오셔서 말씀하신 복음이 있었으니 모세는 이 복음에 대하여 증거하기위하여 하나님의 온 집에서 사환으로 충성하였으나 그리스도는 아들로 충성하셨다. 그리스도는 집을 세우신 이시오 집을 맡은 자시요 그 집주인이시다. 그러므로 예수그리스도는 모든 성도의 구주시오 생명이시오 보배이며 자랑이시다. 그리스도는 우리의 소망이시다. 그리스도는 믿는 도리의 사도로 하나님과 하나님의 뜻을 다 계시해 주셨고 친히 성취해 주셨다. 그리스도를 통해 하나님을 배우며 우리의 구원이 완성되어 나간다.

Q 597) 강팍케 됨을 면해야 할 이유?(3:12-15)

"오직 오늘이라 일컫는 동안에 매일 피차 권면하여 너희 중에 누구든지 죄의 유혹으로 강팍케 됨을 면하라"(13절)
"성경에 일렀으되 오늘날 너희가 그의 음성을 듣거든 노하심을 격동할 때와 같이 너희 마음을 강팍케 하지 말라 하였으니"(15절)

A 성도의 마음이 강팍해 지는 것은 그 마음속에 죄의 유혹이 들어왔기 때문이다. 그리스도는 교회의 머리요 모든 교인들은 한 몸이요 한 지체이다. 한 지체가 아프면 전신이 고통을 당하고 한 지체가 이상이 생기면 전신이 온전치 못하게 된다. 그러므로 우리성도가 자기 혼자만 잘 되면 좋다는 생각이나 사상은 이기주의니 버리고 믿는 성도를 자기 몸과 같이 사랑하며 위로하며 기도해 주고 강팍치 않도록 권면해야 한다.

우리가 진리의 말씀을 듣고도 마음을 강팍케하며 순종하지 않으면 하나님을 진노케 하는 일이며 반드시 하나님의 징벌을 받게 된다. 그러므로 우리는 언제나 온유하고 상한 심령으로 말씀을 인하여 떨고 그 말씀을 순종하는 신앙을 가져야 하나님의 권고를 받는다.(사66:2)

Q 598) '그의 안식에 들어오지 못하리라' 하심은 어떤 자들을 두고 한 말씀인가?(3:16-19)

"또 하나님이 누구에게 맹세하사 그의 안식에 들어오지 못하리라 하셨느뇨 곧 순종치 아니하던 자에게가 아니냐"(18절)

A 이스라엘백성들이 광야에서 순종치 않았으므로 하나님께서 그들을 가나안(안식처)에 들어가지 못하게 하셨다. 오늘날 교회에서 성도들이 하나님의 말씀과 성령의 인도를 순종하여 따라가지 않으면 영적 안식에 들어

가지 못한다.(롬14:17) 즉 성령으로 인한 영혼의 화평과 즐거움을 누리지 못하고 빼앗긴다. 그리하여 그들은 흑암을 만나고 심령에 고통이 들어온다.

이사야 42:22에 옥에 갇힌다는 것은 불순종하는 이스라엘 백성이 심령의 자유가 없고 흑암을 만나고 고통을 당할 것을 가리킨다. 오늘날 성도가 순종하지 않고 믿음을 지키지 않으면 다 이런 상태에 따라 그의 안식에 들어가지 못한다.

Q 599) 들은 복음과 믿음을 화합해야 하는데 그 방법은?(4:2)

"저희와 같이 우리도 복음 전함을 받은 자이나 그러나 그 들은바 말씀이 저희에게 유익되지 못한 것은 듣는 자가 믿음을 화합치 아니함이라"

A 이스라엘 백성들은 복음을 듣기만하고 믿음으로 화합치 아니했으므로 그 말씀이 유익이 되지 못했다. 그러므로 우리가 복음을 듣는 것이 귀하지만 그 복음을 믿음으로 화합하지 못하면 아무 소용이 없다. 복음을 믿음으로 화합하는 방법.

1) 마음 그릇을 깨끗이 해야한다.(마음속에 세상 것이 들어오면 복음이 들리지 않음)

2) 하나님의 말씀을 온유한 마음으로 받아(약1:21) 그대로 믿고 착념해야 한다.

3) 몸으로 화합해야한다.(몸으로 화합해야만 열매를 맺게 된다)

이스라엘 백성들은 모세를 통하여 하나님의 말씀을 많이 들었으나 화합하지 못했기 때문에 안식세계에 들어가지 못하였고 하나님의 말씀이 그들에게 유익이 되지 못했다.

Q 600) 창조안식일에 하나님이 쉬시고 하나님이 누림은 무엇이었을까?(4:3)

"이미 믿는 우리들은 저 안식에 들어가는도다 그 말씀하신 바와 같으니 내가 노하여 맹세한 바와 같이 저희가 내 안식에 들어오지 못하리라 하셨다 하였으나 세상을 창조할 때부터 그 일이 이루었느니라"

A 하나님께서 육일 동안 세상을 창조하시고 제 칠일에 안식을 누리셨다는 뜻이다. 하나님이 누리신 안식은 창조사역을 끝마치시고 그 휴식하는 것만 가리키는 것이 아니라 완성된 만물을 보시고 기뻐하시며 교통하시며 하나님의 사랑과 모든 것을 만물에게 충만케 하시며 그 만물을 통하여 영광을 받으시며 만족하심을 가리킨다. 하나님께서는 이안식을 다 누리시고 우리 성도들도 이런 안식 주시기를 기뻐하신다. 창조 안식은 쉬심에 목적이 있음이 아니고 교통과 영광을 누림에 더 큰 뜻이 있으시다.

Q 601) '그런즉 안식할 때가 하나님의 백성에게 남아있도다' 무슨 안식을 뜻하는 가?(4:9)

"그런즉 안식할 때가 하나님의 백성에게 남아 있도다"

A 안식할 때가 하나님의 백성에게 남아있다는 것은 그리스도 안에서 누리는 영적 안식과 영원한 안식이 남아있다는 의미이다. 그러므로 오늘날 성도가 주일을 지키면서 영적 안식을 찾아야된다. 주일은 영적 안식을 받는 날이요 신령한 양식을 받는 날이다. 한 주일 동안 세상에 나가살면서 피곤하고 지친 영혼이 주일날에 주께서 주시는 안식에 참여하여 힘을 얻고 신령한 양식을 받아야 그 힘으로 또 한 주간 자신과 죄와 싸우며 믿음을 지켜나갈 수 있다. 그러므로 주일날 주님의 안식(영적 안식)에 참여하는 것이 대단히 중요하다. 주일날에 이안식에 참여하지 못하는 신자는 그 믿음이 죽은 신자이다.

Q 602) '심한 통곡과 눈물로 간구와 소원을 올렸고' 이렇게 기도한 사례는 어데서 드린 기도인가?(5:7) 그 뜻은?

"그는 육체에 계실 때에 자기를 죽음에서 능히 구원하실 이에게 심한 통곡과 눈물로 간구와 소원을 올렸고 그의 경외하심을 인하여 들으심을 얻었느니라"

A 예수그리스도께서 십자가를 지시기 위하여 겟세마네 동산에서 기도하신 정황을 나타낸 말씀이다. 예수께서 겟세마네 동산에서 기도하신 것은 십자가에서 죽지 않게 해 달라는 것이 아니었다. 그리스도가 이 세상에 오신 목적은 십자가를 지기위해 오셨는데 정작 십자가를 앞에 놓고 죽지 않게 해 달라는 기도를 하였을 리가 없다.

예수께서 택한 백성의 죄를 짊어지시고 대신 형벌 받아 십자가에서 죽으시는 그 고통은 말로 형용할 수 없이 크다. 그러므로 그 고통을 인하여 마음이 빼앗겨 하나님과 교통이 끊어져 하나님 앞에 흠있는 제사가 될까봐 십자가의 고통을 면하게 해 달라는 기도였다. 그러나 그것까지도 내 뜻대로 말고 아버지의 뜻대로 하옵소서했다.

Q 603) '도의 초보를 버리고 . . . 교훈의 터를 다시 닦지 말고' 여기서 버릴 것과 버리지 말 것은?(6:1-2)

"그러므로 우리가 그리스도 도의 초보를 버리고 죽은 행실을 회개함과 하나님께 대한 신앙과" "세례들과 안수와 죽은 자의 부활과 영원한 심판에 관한 교훈의 터를 다시 닦지 말고 완전한데 나아갈지니라" (1-2)

A 2절 하반절의 터를 다시 닦지 말라는 말과 연결되어있다. 그래서 이 말은 '도의 초보를 버리지 말고 교훈의 터를 다시 닦지도 말라' 는 뜻이다. 예를들면 어떤 부모가 자녀에게 아버지의 교훈을 버리고 불량한 길로 가지말라 했다면 아버지의 교훈도 버리지 말고 불량한 길로 가지 말라는 말씀과 같다.

또 조국을 버리고 타국으로 가지 말라는 말은 조국도 버리지 말고 타국도 가지 말라는 뜻이다. 도의 초보인(죽은 행실을 회개하는 것, 하나님에 대한 신앙, 세례, 안수, 죽은자의 부활, 영원한 심판) 이런 것을 버려서는 안 된다. 교훈의 터(세례, 안수, 부활, 심판)를 다시 닦지 말고(다시 닦으면 안 된다) 이 교훈을 헐었다 쌓았다 하지말고 더 완전한데로 나아가라는 뜻이다.

Q 604) 히6:4-6은 불택자의 죄인가? 아니면 택자가 지은 죄인가?(6:4-6)

"한번 비췸을 얻고 하늘의 은사를 맛보고 성령에 참예한 바 되고 하나님의 선한 말씀과 내세의 능력을 맛보고 타락한 자들은 다시 새롭게 하여 회개케 할 수 없나니 이는 자기가 하나님의 아들을 다시 십자가에 못박아 현저히 욕을 보임이라"

A 여기서 타락한 자는 예수를 믿고 중생한 자가 교리적인 타락을 한 것을 가리킨다. 교리적인 타락이라고 한 이유는 1-2절에 도의 초보를 버리고 다른 터를 닦지 말라고 언급하였기 때문이다. 또 하나님의 아들을 다시 십자가에 못밖아 현저히 욕보인다는 것을 보아 믿는 자가 타락한 것이 분명하다. 만일 불신자의 타락이라고 하면 다시 십자가에 못밖는 다는 말을 하지 않았을 것이다

중생한 자가 타락하면 불 가운데서 벌거벗은 자같이 구원은 받되 부끄러운 구원받은 자들이다.(고전3:15) 중생한 자가 아니면 영적 빛이 비추어질 수 없고 하늘의 은사도 맛볼 수 없고 내세의 능력과 선한 말씀도 맛볼 수 없다. 영혼이 죽은 자가 어떻게 그러한 신령한 것을 맛 볼 수 있겠는가!

Q 605) 멜기세덱은(아비, 어미, 족보, 시작한 날, 생명의 끝도 없어) 그럼 하늘에서 뚝 떨어졌는가?(7:1-3)

"이 멜기세덱은 살렘 왕이요 지극히 높으신 하나님의 제사장이라 여러 임금을 쳐서 죽이고 돌아오는 아브라함을 만나 복을 빈 자라"(1절)
"아비도 없고 어미도 없고 족보도 없고 시작한 날도 없고 생명의 끝도 없어 하나님 아들과 방불하여 항상 제사장으로 있느니라"(3절)

A 멜기세덱은 성경에선 창14:4-20에서 처음나온다. 4대연합국을 아브라함이 추격해서 대승하고 돌아올 때 멜기세덱 제사장이 나타나 아브라함을 축복하므로 십일조를 제사장으로 알고 바쳤다. 멜기세덱의 이름의 뜻은 의의 왕이다. 즉 멜기의 뜻은 왕이요 세덱의 뜻은 의(義)이다. 그런데 아비도 어미도 족보도 시작한 날, 생명의 끝도 없는 사람이 있는가? 구약성경에 멜기세덱에 대한 기사 중에 그런 기록이 없다는 것뿐이지 실제는 다 있으신 분이시다. 그러나 예수그리스도의 모형으로 레위지파에 속하지 않은 특별한 제사장이 되실 예표성을 보여주시기 위함이다. 시110:4에도 여기에 대해 말씀했으며 아담의 후손으로 우리와 똑 같은 제사장이다.

Q 606) '아브라함을 만날 때에 레위는 아직 자기조상의 허리에 있었음이라' 영혼 창조설, 영혼 유전설 어느 것이 더 성경적인가?(7:10)

"이는 멜기세덱이 아브라함을 만날 때에 레위는 아직 자기 조상의 허리에 있었음이니라"

A 이 구절은 영혼유전설의 근거가 된다. 영혼유전설이란 사람이 출생할 때에 그 영혼이 부모에게로 부터 유전된다는 것이다. 이것은 촛불을 다른 여러 초에 붙여 나가는 것과 같다. 한 개의 촛불이 수십 개나 수억 만개 붙여나가도 처음 것이나 마지막 것이 똑 같은 원리이다. 유전설 주장자는 하나님께서 아담 영혼은 창조했으나 하와 영혼을 창조했다는 기록이 없으며 6일 동안 모든 창조가 끝났다는 점, 만물을 창조하신 후에 만일 새 창조한다고 하면 하나님께서 왜 죽은 영혼을 창조하셨겠는가 하는 것이 근거이다. 창조설은 인간이 출생할 때 하나님이 그 영혼을 직접 창조해 주신다는 것, 창조설, 유전설은 성경적이다. 창조설(전12:7, 사42:5, 슥12:1, 히12:9), 유전설(창1:28,2:2,7,23,46:26, 고전11:8, 히7:9-10)등 많은 성경의 근거가 있다.

Q 607) '전에 계명이 연약하고 무익하므로 폐하고 율법은 아무것도 온전케 못할지니' 하나님이 주신 율법이 불완전한 것을 주셨을까?(7:18-19)

"전엣 계명이 연약하며 무익하므로 폐하고" "(율법은 아무 것도 온전케 못할지라) 이에 더 좋은 소망이 생기니 이것으로 우리가 하나님께 가까이 가느니라" (18-19)

A 전 옛 계명이 연약한 이유로는

1) 하나님의 신령한 은혜계약이 너무 두려운 의식과 의문의 제도에 쌓여 있기 때문에

2) 그로 인하여 성령의 역사가 강하게 역사할 수 없기 때문이다.(성령은 진리가운데로만 인도하고 역사하시기 때문에 진리가 약하면 성령의 역사도 그만큼 약하게 되었다)

3) 인간의 육체가 죄에 대하여 너무 약하기 때문이다. (롬8:3-4)

율법이 우리를 온전케 못 하는 이유는?

율법이 연약하기 때문이요(18절) 그 율법의 제사로는 제사드리는 사람을 하나님 앞에 온전케 할 수 없기 때문이다.(죄 문제 해결이 안됨)

더 좋은 소망은?

예수그리스도로 말미암아 생긴 소망이다. 예수그리스도께서 생명의 능력을 좇아 제사장이 되어 속죄제를 드려 주셨으므로 우리를 영원히 정결케 해 주셨으므로 우리 생명을 살려주셨다.

Q 608) '첫 언약이 무흠하였더면 둘째 것을 요구할 일이 없었으려니와 구약은 흠이 있는 계명인가?(8:7)

"저 첫 언약이 무흠하였더면 둘째 것을 요구할 일이 없었으려니와"

A 첫 언약은 모세를 통하여 주신 율법을 가리키는데 그 율법자체가 불완전하다거나 흠이 있다는 것이 아니다. 율법자체는 거룩하고 의롭고 선하지만 율법이 육신으로 말미암아 연약하여(롬8:3) 죄인을 구원해 내는데

무능하고(롬7:12-13) 율법의 제사는 모형(그림자)이므로 온전한 제사가 되지 못하는 것을 말한다.(7:11,18,25)

그러므로 둘째 언약 곧 새로운 언약(신약)을 요구하게 된 것이다. 그 새 언약의 내용은 8:8인 "저희를 허물하여 일렀으되 주께서 가라사대 볼찌어다 날이 이르리니 내가 이스라엘집과 유다집으로 새 언약을 세우리라" 새언약(신약) 모든 세계선민(롬2:28, 갈6:160)에게 주신 것이다.

Q 609) 법궤 안에는 세 가지(돌비, 만나, 싹난 지팡이)가 있는데 왕상 8:9에는 왜 돌비만 있는가?(9:4)

"금향로와 사면을 금으로 싼 언약궤가 있고 그 안에 만나를 담은 금 항아리와 아론의 싹난 지팡이와 언약의 비석들이 있고"

A 왕상8:9는 언약궤 안에는 두 돌비 외에는 아무것도 없다고 하였다. 그러나 히9:4에는 언약궤 안에는 만나의 금 항아리와 아론의 싹난 지팡이와 언약궤의 비석들이 있고 라고 했으니 어느 것이 맞는 것인지 모르겠다. 그러나 민17:10 아론의 지팡이는 증거 궤 앞에 두라고 하였으며 또 출16:33 만나를 담은 항아리는 여호와 궤 앞에 두라고 하였으므로 문제는 풀렸으리라고 본다. 성막이나 성전에 비치시에는 법궤 안에는 돌비만 두고 만나와 지팡이는 그 앞에 놓았다. 그러나 이동시에는 세 개가 다 안에 있게 되었다. 왕상 기자는 비치시 법궤 안에 있는 것만 기록했고 히브리서 기자는 이동시 법궤 안 세 개가 다 있음을 보고 기록했기 때문인 것이다.

Q 610) '피흘림이 없은즉 사함이 없느니라' 무엇을 가르쳐주기 위함인가?(9:22)

"율법을 좇아 거의 모든 물건이 피로써 정결케 되나니 피 흘림이 없은즉 사함이 없느니라"

A 율법의 의식에 있어서 거의 모든 것이 피로써 정결케되였다. 이것은 예수그리스도의 피로써만 죄씻음(사함)을 받을 것을 나타내준 예식이었던 것이다. "피흘림이 없은즉 사함이 없으리라"는 대속의 원리를 가르쳐 주고있다. 죄로 더렵혀진 인간은 스스로 자신을 깨끗게 할 수 없다. 구스인이 그 피부색을 변하게 할 수 없고 표범이 그 반점을 바꿀 수 없는 것과 같이 죄인이 스스로 자기의 죄를 씻을 수 없다. 인간의 영혼은 허물과 죄로 죽었으므로 죄에서 벗어 나올수 없고 하나님께 대한 선을 행할 수도 없고 전적 부패한 상태에 있는 것이다. 그러므로 죄인이 어떤 선행으로 하나님 앞에 공을 세워 그 죄를 사유함 받는 다는 것은 절대로 불가능하다.

Q 611) 구약의 제사가 사람의 죄를 완전케 할 수 없는데 왜 제사를 그치지 않고 드렸나?(10:1-3)

"율법은 장차 오는 좋은 일의 그림자요 참 형상이 아니므로 해마다 늘 드리는바 같은 제사로는 나아오는 자들을 언제든지 온전케 할 수 없느니라" (1절)
"그러나 이 제사들은 해마다 죄를 생각하게 하는 것이 있나니"(3절)

A "율법의 제사가 제사드리는 자를 온전케 할 수 있었다고 하면" 제사는 단 한번에 끝났고 해마다 드릴 필요가 없었을 것이다. 한번 제사로 온전히 깨끗케 되었다면 그 후에는 다시 제사드릴 필요 없었는데 제사는 해마다 진행된 것 그 이유는?

1) 해마다 죄를 생각나게 하여 인간은 죄인이라는 것을 깨닫게 하기 위함(롬3:20)

2) 예수그리스도께서 피 흘리심으로 죄를 사함 받게 될 것을 알게 해주려고(메시야)

3) 오실 그리스도를 믿도록 지시해 주고

4) 하나님과의 관계를 바로 가져야 됨을 알게 해 주기 때문이다. 그래서 1절 말씀처럼, 율법은 장차 오는 좋 은일의 그림자요 참 형상이 아니므로 해

마다 늘 드리는바 같은 제사로는 나오는 자들을 언제든지 온전케 할 수 없느니라

Q 612) 진리를 아는 지식을 받은 후 짐짓 범죄자는 다시 속죄제가 없는데 불택자 인가 택자인가?(10:26-29)

"우리가 진리를 아는 지식을 받은 후 짐짓 죄를 범한즉 다시 속죄하는 제사가 없고"

A 여기 진리를 알았다는 것은 그리스도의 구속의 진리를 알았다는 뜻이다. 짐짓 죄를 범한 것은 그리스도의 구속을 중심으로 버리거나 반대하는 죄를 가리킨다. 그 죄가 그리스도의 구속의 진리를 버린것 이라는 증거는 29절에 그 죄범한 자는 하나님의 아들을 밟았다고 하였고 자기를 거룩케 한 언약의 피를 부정한 것이라고 했기때문이다. '짐짓 짓는 죄' 는 원어로 현재분사로 되어있기 때문에 계속적으로 범하는 죄를 가리킨다. 즉 그리스도의 구속의 도리를 중심(심령)으로부터 죽을 때까지 계속 버리는 죄이다. 그가 그리스도의 구속의 도리를 불신하여 버리고 다른 교리(다른 복음, 이단교리 갈1:6)나 교훈만 따라가니 회개가 불가능하다. 그 이유는 자기가 옳다고 생각하는 것을 버릴 수가 없기 때문이다. 그러므로 이 죄는 불택자가 짓는 죄이다. 이 죄는 성령 훼방죄와 같이 회개할 수 없는 죄요 불택자들이 짓는 죄인 것이다.

Q 613) 16명의 믿음의 선진들도 우리가 아니면 저희가 온전함을 이루지 못한 것이 되는가?(11:40)

"이는 하나님이 우리를 위하여 더 좋은 것을 예비 하셨은즉 우리가 아니면 저희로 온전함을 이루지 못하게 하려 하심이니라"

A 저희는 구약시대 성도이다. 구약시대 성도들이 신앙을 지켜나간 것은 그리스도가 앞으로 오셔서 그리스도의 나라를 건설할 것을 위해서 기초공사한 것이고 신약시대의 성도들이 구원을 이루어 나가면 그 기초위에다가 집을 잘 짓는 것이 된다. 건물의 기초나 지하실위에 집을 짓지 않으면 그 기초나 지하실도 온전치 못하나 그 위에 건물을 잘 지으면 그 기초와 지하실도 온전하여지고 가치가 있게 된다.

이와 같이 신약시대성도들이 구원을 잘 이루어서 영적 성전을 잘 지어나가면 구약시대 성도들도 온전해 진다. 구약시대 성도들이 쌓은 기초와 지하실위에 영적 성전이 아름답고 빛나고 영광스럽게 잘 지어져 나아가면 구약시대에 기초를 한 것도 빛이 난다는 것이다. 선진들도 천국에서 우리에게 영적 성전을 지으라고 응원하고 있다.(12:1) 그러므로 우리에게 더 좋은 재료도 주었고 부활의 능력과 오순절 보혜사 성령의 능력도 주셨으니 영적성전을 더욱 잘 지어 나아가야 하겠다.

Q 614) 교회생활에서 두려워해야할 네 가지는?(12:14-17)

"너희는 돌아보아 하나님 은혜에 이르지 못하는 자가 있는가 두려워하고 또 쓴 뿌리가 나서 괴롭게 하고 많은 사람이 이로 말미암아 더러움을 입을까 두려워하고" (15절)

"음행하는 자와 혹 한 그릇 식물을 위하여 장자의 명분을 판 에서와 같이 망령된 자가 있을까 두려워하라"(16절)

A 1) 하나님의 은혜에 이르지 못하는 자가 있을까 두려워해야한다. 이 은혜를 받지 못하는 자가 가장 불쌍한 자 이다. 성도는 항상 그리스도의 신령한 복음을 받아서 그 안에서 생활해야한다.

2) 교회 안에 쓴 뿌리가 나서 괴롭게 할까 두려워해야한다. 여기 쓴 뿌리는 ①구원운동을 방해하고 손해 주는 자(요3서 1:9) 교회와 주의 종의 가시노릇 하는자 ②잘못된 신앙사상을 전파하는 자(바다 속 암초, 거짓선 지자, 이단 계8:10-11)

3) 음행하는 자가 있을까 두려워해야한다. 자신이 음행죄에 빠지지 않도록 항상 경계해야하고 교회 안에 음행 죄가 들어오지 못 하도록 항상 잘 다스려야 한다.(고전5:1-5, 6:18-19)

4) 망령된 자가 있을까 두려워해야한다.(신성 모독한 불신앙적인자 혹은 경건치 않은자)

Q 615) 믿음을 본받는데도 행실의 종말을 주의하여보고 따라야 되나 진리만 듣고 따라야 된다?(13:7-8)

"하나님의 말씀을 너희에게 이르고 너희를 인도하던 자들을 생각하며 저희 행실의 종말을 주의하여 보고 저희 믿음을 본받으라" (7절)

A 예수그리스도는 영원토록 동일하시고(8절) 참 선지자도 변함이 없으나 거짓선지자는 교리나 행동이 잘 변하고 성경에서 자주 이탈되므로 그 교리나 행실의 종말을 주의하여 보고 참된 인도자를 본받아 나아가야하며 거짓선지자를 떠나야한다.

거짓선지자와 참선지자 분별법

1) 그들이 주장하는바가 성경에 맞는 가를 살펴보아야한다.

2) 그가 누구에게서 배웠는가 어느 계통에 속한 사람인가 알아보아야 한다.

3) 행위의 열매를 살펴보아야한다. 미혹시키는 자도 일시적으로는 바른 말을 할 수 있고 선한 행위를 할 수 도 있으나 얼마 후에는 본색이 드러나게 된다. 그러므로 그들은 신령한 신앙의 열매를 맺혀나가지 못하고 육신중심으로 나아가는 것이 드러나고 잎만 무성하고 내적 신앙의 열매가 없는 것이 반드시 드러난다.

Q 616) 히브리서에서 하나님이 기뻐하는 제사는 무엇인가?(13:14-16)

"오직 선을 행함과 서로 나눠주기를 잊지 말라 이같은 제사는 하나님이 기뻐하시

느니라" (16절)

A 영문 밖에서(구약의 율법과 의식주의에 얽매이지 않고) 예수그리스도의 제사에 참예한 자(예수그리스도로 말미암아 신령한 세계에 들어간 자)들은 항상 드릴 두 가지 제사가 있다.

1) 찬미의 제사 : 이것은 구약의 제사와 다르다. 구약제사는 죄사함 받기 위해 생축으로 제사를 드렸으나 예수 그리스도를 믿는 성도는 이미 죄사함 받았으므로 은혜를 감사하는 찬송으로 제사를 드려야한다. 이 찬송은 심령 속으로 우러나오는 것이 입술로 나타나는 입술의 열매라고 한다.

2) 선을 행함과 서로 나누어주는 제사 : 이것은 성도가 그리스도의 구속에 대한 감사와 감격에 넘쳐서 다른 사 람을 사랑하고 도와주는 행실의 열매이다. 심령의 열매가 입술로 나타났고 입술의 열매가 행동으로 나타나 서 선을 행하고 남을 도와주는 열매로 나타나는 것이다.

야고보서

Q 617) "낮은 형제는 자기 높음을 자랑하고 부한 자는 자기 낮아짐을 자랑할지니" 무슨 말인지?(약1:9-11)

"낮은 형제는 자기의 높음을 자랑하고" (9절)
"부한 형제는 자기의 낮아짐을 자랑할지니 이는 풀의 꽃과 같이 지나감이라" (10절)

A ⊙ 낮은 형제란 믿음을 지켜나가는 일 때문에 재산, 지위, 명예, 영광을 다 빼앗긴 자를 말한다. 고귀하고 평 안 한 자리에서 쫓겨나니 비천한 자리에 떨어져 고난을 받게 된다. 그러나 그는 이미 영적으로 높아진 것 이

다. 믿음지킴으로 없어진 것은 외부적인 것이므로 그것만 생각하지 말고 영적으로 부요해진 것을 자랑하 게 된다.

⊙ 부한 형제란 믿음의 부한 자를 지칭하여 자랑은 기뻐하라는 뜻이다.

1) 진리를 붙잡기 위하여 회개하며 낮아진 것을 두고 부한 형제라고 했고

2) 세상 사람이 무시하고 멸시하는 영적신앙의 자리에서 겸손히 사는 것을 뜻함.

3) 진리와 영의 길을 걸어가므로 모든 사람을 섬기는 종의 위치에 서는 자이다.

Q 618) 하나님은 시험받지도 않고 시험하시지 않는가? 아브라함을 시험하시고 예수님은 시험도 받으셨는데?(1:13)

"사람이 시험을 받을 때에 내가 하나님께 시험을 받는다 하지 말지니 하나님은 악에게 시험을 받지도 아니하시고 친히 아무도 시험하지 아니하시느니라"

A 하나님은 악으로 시험하시지 않으시며 또한 악에게 시험받지도 않으신다.

⊙ 아브라함을 시험한 것은(창22:1-2) 악으로 하신 것이 아니고 아브라함에게 메시야를 주시고 신령한 복 받 게 하시려고 테스트해서 합격자 되시게 하시려함.

아브라함을 연단시켜 복주고 믿음의 조상 만드시려고 시험(연단)하신 것이다.

⊙ 예수님은 하나님이신데도 시험받으신 것은 우리 성도들이 어떤 마귀 시험에도 다 승리할 수 있음을 보여주시고 체휼하시는 그리스도이며 승리 방법을 알려주시기 위함이었다.

하나님은 악이 털끝만큼도 없으시기에 넘어뜨리기 위한 시험하심도 없으시고 악으로 절대시험이 없으시고 아무리 하나님을 시험하려하여도 악한 것이 그에게 미치지 못하며 악이 소멸되고 만다. 오직 하나님은 의와 선하

신 뜻만 이루어나가신다.

Q 619) 누구든지 율법을 지키다가 그 하나 범하면 율법모두 범한자가 되는가?(2:10)

"누구든지 온 율법을 지키다가 그 하나에 거치면 모두 범한 자가 되나니"

A 이것은 마치 여러 개의 작은 고리로 연결된 큰 원(동그라미)이 그중에 작은 고리하나가 끊어지면 전체의 원이 끊어지고 마는 것과 같이 율법도 전체를 다 지키다가 그 중에 하나라도 범하면 범죄자로 인정받게 된다는 것이다.

또 물고기가 전 그물에 다 걸려야만 잡히고 죽는 것이 아니고 한 코에만 걸려도 물고기가 잡히게되고 잡히면 죽게 되는 원리와도 같은 것이다.

여러 율법을 주신 이는 하나님 한 분이다. 간음하지 않았어도 살인하면 하나님의 율법(하나님의 명령)을 범한 자가된다. 살인한 자가 간음하지 않았다고 의인이 되는 것이 아니고 살인한 그 죄만 가지고도 하나님 앞에 범죄가 되게 된다.

Q 620) 긍휼을 행하지 않는 자는 긍휼없는 심판이 있고 긍휼은 심판을 이기고 자랑하나?(2:13)

"긍휼을 행하지 아니하는 자에게는 긍휼 없는 심판이 있으리라 긍휼은 심판을 이기고 자랑하느니라"

A ⊙ 긍휼을 행하지 않는 자는 믿지 않는 자를 가리키는 말이 아니요 믿는 자에게 하는 말이다. 12절에 '너희' 는 믿는 자를 가리킨다. 신자가 긍휼없이 사람을 대하면 하나님께서도 긍휼없이 대하신다. 이것이 곧 긍 휼 없는 심판을 받는 것이 된다.

⊙ 긍휼없는 심판이 있으리라는 지옥에 간다는 뜻이 아니다. 마5:25-26

에 "옥에 갇히는 것"도 지옥에 가는 것 이 아니다. 다른 사람에게 긍휼을 받게된다.

⊙ 긍휼은 심판을 이기고 자랑 하느니라는 항상 긍휼을 베풀고 긍휼의 길을 걸어가면 하나님 앞에 가책이나 부 끄러움이 없어지고 하나님 앞에 책망 받을 것이 없어지게 됨을 의미한다.

Q 621) 혀가 곧 불이요(지옥에서 나온 불) 쉬지 않는 악이요 죽이는 독이 가득한 것일까?(3:6-8)

"혀는 곧 불이요 불의의 세계라 혀는 우리 지체 중에서 온 몸을 더럽히고 생의 바퀴를 불사르나니 그 사르는 것이 지옥불에서 나느니라" (6절)
"혀는 능히 길들일 사람이 없나니 쉬지 아니하는 악이요 죽이는 독이 가득한 것이라" (8절)

A 혀를 제어하지 않아 부패성에게 이용당하게 되면 불의한 것이 거침없이 나오게 되고 온몸도 더럽히고 다른 사람도 더럽히고 하나님의 영광도 더럽히고 자기의 생의 전도도 불태우는 것처럼 다 소멸시켜 버리고 만다.

여러 종류의 새와 짐승은 길들일 수 있어도 혀는 길들이지 못한다.

혀가 어떨 때는 부패성과 마귀에게 이용당하기 때문이다. 이것들(부패성, 마귀)에게서는 쉬지 않고 악이 나오고 죽이는 독이 가득하다. 그렇기 때문에 혀가 거기에 이용당할 때는 악과 독이 나오고 독사의 독이 있다.(롬 3:13)

Q 622) 오직 위로부터 온 지혜란 어떤 것을 구체적으로 말하는 것일까요?(3:17)

"오직 위로부터 난 지혜는 첫째 성결하고 다음에 화평하고 관용하고 양순하며 긍휼과 선한 열매가 가득하고 편벽과 거짓이 없나니"

A 성령의 역사와 인도하심을 따라가는 것이다. 곧 세속적, 인간적, 이기적인데서 떠나 하나님께 붙잡혀 하나님의 뜻을 이루어 나아가는 것이다. 언제나 하나님으로 말미암아야하며 위에 있는 것을 찾아 위엣 것을 이루어 나아가는 것이므로 성결과 화평이 있다.

이런 자는 모든 사람을 긍휼히 여기고 원수도 사랑하여 화평을 이루어 나가게 된다. 그리고 모든 사람의 단점과 허물에 관용할 마음을 하나님께로 받았으므로 모든 면에 양순함과 진실한 성품이 나타난다. 그것은 하나님의 절대 주권과 섭리를 믿고 하나님 한 분으로 만족하고 욕심이 없기 때문이다. 이와 같이할 때 선한 열매가 날이 갈수록 가득하게 된다.

Q 623) 우리가 세상을 좀 사랑하기만하면 하나님과 원수가 된다면 세상은 전연 사랑 말아야 되나?(4:4)

"간음하는 여자들이여 세상과 벗된 것이 하나님의 원수임을 알지 못하느뇨 그런즉 누구든지 세상과 벗이 되고자 하는 자는 스스로 하나님과 원수되게 하는 것이니라"

A 하나님 한 분만 유일한 신앙의 대상자로 삼아야 되며 하나님에게만 모든 것을 다 기울이며 하나님만을 사랑하며 하나님께 대한 정조를 지켜 나아가야 된다. 세상과 벗이 되면 하나님께 정조가 깨어져서 간음하는 여인과 같이 된다. 이것은 하나님과 스스로 원수 된 것이다. 신자가 하나님과 세상을 겸하여 사랑하면 안 된다.

하나님께 마음을 두고 세상에도 마음을 둔다면 이것은 두 주인을 섬기는 것으로 하나님께 합당치 않으며 실제에 있어서는 하나님을 떠난 것이요, 영적으로 간음한 것이다. 인본주의적 세상이 큰 음녀인데 음녀가 땅에 거하는 자들을 포도주에 취하게 한다고 하였다.(계17:1-2) 세상주의에 취하게 되면 전심을 하나님께 기울이지 못하고 하나님에게서 떠난 자가 되고 만다.

Q 624) 선을 행할 중 알고도 행치 않으면 죄가 되는가? 그럼 아는 것은 무조건 다 행해야 되는가?(4:17)

"이러므로 사람이 선을 행할 줄 알고도 행치 아니하면 죄니라"

A 선을 알고도 행치 않으면 죄가 된다. 하나님의 뜻인 줄 알고 실행하여야 될 줄 알면서도 행하지 않으면 죄가 된다. 하나님이 인도하시는 그 길도 가지 않고 딴 길로 가는 것이 곧 죄이다. 진리인 줄 알고 하나님의 뜻인줄 알고 양심에 옳다고 깨달아진 것은 즉시 따라가고 실행하여야 된다. 주일 지키는 것, 십일조 바치는 것, 형제를 사랑하는 것, 순종하는 것, 부모를 공경하는 것 양심을 쓰는 것들이 옳은 것 인줄 알면서 실행하지 않는 것은 죄를 범하는 것이다. 죄가 들어오면 영의 길이 막히게 된다.

눅12:47-48 "주인의 뜻을 알고도 예비치 아니하고 그 뜻대로 행치 아니한 종은 많이 맞을 것이요 알지못하고 맞은 일을 행한 종은 적게 맞으리라 무릇 많이 받은 자에게는 많이 찾을 것이요 많이 맡은 자에게는 많이 달라할 것이니라"

Q 625) '주의 이름으로 기름을 바르며 기도할 지니라' 여기서 기름 바름이 무엇인가?(5:14)

"너희 중에 병든 자가 있느냐 저는 교회의 장로들을 청할 것이요 그들은 주의 이름으로 기름을 바르며 위하여 기도할지니라"

A 기름을 바른다는 것은 영적면을 도와주며 기도하라는 뜻이다. 요일서 2:27 "너희는 주께 받은바 기름 부음이 너희 안에 거하나니 아무도 너희를 가르칠 필요가 없고 오직 그의 기름부음이 모든 것을 너희에게 가르치며 또 참 되고 거짓이 없으니 너희를 가르친 그대로 주안에 거하라" 여기에 기름은 진리와 영감이다.

중생한 영혼 속에 진리와 성령이 내제하시고 외부에서 진리와 성령이 감동시키고 있다. 그러므로 병자를 위하여 기도할 때는 환자의 영혼이 일어나는 것이 중요하다. 기도하는 자들이 먼저 은혜를 받아 같이 기도하는 가운데 성령의 역사가 일어나 환자의 영이 힘을 얻어 얼굴에 기쁨이 나타나고 하나님과 가까워진다.

Q 626) 엘리야는 우리와 성정이 같을까?(승천, 기도로 비 오게도 함) 아니면 다를까? 그 이유는 무엇일까?(5:17)

"엘리야는 우리와 성정이 같은 사람이로되 저가 비 오지 않기를 간절히 기도한즉 삼년 육개월 동안 땅에 비가 아니 오고"

A 엘리야는 우리와 같은 인간이다. 우리와 본성이나 인체의 구조가 같다는 뜻이다. 그러나 승천시킨 것은 우리도 산체로 휴거 할 수 있고 영생을 얻어 영생하는 것을 미리 예표로 보여주기 위해 에녹과 엘리야와 예수님이 세분에게 보여주신 것이지 특별한 것이 아니다.

또 기도해서 3년6개월 비가 아니 오게도 또 기도해서 비가 쏟아지게도 한 기도는 자기의 뜻대로 구함이 아니요 하나님의 뜻에 맞는 기도를 하였기 때문에 이루어 진 것이다. 그러므로 우리도 하나님의 뜻에 맞는 일에 순종하고 하나님의 뜻에 맞는 기도를 드리면 아무리 큰일이라도 하나님의 만능으로 다 이루어 주심을 보여주신 것이다.

베드로전서

Q 627) 시험으로 근심하게 되나(벧전1:6) 온전히 기뻐하라(약1:2) 어찌해야 되는 것인가?(벧전1:6)

"내 형제들아 너희가 여러 가지 시험을 만나거든 온전히 기쁘게 여기라" (약1:2)

"그러므로 너희가 이제 여러 가지 시험을 인하여 잠간 근심하게 되지 않을 수 없었으나 오히려 크게 기뻐하도다"(벧전1:6)

A 시험이 들어올 때에 시험은 크고 자신은 언약하여 자기 힘으로는 감당할 수 없기 때문에 잠깐 근심하게 된다. 그러나 하나님만 전적의뢰하면 하나님의 만능으로 도와주셔서 그 시험을 이길 수 있게되므로 오히려 기뻐하게 되는 것이다.

성도가 이 세상에서 환난과 시험을 당하면 세상 사람들이 보기에는 슬퍼 보이나 신앙면으로 볼 때는 오히려 크게 기뻐할 일이다. 약1:2 "시험을 만나거든 온전히 기쁘게 여기라"고 하였다. 하나님께서 여러 가지 시험을 우리에게 주시는 것은 하나님의 능력을 입혀주시고 신령한 기업을 더 많이 입혀주시기 위하여 은혜로 준 것이다. 그러므로 시험을 당할 때 하나님을 가까이 하여 부르짖고 하나님만 의지하며 더욱 힘써 믿음만 지켜나가면 하나님이 능력으로 능히 그 시험을 이기고 큰 기쁨과 복을 받게 될 것이니 기뻐하라.

Q 628) 너희가 거듭난 것이 썩지 아니할 씨로 된 것이라는데 썩지 아니할 씨는 무엇인가?(벧전1:23)

"너희가 거듭난 것이 썩어질 씨로 된 것이 아니요 썩지 아니할 씨로 된 것이니 하나님의 살아 있고 항상 있는 말씀으로 되었느니라"

A 중생의 씨는 하나님의 말씀이다.(약1:18) 중생은 죽었던 영이 살아난 것인데 성화와는 다른 것이다. 중생은 단 번에 순간적으로 되는 것이요 성화는 일생동안 지속적으로 이루어지는 것이다. 예수 믿기 전에는 사람의 영이 다 죽은 영이다.

그 죽은 영이 성령과 말씀으로 다시 살아난 것이 중생이요 이것은 영적 사망에서 영적생명으로 옮겨진 것이다.

그러므로 중생은 새 생명을 받은 것이요 새 생명의 시작으로 하나님에 의하여 찰나적으로 성취되는 것이다.

말씀의 씨(눅8:11)가 아니면 새 생명이 살아날 수가 없다. 이 말씀의 씨, 새 생명의 씨가 곧 썩지 아니할 씨이다. 이 씨는 영원히 죽지 않는 씨이다. 영생을 얻게 된 영혼인 것이다.

Q 629) 산돌이신 예수님에게 왜 산돌이라고 했으며 거룩한 제사장은 어떻게 되는가?(2:4-5)

"사람에게는 버린 바가 되었으나 하나님께는 택하심을 입은 보배로운 산돌이신 예수에게 나아와"(4절)

A "너희도 산 돌 같이 신령한 집으로 세워지고 예수 그리스도로 말미암아 하나님이 기쁘게 받으실 신령한 제사를 드릴 거룩한 제사장이 될지니라" (5절)

예수그리스도를 산돌이라고 한 것은 몇 가지 뜻이 있다.

1) 돌이 강하고 견고한 것처럼 예수그리스도는 극히 강하셔서 모든 것을 다 이기고 심판하신다.

2) 산 돌이 자라나는 것처럼(단2:34-35) 그리스도나라가 점점 커져서 온 세상이 그리스도나라 된다.

3) 산돌처럼 예수그리스도는 생명력이 있다는 것이다.

예수그리스도는 살아서 역사하시는 분이므로 그에게 나아가는 자는 예수님의 생명의 역사와 능력을 받아 모든 것을 다 이길 수 있다. 그러므로 우리가 예수님께 나아가는 것이 중요하다. 예수님께 나아가면 은밀한 골방을 찾아 온전히 마음을 그에게로 기울이고 신령한 세계를 찾아 그를 가까이하고 주님과 교통하는 자리에 나아가면 산돌의 역사가 일어난다.

Q 630) "육체의 정욕을 제어하라"육체의 정욕이 무엇이며 제어하는 방법은?(2:11)

"사랑하는 자들아 나그네와 행인 같은 너희를 권하노니 영혼을 거스려 싸우는 육체의 정욕을 제어하라"

A 육체의 정욕은 욕심 옛사람 육체의 부패성을 가리킨다. 이것이 늘 우리의 중생한 영혼을 거스리고 싸운다.(이것이 성도의 내적 투쟁이다) 그러므로 원수가 자기 속에 있다. 이것이 일평생 원수이다. 자기를 망하게 할 자가 멀리 있지 않고 자기 속에 있다는 것을 바로 알고 싸워야한다. 육체의 정욕이 항상 중생한 영혼을 거스려 싸우고 있다. 본문의 영혼은 헬라어로 프쉬케인데($\psi\upsilon\chi\acute{\eta}$) 성도의 영은 프뉴마($\pi\nu\epsilon\mu\alpha$)에게 이용되는 혼이나 마음을 가리킨다. 그래서 자기를 쳐서 복종시키고 다스려서 이기는 자가 위대한 자이나 성도가 이 일을 하지 못하면 믿는 일은 말뿐이고 실제로는 실패자가 된다. 다른 사람을 아무리 많이 인도하고 가르쳤다고 해도 자기하나 이기지 못하면 결국 자기는 버림이 되고 즉 실패자가 되게 된다.

Q 631) 고난은 몇 가지로 나눌 수 있으며 우리가 받아야 할 고난은 무엇무엇인가?(2:19-20)

"애매히 고난을 받아도 하나님을 생각함으로 슬픔을 참으면 이는 아름다우나", "죄가 있어 매를 맞고 참으면 무슨 칭찬이 있으리요 오직 선을 행함으로 고난을 받고 참으면 이는 하나님 앞에 아름다우니라"(19-20절)

A 고난은 세 가지가 있다.

1) 애매히 당하는 고난 19절 이것은 자신에게 잘못은 없으나 당하는 고난이다. 그때 그 고난으로 인하여 불 평하거나 원망하지 말고 하나님께서 주신 잔인 줄 알고 하나님을 생각하여 참으면 좋은 인격이 만들어진다.

2) 죄로 인하여 오는 고난 20절 3:17(하), 4:15 죄로 인하여 받은 고난은 칭찬받을 바는 못되나 그로 인하여 회개할 기회가 생기고 낮아질 기회가 생

기므로 그것도 하나님께서 은혜로 주신 것이다. 고난이 없으면 깨 닫지 못하고 회개치 않다 멸망당한다.

3) 선을 행함으로 받는 고난 20절(하), 3:17(하), 3:14(상), 4:13, 4:13,14 선을 행함으로 받는 고난은 은혜요 상급이다. 선을 행한 자체가 벌써 은혜이며 영적 소득이 되었다. 참고 나가면 영이 자라고 하늘 상급이 커 진다. 하나님이 주신 훈련용일 수도 있다.

Q 632) 남편이 아내를 사랑하지 않으면 기도의 문이 닫혀 버리는가?(3:7)

"남편 된 자들아 이와 같이 지식을 따라 너희 아내와 동거하고 저는 더 연약한 그릇이요 또 생명의 은혜를 유업으로 함께 받을 자로 알아 귀히 여기라 이는 너희 기도가 막히지 아니하게 하려 함이라"

A 아내가 남편에게 순종하지 않거나 안정된 심령을 잃어버리고 나아가면 또 남편이 아내를 사랑하지 않고 이기주의와 자기 고집대로 나아가면서 아내를 학대하면 기도가 막힌다. 그리하여 하나님과 교통이 끊어지고 영적 흑암에 빠져 믿는 일이 잘 되지 않는다. 여러분들도 앞에서 언급된 대로 아내에게 주신 교훈(1-6) 남편에게 주신 교훈(7절)을 어기고 기도해보라 기도문이 막히는 것을 알게 될 것이다. 그러면 하나님과 교통도 끊어지게 된다.

그러므로 성도라면 반드시 앞에서 언급된 아내와 남편에게 대한 교훈을 잘 지켜 기도가 막히지 않고 영적생활의 진보가 되도록 하여야 된다.

Q 633) 예수님이 지옥에 가 있는 영들에게 전파하셨단 말인가?(3:19)

"저가 또한 영으로 옥에 있는 영들에게 전파하시니라"

A 여기 '영으로' 를 예수님의 영으로 보지 않고 성령으로 해석하여 예수님의 십자가와 구속을 완성하고 부활로 대승리한 사실을 지옥에 있는 영들에게 성령으로 전하여 알게 했다.(거기서 믿게 한 것이 아님) 또 한가지는 그리스도의 영이 노아에게 가서 노아를 통하여 그 시대 사람들에게 복음을 전했는데 그 복음을 듣고도 믿지 않다가 지옥에 갔다. 그러므로 지옥에 있는 그 영들도 그들이 세상에 살았을 때에 복음전파를 받았다는 것이다.

그 외 칼빈: 옥을 구약성도들이 그리스도의 구속사업의 완성을 대망하는 곳(성경에 부합되지 않음)

로마카톨릭: 예수님 십자가 별세 이후 지옥가서 전도했다면 연옥설의 근거로 삼음(성경에 부합되지 않음)

루터파 : 예수님이 지옥 갔던 일이 있다고 주장한다.(성경에 부합되지 않음)

복음적인 해석은 처음 두 가지이고 후의 세 가지는 비복음적 해석으로 간주되고 있다.

Q 634) 육체의 고난을 받기만하면 죄가 그쳐지는가? (4:1)

"그리스도께서 이미 육체의 고난을 받으셨으니 너희도 같은 마음으로 갑옷을 삼으라 이는 육체의 고난을 받은 자가 죄를 그쳤음이니"

A 여기서 육체의 고난이란 선을 행하는 일 즉 하나님의 뜻대로 행하면서 받는 고난을 가리킨다. 어떻게 하나님의 의를 적극적으로 이루어 나가면서 고난당할 때에는 죄가 들어오지 못한다.(죄가 그친다) 그러나 하나님의 의를 적극적으로 이루어나가지 않고 안일한 생활을 하며 방심 부주의하면 죄가 들어온다. 성도가 주를 위하여 경건하게 살며 고난당할 때에 죄가 점점 물러가고 그리스도의 의가 입혀지며 그 영혼이 더욱더 자라나게된다.

창4:7 선을 행치 아니하면 죄가 문에 엎드린다고 했다. 그러므로 죄를 멀리 물리치려면 적극적으로 선을 행해야 되고 선을 행하려면 고난이 오게 되는데 그 고난을 달게 받으며 선을 행할 때 죄를 그치게 된다는 것이다.

Q 635) 이를 위하여 죽은 자들에게도 복음이 전파되었으니 여기 죽은 자들은 누구인가?(4:6)

"이를 위하여 죽은 자들에게도 복음이 전파되었으니 이는 육체로는 사람처럼 심판을 받으나 영으로는 하나님처럼 살게 하려 함이니라"

A 여기 죽은 자들은 믿음이 죽은 자를 가리킨다. 믿음이 죽은 자들에게도 이미 복음이 전파되었다. 약2:26 "영혼없는 몸이 죽은 것같이 행함이 없는 믿음은 죽은 것이니라"고 했다. 믿음이 죽은 자란 마음으로는 예수를 구주로 믿으나 행함이 없는 자이다. 이런 자는 "육체로는 사람처럼 심판을 받으나 영으로는 하나님처럼 살게된다"고 했다. 그 이유는 그들이 행함이 없는데 대해 육체가 심판을 받으나 예수그리스도를 구주로 믿었으므로 구원을 받게 되는 것이다. 로마카톨릭 교회에서는 이 본문을 근거로 연옥설을 주장하나 아주 잘못된 교리이며 주장인 것이다.

Q 636) 베드로는 사도인가 장로인가 그 이유를 설명하라 (5:1)

"너희 중 장로들에게 권하노니 나는 함께 장로 된 자요 그리스도의 고난의 증인이요 나타날 영광에 참예할 자로라"

A 초대교회에서는 장로로 불리 우는 여러 직분이 있었으니 사도와 감독과 목사와 교회의 지도급에 있는 원로들이었다. 사도 베드로도(5:1) 사도요한도(요2서1:1,요3서1:1) 디모데도(딤전4:14)같은 교훈장로와 치리장로(딤전5:17)및 교회의 원로들을 장로라고 하였다.

이 장로들은 그리스도의 고난의 증인이요 장차나타 날 영광에 참여할 자라고 베드로장로가 말했다. 현대교회 교회헌법에도 가르치는 장로(목사 교역자) 치리하는 장로(장로)로 구분해서 명기가 되어있다.

그래서 베드로는 예수님의 수제자요 사도이면서 초대교회 교역자 장로요 초대교회 치리장로라고 볼 수 있다.

Q 637) "바벨론에 있는 교회가" 실제로 바벨론에 있는 교회였는가? 아니면 어떤 교회를 가리키는가?(5:13)

"함께 택하심을 받은 바벨론에 있는 교회가 너희에게 문안하고 내 아들 마가도 그리하느니라"

A 실제로 바벨론에는 하나님의 교회(church)가 존재하지 않았었다. 그러나 무형교회가 존재했음을 부인할 수는 없다.(스룹바벨, 에스라, 다니엘 등) 그러나 이 편지가 기록될 당시에는 바벨론 교회는 존재하지 않았다 그러면 여기서 바벨론에 있는 교회란 어느 교회인가? 로마에 있는 교회를 가리킨다고한다.

바벨론은 이전의 패권국가 이었다. 그 당시에는 로마가 세계 주권국가이었으므로 로마를 바벨론이라고 한 것이다. 베드로가 본서를 로마에서 기록한 것이므로 그때에는 로마에 있는 교회가 문안한 것이 자연스럽다, 또는 실제로 바벨론에 있는 성도가 문안했는지도 모를 일이다. 그러나 가능성은 희박하다.

베드로 후서

Q 638) 베드로가 장막에 있을때 할 일과 장막 벗음은 무슨 뜻인가?(벧후 1:13-14)

"내가 이 장막에 있을 동안에 너희를 일깨워 생각하게 함이 옳은 줄로 여기노니"

(13절)
"이는 우리 주 예수 그리스도께서 내게 지시하신 것같이 나도 이 장막을 벗어날 것이 임박한 줄을 앎이라"(14절)

A 장막은 육체를 가리킨다.(고후5:1) 하늘에 있는 영원한 집이 참으로 우리의 집이요(요14:1-2) 육체는 영혼이 임시 쓰고 사는 장막이다. 영혼이 장막을 떠나 천국의 영원한집으로 이사 갈 때(죽음) 우리가 쓰던 장막 집(육체)은 무너진다.

이 장막에 있을 때 할 일은 교인들을 경성시키고 진리를 생각나게 하는 것은 주의 종들이 해야 할 중요한 임무이다. 예수님이 예언하길(요21:18) 베드로가 순교할 것을 예언하셨다. 그래서 베드로가 베드로후서를 기록할 때에 자기의 순교가 임박한 것을 여러 면으로 깨닫고 있었다. 하나님이 베드로에게 영으로 아마 깨닫게 해 주셨을 것이다. 그래서 베드로는 자기 순교를 잘 알고 있었다.

Q 639) 더 확실한 예언은 무엇이며 샛별은 무엇을 뜻하고 있는가?(1:19)

"또 우리에게 더 확실한 예언이 있어 어두운데 비취는 등불과 같으니 날이 새어 샛별이 너희 마음에 떠오르기까지 너희가 이것을 주의하는 것이 가하니라"

A 여기서 더 확실한 예언의 말씀이란 성경으로 기록된 성경책과 그 안의 예언의 말씀들을 가르킨다. 베드로와 야고보와 요한이 변화산에서 예수님의 변화를 직접 눈으로 보고 친히 하늘로서 나는 음성을(이는 내 사랑하는 아들이요 내 기뻐하는 자) 직접 귀로 들은 것보다 여기 기록된 말씀(성령의 감동으로 기록되었으니)이 더 확실하며 그 예언의 말씀이 어두운데 비치는 등불과 같이 아주 명확하고 확실하다는 고백이다. 우리 눈으로 본 것도 사람마다 다르고 차이가 있다. 우리들이 귀로 들은 것도 서로 차이가 많다. 여기서 차이가 있고 주장이 서로 다른 것은 우리가 보고 들은 것이 혹 확실치 못할 수 있다는 산 증거라고 본다. 그러나 영감으로 기록된 성경은

하나님이 쓰신 것이니 틀림이 없이 확실하다는 뜻이다.

Q 640) 범죄한 천사는 누굴 가리키며 어느 곳에 있는가?(2;4)

"하나님이 범죄한 천사들을 용서치 아니하시고 지옥에 던져 어두운 구덩이에 두어 심판 때까지 지키게 하셨으며"

A 여기서 범죄한 천사가 누굴 가리킬까? 유다서 1:6에는 "자기 지위를 지키지 아니하고 자기 처소를 떠난 천사"라고 했다. 이들은 마귀를 가리킨다. 마귀는 본래 미가엘이나 가브리엘과 같은 천사장 중에 하나였는데 이 천사가 자기 지위와 자기 처소를 지키지 않고 교만하여 하나님과 같이 되려고 하다가 그 종들로 더불어 쫓겨나서 마귀가 된 것이다.

에스겔 28:13-17은 두로왕에게 대하여 한 말씀이나 두로왕 뿐 아니라 그 속에서 역사한 마귀에 대하여 책망한 하나님의 말씀이기도 하다. 14절에 그룹(천사)이라 한 것과 13절엔 그가 옛적에 하나님의 동산 안에 있었다는 것을 보면 두로왕을 가리킨 것이 아니고 마귀를 가리킨 것이 분명한 것이다.

Q 641) 소돔, 고모라 사람들과 의인 롯의 대조되는 것들은"(2:6-8)

"소돔과 고모라 성을 멸망하기로 정하여 재가 되게 하사 후세에 경건치 아니할 자들에게 본을 삼으셨으며"(6절) "무법한 자의 음란한 행실을 인하여 고통하는 의로운 롯을 건지셨으니"(7절)

A 소돔고모라시대에도 노아시대와 같이 먹고 마시고 음란 방탕하다가 하늘에서 불이 내려와 멸망을 당했다. 이것은 후세에 경건치 않는 자들에게 하나님의 불심판이 온다는 것을 보여 주기 위한 표본으로 삼기위해 성경에 기록하여있는 것이다.

무법한 자들로 음란 방탕했다. 무법한 자들이란 성경을 떠난 자들을 가리킨다. 소돔과 고모라 백성들은 그 당시 성경을 떠나 음란 방탕하며 패괴

한 색을 따라갔다. 롯은 그들의 행실을 인하여 의로운 심령을 상하였다.(심적 고통을 많이 당했다)

롯은 삼촌 아브라함에게 신앙을 본받아 오실 그리스도를 믿고 하나님의 말씀대로 순종하여 경건생활을 하며 하나님 앞에서나 사람 앞에서 의인이었다. 그러므로 하나님께서 불경건한 소돔 고모라를 멸망시킬 때에 롯을 구원해 주신 것이다.

Q 642) 그리스도의 재림을 부인하는 자에 대한 세 가지 대답은?(3:5-7)

"이제 하늘과 땅은 그 동일한 말씀으로 불사르기 위하여 간수하신 바 되어 경건치 아니한 사람들의 심판과 멸망의 날까지 보존하여 두신 것이니라" (7절)

A 1) 하늘이 옛적부터 있는 것 : 하늘이 창조 때부터 변함없이 그냥 있다는 의미이다. 하늘은 하나님께서 심판하시겠다는 말씀이 없었으므로 옛적부터 아무변동 없이 그냥 있으나 땅은 심판하시겠다는 말씀대로 홍수 때 물로 심판을 받은 것이다.

2) 땅이 물에서 나와 물로 성립한 것 : 창조시에 윗물(구름)과 아랫물(바다)를 갈라서 땅이 드러나게 했다.(창1:6-10) 이것도 하나님의 말씀대로 되었다. 그러므로 말씀대로 그리스도께서 재림하시고 말씀대로 이 세상이 심판 받을 것이 확실하다는 뜻

3) 부러 잊으려 함이로다 : 천지가 말씀대로 창조된 것을 믿는 다면 세상을 심판한다고 하신 하나님의 말씀과 그리스도가 재림한다는 말씀도 그대로 이루어질 것을 믿어야 할 것이다. 그러나 그들이 그리스도의 재림과 세상심판을 믿지 않는 것은 천지가 말씀대로 창조된 것도 고의적으로 잊으려고 하는 태도이다.

Q 643) 하루가 천 년 같고 천년이 하루 같다면 날짜나 년 수 개념이 없는가? (3:8)

"사랑하는 자들아 주께는 하루가 천년 같고 천년이 하루 같은 이 한가지를 잊지 말라"

A ⊙ 하루가 천 년 같고 : 는 예수그리스도가 자기백성들이 회개하기를 하루가 천년같이 기다린다는 뜻이다. 다시 말하면 성도들이 회개하고 돌아와서 말씀대로 바로 서기를 하루를 천 년 기다리는 것처럼 애타는 마음으로 기다리신다는 것을 뜻한다.

⊙ 천년을 하루같이 : 는 하나님께서 경건치 않는 자들을 심판하는데 있어서는 천년을 하루와 같이 참아주신다는 뜻이다. 하나님이 인간의 죄악을 즉시 심판하셨다면 우리는 벌써 다 멸망 받았을 것이다. 그러나 하나님이 죄인들을 불쌍히 여겨 오랫동안 참아 주셨기 때문에 우리가 지금 살아있는 것이다. 자비로우신 하나님께서 죄인들에게 반드시 회개할 기회를 주시고 회개하여 바로 서기를 이처럼 기다리신다.

Q 644) 심판 날에 하늘이 큰 소리로 떠나가고 체질이 뜨거운 불에 풀어질 것인가?(3:10)

"그러나 주의 날이 도적같이 오리니 그 날에는 하늘이 큰 소리로 떠나 가고 체질이 뜨거운 불에 풀어지고 땅과 그 중에 있는 모든 일이 드러나리로다"

A 여기서 하늘은 죄악의 하늘, 죄악의 땅이 다 불에 타서 풀어진다는 것이다.(계21:1) 옛날 소돔과 고모라의 심판 때와 같이 실제로 하늘에서 불이 내려와 하늘의 공기와 땅이 다 불에 타는 심판을 받을 것이다.

또 이 불심판은 인간이 만들어 놓은 핵무기를 하나님이 이용하여 심판하실지도 모른다. "하늘"은 이 세상의 큰 세력들을 가르키고 "체질"은 국가나 세상단체나 조직체나 집단들을 가리키는데 예수님 재림 시에는 그것들이 다 심판받아 떠나가기도 하고 깨어지고 해체되어 멸망할 것을 가리키기도 한다.

Q 645) 바울이 쓴 것이 무엇을 두고 한 말이며 억지로 풀지말라는 이유는?(3:15-16)

"또 우리 주의 오래 참으심이 구원이 될 줄로 여기라 우리 사랑하는 형제 바울도 그 받은 지혜대로 너희에게 이같이 썼고" (15절)
"또 그 모든 편지에도 이런 일에 관하여 말하였으되 그 중에 알기 어려운 것이 더러 있으니 무식한 자들과 굳세지 못한 자들이 다른 성경과 같이 그것도 억지로 풀다가 스스로 멸망에 이르느니라"(16절)

A 베드로는 바울이 기록한 서신에 대해서도 소개해 주었다. "이같이 썼고"는 예수님의 재림과 심판에 대한 예언을 가리킨다. 바울도 베드로와 같이 말세의 교훈과 예수그리스도의 재림 그리고 심판에 대한 말씀을 기록하였음을 소개한다.

그러나 바울이 기록한 주의 재림과 심판에 대한 즉 말세에 대한 예언은 알기 어려운 것이 더러 있으니 이 예언은 날이 새어 샛별이 떠올라 오기 전에는 알기가 어렵다.(벧후1:19) 교회 안에는 무식한 자들과 굳세지 못한 자들이 있었다. 성경과 신령한 면에서 무식한 자요 굳세지 못 한자들이니 억지로 풀려고 해선 안 된다.

알기 어려운 예언들을 억지로 풀면 멸망을 받는다. 말세의 환난과 심판 예수님 재림에 대한 것은 어려운 말씀이며 때가 되어 그 예언의 말씀이 성취되어야 확실히 알 수 있다. 그러므로 그것을 억지로 풀지 말고 기다려야 한다는 뜻이다.

PART 8.

요한 1,2,3 • 유다서

요한 1서

Q 646) 생명의 말씀이 무엇이며 눈으로 보았나 손으로 만진바 되었는가?(요1서 1:1)

"태초부터 있는 생명의 말씀에 관하여는 우리가 들은 바요 눈으로 본 바요 주목하고 우리 손으로 만진 바라"

A 말씀이 곧 생명이라는 뜻인데 예수그리스도를 가리킨다. 요1:1에 말씀(로고스 λόγος) 되신 그리스도께서 태초부터 하나님과 같이 계셨고 만물이 그로 말미암아 지은바 되었다고 했다. 사도요한은 생명되신 예수그리스도를 육신의 눈으로 직접 보았고 그 말씀을 친히 들었고 손으로 만져보았다. 부활 전에도 그렇게 했고 부활 후에도 그렇게 했다. 이것이 사도의 징표요 특권이다. 예수그리스도를 직접보지 못한자는 사도가 되지 못한다. 이로 인하여 사도의 증거는 확실하고 명백하며 견고하여 교회의 기초가 된다.(엡2:20, 고전3:10) 그 확실한 증거를 하나님께서 사도와 그 수종자들에게 성령의 감동으로 기록하게 하였으니 곧 성경이다. 이 성경이 완성된 이후에는 그 성경을 보고 예수님을 믿고 하나님을 섬기게 한 것이다.

Q 647) 우리가 범죄하지 않았다면 하나님을 거짓말 하는 자로 만드는 것인가?(1:10)

"만일 우리가 범죄하지 아니하였다 하면 하나님을 거짓말 하는 자로 만드는 것이니 또한 그의 말씀이 우리 속에 있지 아니하니라"

A 누구든지 범죄치 않았다고 하면 먼저 자기를 속이는 자요 또 하나님을 거짓말하는 자로 만드는 것이다. 왜냐하면 과거에 자기가 죄를 범한 것이 분명하고 예수를 믿은 후 지금도 자기 속에 부패한 옛사람이 있기 때문

이다.(전7:20, 롬3:10, 갈5:19, 약7:21-22)

죄가 없다고 하는 자들은 성경 말씀을 부인하고 외식하는 자들이다. 그러므로 진리가 그 속에 있지 않는 것이 분명하다. 그들이 성경을 말하고 가르치는 것은 자기들의 이익을 얻으려는 것뿐이요 하나님의 말씀을 도적질하는 것이 된다.(렘23:30) 이 세상엔 의인은 없으니 이 말하신 하나님을 거짓말쟁이로 만들게 된 셈이다.

Q 648) 여기 대언자는 보혜사 성령님을 가리키는가 다른 사람인가?(요1 2:1)

"나의 자녀들아 내가 이것을 너희에게 씀은 너희로 죄를 범치 않게 하려 함이라 만일 누가 죄를 범하면 아버지 앞에서 우리에게 대언자가 있으니 곧 의로우신 예수 그리스도시라"

A 대언자의 헬라어 파라클레토스(παράκλτος)는 보혜사 대언자, 위로자라는 뜻이 있다. 그래서 여기 대언자는 파라클레토스이니 보혜사 성령님으로 대부분 모든 사람들이 그리 알고 있다. 그러나 여기서 대언자는 예수그리스도를 가리킨다. 예수그리스도께서 모든 의를 이루어주셨고 구속을 이루어 주셨으므로 예수그리스도만이 하나님 앞에서 우리를 위해 대언자 역할을 해주실 수가 있다. 요14:16,26, 15:26, 16:7의 보혜사는 성령을 가리킨다. 원래 보혜사나 대언자는 하나(성령님)만 있는 것이 아니고 둘(예수님과 성령님)이다. 성령님 또한 예수그리스도께서 나타내 주시고 성취해 주신 모든 진리를 성령께서 우리에게 알게 해주시고 믿게 해 주시기 때문에 보혜사를 대언자라고 부른 것이다. 본 의제의 대언자는 예수그리스도를 가리킨다.

Q 649) 여기서 옛 계명과 새 계명은 다른 것인가? 아님 같은 것인가? 그 의미는?(요1 2:7-8)

"사랑하는 자들아 내가 새 계명을 너희에게 쓰는 것이 아니라 너희가 처음부터 가진 옛 계명이니 이 옛 계명은 너희의 들은 바 말씀이거니와" (7절)
"다시 내가 너희에게 새 계명을 쓰노니 저에게와 너희에게도 참된 것이라 이는 어두움이 지나가고 참 빛이 벌써 비췸이니라" (8절)

A ⊙ 옛 계명(2:7) 구약의 계명을 가리키며 그 계명의 대지는 사랑이다. 그러므로 여기서 옛 계명 자체가 사랑 을 가리킨다. 신6:5 '하나님을 사랑하고' 레19:18 '네 이웃 사랑하기를 네 몸같이 하라' 사랑은 율법과 선지자의 대 강령이다.

⊙ 새 계명(2:8) 여기 새 계명도 사랑이다. 요13:34 '새 계명을 너희에게 주노니 서로 사랑하라' 사랑하라는 옛 계명을 다시 새 계명으로 예수님이 주셨다. 새 계명이라고 한 이유는 예수께서 그 계명을(사랑) 완성시 켰고 그 사랑을 완전히 나타내 주셨다. 예수께서 우리 위해 십자가에 못박혀 죽으심으로 사랑을 우리에게 입혀주셨다. 사도 요한이 여기서 새 계명인 사랑에 대하여 말하면서 이 사랑은 또한 옛 계명도 된다는 점 을 강조하며 그것을 너희가 처음부터 들었다고 상기 시킨다.

Q 650) 성도가 세상을 사랑하면 어떤 결과가 오는가?(2:15-17)

"이 세상이나 세상에 있는 것들을 사랑치 말라 누구든지 세상을 사랑하면 아버지의 사랑이 그 속에 있지 아니하니" (15절)
"이는 세상에 있는 모든 것이 육신의 정욕과 안목의 정욕과 이생의 자랑이니 다 아버지께로 좇아 온 것이 아니요 세상으로 좇아 온 것이라" (16절)

A 여기서 세상은 하나님을 떠난 죄악 세상을 가리킨다. 사람이 세상의 물질(돈)을 사랑하면 일만 악의 뿌리가 되고 또 두 주인을 섬기는 것이 되고 하나님과 제물을 겸하여 섬길 수 없다.

1) 육신의 정욕 : 육신으로 좇아나는 정과 욕심인데 속에서 일어나는 여러 가지 부패성이다. 하와가 선악과를 볼 때 '먹음직' 한 것도 육신의 정욕이다.(창3:6)

2) 안목의 정욕 : 대외적인 것을 육신의 눈으로 볼 때에 일어나는 욕심이다. 하와가 선악과를 볼 때에 '보암직 한 것' 이 안목의 정욕이다.(창3:6)

3) 이생의 자랑 : 이 세상 것을 가지고 자랑하는 것이다. 이 세상 모든 것은 하나님의 창조했고 하나님의 은 혜로 준 것이다. 그것을 받았으면 하나님께 감사하고 영광을 돌려야 합당하다. 이 세 가지가 세상으로 좇아왔고(마귀) 이 세 가지자랑은 하나님을 떠난 죄악의 행위이다.

Q 651) 주님이 재림하실 때 성도는 주님과 똑같을까 다를까?(1요 3:2)

"사랑하는 자들아 우리가 지금은 하나님의 자녀라 장래에 어떻게 될 것은 아직 나타나지 아니하였으나 그가 나타내심이 되면 우리가 그와 같을 줄을 아는 것은 그의 계신 그대로 볼 것을 인함이니"

A 현재는 우리가 하나님의 자녀이다. 장래에 어떻게 될 것은 아직 나타나지 않았으나 그리스도께서 재림하여 나타나실 때에는 우리가 그와 같이 부활의 영광에 참여하게 된다. 또 그의 계신 그대로 볼 것이다. 지금은 우리가 예수님을 직접보지 못하고 성경을 통하여 거울로 보는 것같이 보고 있으며 영적으로만 교제하고 있으나 주의 재림시에는 얼굴을 대하여 직접 보게 된다. 그 때에는 사모하던 예수님을 계신 그대로 보게 되고 알게 될 것이다. 하나님과 그리스도의 신성은 무한하므로 무한히 그를 발견하고 알아나가야 할 것이다. 우리가 그와 같을 줄은 보통 부활체로 하나님의 아들로 하나님의 영광체로 주와 같이 보인다. 그러나 부활한 성도의 영광이 예수그리스도와는 차이가 크다고 본다. 이것은 마치 태양 빛과 전등불빛과 같은 불빛이나 큰 차이가 있다.

Q 652) 하나님의 씨로 난자(중생한 영혼)는 죄를 짓지 않는가? (3:8-9)

"죄를 짓는 자는 마귀에게 속하나니 마귀는 처음부터 범죄함이니라 하나님의 아들이 나타나신 것은 마귀의 일을 멸하려 하심이니라", "하나님께로서 난 자마다 죄를 짓지 아니하나니 이는 하나님의 씨가 그의 속에 거함이요 저도 범죄치 못하

는 것은 하나님께로서 났음이라"(8-9절)

A 하나님께로서 난자는 물과 성령으로 거듭난 영을 가리킨다. 예수님께서 니고데모에게 중생의 도리를 가르칠 때에도 "사람이 물과 성령으로 나지 아니하면"(요3:5) 곧 중생한 영혼이요 이는 범죄하지 않는다. 그 이유는 중생한 영혼을 지닌 성도의 영은 말씀과 성령으로 거듭났기 때문에 범죄를 지을 수 없다. 왜냐면 하나님의 씨가(하나님의 말씀) 그 속에 거하기 때문이다.(벧전1:23, 눅8:11, 엡4:22-24) 즉 하나님께로 났음인데 하나님이 준 산영이 범죄하여 죽을 수 있는가?(요일5:18) 하나님이 살려준 하나님께서 났음으로 중생한 영 전체가 다 산영이요 생명체이다.(롬8:10,23)

합작하여 몸을 죄에서 건져내므로 죄지을 수 없고 죄안지으니 죽지 않는다.

몸의 구속이란 성도의 영은 살았으나 몸은 아직 죄 가운데 있으니 성령과 중생한 영이다.

Q 653) 적그리스도의 영(거짓선지다)을 분별하는 방법은?(4:1-6)

"하나님의 영은 이것으로 알지니 곧 예수 그리스도께서 육체로 오신 것을 시인하는 영마다 하나님께 속한 것이요" (2절)
"예수를 시인하지 아니하는 영마다 하나님께 속한 것이 아니니 이것이 곧 적그리스도의 영이니라 오리라 한 말을 너희가 들었거니와 이제 벌써 세상에 있느니라" (3절)

A 하나님께 속한 영(성령)이 있고 마귀에 속한 영(악령)이 있다.

분별법은 1) 그들이 주장하는 교리가 성경에 맞는 여부를 시험한다. (성경에 맞으면 성령, 반대는 악령)

2) 영의 역사로 맺히는 열매를 보아야한다.(경건하면 성령, 불경건하면 악령이다)

3) 중생한 성도의 심령에 주는 것으로(평강과 평화는 성령, 불안과 공포

는 악령)

4) 성령의 역사로 분별한다.(성령의 역사가 있는 성도는 악령의 역사를 만나게 되면 서로 통하지 않 고 갈등과 다툼이 일어나게 될 때 분별이 된다)

5) 예수그리스도에 대하여 바로 알고 있는 여부로 분별(바로 알면 성령, 잘못 알면 악령)

6) 예수그리스도에 대하여 (육체로 오심시인 성령, 육체오심부인 악령으로 거짓선지자)

여기 악령에 속한 자들이 마귀에 속한 영이요 적그리스도요 거짓선지자가 많이 나왔다.

Q 654) "하나님은 사랑이심이라"고 했는데 어떤 사랑인가?(4:8,16)

"사랑하지 아니하는 자는 하나님을 알지 못하나니 이는 하나님은 사랑이심이라" (8절)

"하나님이 우리를 사랑하시는 사랑을 우리가 알고 믿었노니 하나님은 사랑이시라 사랑 안에 거하는 자는 하나님 안에 거하고 하나님도 그 안에 거하시느니라" (16절)

A 사랑은 하나님께 속한 것이다. ①아가페(ἀγάπη)는 거룩한 사랑이요 ②이성적 사랑인 에로스(ερως) ③우정적 사랑인 필리아(φιλία) ④동족인 사랑 스톨게(στοργή)을 가리키는 것이 아니다. ①번의 사랑이다.

하나님은 사랑의 본질이시니 하나님은 사랑이라고 했다. 하나님의 속성 중 제일 큰 것이 사랑이시다. 특별히 하나님의 사랑이 성도구원의 근원이 된다. 하나님은 성도에게 영원한 사랑을 주시기 위하여 성도를 선택하셨고 독생자를 보내 대속해 주셨고 사랑으로 성도를 불러서 하나님의 아들로 삼아 주셨으며 하나님의 나라에 불러서 영원한 사랑을 입혀 주셨다. 그러므로 성도는 하나님의 사랑과 긍휼을 무한히 받는 그릇들이다.(롬9:23-24) 그래서 하나님은 사랑이라고 8,16절 두 번 말씀 한다.

Q 655) 예수님이 육신으로 오셨나 물과 피로 임하신 것인가?(5:6)

"이는 물과 피로 임하신 자니 곧 예수 그리스도시라 물로만 아니요 물과 피로 임하셨고"

A 예수님은 하나님이신 영이 육신의 몸을 입고 이 땅에 오심을 성육신했다고 한다. 그러나 본 절에선 예수님이 물과 피로 임하신자라고 하심은 구원관을 말씀함이다. 여기서 물은 진리를 가리키고(벧전1:23, 엡5:26) 피는 그리스도의 속죄의 피를 가리킨다. 예수님은 진리의 말씀대로(진리) 오셨을 뿐 아니라 속죄의 피까지 흘려주신 것이다. 예수님은 이 말씀을 성취하시려고 속죄의 피를 흘려주셨다. 이로써 우리의 구속을 완성하였고 우리를 구원하여 생명의 세계로 인도해 주신 구세주요 메시야이다. 말씀이 육신을 입으셔서 성육신의 탄생하셨고 오신 주님은 물(진리) 피(구원)를 이루어서 택한 성도를 구원시켜 하나님의 아들 만드는 일을 완성하려고 오신 것이다.

Q 656) 증거하는 이가 셋이니(성령, 물, 피) 무엇을 어떻게 증거 하는가?(5:7-8)

"증거하는 이는 성령이시니 성령은 진리니라"(7절)
"증거하는 이가 셋이니 성령과 물과 피라 또한 이 셋이 합하여 하나이니라" (8절)

A 1) 성령 : 성령께서 그리스도의 구속의 진리를 증거하시고 성도를 진리 가운데로 인도하신다.

2) 물 : 진리를 가르킨다.(벧전1:23, 엡5:26)

3) 피 : 그리스도의 속죄의 피이다. 우리 위해 흘려주신 보혈의 피이다.

증거 하는 이가 셋이다. 즉 하나님의 말씀이 증거하고 그리스도의 피가 증거하고 성령께서 증거한다는 뜻이다. 이 셋은 또한 우리 믿는 자 속에서 증거하고 있다. 그러므로 믿는 자에게는 확실한 증거가 있다. 이 셋은 구원의 도리 하나를 이루고 있다. 그 도리를 믿는 믿음이 하나요 생명이다. 성령은 그리스도의 의와 그리스도의 피를 가지고 우리 영을 살려주시고 의를 입혀주시고 성도를 하나님의 말씀으로 점점 정결케하여 그리스도의 형상을 입혀 나가신다. 이 셋이 합하여 우리 구원하나를 이루어 나가신다.

Q 657) 사망에 이르지 않는 죄와 사망에 이르는 죄는 각각 무엇을 두고 한 말인가?(5:16)

"누구든지 형제가 사망에 이르지 아니한 죄 범하는 것을 보거든 구하라 그러면 사망에 이르지 아니하는 범죄자들을 위하여 저에게 생명을 주시리라 사망에 이르는 죄가 있으니 이에 대하여 나는 구하라 하지 않노라"

A ⊙ 사망에 이르지 않는 죄는 중생한 신자가 짓는 죄를 가리킨다.

그리스도의 구속을 믿는 성도는 과거와 현재와 미래의 모든 죄는 사함받았고 중생한 영은 사망에서 생명으 로 옮겼기 때문에(5:24) 다시는 사망이 없다(요11:25-26) 그러므로 혹 성도가 옛사람을 따라 죄를 범하였 을 지라도 영적 사망에 이르지 않는다.

⊙ 사망에 이르는 죄는 믿지 않는 불택자가 짓는 죄를 가리킨다. 그리스도를 믿지 않는 자는 죄사함을 받을 길이 전연 없다. 죄값은 사망이므로(롬6:23) 그가 지극히 작은 죄 하나를 범했어도 그 죄값으로 사망에 이 를 수밖에 없다. 불신자 중에서도 언제든지 예수만 믿으면 죄사함을 받고 영생을 얻는다. 믿는 사람은 택자이며 그가 믿기 전에 지은 모든 죄는 사망에 이르는 죄가 아니다. 불택자는 죽을 때까지 믿지도 않고 하나님을 끝까지 거역하는 자이다. 그러므로 그 죄는 사망에 이르는 죄가 된다.

Q 658) 하나님께로 난자와 하나님께로서 나 신자, 악 한자, 각각 누굴 두고 한 말인가?(5:18)

"하나님께로서 난 자마다 범죄치 아니하는 줄을 우리가 아노라 하나님께로서 나신 자가 저를 지키시매 악한 자가 저를 만지지도 못하느니라"

A 1) 하나님께로서 난자 : 중생한 영혼을 가리킨다. 우리의 육신은 육신의 부모에게서 났으나 중생한 영혼은 하 나님께로서 물(진리=하나님의 말씀)과 성령으로(요3:5) 낫음으로 하나님께로서 난자 곧 중생한 영혼 즉 성도라고 한다.

2) 하나님께로서 나 신자 : 주 예수그리스도를 가리킨다. 하나님의 품속에 있는 독생자이신 예수님이 하나님 이 이 땅에 육신을 입혀 보내주시므로 나신 하나님께로서 나신자인 예수님이다. 하나님 안에 있는 그리스 도가 성도의 영을 항상 지켜주시므로 악 한자(마귀)가 만지지 못한다.

3) 악 한자 : 마귀이다. 성도가 중생한 영으로 살지 않고 육체의 욕심을 따라서 살 때는 범죄하게 된다. 범죄 할 때는 중생한 영은 반대하나 부패한 육체가 범죄하는데 악 한자(마귀)의 사주를 받게 된다. 성도는 회개 한다.

요한 2서

Q 659) 요한2서에서 나오는 수신자 부녀는 누굴 두고 한 말인가?(요2서 1:1)

"장로는 택하심을 입은 부녀와 그의 자녀에게 편지하노니 내가 참으로 사랑하는 자요 나뿐 아니라 진리를 아는 모든 자도 그리하는 것은"

A 요한 2서에 나오는 수신자 부녀에 대해 두 가지 해석이 있다.

1) 어떤 귀부인과 그 자녀 : 어떤 개인을 두고 한 말이다.

2) 교회를 상징하므로 수신자를 교회라고 주장하는 두 해석이 있다.

이 두 해석 중에서는 2번이 옳다고 본다. 즉 수신자를 교회로 보는 견해이다. 왜냐하면 교회는 예수그리스도의 신부라고 했으며 4절에 "너희 자녀 중에"라고 했으며 5절에 "부녀여 내가 이제 네게 구하노니 서로 사랑하자" 라고 했고 13절에 "택하심을 입는 네 자매의 자녀가 네게 문안하느니라"고 하셨기 때문이다. 그의 자녀는 곧 성도들을 가리킴이다.

Q 660) 이단교리를 가진 자에 대한 성도들이 대처할 태도는?(1:10)

"누구든지 이 교훈을 가지지 않고 너희에게 나아가거든 그를 집에 들이지도 말고 인사도 말라"

A ⊙ 이단교리 : 성경을 떠나서 다른 교훈으로 가르치는 자를 이단자와 적그리스도요 거짓선지자요 거짓 교사이 니 이런 자들은 성도가 단호히 끊어야 한다. 하나님을 사랑하는 것은 죄를 끊어 버리는 것 인데 이단교리 는 죄를 사랑하게 된다.

⊙ 집에 들이지도 인사도 말라 : 이단교리 주장자는 집에 들이지도 인사도 말아야한다. 성도로써 교제하는 인 사를 하지 말고 이단자를 전도자로 대우하는 인사를 하지 말라. 또 이단교리(다른 교리)를 가지고 온 사람 의 말을 듣기위해 집안에 들이는 것은 바로 이 성경을 어기는 죄를 짓는다. 이단설은 듣게되면 독창같이 썩게되고 오염되기 쉽다(딤후2:17)

⊙ 그에게 인사하는 자는 그 악한 일에 참여하는 자 : 이단자들을 성도로 대우하여 인사하면 이단사상을 용납 하는 것이 된다. 그리하면 다른 교인도 그 이단들과 교제하여 미혹받기 쉽다. 이단을 용납하는 것은 그 이단을 도와주는 결과가 되고 그 악한 일에 동참하는 죄가 되고 만다.

요한 3서

Q 661) "네 영혼이 잘 됨같이 네 범사가 잘 되고" 삼박자 구원론인가 아닌가?(요3서 1:2)

"사랑하는 자여 네 영혼이 잘 됨같이 네가 범사에 잘되고 강건하기를 내가 간구하노라"

A 삼박자 구원론이 아니고 하나님의 의와 그의 나라를 구한 것과 같으니 하나님이 축복주시는 것이다.

1) 성도가 하나님의 말씀을 잘 지켜서 믿는 일을 잘하면 보편적으로 사업도 육신건강도 주신다는 뜻.

2) 성도가 세상에서 잘 되는 것과 육신 건강만 위주하면 영적면이 희미하고 세상주의가 되고 만다.

3) 성도는 오직 예수님 바라보고(세상 바라보지 말고) 그의 나라와 그의 의만 구해 나가야 한다. 세상 모든 것은 포기하고 나갈때만 참으로 예수님 따라 갈 수 있다.(빌3:13-14, 마14:29-30)

4) 성도가 예수님만 바라보고 말씀만 따라갈 때에 세상 것이 도리어 잘 안 되는 수도 있다. 믿음 잘 지킨 성 도가 세상에서 도리어 환난과 궁핍을 당해도 그들에겐 더 큰 은혜요 더 잘 된 것이다.

5) 오늘날 그리스도교 안에서 세상에서 잘 되는 것 육체의 병 낫는데 치중하는 경향이 많다. 큰 비전, 치유, 무엇이든지 다 이룬 줄 믿고 상상하면서 확신 가지라고하나 성경은 그렇지 않다. 마6:31-32(이방인 구함)

Q 662) 디오드레베와 데메드리오에 대한 평가를 통해 얻은 교훈은?(1:9-12)

"내가 두어 자를 교회에게 썼으나 저희 중에 으뜸되기를 좋아하는 디오드레베가

우리를 접대하지 아니하니"(9절)

"이러므로 내가 가면 그 행한 일을 잊지 아니하리라 저가 악한 말로 우리를 망령되이 폄론하고도 유위부족하여 형제들을 접대치도 아니하고 접대하고자 하는 자를 금하여 교회에서 내어 쫓는도다" (10절)

A ⊙ 디오 드레베(3요 1:7) 명예욕과 야심이 많은 사람이다.

1) 교회에서 으뜸되기를 좋아했다 : 으뜸은 교만한 증거로 복을 받지 못한다.

2) 순회 전도자를 대접하지 않았다 : 주의 종 배척은 주님을 배척한 것이다.

3) 악한 말로 사도 요한과 순회 전도자를 망령되이 폄론한 자이다.

4) 또 전도자를 대접하고자 하는 자를 금하여 교회에서 내어 쫓았다.

⊙ 데메드리오(3요 1:12) 교회에서 봉사 잘하는 모범된 선한 성도이다.

1) 뭇사람, 즉 공중 앞에서 선한 사람이라는 증거를 받았다.

2) 진리에게도 증거를 받았다. 성도 표준인 성경진리에 어긋남 없는 진리 수행자다.

3) 요한과 전도자에게 증거를 받았다. 지도자에게 인정받음은 하나님께 인정받는 것이다.

유 다 서

Q 663) 유다서를 구원의 도리를 논 하려다가 갑자기 기록 목적이 바꾼 이유는?(유1:3-4)

"사랑하는 자들아 내가 우리의 일반으로 얻은 구원을 들어 너희에게 편지하려는 뜻이 간절하던 차에 성도에게 단번에 주신 믿음의 도를 위하여 힘써 싸우라는 편지로 너희를 권하여야 할 필요를 느꼈노니"(3절)

"이는 가만히 들어온 사람 몇이 있음이라 저희는 옛적부터 이 판결을 받기로 미리 기록된 자니 경건치 아니하여 우리 하나님의 은혜를 도리어 색욕거리로 바꾸고 홀로 하나이신 주재 곧 우리 주 예수 그리스도를 부인하는 자니라" (4절)

A 유다는 일반으로 얻은 구원의 도리를 쓰려고 했으나 가만히 들어온 거짓 스승들 때문에 그들과(이단) 힘써 싸우라는 내용을 쓰게 되었다.

그 이유는 아무리 위대한 구원의 도리를 받았어도 이단을 용납하면 미혹받아 실패하기 때문이다.

⊙ 일반으로 얻은 구원 : 구원에 대한 기본적 도리로 즉 예수그리스도를 믿음으로 말미암아 구원 얻는 도리이 다. 믿기만 하면 누구나 다 구원 얻기 때문에 일반으로 얻은 구원이다. 신앙의 초보이기 때문에 그냥 일 반으로 구원에만 머물러 있다가는 거짓 선지자들에게 미혹받아 넘어지기 쉽다.

⊙ 단번에 주신 믿음의 도 ①그리스도가 단번에 주신 구속의 도리이다(히 9:12,26) ②하나님의 말씀을 단번에 주셨다(요1:17) 예수그리스도가 구약의 모든 것을 단번에 성취시켰다.(표준계시인 성경) ③성령을 단번에 주 셨다 : 오순절에 임한 성령은 가시지 않고 신약교회에 내내 계셔서 역사하신다.(행 2:1-21 10:45, 11:15)

Q 664) 천사장 미가엘과 마귀와 다툰 사건에 대하여 논하고 미가엘의 판단은?(1:9)

"천사장 미가엘이 모세의 시체에 대하여 마귀와 다투어 변론할 때에 감히 훼방하는 판결을 쓰지 못하고 다만 말하되 주께서 너를 꾸짖으시기를 원하노라 하였거늘"

A 미가엘 천사는 택한 백성을 보호하는 임무를 띤 천사이다. 그러므로 마귀와 더불어 싸울 때에는 미가엘 천사가 나타나곤 한다.(단10:13, 12:1, 계12:7)

⊙ 모세의 시체에 대해 마귀와 다투어 변론할 때는 이스라엘 백성들이

모세 시체를 우상화할까봐 하나님께서 천사장 미가엘을 시켜서 모세의 시체를 치우도록 하였다. 그 때에 마귀는 그 일을 방해하며 미가엘과 다툰 것이다. 또 다른 견해는 모세가 변화산에서 나타난 것을 보아 모세를 그때 부활 시켰다고 한다. 그때 마 귀가 모세의 죄를 들어 그의 부활을 방해하므로 하나님이 미가엘 시켜 마귀를 물리침.

◉ 미가엘의 판단 : 주께서 너를 꾸짖으시기 원하노라 미가엘은 마귀를 직접 판결하며 정죄할 수 있었으나 그 권한을 쓰지 않고 주님께 맡겨 주님의 권위를 높인 것이다. 주께서 꾸짖음이 참으로 무서운 일이므로 천사 장이 자기 위치 지키고 주님 권위 높이고 주께 맡겼다.

Q 665) 거짓스승의 실상에 대해 세 사람의 예를 들어 설명하자면?(1:11)

"화 있을진저 이 사람들이여, 가인의 길에 행하였으며 삯을 위하여 발람의 어그러진 길로 몰려 갔으며 고라의 패역을 좇아 멸망을 받았도다"

A 1) 가인의 길 : 가인이 피 없는 제사로 하나님의 말씀에 맞지 않는 제사드림을 하나님이 받지 않으셨다. 하 나님은 죽은 제사, 믿음없는 제사, 감사가 없는 제사, 의식적인 제사는 받지 않으신다. 성도는 영적으로 제사드려야하고 신령과 진정으로 드리는 제사 이외는 가인의 길과 같은 제사이다.

2) 발람의 어그러진 길 : 발람은 자기의 유익을 위하여 하나님 앞에 옳지 않는 길을 걸어갔다.(민22;) 언제나 말씀에 옳지않고 양심에 가책이 되면 그 일은 그만두어야 된다. 욕심에 끌려 물질따라 어그러 진 길로 가는 것이 발람의 길이다. 하나님의 뜻을 거스리고 자기 유익만 따르는 길이다.

3) 고라의 패역 : 고라는 하나님의 성전에서 봉사하는 레위인으로서 당을 지어 하나님의 종 모세의 권위를 업 신여기고 거역하다가 하나님께 저주를 받아 땅에 삼킨바 되었다.(민16:30) 고라가 교만하여 하 나님의 권위에 도전하다 멸망당했다. 하나님이 세우신 직분과 권위에 순종하라

Q 666) 성도가 자기 건축법과 지켜 나가야할 계명들은 무엇인가?(1:20-23)

"사랑하는 자들아 너희는 너희의 지극히 거룩한 믿음 위에 자기를 건축하며 성령으로 기도하며" (20절)
"하나님의 사랑 안에서 자기를 지키며 영생에 이르도록 우리 주 예수 그리스도의 긍휼을 기다리라"(21절)

A ⊙ 자기건축법 : 성도가 의와 진리로 옷 입고 예수그리스도의 형상대로 자기의 인격을 만들어 나가는 것.

1) 거룩한 믿음 : 성도가 의와 진리로 옷 입고 예수그리스도의 형상대로 자기의 인격을 만들어 나가는 것

베드로는 이 믿음을 보배로운 믿음이라했다.(벧후1:1) 죄와 세속에 빠지지 않고 정욕대로 살지 않고 지극히 거룩한 믿음 위에 자기를 건축해 나가는 것이다.

2) 성령으로 기도 : 성도는 성령의 감동과 인도를 받는 기도를 해야한다. 성령으로 하지 않는 기도는 하나님께 상달되지 않고 자신에게 은혜가 되지 못한다. 회개하고 낮아지고 자신 부인해야 해산하는 수고를 하여 기도해야 자기를 건축해 나가는 것이 된다.

⊙ 지켜나가야할 계명 : 1)자기를 지키며 2)영생에 이르는 생활 3)우리주 예수그리스도의 긍휼을 기다리는자, 자기를 지키는 일, 영생에 이르는 일은 모두가 우리 주 예수그리스도의 긍휼을 힘 없어야만 되어진다는 뜻이다.

PART 9.

요한계시록

Revelation

요한계시록

Q 667) 인자로 나타나신 예수님의 모습9가지를 자세히 논하면?(계1:13-16)

"촛대 사이에 인자 같은 이가 발에 끌리는 옷을 입고 가슴에 금띠를 띠고" (13절)
"그 머리와 털의 희기가 흰 양털 같고 눈 같으며 그의 눈은 불꽃 같고"(14절)
"그의 발은 풀무에 단련한 빛난 주석 같고 그의 음성은 많은 물 소리와 같으며" (15절)

A 촛대사이에 인자 같은 이 : 부활하신 예수님을 가리킨다.

1) 발에 끌리는 옷 : 제사장의 옷, 우리 죄를 위해서 몸을 제물로 삼아 속죄제 드림 예수님은 대제사장이다.

2) 가슴에 금 띠 : 왕권, 예수님은 인간의 생사화복 주장, 국가 흥망성쇠 주관하시는 왕이시다.

3) 머리털 희기가 양털 : 예수님의 완전성결, 예수님은 죄가 없으신 완전한 의인, 성결하심.

4) 그의 눈은 불꽃 : 모든 것을 통찰, 사람마음, 심령 골수까지 과거 현재 미래 숨은 죄 통찰하심

5) 발은 풀무에 단련한 빛난 주석 : 지나온 발걸음 하나님 앞에 온전하다. 견고한 발로 대적 밟을 수 있다.

6) 음성은 많은 물소리 : 예수님의 위엄과 권위, 예수님의 천하 모든 것을 일시에 망하게 할 수 있는 권위

7) 오른 손에 일곱별 : 별은 교회사자, 예수님은 교회 사자를 붙들고 쓰시고 세워나가신다.

8) 입에서는 좌우에 날 센 검 : 검은 하나님의 말씀, 예수님 자신이 진리이므로 입에서 하나님 말씀이 나온다.

9) 얼굴은 해가 비추는 것 같다 : 예수님의 영광이 충만하여 해가 힘 있게 비추는 것 같이 된 것이다.

Q 668) 일곱별과 일곱 촛대를 밝혀 주면서 왜 비밀이라고 하셨을까?(1:20)

"네 본 것은 내 오른손에 일곱별의 비밀과 일곱 금 촛대라 일곱별은 일곱 교회의 사자요 일곱 촛대는 일곱 교회니라"

A 일곱별은 교회의 사자 곧 교역자를 가리키는데 사자의 비밀은 하나님의 말씀과 그리스도이다. 하나님의 종을 비밀이라 한 것은 교역자를 통해서 천국 비밀의 복음을 전파하기 때문이다. 하나님은 그 종 선지자에게 하나님의 비밀을 알게 하여 주시고 그 일을 하신다.(암3:7) 비밀의 복음을 하나님께서 종된 선지자에게 알려주시고 그 선지자를 통하여 그 비밀을 가르치게 하신다. 그러므로 교역자가 만들어진 대로 교회가 되어 나간다. 교역자가 잘 만들어 지지 못하면 교회가 잘 되지 않고 교역자가 신령한 세계로 들어갔다면 교인들도 신령한 세계로 들어간다. 교역자가 타협주의로 나가면 교회도 교인도 타협주의로 나간다. 일곱 촛대는 교회인데 이 세상에는 비밀로 하고 있다.

Q 669) 에베소 교회에 책망하신 처음사랑이란 무엇을 두고 한 말씀인가?(2:4)

"그러나 너를 책망할 것이 있나니 너의 처음 사랑을 버렸느니라"

A 처음 사랑이란 영적세계의 사랑이다. 사랑의 세계와 영적 세계와 그리스도 안과 빛의 세계는 모두가 하나이다.(요일3:14-15, 4:7-8)

빛 가운데 거하면 하나님 안에 있으므로 거기 사랑이 있고 영적 생명이 있는 것이다. 사랑의 세계를 잃어버리면 생명을 잃어버린 것이요 빛, 하나님 안, 영적세계 다 잃어버린 것이다. 처음 사랑은 하나님 안에 있는 생명(중생한 영)의 본질에서부터 나오는 사랑이다. 처음사랑은 구원 받은 것에 감사하고 하나님으로 즐거워하고 믿는 일을 가장 중요한 일로 여기고 주를 위해서라면 생명까지라도 바치려는 생각이 나게 되는 것이다. 처음 사랑이 있으면 항상 간절한 마음으로 기도하고 주를 사모하는 마음이 뜨겁고 성경 말씀이 은혜가 된다.

처음 사랑은? ①물질 초월한 사항 ②고난 초월 ③생명 초월한 사랑이다

Q 670) 너희가 10일 동안 환난을 받으리라 10일의 정의와 뜻은?(2:10)

"네가 장차 받을 고난을 두려워 말라 볼지어다 마귀가 장차 너희 가운데서 몇 사람을 옥에 던져 시험을 받게 하리니 너희가 십일 동안 환난을 받으리라 네가 죽도록 충성하라 그리하면 내가 생명의 면류관을 네게 주리라"

A 하나님이 정해 놓으신 일정한 기간 동안만 환난을 당한다는 뜻이다. 10수는 인간의 완전수이다. 마귀가 무한정으로 괴롭힐 수는 없고 하나님께서 정하여 놓은 일정한 기간에만 가능한데 그 기간은(10일) 결코 긴 기간은 아니다.

10일 동안은 사람과 사건에 따라 다르다. 때로는 몇 달 몇 년이 될 수도 있으나 반드시 끝나는 시기가 있다. 하나님께서 정하여 놓은 시간을 다 채워야 환난이 끝난다. 어떤 사람은 9일까지 채우고 마지막 하루를 못 채우는 자가 많다. 하나님은 사람이 감당할 시험밖에는 주시지 않는다고 하셨다.(고전10:13) 하나님은 우리의 사정과 형편을 다 아시기 때문에 감당 할 수 있는 시험만 10일 동안 주시니 꼭 이겨내야 한다.

Q 671) 버가모교회의 발람교훈 니골라당의교훈 두아디라교회의 이세벨 의행위는 무슨 뜻인가? (2:14-15, 20)

"그러나 네게 두어가지 책망할 것이 있나니 거기 네게 발람의 교훈을 지키는 자들

이 있도다 발람이 발락을 가르쳐 이스라엘 앞에 올무를 놓아 우상의 제물을 먹게 하였고 또 행음하게 하였느니라" (14절)
"이와 같이 네게도 니골라당의 교훈을 지키는 자들이 있도다"(15절)
"그러나 네게 책망할 일이 있노라 자칭 선지자라 하는 여자 이세벨을 네가 용납함이니 그가 내 종들을 가르쳐 꾀어 행음하게 하고 우상의 제물을 먹게 하는도다" (20절)

A 1) 발람의 교훈 : 우상의 제물을 먹고 행음하는 교훈이다. 하나님의 선지자였으나 모압 왕(발락)이 발람에게 이스라엘을 저주하도록 강청하며 저주하면 많은 영광과 많은 상급을 주겠다고 하였다. 그러나 나는 여호와 말씀을 절대로 어길 수 없다고 해 놓고도 욕심에 끌리어 이스라엘을 범죄케했다.

2) 니골라당의 교훈 : 옛날에는 발람이었으나 오늘날은 니골라당이 있어 순진한 교인을 꾀어 하나님의 말씀을 버리고 세상과 육체를 따라 우상의 제물을 먹게하고 행음하게 한다.

3) 이세벨 : 시돈나라 왕의 딸로써 이스라엘 아합 왕의 아내가 되었는데 이방의 우상을 그대로 가지고 왔다. 또한 그는 음행과 술수가 많은 여자였다. 이세벨이 아합 왕의 세력과 국가의 권세를 등에 업고 하나님의 백성을 꾀어 행음하게하고 우상을 섬기게 만들었다.

Q 672) "그 이름을 생명책에서 반드시 흐리지 아니하고" 무슨 의미인지?(3:5)

"이기는 자는 이와 같이 흰 옷을 입을 것이요 내가 그 이름을 생명책에서 반드시 흐리지 아니하고 그 이름을 내 아버지 앞과 그 천사들 앞에서 시인하리라"

A 흰옷을 더럽히지 않는 자는 생명의 세계에서 주님의 인정을 받는 다는 뜻이다. 출32:32-33에 "원컨대 주의 거룩하신 책에서 내 이름을 지워버려 주옵소서" . . . 그는 내가 내 책에서 지워버리라"고 하였다. 생명책에

이름을 썼다 지웠다 하는 것이 아니다. 죄를 범하면 생명책에서 그 이름을 지워버리는 것이 아니고 범죄한 그 사람의 인격이 주님께 인정을 받지 못한다는 뜻이다."이름"은 인격을 가리키고"지워버리는 것"은 인정치 않고 부인한다는 뜻이다."범죄한 사람을 지워버린다"함은 범죄하며 사는 생활은 생명체가 되지 못하고 생명의 역사가 아니므로 아예 생명책에 올라가지 못한다는 뜻이다. 믿음으로 중생한 영혼이 자라나지 않으면 생명책에 기록 될 수 없다. 중생한 영을 써서 영적인 생명체가 자라난 것만 영원히 남는다.

Q 673) 라오디게아 교회가 사야할 세 가지(금, 옷, 안약)는 왜 사라고 하였을까?(3:18)

"내가 너를 권하노니 내게서 불로 연단한 금을 사서 부요하게 하고 흰 옷을 사서 입어 벌거벗은 수치를 보이지 않게 하고 안약을 사서 눈에 발라 보게 하라"

A 1) 불로 연단한 금 : 시련 받은 믿음(벧전 1:7)이다. 불같은 시험이 올 때에 그 시련가운데서 믿음을 지켜 연 단 받은 신앙을 가질 때에 영적으로 부요하게 된다. 시험에서 이겨야 연단받은 신앙이 되는 것 이다. 세상 것 포기하고 하나님만 의뢰하게 된다.

2) 흰 옷 : 성도가 의롭게 되고 거룩하고 진실하며 선하게 되고 도덕적 인격이 바로 되는 것이 흰옷이다. 중 생한 영으로 심령이 새롭게 되어 마음이 깨끗하게 되고 또 몸으로 말씀을 순종하여 성화를 이루 어 나가는 것이다. 세마포 옷으로 성도의 옳은 행실이다.

3) 안 약 : 신령한 눈을 뜨게 하라는 약이다. 신령한 것은 신령한 것으로 분별한다.(고전2:13) 신령한 눈이 어두워지는 이유

육에 속하고 죄가 들어오면 들보가 눈을 가리어 어두워지게 된다. 욕심, 이기주의, 죄의 부패성이 모두 신령한 눈을 가리우는 들보이다.

Q 674) 24장로들은 누구이며 왜 흰옷을 입었고 왜 금면류관을 쓰고 앉았을까?(4:4)

"또 보좌에 둘려 24보좌들이 있고 그 보좌들 위에 24장로들이 흰 옷을 입고 머리에 금 면류관을 쓰고 앉았더라"

A 1) 24장로 : 모든 성도들을 대표하는 것이다. 이스라엘 백성의 구원받은 성도를 대표한 장로가 열둘이고 이방에서 예수를 믿어 구원받은 성도를 대표한 장로가 열둘이다. 그래서 24장로는 성도 전체를 뜻한다. 구원받은 성도들이 하나님 앞에서 하나님 섬기는 것

2) 흰옷입음은? : 구원받은 성도는 흰옷을 입음을 가리킴 ①예수의 피로 성도가 죄씻음 받았음을 뜻하고

②성도의 의로운 행위 즉 세마포를 입은 것을 보여준 것이다.

3) 금 면류관 씀은? : 금은 믿음을 상징 면류관은 영광을 상징한다. 구원받은 성도가 믿음으로 영광을 얻어 하나님나라에서 빛나게 될 것이다.(마 19:28)

Q 675) 24장로들이 자기들이 쓴 금 면류관을 보좌 앞에 던지며 찬송하였을까?(4:10)

"이십 사 장로들이 보좌에 앉으신 이 앞에 엎드려 세세토록 사시는 이에게 경배하고 자기의 면류관을 보좌 앞에 던지며 가로되

A 24장로들이 자기들의 면류관을 보좌 앞에 던지면서 찬송했다. 면류관은 영광을 상징하며 하나님이 영광을 주실때에 자기들이 그 영광(면류관)을 받지 않고 영광을 하나님께 돌리는 것을 말하고 있다.

하나님께서 장로들에게 면류관(상급)을 주셨으나 겸손하여 그것을 받지 않고 하나님께 돌리는 마음이다. 모든 것이 자기 힘으로 한 것이 아니요 하나님께서 하여 주신 것이기 때문에 하나님께 영광을 돌리는 것이 합당하다.

성도는 영광을 하나님께만 돌려야 마땅하다. 자기가 행한 것은 죄뿐이고 잘한 것이 조금 있다 하여도 그것은 하나님의 은혜로 된 것인 줄 알아야한다. 어떤 경우에나 사람이 영광을 받으면 하나님의 영광을 도적질하는 죄를 범하는 것이다.

Q 676) "새 노래를 하며" 새 노래의 정의와 주님을 찬양한 내용은?(5:9-10)

"새 노래를 노래하여 가로되 책을 가지시고 그 인봉을 떼기에 합당하시도다 일찍 죽임을 당하사 각 족속과 방언과 백성과 나라 가운데서 사람들을 피로 사서 하나님께 드리시고", "저희로 우리 하나님 앞에서 나라와 제사장을 삼으셨으니 저희가 땅에서 왕 노릇 하리로다 하더라"((9-10절)

A 심령이 새롭게 되어 하나님을 찬양하는 노래가 새 노래이다. 새로 작시를 하고 작곡을 한 것이 새 노래가 아니고 성도의 심령이 새롭게 되어 새 생명의 역사가 있을 때 부르던 찬송을 불러도 새 노래가 된다. 주님을 찬양한 내용은 다음과 같다.

1) 책을 가지시고 인봉을 떼기에 합당한 이라 하였다.(예수님이 할 수 있으니 감사찬송 드림)

2) 어린양이신 예수님께서 일찍이 십자가에 죽으심으로 성도들을 보혈로 값주고 사셔서 하나님께 드린 것을 찬 양하였다.

3) 택함을 입은 성도들이 하나님의 나라가 되어 하나님의 통치를 받게 된 것과 제사장이 되어서 하나님만 위하 는 생활을 하게 된 것을 찬양하였다.

4) 성도들이 땅에서 왕 노릇하게 된 것을 찬양하였다.

Q 677) 천천이요 만만인 천사들이 노래한 어린양을 찬양하는 내용은?(5:11-12)

"내가 또 보고 들으매 보좌와 생물들과 장로들을 둘러 선 많은 천사의 음성이 있으니 그 수가 만만이요 천천이라" (11절)

"큰 음성으로 가로되 죽임을 당하신 어린 양이 능력과 부와 지혜와 힘과 존귀와 영광과 찬송을 받으시기에 합당하도다 하더라" (12절)

A 많은 천사와 성도들이 구원을 위하여 죽임을 당한 어린양(예수그리스도)을 찬양하였다. 죽임을 당하신 어린양은 능력과 부와 지혜와 힘과 존귀와 영광과 찬송을 받으시기에 합당하다고 찬송하였다.

주님이 십자가에서 죽으심으로 인류를 죄에서 구속하셨고 부활하여 새 생명을 입혀주셨다. 성도가 부활의 소망가운데 살게 된 것은 하나님의 능력이요 하나님의 지혜요 하나님의 힘으로 이루어진 것이다. 그러므로 주님은 존귀와 영광과 찬송을 받으시기에 합당한 것이다.

Q 678) 백마, 적마, 흑마, 청황색 마는 말의 다양성을 말하나 무슨 의미가 있는가?(6:1-8)

"내가 이에 보니 흰 말이 있는데 그 탄자가 활을 가졌고 면류관을 받고 나가서 이기고 또 이기려고 하더라"
(2절)
"이에 붉은 다른 말이 나오더라 그 탄자가 허락을 받아 땅에서 화평을 제하여 버리며 서로 죽이게 하고 또 큰 칼을 받았더라" (4절)
"세째 인을 떼실 때에 내가 들으니 세째 생물이 말하되 오라 하기로 내가 보니 검은 말이 나오는데 그 탄자가 손에 저울을 가졌더라" (5절)
"내가 보매 청황색 말이 나오는데 그 탄자의 이름은 사망이니 음부가 그 뒤를 따르더라 저희가 땅 사분 일의 권세를 얻어 검과 흉년과 사망과 땅의 짐승으로써 죽이더라" (8절)

A 1) 백마 : (복음운동을 상징한다) 흰색은 보편적으로 하나님께 속한 색이다. 죄를 회개하면 눈과 같이 희게 해주겠다. 이기는 자는 흰옷을 준다고 약속했고 변화산에서 예수님 흰옷같은 옷이다.

2) 적마 : (마귀운동을 상징한다) 복음을 반대하는 세력으로 언제나 붉은 색은 죄와 마귀를 상징한다. 12:3 붉은 용, 사1:18 너희 죄가 주홍같을 찌라

도(흰 눈같이 희게 씻어 주심)

3) 흑마 : (기근을 상징한다) 말세에는 모든 것에 기근이 들게 된다. 현재에도 모든 원자재가 점점 고갈 되어 가고 있는 상태이다. 특별히 진리와 말씀이 기근이다.

4) 청황색마: (혼합주의를 상징한다) 혼합된 색깔로 타협주의와 혼합주의를 뜻한다. 진리와 비진리, 영의 운동과 육의 운동, 천국운동과 세상운동, 신본주의와 인본주의를 섞어나가는 것이 청황색 말운동이다. 마귀의 역사는 진리를 전적으로 부정하는 것보다 진리에 비진리를 섞어서 진리와 비진리가 서로 타협하도록 유혹하 는 경우가 많다.

Q 679) 순교자들 있는 곳과 신원해 줄 것을 요구함과 그 수가 차기까지는 언제까지인가?(6:9-11)

"큰 소리로 불러 가로되 거룩하고 참되신 대주재여 땅에 거하는 자들을 심판하여 우리 피를 신원하여 주지 아니하시기를 어느 때까지 하시려나이까 하니" (10절)
"각각 저희에게 흰 두루마기를 주시며 가라사대 아직 잠시 동안 쉬되 저희 동무 종들과 형제들도 자기처럼 죽임을 받아 그 수가 차기까지 하라 하시더라" (11절)

A 순교자는 하나님의 말씀과 자기 생명을 바꿔가진 사람이다. 순교자는 육신의 생명보다 예수님을 더 사랑해서 그 사랑에 삼키워져 즐거움으로 순교 당한 자들이다. 이런 자는 영혼이 많이 자라나고 하늘나라의 것을 많이 소유하고 하나님의 많은 상급도 받게 될 아주 영광스러운 특별 반열에 참여한 자들이다. 이들이 있을 곳은 하나님의 보좌아래(제단아래) 있어 하나님의 얼굴을 뵈옵고 직접 교제할 수 있는 위치에 있는 것이다.

그 수가 차기까지는 순교자의 좌석은 개인적으로 지정되어있다. 그러므로 예정된 자만 순교당하고 예정되지 아니한 자는 아무리 원해도 순교할 수가 없는 것이다. 순교당할 사람은 벌써 하나님께서 좌석을 예비해 놓으셨다. 하나님의 예정된 순교자석이 다 차면 주님이 재림하시게 된다. 아직까지는 순교자석이 남아 있는 것 같다.

Q 680) 구원받은 무리는 144천명(12×12,000명)인가? 능히 셀 수 없는 무리인가?(7:4,9)

"내가 인 맞은 자의 수를 들으니 이스라엘 자손의 각 지파 중에서 인 맞은 자들이 십사만 사천이니"(4절)
"이 일 후에 내가 보니 각 나라와 족속과 백성과 방언에서 아무라도 능히 셀 수 없는 큰 무리가 흰 옷을 입고 손에 종려 가지를 들고 보좌 앞과 어린 양 앞에 서서"(9절)

A 여기 십사만사천은 상징적 숫자로 구원받을 자와 구원받을 자의 총 수인데 이 수는 하나님의 내정수로써 실제로는 얼마인지 알 수가 없다. 144천은 12×12배하여 또 1,000배한 것이다.(12×12=144, 144×1000=144,000) 12수는 구원의 만수이고 1,000은 대단히 많다는 뜻인데 구원 받은자가 많다는 뜻이다.

144천명이 아닌 별도의 무리가 아닌 아무라도 능히 셀 수 없는 큰 무리가 곧 144천명이다. 인 맞은 자 144천명 천국에 올라가서 보좌 앞에 큰 무리를 이루고 있는 것이다.

Q 681) 큰 무리가 부르는 찬송의 내용이 무엇 이었을까?(7:9-14)

"이 일 후에 내가 보니 각 나라와 족속과 백성과 방언에서 아무라도 능히 셀 수 없는 큰 무리가 흰 옷을 입고 손에 종려 가지를 들고 보좌 앞과 어린 양 앞에 서서"(9절)
"큰 소리로 외쳐 가로되 구원하심이 보좌에 앉으신 우리 하나님과 어린 양에게 있도다 하니"(10절)

A ⊙ 큰 무리는 땅에서는 144천 같은데 보좌 앞에 모여 있는 무리는 큰 무리가 모여 있었다.

⊙ 손에 종려가지를 들고 : 종려가지는 '희열'과 '승리'의 상징이다.(요 12:13) 구원받은 성도들이 기뻐하며 하나님의 보좌 앞에서 찬송하게 되는 것을 상징한 것이다.

⦿ 아멘 : 성취하신다는 뜻이다. 마귀가 방해하고 환난과 시험이 많이 있었을지라도 하나님께서 하시는 일은 실패함이 없이 모두 성취하는 것을 말해준다. 하나님의 뜻대로 됨을 믿고 아멘.

⦿ 흰옷 입은 자들 : 큰 환난에서 나온 자들로 속죄 제물의 어린양 되신 예수님 피에 죄사함 받은 자들이다.

⦿ 찬송의 내용 : 큰 무리들이 손에 종려가지를 들고 흰옷입고서 아멘으로 시작하여 모든 천사들도 하나님께 경배하며 찬송과 영광을 하나님께 돌린다. 모든 마귀의 권세를 깨뜨리고 택한 백성을 구원하신 하나님의 지혜와 능력과 힘을 찬양하며 존귀와 감사를 하나님께 돌리는 찬양이다.

Q 682) 천사가 와서 금향로를 가지고 많은 향을 받았으니 여기 향은 무엇을 뜻하는가? (8:3)

"또 다른 천사가 와서 제단 곁에 서서 금향로를 가지고 많은 향을 받았으니 이는 모든 성도의 기도들과 합하여 보좌 앞 금단에 드리고자 함이라"

A ⦿ 금향로의 금은 믿음을 상징하고 향로는 향을 드리는 기구이다. 천사가 믿음의 향로에 성도들의 믿음지킨 행위를 담아서 성도의 기도와 함께 보좌 앞 금단(믿음의 제단)에 드리면 하나님 앞에 올라가는 것이다.

하나님께서 받으시고 기뻐하신다.

⦿ 많은 향 : 계5:8에서는 금 대접 가득한 향은 성도의 기도들이라고 말한다. 그러나 여기서는 성도들이 하나님의 말씀대로 순종한 아름다운 행위를 말하고 있다.

고후2:14-15 "항상 우리를 그리스도 안에서 이기게 하시고 우리로 말미암아 각처에서 그리스도를 아는 냄새를 나타내시는 하나님께 감사하노라 우리는 구원 얻은자 들에게나 망하는 자들에게나 하나님 앞에서 그리스도의 향기니" 성도가 말씀을 순종하고 믿음을 지킨 아름다운 행위는 성도의 기도와 함께 금향로에 담겨져서 천사가 보좌 앞 금단에 드리게 된다.

사도들 이 믿음을 잘지킨 행위가 하나님 앞에 향기가 된 것이다.

Q 683) 네 째 천사가 나팔을 부니 해, 달, 별들의 삼분의 일이 침을 받았다는데 무엇들이 침을 받았다는 뜻인가?(8:12)

"네째 천사가 나팔을 부니 해 삼분의 일과 달 삼분의 일과 별들의 삼분의 일이 침을 받아 그 삼분의 일이 어두워지니 낮 삼분의 일은 비췸이 없고 밤도 그러하더라"

A 해는 진리를 상징하고 달은 교회를 상징한다. 별은 교역자나 혹은 지혜 있는 성도를 상징한다.(계1:20, 단12:3)

말세의 환난 때에는 진리가 어두워 빛을 비추지 못하고 교회나 교역자들도 빛을 발하지 못하는 상 태에 많이 빠진다.

그러므로 이 세상이 어두워지고 어지러운 세상이 된다. 또한 말세에는 실제로 해와 달과 별이 어두워 질 수도 있다. 옛날 출애굽 당시에도 어두워 질 때(흑암)가 있었다.(출10:21-22) 성도가 말씀을 순종하지 않 으면 이와 같이 심령들이 다 어두워져서 하나님의 말씀을 따르지 못하고 세상 흑암에서 헤매게 된다.

Q 684) 땅에 떨어진 별이 무저갱 열쇠를 받았다는데 무슨 의미인가?(9:1)

"다섯째 천사가 나팔을 불매 내가 보니 하늘에서 땅에 떨어진 별 하나가 있는데 저가 무저갱의 열쇠를 받았더라"

A ⊙ 땅에 떨어진 별은 타락한 교역자를 상징하며 특히 배교자들과 이단자를 그리고 적그리스도 또 거짓 선지자 들로 하나님의 저주를 받을 자들을 두고 한 말씀이다.

⊙ 무저갱은 밑이 없는 구렁텅이로 아무리 내려가도 끝이 없고 한이 없는 곳이다. 이것은 마귀를 잡아 가두 는 불구덩이를 가리키며 또한 사람의 욕심도 가리킨다. 속담에 사람의 욕심은 땅보다 더 두껍다고 하였는 데 이와 같이 사람의 욕심은 무저갱과 같아서 길도 없고 한정도 없이 깊고 깊다는 것을 의미하고 있다. 예 수님은 하늘까지 닿는 사닥다리이므로(창28:12) 성도가 욕심과 시험에 들면 무저갱에 빠져들었으면 그 사닥 다리이신 예수 그리스도를 붙들고 올라와야 한다. 그렇지 않으면 끝없는 시험과 구렁텅이에 빠지게 되는데 자기 욕심 때문이다.(약1:14)

Q 685) 황충이 나오는데 실제로 황충을 말하는가 아니면 딴 것인가?(9:3)

"또 황충이 연기 가운데로부터 땅 위에 나오매 저희가 땅에 있는 전갈의 권세와 같은 권세를 받았더라"

A 황충은 욕심에 빠진 사람들이나 아주 타락되어 배교한 사람들의 인격이다. 사람이 욕심에 빠지면 생각도 잘못 될 뿐 아니라 황충과 같은 인격이 되어 다른 사람에게 많은 해를 끼치게 된다. 성도의 본심이 다 없 어지고 이성을 상실하고 짐승이나 벌레같은 인격으로 돌변하여 자기 욕심을 위하여 못할 짓이 없게 된다. 그리하여 하나님을 거역하고 마귀에게서 전갈과 같은 권세를 받아서 사람들에게 많은 해를 준다.

황충의 인격가진 자들(배교자, 이단자, 타락자)은 이마에 하나님의 인을 맞지 않은 사람들만을 골라서 해 를 준다. 이마에 하나님의 인을 새롭게 맞아 하나님의 말씀으로 생명을 삼고 나아지는 자는 그런 자들의 해독을 이겨나가며 그 해를 받지 않는다. 여기서는 실제 황충을 말하는 것이 아니다. 실물교제이다.

Q 686) 일곱 우뢰가 발하는 것을 인봉하고 왜 기록하지 말라 하였을까?(10:4)

"일곱 우뢰가 발할 때에 내가 기록하려고 하다가 곧 들으니 하늘에서 소리나서 말하기를 일곱 우뢰가 발한 것을 인봉하고 기록하지 말라 하더라"

A 일곱 우뢰의 재앙이 내려오려고 하였는데 그것을 기록하지 말고 인봉하여두라고 하였다. 이것은 하나님 께서 그 재앙을 감하여 주시려고 그렇게 하신 것이다. 하나님께서 사랑과 긍휼로 감하여 주셨기 때문에 그 재앙의 내용은 알 필요가 없는 것이다.

마24:22 "그날들을 감하지 아니할 것이면 모든 육체가 구원을 얻지 못할 것이나 그러나 택하신 자들을 위하여 그날들을 감하시니라"고 하였다. 택한 백성을 위하여 재앙을 감하여 주시는 하나님이시다. 일곱 우뢰의 재앙이 다 내리면 연약한 육체를 가진 사람이 구원 받을 수 없겠으므로 감하여 주시는 것이다.

Q 687) 성전과 제단과 그 안에서 경배하는 자들은 어떤 자들을 두고 말함인가?(11:1)

"또 내게 지팡이 같은 갈대를 주며 말하기를 일어나서 하나님의 성전과 제단과 그 안에서 경배하는 자들을 척량하되"

A 1) 성전 생활하는 자 : 그는 은밀한 골방에 들어가 하나님을 만나 섬기는 자이며 신령한 하나님의 집에서 사 는 사람이다. 눅2:49 "내가 내 아버지 집에 있어야 될" 영적 골방을 찾아 하나님을 가까이하고 주님과 영적 교제하는 사람이 성전생활자다.

2) 제단 생활 하는 자 : 하나님의 제단을 중심하여서 자기의 모든 것을 산 제사로 드리려고 힘쓰는 성도이다. 자기에게 있는 모든 것을 주님께 드리기를 원하고 주님께 드리는 것을 가장 즐거워하며 감사하는 생활을 하 려고

힘쓰는 성도가 제단 생활자다.

3) 그 안에서 경배하는 자 : "경배"는 예배와 같은 말이다. 신령과 진정으로 예배하는 사람이 되어야 하나 님의 권고권 안에 있게 된다. "영으로 예배한다"는 것은 영적 감동으로 말씀을 받아 영이 소생하는 역사가 있고 하나님과 영적 교통이 이루어지는 가운데 드리는 예배이다.

Q 688) 두 감람나무와 두 촛대는 전도관(박태선) 이 말하는 것이 옳은가?(11:4)

"이는 이 땅의 주 앞에 섰는 두 감람나무와 두 촛대니"

A 40년 전에 박태선(전도관) 이 나와 자기가 감람나무이니 예수그리스도는 실패했고 자기를 믿어야 천국갈 수 있다고 곳곳에 전도관 천국을 만들어놓고 여기 들어 와서 나를 믿어야 된다고 유혹해서 많은 사람이 들 어가 영육이다 망하고 말았다.

여기 두 감람나무는 두 증인과 같은 뜻으로 교회를 상징하고 또 예수그리스도를 상징한다. 슥4:12-14 "… 이 감람나무 두 가지는 무슨 뜻이요, … 이는 기름 발리운자 둘이니 온 세상의 주 앞에 모셔 섰는 자니라" 여기서 감람나무는 기름발리운자요 단 9:25에 기름 발리운 자는 메시야 곧 예수그리스도임을 가리킨다. 그러므로 예수그리스도와 교회는 하나인 것이다. 그래서 교회는 그리스도의 몸이요 교회의 머리가 되는 것이다.(엡 1:22-23)

교회를 촛대로 비유한 것은 교회가 촛대와 같이 세상에서 빛을 발하기 때문이다. 어두운 세상에 하나님 의 빛(계시의 빛과 영적 빛)을 내 보내는 곳이 교회인 것이다. 두 감람나무는 예수님과 교회이고 두 촛대 는 교회를 상징하는 것이니 미혹받지 말라.

Q 689) 1260일 동안 양육하기 위해 하나님의 예비하신 곳이 있더라 1260일의 의미?(12:6)

"그 여자가 광야로 도망하매 거기서 일천 이백 육십일 동안 저를 양육하기 위하여 하나님의 예비하신 곳이 있더라"

A 1,260일을 30일 한달로 계산하면 42달인데 곧 3년 반이 되는 것이다. 3년 반은 7년 대환난의 절반이다. 7년 대환난의 절반동안 교회가 하나님이 예비한 광야에서 양육을 받아야 한다. 광야는 의지할대가 없고 사방에서 바람 부는 데로 바람을 맞는 것과 같이 믿는 사람은 세상에 속한 것이 아니요 하나님께 속해 있기 때문에 세상이 미워하고 핍박을 한다.(요15:19) 신약교회 생활은 고난과 여러 가지 환난 풍파가 많고 아무것도의지 할 곳이 없다. 그러나 광야는 고요하고 은밀한 곳이기에 하나님과 사귀기 좋고 기도하기에 좋은 곳이다. 7은 완전수요 하나님의 내정수인데 이 기간의 절반은 신약교회가 양육받는 기간이라고도 볼 수 있다.

Q 690) 우리 형제를 참소하던 자는 누굴 가리키는가? (12:10)

"내가 또 들으니 하늘에 큰 음성이 있어 가로되 이제 우리 하나님의 구원과 능력과 나라와 또 그의 그리스도의 권세가 이루었으니 우리 형제들을 참소하던 자 곧 우리 하나님 앞에서 밤낮 참소하던 자가 쫓겨났고"

A 여기 "참소"란 말은 사실이 아닌 것은 거짓으로 송사하는 것이다. 마귀는 참소하는 자 이므로 성도가 마 귀의 참소를 분별하고 이겨야한다. 마귀는 우리 마음속에 들어와 참소하여 성도들을 낙심하게 만들고 이간 붙여서 믿음의 길을 걷지 못하게 만들려고 한다. 성도가 마귀의 참소에 넘어가면 마귀의 종이 되고 만다.

교회 안에는 참소 마귀와 시기 마귀가 있어 교역자와 성도, 성도와 성도 사이를 이간 붙여 하나님의 의를 무너뜨리는 경우가 많다. 그러므로 마귀가 참소할 때에 한 귀로 듣고 한 귀로 흘러버리면 참소에 넘어가지 않게 된다.

마귀는 하나님께서 반드시 심판하실 것이기 때문에 성도는 그날그날 말씀에 굳게 서서 믿음을 지켜 나가는 것으로 만족하여야 한다.

Q 691) 바다에서 나온 짐승은 무엇이며 그 모양을 말하면?(13:1)

"내가 보니 바다에서 한 짐승이 나오는데 뿔이 열이요 머리가 일곱이라 그 뿔에는 열 면류관이 있고 그 머리들에는 참람된 이름들이 있더라"

A "바다"는 세상이요(17:15) "짐승"는 세상나라인데 적그리스도국가를 가리킨다.(단7:17) 그 증거는 7절에 성도들과 싸워 이겼다고 하였기 때문이다. 적 기독국가는 하나님을 대적하고 성도를 핍박한다.(6-7절)

1) 뿔이 열이요, 머리가 일곱이라 : 뿔은 권세를 가리키고 머리는 두목과 주장들이다. 10뿔은 여러 권세를 가리킨다. 7머리의 7수도 완전수이니 이 세상에는 머리 될 만한 주장자들이 많다는 것을 뜻한다고 본다. 적 기독국가가 비대하고 강함을 의미한다.

2) 열 면류관 : 면류관은 영광을 상징한다. 권 세자들은 세상 세력으로 영광을 누린다.

3) 참람 된 이름 : 자기 신분에 해당되지 않은 주제넘은 이름이 참람 된 이름이다. 적그리스도 국가는 총통 이니 수상이니 원수니 하니 참람한 주제넘는 이름으로 등장한다.

Q 692) 새끼 양 같은 짐승은 무엇을 두고 말하며 무슨 운동을 뜻하는가?(13:11)

"내가 보매 또 다른 짐승이 땅에서 올라오니 새끼양 같이 두 뿔이 있고 용처럼 말하더라"

A 다른 짐승이 땅에서 올라왔다고하는데 바다는 세상이요 하늘은 신령한 곳인데 "땅"은 그 중간으로써 타락 되고 세속화된 곳이며 이세상을 뜻한다.이 짐승은 땅에 속한 세상주의 기독교로써 세속주의 교회에 속한다.

여기 새끼 양같이 즉 어린 예수그리스도를 모방한 것이다. 이것으로 보아 기독교의 이름을 가지고 나오 는 세력이라고 본다. 두 뿔은 뿔이 세력인데 세속화된 기독교에서 전 세계적인 큰 두 세력이 나올 것이다. 하나가 용처럼 말하는 세상 나라와 세상에 말하는데 이 짐승 역시 세속주의 기독교를 말한다.

Q 693) '짐승의 수가 육백육십육이라' 이는 무슨 의미가 숨어있을까?(13:18)

"지혜가 여기 있으니 총명 있는 자는 그 짐승의 수를 세어 보라 그 수는 사람의 수니 육백 육십 륙이니라"

A 6수는 지상만수이다. 창세때 하나님께서 만물을 6일간에 창조하시고 이레 되는 날에 쉬셨다. 그러므로 7수는 하나님의 수이고 6수는 세상만 수이다. 지상의 것이 발전이면 7이 되는 것이 아니고 6이 하나더 붙어 66이 된다. 그것이 더욱 발전되어 6 또 붙어 666이 된다. 세상 수는 발전되면 될수록 세상 수인 6만 계속 늘어간다. 그것이 아무리 발전되어도 하나님의 수인 7은 되지 못한다.

교회가 인본주의(세상주의)로 기울어지면 아무리 발전이 되어도 신본주의가 되지 못하고 인본주의만 더욱 왕성하고 커지는 것으로 666이 된다. 이것을 성령의 지혜가 있는 사람은 분별할 수 있다. 우리는 언제나 이 666을 바로 분별하여 미혹되지 않도록하여 신본주의에 서서 영을 살리는 운동을 하여야 한다. 교회사 를 보면 참성도는 언제나 속화 된 그리스도교 운동에 가담하지 않고 많은 환난과 핍박을 당하였으며 마침내 종교권 마저 박탈당하는 때가 많았다.

Q 694) 144천 명들의 5가지 특징이 있는데 자세히 논하면?(14:4-5)

"이 사람들은 여자로 더불어 더럽히지 아니하고 정절이 있는 자라 어린 양이 어디로 인도하든지 따라가는 자며 사람 가운데서 구속을 받아 처음 익은 열매로 하나

님과 어린 양에게 속한 자들이니", "그 입에 거짓말이 없고 흠이 없는 자들이더라" (4-5절)

A 1) 여자로 더불어 더럽히지 아니하고 : 계17:1 음녀(여자)를 가리킨다. 즉, 음녀는 인본주의 세상을 말한다. 세상과 더불어 더럽히지 않은 신실한 종을 말한다.

2) 정절이 있는 자라 : 세상과 짝하여 영적음행을 범하지 않고 하나님의 말씀과 신앙 양심을 지킨 자이다. 성도가 세상에 미혹되어 신앙의 정조를 빼앗겨서는 안 된다.

3) 어린 양이 어디로 인도하든지 따라가며 : 새 노래를 부를 수 있는자는 주님이 어느 곳으로 인도하든지 따 라가는 자이다. 주님이 인도하면 즉시 순종하는 어린양 같은 성도이다.

4) 구속받아 처음 익은 열매로 : 하나님께 바치는 첫 열매이다.(출23:19) 몸과 마음과 물질과 생명까지도 하 나님께 바쳐서 하나님을 사랑하고 순종하여야 한다.

5) 그 입에는 거짓말이 없고 흠이 없는 자: 하나님은 진실하시고 그의 말씀은 참 되시기 때문에 하나님의 말 씀을 바로 믿고 바로 증거하는 자로 흠이 없는 완전한 자로써 주님이 인정받는 자다.

Q 695) 주안에서 죽은 자에게는 어찌하여 큰 복이 따라 다니나?(14:12-13)

"또 내가 들으니 하늘에서 음성이 나서 가로되 기록하라 자금 이 후로 주 안에서 죽는 자들은 복이 있도다 하시매 성령이 가라사대 그러하다 저희 수고를 그치고 쉬리니 이는 저희의 행한 일이 따름이라 하시더라"

A 광범위하게는 예수믿고 죽은 자들 모두를 가리키지만 협의적으로는 그리스도를 믿는 믿음 안에서 죽은 자 즉 믿음을 지키다가 죽은 자를 가리킨다. 이렇게 주안에서 죽은 자는 복이 있다. 예수를 믿으면 구원을 얻었

으므로 몸은 죽어도 영은 영원히 죽지 않는 것이 복이다. 주안에서 주를 힘입고 영적생명과 기쁨으로 사는 사람은 육신은 죽어도, 영적생명과 그 기쁨이 영원히 계속되는 것이다.

믿음 잘 지키다가 죽은 자는 하늘나라에 가서 큰 상급을 받으니 큰 복이 있는 것이다.

수고를 그치고 쉬리니 : 주를 위해 수고하면서 선한 싸움을 다 싸우고 달려갈 길을 다 마친 후에 천국에 가서 편히 쉬며 안식하는 것이다. 하나님이 주시는 영원한 안식이다.

행한 일이 따름이라 : 성경 말씀대로 믿고 순종하여 행한 것이 헛되지 않고 하늘나라에까지 따른다. 하나 님을 섬기며 예수위해 고난 받으며 십자가 지고 하나님 말씀만 따라야 한다.

Q 696) 모세의 노래와 어린양의 노래가 같은가, 각각 다른가?(15:3)

"하나님의 종 모세의 노래, 어린 양의 노래를 불러 가로되 주 하나님 곧 전능하신 이시여 하시는 일이 크고 기이하시도다 만국의 왕이시여 주의 길이 의롭고 참되시도다"

A 모세의 노래란 하나님의 말씀의 계명 즉 구약의 율법을 상징하고 있다. 어린양의 노래란 예수그리스도의 구속의 노래 즉 구속받은 것을 감사하는 노래이다. 하나님의 계명의 말씀을 잘 지키고 어린양의 이름을 배 반하지 않았으므로 모세의 노래와 어린양의 노래를 부르게 되는 것이다. 이 두 노래는 구주 예수를 노래하 니 한 노래이다.

주 하나님 곧 전능하신 이시여 하시는 일이 크고 기이하시도다 함은 하나님께서 모든 악을 이기어 심판하 시고 성도를 구원하신 것은 크고도 기이한 일인데 이 일을 예수그리스도를 통해서 해내셨다. 그러므로 구 원받은 성도는 하나님을 찬송하는 것은 너무나 당연한 일이다.

Q 697) '둘째 대접을 바다에 쏟으매' 바다가운데 모든 생물이 죽었다는 데 뜻이 있을까?(16:3)

"둘째가 그 대접을 바다에 쏟으매 바다가 곧 죽은 자의 피 같이 되니 바다 가운데 모든 생물이 죽더라"

A '바다'는 세상 열국을 상징한다. 세상 열국이 하나님의 심판을 다 받게 된다. '죽은 자의 피' 피는 생명 을 상징하므로 세상이 생명력이 없고 희망이 보이지 않아 사망의 바다와 사망의 음침한 골짜기가 된다는 것 이다. '모든 생물이 죽더라' 살 수 없는 세상이 된다는 뜻이다. 이 세상에 정직과 공의와 선과 도덕이 모 두 없어지고 악하여져서 진리를 세워나갈 수 없고 사람이 살 수 없는 상태가 된다. (미7:2-6) 또 실제로 세 상이 하나님의 심판을 받아 바다가 피와 같이 변하고 모든 생물이 죽게 될 수도 있다. 여기 둘째 사망은 이 세상 열국에 대한 재앙으로 앞으로 삼차대전과 같은 전쟁으로 세상 열국을 다 피바다로 만들 수도 있다.

Q 698) '넷째 대접을 해에 쏟으매' 해가 도리어 사람을 태워죽였다는데 (16:8)

"네째가 그 대접을 해에 쏟으매 해가 권세를 받아 불로 사람들을 태우니"

A 이 재앙은 태양이 뜨거워져서 사람을 태우는 재앙이다. 실제로 말세에는 태양이 뜨거워져서 그 열에 사 람들이 타서 죽을 수도있고 또는 첨단과학을 이용한 핵무기 등으로 뜨거운 열을 일으켜 사람을 죽일 수도 있다. 신령한 뜻은 해는 하나님의 말씀을 상징한다.(시119:105) 하나님의 말씀에 권세로 세상을 심판하여 사람을 태우는 것과 같이 환난과 고통 속에 빠질 것을 뜻한다. 하나님의 말씀이 지금은 아무 권세도 없는 것 같으나 하나님께서 반드시 그 말씀데로 세상을 심판 하실 날이온다. 요12:48 ". . . 심판할 이가 있으 니 곧 나의 한 그말이 마지막 날에 저를 심판하리라"고 하였다.

Q 699) "물위에 앉은 큰 음녀의 받을 심판" 여기서 음녀는 왜 물위에 앉았을까?(17:1)

"또 일곱 대접을 가진 일곱 천사 중 하나가 와서 내게 말하여 가로되 이리 오라 많은 물 위에 앉은 큰 음녀의 받을 심판을 네게 보이리라"

A 물은 15절에 백성과 무리와 열국과 방언들이라고 하였는데 이것은 곧 세상 무리들을 가리키는 것이다. 음녀는 인본주의적인 이 세상과 세상에 있는 것들을 말한다. 요일2:15-16 "이 세상이나 세상에 있는 것들 을 사랑치 말라 누구든지 세상을 사랑하면 아버지의 사랑이 그 속에 있지아니하니 . . . 육신의 정욕, 안목 의 정욕, 이생의 자랑이니 다 아버지께로 좇아온 것이 아니요 세상으로 좇아온 것이라"고 하였다.

그러므로 세상과 벗된 것이 간음하는 것이며 하나님과 세상과 짝하게 만들려고 하지만 성도는 이 음녀와 더불어 더럽히지 않아야 시온산에서 새 노래를 부르게 된다.(14:3-4)

Q 700) '전에 있다가 시방없어진 짐승은 여덟째 왕이니' 여기 여덟째왕은 어떤 왕인가?(17:11)

"전에 있었다가 시방 없어진 짐승은 여덟째 왕이니 일곱 중에 속한 자라 저가 멸망으로 들어가리라"

A 여기 여덟째왕은 악독한 적 기독국가이다. 여덟째왕의 내용은 단7:20-26에 잘 나타나있다. 즉 열 왕이 있었는데 다른 한 왕이 나와서 세 왕을 정복하고 자기가 그 자리에 서서 여덟 째 왕이 된 것이다. 이 왕이 지극히 높으신 하나님을 대적하고 성도를 괴롭게하고 때와 법을 변개하는 자라고 하였다. 여덟째왕이 성 도를 크게 핍박하며 성소를 헐고 제사를 드리지 못하게 하는 적 기독세력이 된다.(단8:9-14)

말세에 여덟째 왕이 나올 것을 하나님께서 우리 성도들에게 미리 가르쳐 주신 것은 믿음을 잘 준비하여 환난과 핍박이 올 때에 믿음으로 승리하게 하려는 것이다. 여덟째 왕이 나오면 교회에 말 할 수없는 큰 환 난과 핍박이 올 것이다. 그러나 성도는 그 때에 예수를 위하여 죽을 각오를 하고 결사적으로 믿음을 지켜 나가야 한다.

Q 701) '무너졌도다 무너졌도다 큰 성 바벨론이여' 여기서 바벨론은 무엇을 가리키는가?(18:1-3)

"힘센 음성으로 외쳐 가로되 무너졌도다 무너졌도다 큰 성 바벨론이여 귀신의 처소와 각종 더러운 영의 모이는 곳과 각종 더럽고 가증한 새의 모이는 곳이 되었도다" (2절)

A 바벨론은 인본주의적 문화와 세상을 가리킨다. 고대에도 바벨론이 있었는데 창11:1-8에 사람들이 자기 들의 힘으로 성과 대를 쌓아서 앞으로 하나님의 심판을 면하고 잘 살아보자고 바벨탑을 쌓았다. 그것을 하 나님께서 심판하셨다. 단 4장에서도 바벨론이 있는데 바벨론이 전 세계의 패권을 잡고 세계를 주장하였었 다. 그러나 그것도 하나님이 심판하셨다. 바벨론도 여러 가지가 있는데 '정치적 바벨론' '종교적 바벨론' 그리고 '과학적 바벨론' 등이다. 전 세계적으로 단합이 되어 인본주의로 나가는 U.N 총회같은 정치적인 바 벨론이요 정치적으로 바벨탑을 쌓는 것이다.

Q 702) 바벨론과 함께 멸망할 물질들 22가지는 무엇을 두고한 말인가?(18:12-13)

"그 상품은 금과 은과 보석과 진주와 세마포와 자주 옷감과 비단과 붉은 옷감이요 각종 향목과 각종 상아 기명이요 값진 나무와 진유와 철과 옥석으로 만든 각종 기명이요" (12절)

A "계피와 향료와 향과 향유와 유향과 포도주와 감람유와 고운 밀가루와 밀과 소와 양과 말과 수레와 종들과 사람의 영혼들이라" (13절)

물질 22가지 모두가 다 멸망한 것들이다. ①금, ②은, ③보석 ④진주는

보배로운 광물과 보화들이다

⑤세마포 ⑥자주 옷감 ⑦비단 ⑧붉은 옷감. 사치한 옷감들이다 ⑨각종 향목 ⑩각종 상아 기명 ⑪값진나무 ⑫진유 ⑬철 ⑭옥석으로 만든 각종 기명, 고귀한 재료로 만든 기구들이다. 이들 상품은 사치하고 연락하는 데 이용되는 것들이다 ⑮계피 ⑯향료 ⑰향 ⑱향유 ⑲유향, 이것들은 각종 향료의 귀중품이다 ⑳소 ㉑양 ㉒말과 수레, 가축등과 그 상용물로써 오늘날 자가용과 같다. 여러 가지 향품으로 사치하고 방탕한 생활을 하며 귀하고 좋은 음식을 탐하며 배로 하나님을 삼고 부끄러움을 영광으로 삼는 자들은 하나님의 심판을 받아 세상 물건과 함께 다 망하게 된다.

Q 703) "어린 양의 혼인 기약이 이르렀고 그 아내도 예비하였으매" 어느 때를 두고 한 말이며 아내는 누구인가?(19:7)

"우리가 즐거워하고 크게 기뻐하여 그에게 영광을 돌리세 어린 양의 혼인 기약이 이르렀고 그 아내가 예비하였으니"

A 어린양은 예수님이며 그 아내는 성도들이다. 이 혼인잔치는 천년 왕국에 들어가서 하게 된다. 어떤 사 람들은 공중에서 혼인잔치를 한다고 하나 조금 더 생각해 보자. 성도가 공중에서 재림하시는 예수님을 영 접하여 얼마 동안 공중에 있을 때에는 예수님과 더불어 세상을 심판하는 때이다(2:26-27, 고전6:2, 마19:28)

세상을 심판하는 동안에 어떻게 혼인 잔치를 하겠는가? 그렇기 때문에 심판이 모두 끝난 다음에 천년 안 식세계에 들어가서 혼인잔치를 하는 것이 합당한 해석이다. 성도들이 현세에서는 마귀의 세력이 활개를 치 고 성도들이 많은 환난과 핍박을 당하기도 한다. 그러나 마지막 때에는 전능하신 하나님께서 마귀의 세력을 다 깨뜨려 불로 심판하시고 예수님은 신부되는 성도들과 혼인 잔치를 하게 된다.

Q 704) 여기 백마 탄자는 누구이며 그 이름이 특이하고 그가 마지막 할 일은?(19:11)

"또 내가 하늘이 열린 것을 보니 보라 백마와 탄자가 있으니 그 이름은 충신과 진실이라 그가 공의로 심판하며 싸우더라"

A 백마 탄자는 예수그리스도이다. 예수님의 재림시의 상태를 묘사한 것이다. 예수님이 백마를 타고 오셔 서 세상을 심판하신다고 했는데 '말'은 전쟁을 상징하고 '백색'은 하나님께 속한 빛이니(3:5, 7:9, 사1:18) 천국운동을 가리킨다. 예수님께서 재림하셔서 원수들과 싸워 이겨 그들을 심판하시고 천국을 건설 할 것을 의미한다.

예수님이 재림하시면 공의로 심판을 베풀어 성도는 구원하시고 불신자는 지옥으로 보낸다. 충신과 진실 이란 이름을 예수님의 인격인데 예수님은 충성되고 진실하신 분이시다. 말씀을 온전히 지키시고 다 이루셨 으므로 충성되시고 거짓이나 외식함이 전혀 없으시니 진실하신 것이다.

Q 705) 첫째 부활에 참여하는 자들과 이들을 차례 차례적어 본다면?(20:6)

"이 첫째 부활에 참예하는 자들은 복이 있고 거룩하도다 둘째 사망이 그들을 다스리는 권세가 없고 도리어 그들이 하나님과 그리스도의 제사장이 되어 천년 동안 그리스도로 더불어 왕 노릇 하리라"

A 창세전부터 하나님의 택함을 받아 그리스도의 보혈로 구속함을 입은 성도들이니 복이 있고 거룩한 자들이 다. 부활하여 영과 육이 완전한 구원을 이루었으므로 둘째 사망이 없고 하나님과 그리스도의 제사장이 되어 천년동안 그리스도로 더불어 왕 노릇하는 것이다. 첫째 부활은 한 번에 이루어지는 것이 아니고 여러 차례에 걸쳐 이루어지는데 그 순서는 다음과 같다.

제1차 : 예수님이 부활 하셨다.(요20:14-17, 고전15:20)

제2차 : 예수님 부활때에 자던 성도들이 부활하였다(마27:52-53)

제3차 : 예수님 재림 때에 믿고 죽은 성도가 부활한다(살전4:16)

제4차 : 예수님 재림 때에 살아남아 있던 성도가 몸이 변하여 신령한 부활체가 된다(살전4:17)

제5차 : 예수님 재림 후부터 천년세계가 끝날 때까지의 택한 백성들이 부활한다. 천년 왕국시대에 새로 출생한 성도들이 부활하는 것이다.(20:9, 21:3)

Q 706) 보좌의 책은 생명책 하나 뿐인가 또 다른 책이 있는가?(20:12)

"또 내가 보니 죽은 자들이 무론대소하고 그 보좌 앞에 섰는데 책들이 펴 있고 또 다른 책이 펴졌으니 곧 생명책이라 죽은 자들이 자기 행위를 따라 책들에 기록된 대로 심판을 받으니"

A 보좌의 책은 하나는 생명책이요 또 다른 책이 있으니 인간들의 죄와 행위가 기록된 행위록이다. 믿는자 의 이름은 생명책에 기록되어 있다. 이때는 천년 세계가 끝났으므로 믿지 않고 죽은 사람도 전부 부활을 하게 된다.

예수를 믿는 사람들은 부활하여 오른편에서고 믿지 않는 사람들도 부활하여 왼편에 선다(마25:31-33) 창세후로 모든 사람들이 부활하여서 성도들은 오른편에 서있고 불신자들은 왼편에 서있게 된다. 양과 염소로 분류해 놓으셨다.

왼편에 있는 자들은 예수를 믿지 않아 지옥에 간 사람들이 전부 부활하여 주님의 심판대 앞에 나온 것인 데 죄와 행위가 다 기록된 행위록에 의해 자동적으로 지옥에 들어가게 된다. 15절에 "누구든지 생명책에 기록되지 못한자는 불못에 던지 우더라"

Q 707) '하늘에서 내려오는 거룩한 성 예루살렘' 실제로 그대로 존재하는 성인가?(21:10)

"성령으로 나를 데리고 크고 높은 산으로 올라가 하나님께로부터 하늘에서 내려오는 거룩한 성 예루살렘을 보이니"

A 하늘에서 내려온 새 예루살렘성으로 영적 세계이다.(2절) 천년 왕국은 이 새 예루살렘이 마귀와 죄가 없 는 새롭게 된 지상(인간들이 사는 이 세상)에 내려옴으로 이루어진다. 그 안에는 부활하여 신령한 몸을 가진 성도가 그리스도와 함께 사는 것이다. 새 예루살렘성에는 하나님의 영광이 있고 그 성의 빛이 지극 히 귀한 보석같고 벽옥과 수정같이 맑다. 또한 크고 높은 성곽이 있고 열 두문이 있는데 열 두 천사가 그 문을 지키고 있다. 문들 위에는 이스라엘 자손 열두지파의 이름이 기록되어있다. 동서남북 세문씩이며 성곽에는 12사도 이름이 있더라

Q 708) 거룩한 성 예루살렘은 일만이천 스다다온 성곽은 144큐빗 얼마만한 규모인가?(21:16-17)

"그 성은 네모가 반듯하여 장광이 같은지라 그 갈대로 그 성을 척량하니 일만 이천 스다디온이요 장과 광과 고가 같더라" (16절)
"그 성곽을 척량하매 일백 사십 사 규빗이니 사람의 척량 곧 천사의 척량이라" (17절)

A '스다다온' 은 177.5m이며 1만2천 스다디온은 2,130km이다. 이것은 12을 천배한 것인데 12수는 하나님 의 만수이고 천은 많은 수를 상징하는 수이다.(시84:10, 90:4) 네모반듯한 정사각형으로 공명정대 함을 뜻 한다. 성곽은 성을 보호하며 거룩한 것과 속된 것을 구별하기 위하여 필요한 것이다. 144큐빗은 한 규빗 이 한자 반(45㎝) 이므로 144큐빗은 6480㎝이다. 이것을 척(30㎝) 수로 환산하면 216척이 된다. 그러나 144는 12 x 12로 이루어진 숫자로 12는 하나님의 완전수이다. 결론은 1만2천 스다디온이나 144큐

빗의 실제로는 얼마나 되는 지 알 수가 없다. 상징적으로 큰 규모임 만을 보여준 것이다.

Q 709) '이 책의 예언의 말씀은 인봉하지 말라' 왜 인봉하지 말라 했는가?(22:10)

"또 내게 말하되 이 책의 예언의 말씀을 인봉하지 말라 때가 가까우니라"

A 바른 예언의 말씀대로 새김질하고 또 마음에 새겨 그 말씀대로 순종하고 그 말씀이 인격이 되어 그 빛이 세상에 비추어 나가도록 하고 그 말씀을 다른 사람에게 전하라는 것이다.

성도는 예언의 말씀을 봉하여 혼자만 알고 있지말고 힘써서 복음을 전파하는 사명을 감당하라고 인봉하지 말라고 요약해서 부탁 명령했다. 딤후 4:2 "너는 말씀을 전파하라 때를 얻든지 못 얻든지 항상 힘쓰라 범 사에 오래 참음과 가르침으로 경책하며 경계하며 전하라"

고전 9:16 "내가 복음을 전할지라도 자랑할 것이 없음은 내가 부득불 할 일임이라 만일 복음을 전하지 아니하면 내게 화가 있을 것임이라" 하나님의 말씀대로 하나님의 때가 가까우므로 더욱 힘써 전해야 된다.

Q 710) '두루마기를 빠는 자는 복이 있으니' 두루마기를 빠는 것은 무엇을 의미하나?(22:14)

"그 두루마기를 빠는 자들은 복이 있으니 이는 저희가 생명나무에 나아가며 문들을 통하여 성에 들어갈 권세를 얻으려 함이로다"

A '두루마기'는 성도가 성화를 이루어 나가는 것을 가리키는데 성도가 회개하고 순종함으로 두루마기가 깨 끗해진다. 이것은 19:8의 성도가 입은 세마포와 같은 것이다. 날마다 죄를 회개하고 말씀을 순종하므로 점점 성화를 이루어 나가기를 주님이 요구하신다.

성도들은 자기의 두루마기가 더럽혀져 있지 않나 살펴보고 더럽혀진 두루마기는 속히 빨아야한다. 하나 님 앞에 합당치 못한 마음가짐과 게을러서 기도하지 않을 것도 두루마기를 더럽힌 것이 된다.

예수님의 눈은 사람의 심령과 골수를 꿰뚫어 보시며 마음으로 지은 죄까지 우리가 깨끗이 회개해서 두루마기를 빠는 자가 복이 있다.

이병삼목사의 '목사의 PD 수첩'을 읽고

독자들이 이 책을 읽고 신약성경을 잘 이해하도록 강력히 추천하고 싶다

신재철 목사
(조원교회 담임목사,철학박사, 한국교회와 송사연구소장)

이병삼 목사는 학자 형 목회자이다. 그는 1977년에 인천에 신일교회를 개척하여 2008년에 이르기까지 무려 30년이 넘도록 한 교회를 담임하고 있는 시종이 여일한 목회자이다. 그러면서도 언제나 그의 설교를 듣는 성도들은 새로운 설교를 듣는 것처럼 주일을 사모하고 있다. 이 목사의 이런 배경에는 그가 추구하는 든든한 개혁주의 신학과 신앙 그리고 이에 입각한 바른 생활이 뒷받침되기 때문이다.

이 목사는 설교자로서 하나님을 기쁘시게 하는 삶을 살았다. 이 역시 개혁주의 설교를 했기 때문에 가능한 일이었다. 어떤 설교자이던 설교가 개혁주의이지 못하면 생활도 개혁주의가 될 수 없음은 자명한 일이다. 이 목사는 신일교회라는 한 유형교회에 국한된 설교자로 살 수 없었다. 복음만으로 무장된 그의 뜨거운 가슴은 한국교회를 향하여 자신이 연구하고 깨닫고 실천한 바를 그대로 한국 교회 성도들에게 전해주고 싶었다. 그래서 이 목사는 2001년도에 '한국교회는 개혁되어야 다시 산다.'는 저서를 통해 제목 그대로 한국교회가 말씀으로 돌아감을 통해 개혁되어야 함을 주지시키는 선지자의 역할을 감당했다. 이런 이 목사의 한국 교회 사랑은 성도와 목회자들이 성경에 보다 가까이 접근하여 하나님의 뜻을 깨닫게 하는 것이 중요하다는 것을 간파하고 2002년에 '그림자를 따라가 보니' 라는 제목으로 평신도를 위한 성경난해구절 해설시리즈 1권으로 한국교회 앞에 선을 보였다. 이 책은 모세오경을 집중적으로 조명하며 해설한 책이었다. 이후 이 목사는 자신의 책을 통하여 평신도는 물론 목회자들도 모세오경에 관심을 가지고 저자인 이 목사 자신에게 질문하고 쇄도하는 격려를 받자 교계를 향한 더욱 더 고귀한 사명을 깨달았다. 그리하여 '네 제자가 그린 예수님의 초상화' 를 2003년에 발간하고 2006년까지 무려 11권의 저작을 통하여 창세기부터 말라기까지 성경을 쉽게 이해할 수 있도록 귀한 저서를 남겼다.

이 목사는 이런 방대한 저술로 결코 만족할 수 없었다. 이 목사의 저술을 대한 성도들마다 신약성경에 대한 저술을 기대하였기 때문이다. 그만큼 이 목사의 저술의 영향력은 한국교회에 파급이 되었고 성도들의 가슴에 각인이 되었다. 이런 기대를 저버릴 수 없었던 이 목사는 금번에 '목사의 PD 수첩' 이라는 새로운 저술로 그 기대에 부응하였다.

성경은 하나님의 말씀으로 교회에서 가장 핵심적인 부분을 차지하고 있다. 특히 신약성경은 우리 주님이신 예수 그리스도의 복음을 기록한 소중한 하나님의 말씀이다. 그래서 많은 성도들은 성경을 읽으며 하나님의 말씀대로 살고자 노력한다. 하지만 성경을 읽는 많은 성도들은 성경의 내용을 일목요연하게 정리하지 못하여 다소 중구남방으로 성경을 접하여 전체적인 시각을 소유하지 못하고 있는 것이 사실이다. 사실 성도들이 단기간에 성경 전체에 대한 일목요연한 안목을 가지는 것은 매우 어려운 일이다. 그래서 예배 중에 선포되는 설교는 예배의 중심이 될 뿐만 아니라 성도들이 성경에 관한 바른 지식과 안목을 키우는데 대단히 중요한 시간이다. 설교를 통한 성도들의 교육은 교회 안에서 그 중요성을 다시 언급하는 것이 불필요할 만큼 성도들도 이미 알고 있는 내용일 것이다. 하지만 설교 내용을 마음속에 오래 동안 기억하여 성경을 보는 안목이 깊어지는 것은 매우 오랜 시간이 요구된다. 이러한 상황을 잘 인식하는 많은 목회자들은 늘 성도들이 성경에 관한 일목요연한 안목을 가지길 소망하고 있다.

결코 짧지 않은 목회여정 중에서 이러한 소망을 충분히 체험한 이병삼 목사는 지난 수십 년 동안의 목회 경험을 통하여 성경을 안목요연하게 정리하고자 노력해 왔고 이제 다시 또 하나의 결과물을 한국교회 앞에 선을 보였다. 이 책은 '목사의 PD 수첩' 이라는 제목에서도 알 수 있는 것처럼 신약성경을 기자의 수첩처럼 성경 내용을 일목요연하게 정리하고 있다. 마태복음서부터 요한계시록까지 그 내용을 하나하나를 기자의 수첩에 정리하듯이 간결하면서도 정확하게 기록하여 설명하고 있다. 이 정리 속에는 이 목사만의 풍성한 신학과 해석이 용해되어 있다.

기자들이란 6가지 원칙을 가지고 객관적인 내용을 설명하고자 노력하며 그 내용을 정확하게 파악하는 동시에 많은 사람들이 궁금해 하는 내용들을 알려주기 위해서 분명한 질문들을 한다. 언제, 어디서, 무엇을, 어떻게 왜 했는가라는 6가지 원칙은 어떤 사건의 내용을 객관적으로 파악할 수 있게 해 준다. 또한 이러한 객관적인 내용과 더불어 사람들은 늘 궁금해 하는 내용들이 있다. 기자는 이러한 것들을 위해서 몇 가지 질문으로 모든 것들을 정리해야 하는 것이다. 그래서 기자들은 많은 내용을 간명하고도 분명하게 일목요연하게 정리하기 마련이다. 이번의 이병삼 목사의 글은 이러한 취지를 잘 반영하여 나타내고 있다. 마태복음을 시작으로 신약 전체를 700가지로 질문을 하고 그에 따르는 신학적인 분명하고도 명료한 답변을 하므로 그야말로 신약을 잘 정리하였다.

신약을 잘 정리하는 가운데도 다소 신학적인 입장이 흐려지거나 성경의 메시지가 약해질 우려가 있는 것이 사실이다. 하지만 이병삼 목사의 글은 분명한 개혁주의 신학을 바탕으로 내용을 정리하고 있어 신학적인 입장을 흐리지 않아 글을 읽는 동안에 참 어려운 일을 이목사가 해 냈음을 알 수 있었고 느낄 수 있었다. 또한 700가지의 객관적인 질문으로 성경의 메시지가 약화되는 부분에서 보다 많은 깨달음을 얻도록 신경을 많이 쓴 흔적들을 발견할 수 있다. 성경의 메시지를 약화시키지 않으면서도 700가지로 신약성경을 일목요연하게 정리한 이병삼 목사의 노고에 감사드리고 싶다. 그리고 그를 통하여 애독자의 한 사람으로서 더 많은 저술들을 기대하여 본다. 이 책을 대하는 독자는 누구라도 이목사의 수고에 감사하면서 성경의 굽이굽이를 깊이 여행하며 그 영적미를 만끽하게 될 것이다.

목사의 P.D 수첩
(Pastor's Dialogue)

■
초판 1쇄 인쇄 / 2008년 10월 10일
초판 1쇄 발행 / 2008년 10월 15일

■
지은이/이 병 삼
펴낸이/김 수 관
펴낸곳/도서출판 영문
122-070 서울시 은평구 역촌동 10-82
☎ (02)357-8585
FAX • (02)382-4411
E-mail • kskym49@yahoo.co.kr

■
출판등록번호/제 03-01016호
출판등록일/1997. 7. 24

정가 15,000원
ISBN 978-89-8487-249-3 03230
Printed in Korea